杀手学校

海豹突击队王牌狙击手培训密档

[美]布兰登·韦伯　[美]约翰·戴维·曼◎著
杨具荣　刘　洁◎译　迟　刚◎校译

THE KILLING SCHOOL

金城出版社
GOLD WALL PRESS
·北京·

图书在版编目（CIP）数据

杀手学校：海豹突击队王牌狙击手培训密档 / (美)布兰登 · 韦伯，(美) 约翰 · 大卫 · 曼著；杨具荣，刘洁译．—北京：金城出版社有限公司，2023.1

书名原文：THE KILLING SCHOOL

ISBN 978-7-5155-1864-0

Ⅰ．①杀… Ⅱ．①布… ②约… ③杨… ④刘… Ⅲ．①特种部队－介绍－美国 Ⅳ．①E712.56

中国版本图书馆CIP数据核字(2022)第176513号

杀手学校：海豹突击队王牌狙击手培训密档

作　者	［美］布兰登 · 韦伯　［美］约翰 · 大卫 · 曼
译　者	杨具荣　刘　洁
责任编辑	李明辉
责任校对	高　虹
责任印制	李仕杰
开　本	710毫米×1000毫米　1/16
印　张	22
字　数	350千字
版　次	2023年1月第1版
印　次	2023年1月第1次印刷
印　刷	鑫艺佳利（天津）印刷有限公司
书　号	ISBN 978-7-5155-1864-0
定　价	68.00元

出版发行	金城出版社有限公司　北京市朝阳区利泽东二路3号　邮编：100102
发 行 部	（010）84254364
编 辑 部	（010）64391966
总 编 室	（010）64228516
网　址	http://www.jccb.com.cn
电子邮箱	jinchengchuban@163.com
法律顾问	北京市安理律师事务所　18911105819

谨以此书献给我英勇的战友们，他们不惧同行的强大压力，弃武从文，转行军旅作家，投身文学战线，又一次活跃在文学战场上，脸上“沾满了尘土、汗水和鲜血”（正如本书引用泰迪·罗斯福总统的话），知道他们在这一过程中献出了自己的一切。

讽刺的是，战场上面对敌人的枪林弹雨，这些勇士中的许多人舍生忘死、不求生还，回到祖国后却发现，自己竟成为一场文字战的靶子和敌人，那些发起诽谤和攻击的人往往是自己所在部队的战友，或者前战友。

遭到军方，特别是特种部队内部一些人士的批评也属意料之中，其实在2001年9月11日之前，美军特种部队基本上是一个鲜为人知的群体。美国的书籍出版虽有严格审查，但满嘴谎言和赤裸裸的人格谋杀也屡见不鲜。我真切地体会过这种经历，一点也不好玩。克里斯·凯尔、马库斯·鲁特埃勒、霍华德·瓦斯丁，以及其他许多战友亦然，所以，毫无疑问，本书中的四位主人公也会遭遇。

以后当你看到“沉默的专业人士”在社交媒体或其他地方污蔑攻击自己部队的战友时，请你时刻记住：绝大多数批评者和准道德谋杀者的分享基本上有两个共同的特征：对自己表现的不自信（这种情况，通常以自己的服役经历为例）和职业妒忌。

早在一个世纪之前，作为一名老骑兵和荣誉勋章获得者，饱受妒忌怨恨的明枪暗箭之苦，罗斯福对这一点的体会远比我所能表达的要深刻得多：

> 真正令人尊敬的不是那些耍嘴皮子的评论家，也不是那些指指点点认为哪些强者如何跌倒，抑或哪些实干家在哪些方面还可以做得更好的人。真正的荣耀应该属于竞技场上的勇士们，他们的脸上沾满了尘土、汗水和鲜血；他们浴血拼搏；他们会犯错，会一次又一次犯错，因为只要努力，错误和缺点就是不可避免的；但是他们从未放慢实现梦想的脚步；他们珍视昂扬的热情和伟大的献身精神；他们将自己的青春和生命献给了伟大的事业；他们知道，最理想的结果充其量是获得伟大成就的荣耀；最不理想的情况，即便失败了，他至少付出了最大的勇气，所以，他的高度是那些不懂成败的冷酷、懦弱的人永远也无法企及的。
>
> ——泰迪·罗斯福

目　录

作者附言

本书所有故事均非虚构，有鉴于此，我将尽自己的知识水平和记忆为读者倾力呈献。在许多故事中，使用了化名。在整个写作过程中，尽量避免泄露任何与敏感任务相关的特定手段或其他相关信息。在付梓出版之前，本书书稿接受了美国国防部审查委员会的审核，部分内容被编辑或删除。

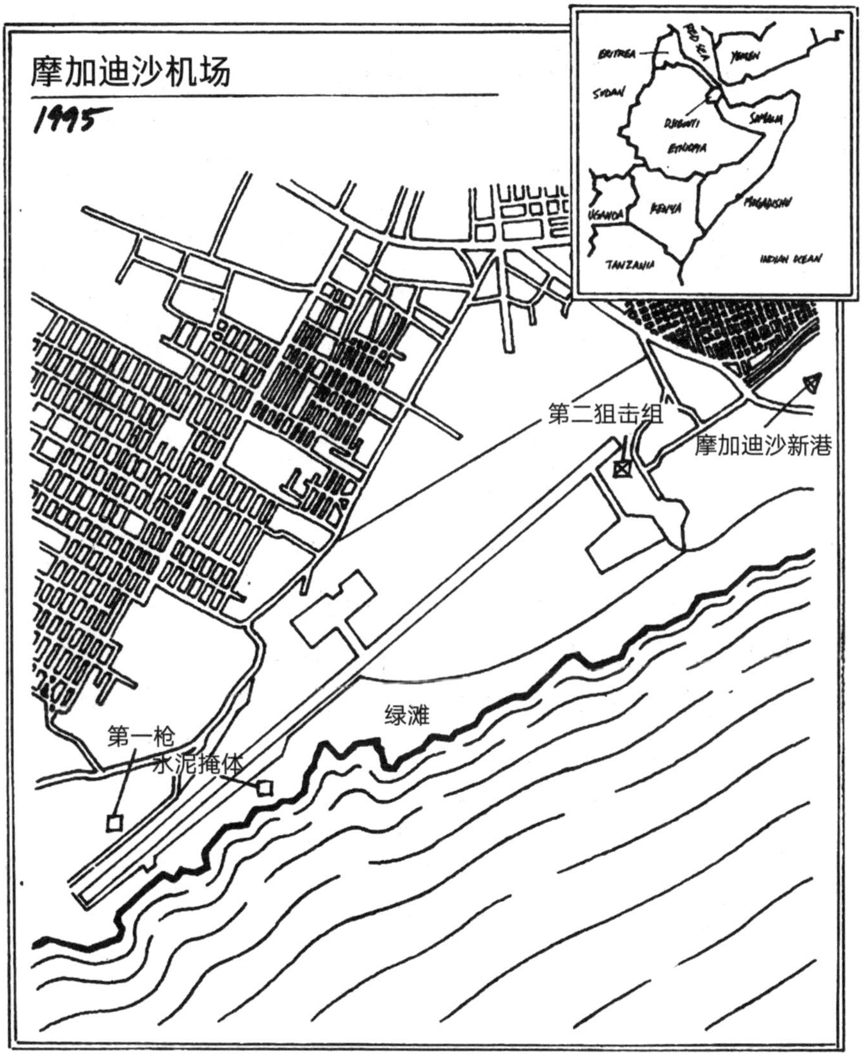
摩加迪沙机场
1995
ERITREA
RED SEA
YEMEN
SUDAN
DJIBOUTI
SOMALIA
ETHIOPIA
UGANDA
KENYA
MOGADISHU
TANZANIA
INDIAN OCEAN
第二狙击组
摩加迪沙新港
绿滩
第一枪
水泥掩体

沙伊库特谷
2002
AFGHANISTAN
GARDEZ
KHOST
101 空降师
埃米
贝蒂
辛迪
戴安娜
伊芙
沙伊库特谷
小鲸鱼
鲸鱼
金吉尔
山口
塔奎克尔
手指
第十座山

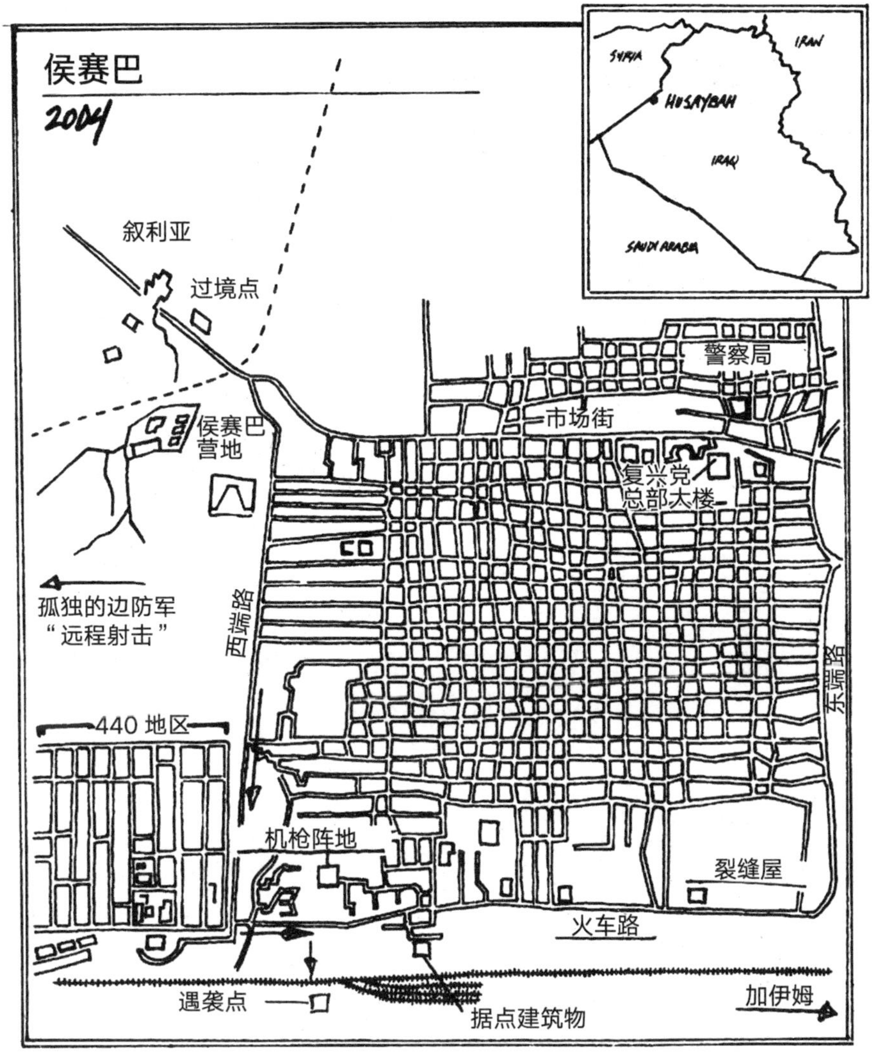
侯赛巴
2004
SYRIA
IRAN
HUSAYBAH
IRAQ
SAUDI ARABIA
叙利亚
过境点
侯赛巴
营地
警察局
市场街
复兴党
总部大楼
孤独的边防军
“远程射击”
西端路
东端路
440 地区
机枪阵地
裂缝屋
火车路
遇袭点
据点建筑物
加伊姆

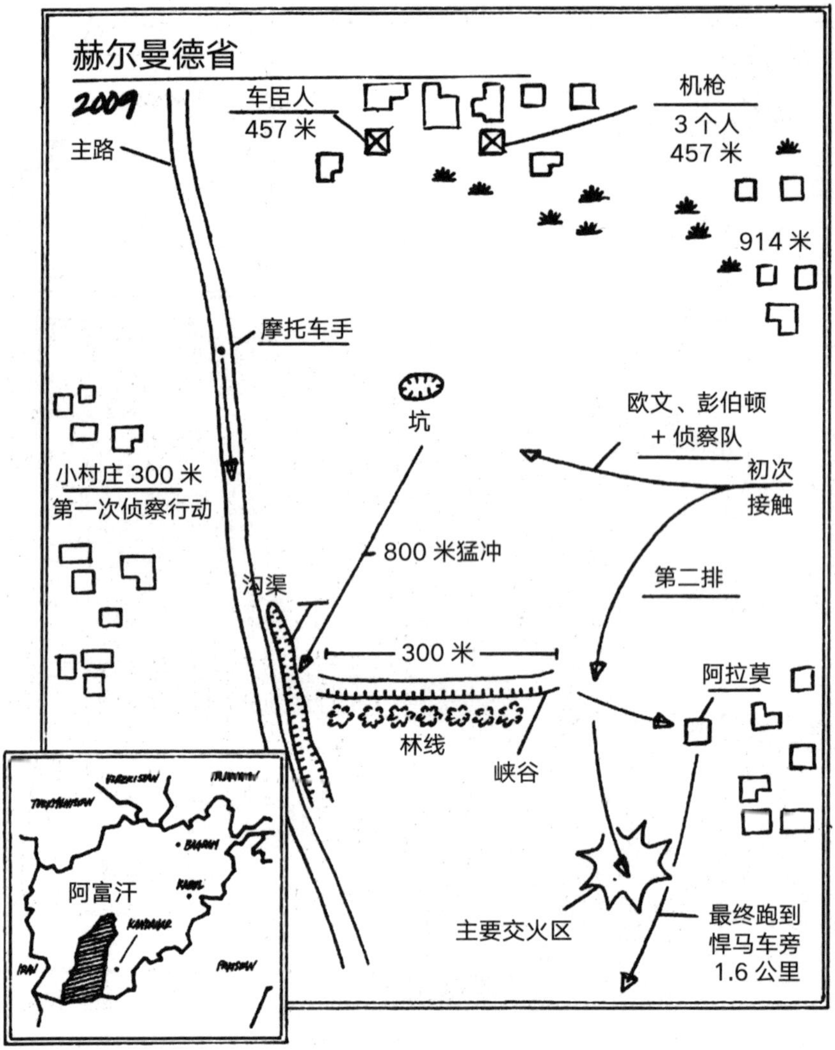
赫尔曼德省
2009
主路
车臣人
457 米
机枪
3 个人
457 米
914 米
摩托车手
坑
欧文、彭伯顿
+ 侦察队
初次
接触
小村庄 300 米
第一次侦察行动
800 米猛冲
第二排
沟渠
300 米
阿拉莫
林线
峡谷
阿富汗
主要交火区
最终跑到
悍马车旁
1.6 公里

序幕　向死而生

人皆有一死。绝无例外。

——斯蒂芬·金,《绿里奇迹》

我与死亡的关系非同寻常。

对于绝大多数人来说，死亡是如此神秘，而且对于死亡，我们充满了恐惧并极力避免、逃避，抑或否认，甚至到了假装不知道有其存在的程度，至少到六七十岁时，我们身边的熟人和我们深爱的人终将陆续离开我们。

对我而言，死神的面孔就像当地咖啡店里咖啡师一样熟悉。

2002 年 3 月 4 日清晨，寒冷刺骨，我和 7 名队友在一架代号为“剃刀 1 号”的 MH-47“支奴干”直升机内坐了几小时，期间不能走动。最终，我们停在阿富汗北部的巴格拉姆空军基地，就地等待起飞命令。我们被编成一个快速反应部队，准备飞往距离巴格拉姆空军基地以南约 160 公里靠近巴基斯坦边境的沙伊库特谷，解救被困在山顶的海豹突击队队员尼尔·罗伯茨，连同为了营救他反被敌人火力压制在那里的一个海豹突击队小组。

终于，我们等到了命令——不是“起飞”，而是“下机”。

就在最后一刻，我们因为至今仍不知道的原因（毫无疑问是政治上的），被赶下了“大鸟”，取而代之是一支美国陆军游骑兵小组，就在我们原地待命时，他们飞向原本我们应该前往的地方。由5名游骑兵组成的营救小组——本来应该是我们这支队伍——再也没有回来。罗伯茨也没能活着回来。相反，他成了这场被称为“反恐战争”新冲突中牺牲的第一位海豹突击队队员。

几周后，海豹突击队队员马修·布儒瓦在阿富汗坎大哈郊区，从悍马车上下来时踩到了地雷。让人不禁后怕的是，就在两个月前，我驾驶的悍马车正好停在那个地方，一枚反坦克地雷上。之所以没有被这该死的东西炸得灰飞烟灭，是因为爆炸装置安装时出了问题，不管是谁安装的，都可以说这件事情办得相当糟糕。

但上次那样的安装失误并没有再次出现。与那次我的悍马车轮胎下的地雷不同，这次马修踩到的爆炸装置安装正确。瞬间，他成了在阿富汗牺牲的第二名海豹突击队队员。

你可以说我又一次欺骗了死神，我可并不这么想。俄耳甫斯也许欺骗了哈迪斯；导演英格玛·伯格曼也许让马克斯·冯·叙多夫与死神赌了棋；但毕竟这些都只是虚构的故事。**在现实生活中，死神不是你的把戏或者花招就可以轻易欺骗的。**死神就像风：它能吹遍自己想去的地方。你不能与死神讨价还价；你阻止不了它的想法。你唯一能够做的，正如任何一位水手会告诉你的，尽量利用它。

我们从来没有真正离开过阿富汗，而且很快也去了伊拉克以及世界其他许多地方，死神更加频繁地与我们如影随形。2012年起，我开始写一部名为《与英雄为伍》的小说。感谢战友们，他们在反恐战争期间不吝向我分享自己的人生故事。小说还没有完成第一稿时，我挚友格伦·多尔蒂在利比亚班加西的一次行动中阵亡了。就在本书书稿完成之前，另一位朋友克里斯·凯尔，一名海豹突击队狙击手，在得克萨斯州试图帮助一名落难的兽医时不幸牺牲了。我本来觉得本书是对我想法的表达；不曾想，本书却是我与死神共同完成的。

正如古往今来的思想家所指出的，你与死神的关系会影响你与生活的关系，甚至可能起到决定性作用。北美洲土著苏族奥格拉拉部落首领疯马策马进入小巨角河战役时大声喊道，“今天是个送死的好日子。”这不仅仅是勇气和无畏的宣示。拥抱死神是可以让你尽情享受生命的唯一途径。“对死亡的恐惧源于对生命的恐惧，”马克·吐温如是说，“活得充实的人已做好了随时就死的准备。”

之前说过，我与死亡的关系非同寻常，但实际上，特种部队的每一位狙击手都是如此。

狙击手在现代战争中扮演着多重角色。他们是观察和侦察大师，通常是指挥官在敌后的主要情报来源。狙击手是追踪高手，为了追踪某个线索或者观察人们的行动，往往会持续跟踪数小时甚至好多天而不发一枪一弹。他们还是心理战的重要资产；狙击手可以在敌方成千上万士兵的心中埋下混乱和不安的种子。高级狙击手培训也许是世界上所有训练科目中最严格、最残酷的，学员学习的技能范围之广和纪律程度之严绝对令人震惊，从数字摄影、卫星通信到物理学，再到连拉斯维加斯赌场的小商贩都感到绝望的记忆力训练。

然而，尽管这些都是世界上最复杂的技能之一，实际上，狙击手的基本任务却极端简单。狙击手的工作就是策划、编排和执行死亡计划。

当然，杀人的经历并非狙击手独有。杀人本来就是战争的自然属性；每一个陆军、海军和空军士兵都被置于同死神面对面的场合，许多人都确实杀过很多人。一排坦克、一个飞机战斗群、一群步兵：所有这些人的使命都可能是去送死——只是以更加混乱、更加随意、更大规模的方式。他们将巨额资金和物资花费在战场上，杀戮成百上千的生命，毁坏街道村镇，肆意破坏环境。

狙击手的任务就是，独自一个人，在一瞬间，将死亡送给某个个人。

狙击手的猎杀行为与战争中的其他任何杀戮行为不同。一方面，狙击手的猎杀行动更加精确、高效，坦率地说，更加经济。越南战争中，每杀死一个北越游击部队队员或者越共成员，美军需要耗费大约5万颗子弹，成本远高于2000美元。美军狙击手干掉一名敌军士兵则平均仅需1.3颗子弹，成本总计27美分。

狙击手的猎杀行动更加个人化。当然，冒着枪林弹雨在战场核心区域左右冲锋，或者朝墙外丢一颗手榴弹，抑或在穿越一栋建筑物时朝敌人进行侧臂射击，都会使你的肾上腺素急剧上升，这是一回事。但是当你连续多个小时，甚至好几天，躲在某个隐蔽的地方，监视一个人，仔细观察他的一举一动，掌握他的日常活动规律、特殊癖好，通过详尽观察，对他的性格和意图做一个完整翔实的整理总结，则是一种完全不同的经历。

通常情况下，在扣动扳机之前，狙击手对自己的猎杀目标已经是非常熟悉了。

最后，狙击手杀死另一个人的方法都是经过深思熟虑的。更加谨慎、“更加冷血”，你可以这么说，但如果真的这么想，那说明你对狙击手根本不了解。克里斯·凯尔，堪称21世纪最出色的狙击手，经常被问及他对所有被他杀死的人的感受，而克里斯总会将这个问题转到另一个问题：他关注的不是被杀死的人的感受，而是因为他的保护未被他们杀死的孩子们的感受。只要与他们交谈，你就会发现绝大多数狙击手都会这么说。他们在战场上的目的不是杀死多少人，而是尽量挽救更多人的生命。

千万不要搞错：尽管保护生命是目标，杀害一些人的生命却是必需的途径。狙击手，可能比其他任何军事人员，更加能够深刻体会战争的矛盾性与讽刺性。战争的目的是压制或者解决冲突；换句话，就是让狙击手所在一方的民众能够和平生活。你参加战争的最终目标，就是消除影响社会生活正常运转的障碍；促进和平，保护和捍卫生命。

你杀人是为了谁。

狙击手的使命就是，通过取人性命以保护生命。

本书就是关于这么一群人的故事：他们是谁，他们如何完成自己的使命，以及为了成为这样的人，他们所经历过的残酷训练。

第一部分 使命

你很有可能会被安插在这个星球表面最致命的动荡地区。也许你会提前得到相关的信息简报，基于我们最大的能力和目前所有的情报，可未知永远远超于已知。

你将会成为我们军事行动的耳目、雷达和潜望镜。你将会遇到只有你知道究竟发生了什么的情况，并且必须临场做出评估，确定应对措施，即便你从来都没有被明确赋予过这么做的权力。

在一个战争比以前任何时期都更加广泛的时代，冲突的发生，以及取得战争胜利的可能性将都取决于你……

第1章 战士、刺客、间谍

有一种新型战争——就强度而言前所未有，就形式来说却可以追溯到战争的源起——是一种以游击队、颠覆分子、叛乱者，以及刺客的身份开展的战争；通过伏击而非正面冲突、渗透而非军事进攻、侵蚀和消耗敌人而非正面遭遇等途径寻求战争的胜利。

——约翰·肯尼迪，美国前总统

距离索马里海岸数公里之遥

1995年2月27日，星期一，将近凌晨

我虽然从来没有被淹死过，但是离死不远。我并不是说整个训练过程都是在船舰上进行，却可以这样说：我对泡水、被水灌、被水吞噬的感觉是非常熟悉的，那是一种与死亡亲密接触的感觉。早在许多年前，我就亲身体验过这种感觉。13岁在船上工作时，我经常在深更半夜跳下甲板，潜入墨绿色的深水之中，奋力将缠绕到一起的锚解开。人在深水中就会产生一种原始的感觉，即便深水让你惊恐不安，它却可以让你依然感觉非常平和。“尘归尘”，葬礼上常听到的一句话，“土归土……”实际上真不是这样。我们人类并非起源于陆地。我们源于水，水随时都在准备召唤我们回去。

亚历克斯·莫里森刚好也在认真思考死亡与水的命题，因为他感觉到他们的船在午夜时分波涛汹涌的非洲大海上颠簸翻腾。

亚历克斯早在 1989 年就成为一名海豹突击队队员，他于 1994 年中期提前将近一年时间毕业于海军特种作战部队狙击手学校。作为海军军官的儿子，出于对探险不可抑制的渴望，他加入了海军。他觉得自己可能会有所成就。

他环顾四周，在黑暗中睁大眼睛。

他们大约 50 人，像全副武装的沙丁鱼一样，挤坐在一个瓦楞铁皮集装箱里的长凳上，拴在一艘水陆两用气垫船上，正在全速驶向数公里外的索马里海滩。不能出去张望，尽管午夜时分的大海上并没有多少值得观看的东西；但是，站在甲板上，至少可以看到满天的繁星，也可以看到远处的天际。如果有什么事情发生，他们也可以**做**一些事情。

根本不行。唯一能做的就是认真思考他们即将面对的使命。“重拾希望行动”，这是 1992 年行动刚启动时，他们给起的名字。这是一项旨在为饱受战乱蹂躏的索马里重建社会秩序与稳定的国际援助项目。想要了解该项目的启动背景，你只需要回顾一下 1993 年 10 月的摩加迪沙之战即可。

但这更像无望行动，亚历克斯心中暗道。

既然终止了这项行动，总得有人回到摩加迪沙，将滞留在那里的几千个美国人员接回去，他们居住在海滩机场里或者周围的建筑物里。不能乘飞机离开，因为到处都是疯狂的、嚼着阿拉伯茶的索马里武装分子，手里都是地对空导弹。也不能乘商船离开，因为到处都有迫击炮、火箭推进榴弹等。所以必须通过军事行动，非常谨慎的军事行动。这就是亚历克斯和野战排出现在这里的原因。

这次行动共涉及约 14000 人，尽管真正的登陆武装人数并不多。绝大多数人员将留在联合舰队舰船上，这 24 艘船停靠在距离索马里海岸约 6.5 公里的地方，准备接应撤离人员，并对行动提供支持。这可能是自 1950 年从朝鲜撤离之后，我们在军事紧张地区最大的一次水陆两栖撤退行动。

大约一半登陆武装将会乘坐大型登陆舰从机场北边的港口登陆。还有成百上千的武装人员乘坐两栖突击车辆（实际上是防水坦克）进入摩加迪沙。还有一些武装人员乘坐直升机进入。但不是亚历克斯。他和其他几十个“沙丁鱼”乘坐气垫船抵达机场跑道旁边的海滩，到达目的地之后，他和野战排的其他狙击手在其支持分队的协助下迅速散开，为整个任务过程建立警戒安防点。这项任务需要悄悄进行——不放一枪。毕竟，美国军方同穆罕默德·艾迪德以及其他军阀开展了谈判，他们同意美国军队和平撤离。但是当然，他们在补充条款中提出，无法保证民兵组织或者其他分裂武装不会采取行动，那他们现在会不会呢？

简单地说：一旦美国军队平安撤离，所有的谈判筹码就没有了。

阿富汗东部某地

2002年3月4日，星期一，清晨

罗伯·佛朗蜷缩在冰冷的运输机里，可以感受到支努干直升机颤抖的金属外壳不断撞击自己的后背。他满脑子胡思乱想着。喷气燃料的气味与寒冷的空气凝结到一起，形成了嗅盐似的气味，让人有些头昏脑涨。他似乎需要一些外部刺激才能保持清醒。液压油从“大鸟”内壁流下来，到处都是，就像一个潮湿洞穴的外观。金属地板上，两排由钢管和织带制作的可伸缩红色尼龙座位上面对面坐满了战士。支努干直升机涡轮发动机的轰鸣声和双旋翼的突突声根本无法让他们交谈，所以这些人只能坐在那里各自发呆。

坐直身子，看了一眼机首附近的舱门射手，罗伯望着左侧的一排战士，大脑开始高速运转，他想搞清楚这些战士都分属哪些部队——三角洲特种部队、第101空降师，还是美国陆军第十山地师？飞机上大约有30名士兵，外加机身后方坡道上运载的一辆全地形四驱越野车。与他一起的直升机编队中还有另外7架支努干直升机，运载了大约200名武装人员，这是阿富汗战争中首次大规模进攻行动，共调动了将近2000名武装人员，他们只是其中一部分。

包括罗伯在内，这些人大多没有经历过战争。实际上美国和加拿大超过95%的武装人员都如此。因为，相对而言，过去10年间，世界上基本上没有发生过什么战事。

罗伯朝机首的另一侧望去，舱门射手坐在M240通用机枪旁，以非常优雅的姿势在那里打着盹。M240机枪每分钟可以发射650—1000颗子弹。罗伯颇具数学天赋的大脑在不经意间快速计算。只要机枪手扣动扳机，这个大家伙每秒钟可打出10—15颗子弹。对于通用机枪来说，不错了。

M240机枪使用的是7.62毫米子弹，与罗伯配备的点50口径子弹不同。

口径是用来描述子弹的直径（更准确地说，是指发射该型号子弹的枪管内径），用英寸标识。“7.62”是以毫米为单位。点 45、点 38、点 22，以英寸为单位，是美国枪支弹药的传统标识方式。流行的 9 毫米口径（像罗伯的配枪）遵循的是欧洲米制公约，而罗伯的格斗步枪、C8 式步枪、美军主力装备 M4 步枪，以及自越战以来服役的美国标准步枪 M16，使用的都是 5.56 毫米子弹。

登机之前，罗伯还跟三角洲特种部队一名配备 SR−25 狙击枪的狙击手进行了交流。罗伯很喜欢那支步枪。作为一款半自动步枪，SR−25 狙击枪构造与 M16 步枪相同，只是枪管更长，配备的不是 5.56 毫米子弹，而是 7.62 毫米子弹，这种子弹的杀伤力更大。

罗伯左脚边的地板上摆放着一把杀伤力巨大的点 50 口径狙击枪。他将用这支狙击枪创造历史。立起来，这支枪几乎与罗伯一样高，每一颗像火箭船一样的子弹足有可乐罐那么高。这种狙击枪的最大射击距离可以达到 1.6 公里，其力量可以击穿一个发动机组。正如罗伯所说，那“简直就像上帝的迎脸一拳”。

“十分钟后着陆！”机舱内传来准备着陆的命令。

罗伯又回头望了一眼前排狙击手配备的 M240 机枪，他想知道，在实战中，这个大家伙开火时会发出什么样的声音。

伊拉克侯赛巴

2004 年 4 月 17 日，星期六，清晨

4 月 17 日上午，贾森·德尔加多从银行办公室起床后的第一个想法就是，狗屎。他一大早就对这一天的感觉不怎么好。贾森不是银行家，这也不是一家常规银行。他是美国海军陆战队侦察狙击排排长，伊拉克与叙利亚边境线上一排空荡荡的废弃办公室和货仓，这几个月以来成了他们口中的家。

他从简易小床上坐起来，眼睛在地板上扫了一圈，寻找下脚的地方，环顾四周，寻找唤醒他的枪声来源。透过打开的门，他看到小组另外两名狙击手，乔希·马维卡和布兰登·德尔菲奥伦蒂诺，坐在双层床上，向外射击。

他们的笔记本电脑屏幕上是游戏《侠盗猎车手：圣安地列斯》。

男孩子就是男孩子。贾森摇摇头。“这些家伙，白天的仗还打得不够啊？”

他朝营地围墙外的城市点点头。尽管担任他们的头还不到半年，贾森觉得他对这两个家伙有一种父亲般的责任，对排里其他战士也有这样的感情。尽管不到23岁，贾森已经是美军第七陆战团第三营L连狙击野战排排长，负责维护这座不起眼的城市脆弱的政权。

罗伯·佛朗乘坐的“黎明”号直升机飞向东方的阿富汗还不到两年，这个世界发生了翻天覆地的变化。一年前，即2003年3月，贾森还是北向夺取巴格达、推翻萨达姆·侯赛因政权的美军战斗团的一分子。现在，他带着新任务再次回到这个国家，此行的目的地是伊拉克荒野西部的边境城镇侯赛巴，行动基地距离叙利亚确实是字面意义上的一石之遥。

侯赛巴，这个三音节词大概的意思就是“我简直无法相信我们身处这鬼地方”。作为伊拉克西部毒品交易、军火贸易和腐败之都，侯赛巴让萨姆·佩金帕的《落日黄沙》场景看起来像一所女子精修学校。

贾森走到地上，抓起M40A3狙击枪。尽管与罗伯的怪物点50狙击枪不太一样，但也是一个颇具杀伤力的大家伙。手动栓式M40狙击枪使用点30-06子弹，点30-06指子弹的口径（点30）和被美国军队采用的时间（1906年）。手动栓式是指这种步枪不像M16或SR-25等半自动步枪一样可以快速射击，但它却具有非凡的穿透力和惊人的稳定性。

他朝简易厕所走去，手里提着狙击枪。你永远无法预料，某些人会在什么时候突然从墙外发射一枚迫击炮弹。

贾森很沮丧，非常恼火。更糟糕的是，他非常忧虑。6周以来，他一直说外面的街道上正在酝酿着麻烦，不是每天都会发生的街头爆炸，而是更加严重的问题。似乎没有人相信或者明白他说的话。就在几天前，他的一名狙击手被子弹击穿了双腿。另一名海军陆战队士兵阵亡了；还有一名处于昏迷状态的狙击手被送回了美国，很可能没救了。贾森觉得这并不像一连串无关的不幸事件。绝非随机性袭击。

贾森是在街头长大的。他知道坏事即将发生时会有异样的气味。他现在就闻到了这种味道。

阿富汗赫尔曼德省某地

2009 年 7 月 9 日，星期四，中午

尼克·欧文站起身子，伸了一下懒腰，打了一个哈欠。他低头看了一眼自己昨晚睡觉的地方：一处沙漠灌木丛和一块用作枕头的岩石。尽管不是希尔顿酒店，但还是一个安身之处。睡了多久？他瞥了一眼手表。两个多小时。太不可思议了。过去 4 天里，尼克几乎没有合眼，只是在不同地方偶尔偷偷眯几分钟，在过去 90 小时里，睡眠时间总计不超过 3 小时。

他弯腰从地上捡起那支“风骚的戴安娜”，这是他给 SR–25 狙击枪起的名字，当然是以迈克尔·杰克逊同名歌曲命名的（该首歌曲 1988 年发行时，尼克还不到两岁），睡觉前他非常小心地将它放在那里。作为美军主力 M40 狙击枪的近亲，SR–25 狙击枪比贾森的 M40 狙击枪要短一些。尼克喜欢它，因为它更加短小轻便，就像他自己一样，还因为它的半自动功能。作为在伊拉克和阿富汗参加了 5 次作战行动的美军游骑兵特种部队士兵，他深知这款步枪非常适合密集、快速的射击节奏。尼克的任务与越南战场上的形势完全不同，越南战争期间狙击手都是长时间瞄准，缓慢射击，即射击一次杀死一个敌人的节奏。至少到目前为止是如此。不，他所遇到的各种糟糕情况则更像经典的近距离作战，游骑兵动辄连续好几天全接触、不择手段的搏斗训练似乎与狙击手的根本任务风马牛不相及。

从人数上来说，游骑兵的特别行动部队规模相对比较小，却有着不同寻常的行动速度。尼克在伊拉克的部队常规情况下每晚执行两项任务，有时也可能达到四五项。他们会出去打击目标，再返回基地休息一下，吃点东西，指挥官会通过无线电波告诉他们，刚刚又得到关于新的打击目标的情报，所以他们会立刻再次出发。

20 世纪 90 年代，游骑兵特种部队或多或少还只是扮演着战场支撑的角色，正如 1993 年摩加迪沙之战时，尼克所在的游骑兵第三营的任务就是配合三角洲特种部队作战。在 21 世纪的不对称作战中，情况很快就大不一样了，游骑兵作战部队开始独立行动，收集情报并完成任务，他们清楚自己的高价值目标。作为游骑兵特种部队的狙击手，已经成为与特种武器和战术部队（SWAT）狙击手一样精锐的军事人员。反应快速，近距离奋力拼杀，不断运

动。绝对不是穿着一身吉利服，用长达一周时间搜寻某个目标，趴在那里等待目标出现的时候甚至尿在裤子里。尼克将“风骚的戴安娜”的射程范围保持在274.3米距离，对于狙击手来说，这个距离相对比较短，而且他多次开展过更短距离的射击。

他溜达到正在玩扑克牌的几名海军陆战队队员身边。尼克和观察员迈克·彭伯顿是部署在这里仅有的两名游骑兵特种兵，作为海军陆战队哨所中的临时客人，他们现在才知道这里位于赫尔曼德省中部。

作为阿富汗南部边境一个非常突出的省份，赫尔曼德省与罗伯·佛朗在7年前的2002年看到的阿富汗其他地方截然不同，那时候阿富汗战争刚刚打响。这里没有山脉，一眼望去全是低矮的灌木丛、荒漠，以及城市地形。当然还有罂粟。数以亿计的罂粟。赫尔曼德省是全世界罂粟种植面积最大的地区。换句话说，这里是全球海洛因中心，意味着也是塔利班的老巢，日益成为国外激进势力的庇护所。

美国在这里的驻军，到目前为止，基本上为零。

“嗨，我们听说你们两个家伙要去那里了，”一名海军陆战队队员说。

“那是一个非常遥远的鬼地方。”

确实如此。尼克和迈克向敌人后方纵深进去，那个地方，如果没有完善的军需补给，就连海军陆战队队员都不愿意去，这一点尼克很快就会领教的。

“小心那个车臣人！”另一名海军陆战队队员提醒他们。

车臣人？尼克心里嘀咕道。**车臣人到底是个什么鬼啊？**

索马里1995年。阿富汗2002年。伊拉克2004年。阿富汗2002年。

4条线索绘制出美国的战争地图。过去15年重新界定了现代狙击手的本质，以及像亚历克斯·莫里森、罗伯·佛朗、贾森·德尔加多之类特种部队狙击手，尼克·欧文在每个轴点都发挥着决定性作用。

当亚历克斯在黑暗中沿着摩加迪沙海岸朝集结点靠近时，我驻扎在圣迭戈，在某反潜直升机中队担任救生员，离进入基础水下爆破／海豹课程（BUD/S）还有两年半时间，成为一名狙击手是我当时最大的夙愿。7年后，在罗伯·佛朗登上支努干直升机飞赴阿富汗战场时，我在阿富汗，距离其部署点仅数公里之遥，彼时我是海豹突击队第三大队埃克排的狙击手，就地待命，还不知道会不会在尼尔·罗伯茨等人之后受命进入战场。当贾森·德尔加多于2004年4月17日上午在伊拉克侯赛巴镇起床时，我和在基础水下爆破／海豹课程的同学埃里克·戴维斯在返回美国途中，参加一个全新的海军特种作战大队（即海豹突击队）狙击手培训课程，在接下来的几年时间里，我将在那里担任课程教练。2009年，当尼克·欧文在阿富汗赫尔曼德省向塔利班老巢纵深插入时，我加入一家私人公司，正在撰写一部关于狙击手的书籍，开始我的军事、外交分析师和媒体评论员的全新职业。不管是局内人看外界，还是局外人看内部，作为一名在特种部队狙击手领域度过15个春秋的老兵，这里是我的家、我成长的地方，也是一个我迷恋不舍的地方。

这的确是一个令人着迷的世界。

一提起“狙击手”，你的脑海中很可能会出现一个非常模糊的身影，深度伪装，防止被任何人发现，静静隐蔽在某个地方，动辄多个小时，甚至数天，像蛇一样等待最佳攻击时刻的到来，在难以想象的距离以致命的精准度将目标一枪毙命。你也许会想到美国海军陆战队传奇狙击手卡罗斯·海斯卡克，越南人称其为“白羽”，因为他的帽子上有一根白色的羽毛。海斯卡克最著名的战绩，是花费整整三天时间，在914米开外，一枪击穿一名北越将军的心脏，直取其性命。1967年，海斯卡克以2.286公里的距离击毙目标，从而创造了世界上最远的狙击距离，这一纪录一直保持了数十年。

或者你会想起瓦西里·格里戈里耶维奇·扎伊采夫，苏联放羊娃出身的狙击手，因电影《兵临城下》（裘德·洛饰演）而名声大噪，在1942年的斯大林格勒保卫战中击杀200多名敌人。抑或你会想起澳大利亚华裔狙击手沈比利，因击毙200多名敌人（很多人甚至相信他击毙了近300人）而著称于世，在1915年的加里波利战役中，他更是冷静出击，一枪直中奥斯曼神枪手“可怕的阿卜杜勒”眉心，令其当场毙命，而就在沈比利击毙阿卜杜勒的同时，阿卜杜勒也用狙击枪瞄准了他。

有些时候，狙击手的任务的确就是这样的，但并非总是如此。

越战时代狙击手的经典形象就是人们心目中的黑桃A，但在21世纪的现实战争中，特种部队狙击手经常被要求扮演扑克牌里的一张普通牌，为整副牌服务。

狙击手之所以充满神秘感和魅力是有原因的。狙击是一套具体的技能和训练，但同时又不仅于此。精英狙击手训练旨在开发作战人员的全方位能力，使其掌握人类能够掌握的所有技能，成为几近全知全能的全天候军事人员。作为狙击手，必须精通与战争相关的各领域技能，从整体战术观到最细微的细节，并且能够将个体行动与整体战争有效地融为一体：浑然一体的军队。

现代狙击手必须是近身格斗高手、近距离突袭专家、杀人／追捕猎手，以及监视／保护突击队的精英。他（她）必须掌握远程射击及其他相关技能。最后，必须具有非凡的监视和侦察能力，因为狙击手首先而且永远是情报高手。狙击手的许多任务都在敌后默默开展，往往不费一枪一弹，尽管被要求必须这么做，但他（她）必须做好百分之百的准备，一旦收到行动命令，射击，并且要有超凡的精准度，无论是1600米开外远程射击，还是不到200米的近距离射击。仅仅拥有上述各方面能力，或者更加优异，或者差强人意，还是远远不够的。作为现代战争中的狙击手，必须绝对精通三大技能体系：高超的攻击能力、精准稳定的射击能力，以及超强的侦察能力。

战士、刺客、间谍。

在接下来的几天到几周里，亚历克斯、罗伯、德尔加多，以及尼克将会开始在这些角色之间来回转换，有些时候转换时距可能是几分钟，有些时候可能仅需几秒钟。

索马里海岸

1995年2月27日

亚历克斯·莫里森用几分钟时间认真思考了一下接下来几天他将可能面对的所有情况。

他正在组装一支由麦克米伦公司生产的点50口径M88狙击枪，该狙击枪是罗伯·佛朗7年后会带到阿富汗前线的大家伙TAC−50狙击枪的前身。M88尽管没有TAC−50长大厚重，但是基本上差不多。宣传声称该枪可以精确命中1.8公里之外的目标，亚历克斯的远程狙击枪（LRSW）配备的是劳福斯MK211穿甲爆炸燃烧弹，枪口初速度接近0.9公里／秒。

当年美国人侵巴拿马时，海豹突击队就是用这种狙击枪让曼努埃尔·诺列加的专机瘫痪的。另一位使用过该狙击枪的海豹突击队员称其为“野兽”。

与此同时，这是一个需要不断操作的家伙。但是，作为一种单发武器，这款狙击枪与后来我们所熟知、深爱（并依赖）的高效半自动狙击枪完全不同。使用 M88 狙击枪时，必须拉出枪栓（将枪栓拔出来），然后放入一颗子弹，将枪栓装回枪体并让枪栓复位，瞄准、射击，然后取下枪栓，敲击一下枪体，退出弹壳，装进去一颗子弹，再进行射击。这的确不是一款快速武器，绝对不会拥有你在战争中所需要的速度。

但这也不会有什么问题的，难道不是吗？根据简报，这里不会有大的暴动。这是一次和平撤军。他们此行的角色不是战斗，而是一种秀肌肉式武力战术展示行动。作为一种震慑存在，换言之，防止暴力，而非卷入战争。

当然必须清楚记得，这里是**索马里**。一个令人疯狂的地方。亚历克斯和黑暗中坐在长凳上的每一位战士都非常清楚，在这个地方，什么事情都能发生，很可能会发生。**很快就会经历一切的**，他心里道。**与此同时……**

对于海豹突击队队员来说，最让他们感到疯狂的事情是，待在一个根本无法行动的地方。但是在气垫船上，他们除了呆坐着，根本别无选择，现在俨然就像一瓶沙丁鱼罐头。

他们就这样在黑暗中，像晃头玩具一样，在气垫船颠簸不平的摇晃中来回晃动着，脑海中闪现着发生意外时的景象，该死的气垫船在沉水，可拆卸军用集装箱和一切都在沉水。一般来说，海豹突击队队员从来不会因为随时迫近的死亡威胁而大惊小怪，但莫里森还是忍不住想，在索马里海岸被淹死在这种罐头盒子似的驱逐舰里绝对不是一个令人满意的死法。

沙希果德峡谷

2002 年 3 月 4 日

蟒蛇，此次行动以世界上最大的蛇命名，这种蛇通过缠绕猎物的身体，不断收紧缠绕圈，用力挤压，迫使猎物屈服并窒息而亡。这也是美国的阿富汗战争整体计划，而此次军事行动是这次军事入侵的第一次大规模攻击行动。

9·11 事件之后，美国人直接闯入了阿富汗，搜寻、追捕或者猎杀这次恐怖袭击的主谋。与此同时，我们非常谨慎，不希望我们的介入引起太广泛的关注。我们不希望做任何让人们回忆起 20 世纪 80 年代苏联侵入并占领这个岩石与罂粟之国的事情。占领高峰期时，苏联在阿富汗的驻军一度达到120000人。到目前为止，我们仅在阿富汗投入几百名特种部队士兵。当时非常谨慎，正如后来许多人所指责的，有点过度谨慎。

年底前将基地组织头目及塔利班骨干成员在托拉博拉一网打尽的计划，遭遇了令人沮丧的失败：这些坏蛋全都成了漏网之鱼。解决方案：织一张更具杀伤力的网，一张由美国及其盟友更多的武装猛男织成的大网。那就是“蟒蛇行动”。

计划是这样的。一个代号“锤子”的行动小组将对沙希果德峡谷发起进攻，基地组织头目和塔利班骨干成员据信已逃匿至此。行动小组从西北方向发起攻击，另一个代号“铁砧”的行动小组将在前面堵截，形成蟒蛇的缠绕圈，防止被驱赶的敌人试图逃跑，这个小组的人数更多。“锤子”主要由阿富汗军队组成，在美国特种部队“军事顾问”和空中武装力量帮助下开展行动。“铁砧”将从南面发起进攻，而在山谷西南面出口处形成一个半圆形埋伏圈，这个埋伏圈由数百名常规部队士兵组成，绝大多数来自美国第101空降师和美国陆军第十山地师、澳大利亚特种空勤团、美国海军海豹突击队和三角洲部队、其他匿名特种部队队员和隐蔽行动人员，以及加拿大的6名狙击手。

其中还包括一名刚从学校毕业的菜鸟狙击手。

作为一名来自加拿大内陆地区的猎手，罗伯表面看起来就是一位平淡无奇的邻家大哥。身高1.80米，中等身形，金发（尽管最近剃了光头），浅蓝色的双眼。语气温和，说话字斟句酌，语调平缓。躺在静水池凉爽的地板上，这位士兵看起来就像在家里一样惬意，身处战争一触即发的危险境地，他犹如坐在计算机中控台前的指挥官，平静如常。也许，他生性并不好斗，但是，毫无疑问，谁都知道他如何了结一个人的性命。5年前，他还是一个整天敲键盘的白领，如今，他变身成为加拿大国内顶尖的狙击手。

加拿大帕特丽夏公主轻步兵团是一支由大约2000名士兵组成的强悍武装；罗伯所在的部队第三营，与尼克·欧文所在的美国陆军第七十五游骑兵团大致相当。作为最早参加第一次世界大战的加拿大军队，轻骑兵团赢得了“首战有我”的战斗格言。如今，一个世纪之后，他们又一次投身到战争中。

9·11恐怖袭击事件之后，加拿大在这场全新的反恐战争中投入了大约900人的武装力量。这900人中，只有6人经过严格挑选有机会参加此次高度机密的沙希果德峡谷行动。2 月 1 日，刚拿到狙击手学校毕业证书，罗伯就和妻子在阿尔伯塔省埃德蒙顿市买了一套新房子。第二天，他登上了一架飞往德国的飞机，最终目的地是阿富汗。

“5 分钟之后着陆！”

3 月 3 日，罗伯和 5 名同伴登上前往巴格拉姆的飞机，发现自己是这架 C–17 大型运输机上仅有的乘客。这是一种非常恐怖的景象：尾舱的大斜坡缓缓延伸上去，可以看到整个机舱内空荡荡的，仅有 6 名乘客向机舱走去，就好像电影《第三类接触》中地球人进入宇宙飞船的感觉。除了机组人员，他们就是仅有的乘客。

此行的目的是执行一个为时 24 小时的任务；至少，给他们的简报是这么说的。负责制定蟒蛇行动计划的人认为，山谷里的武装分子不会超过数百人（后来证明，不下几千人）；认为不会有太大的抵抗（又错了）。美军的预期是两日之内，叛乱分子将会就投降事宜要求进行谈判，这也反映了军方最高层的预判，但这种判断建立在阿富汗叛乱分子已然成为囊中之物的想象基础之上。

当他们到达 C–17 运输机斜坡顶端，伺服电机带动舱板开始上升时，一位加拿大军官冲到跑道上，双臂挂满了装备。“嗨！”他一边冲向飞机，一边大声喊叫，“伙计们！一定要戴好头盔！”追到飞机跟前，他站在那里，大口喘着粗气。“嗨，给你们，”他喘着粗气将一堆装备举起来，“你们用得着的，防弹衣。”

罗伯和其他狙击手相互对视了一下，然后回头看着那名军官。

“啊哈，”其中一名狙击手说道，“我们才不要穿那些狗屁东西。”

机尾舱门缓缓关闭，跑道上留下军官和装备，在风中凌乱。

侯赛巴

2004 年 4 月 17 日

你可能会发现，贾森 · 德尔加多与罗伯 · 佛朗的性格截然相反。贾森身高 1.75 米，身形偏瘦，就像一根电线杆。他不仅能说，而且还会发出一连串带脏话的波多黎各口音的布朗克斯语，就像单人机枪小组在舞台上的即兴表演。但是仔细听，就会发现这些言辞背后的微妙智慧。

刚开始打拼时，贾森曾经因为自己出生于一座非常偏僻的内陆拉丁裔聚居城市而愤愤不平，但是在美国海军陆战队的几年艰苦训练磨平了他的棱角，也将他火爆的脾气打磨成一把沉稳内敛的刀锋。这是一个能看懂一切事情、读透一切人、洞悉一切形势的家伙，能够透过光怪陆离的表象，直击问题本质。这些能力加上过人的气质，让他有了今天的成就，他已担任野战排排长，正是这种身份和责任告诫自己，不管别人怎么说，侯赛巴的街道上的确正在酝酿着一些不好的事情。

从侯赛巴出发，沿着幼发拉底河一路向西南延伸，大概 320 公里之后，就会看到好几座大城市：拉马迪、费卢杰、巴格达。整个 2004 年，这条道路变成了叛乱分子的走私和战争资源黄金通道。与毒品通过迈阿密，然后一路沿着东部海岸最后分散到纽约大街小巷一样，武装分子和武器弹药从叙利亚边境源源不断涌进伊拉克，然后经过侯赛巴，再沿着幼发拉底河一路向东北，进入伊拉克内地，最后到达在未来几年将陆续爆发重大叛乱的一些地区。

但是我们当时并没有意识到这一点。贾森 · 德尔加多带上 M40 狙击枪去简易盥洗室刷牙，开始 2004 年 4 月 17 日一天的生活。萨达姆政权倒台一周年刚过去不久，入侵已经结束好久。我们赢了。长官布莱恩 · 麦考伊用绳子将萨达姆雕像拉倒在地后，贾森就开始在巴格达天堂广场执勤，提供安全保障。他亲眼看见欣喜若狂的伊拉克民众尖叫着，向美国军人抛鲜花，给他们一篮子一篮子地赠送食物，以示感激和兴奋之情。堪比 1945 年巴黎解放后民众欢迎和感激美国军人的盛况，叮咚，独裁者死了。即便没有真的死掉，毫无疑问被赶下了台。现在唯一的任务就是重建基础设施，赢取民心，帮助这个国家从废墟之中重新站立起来。

至少，剧本是这样写的。近两个月以来，贾森和队员们承担着边境城市警察的任务，试图在美国政府向当地学校提供计算机和为足球场提供足球的同时维持和平（正如贾森所说：“他们要拥抱这些人，但却用彩虹杀死他们”），当然，在人们的印象中，伊拉克行动的“战争”阶段早已结束，我们现在在伊拉克的任务就是单纯的援助，帮助他们过渡到一个全新的社会。

但贾森的直觉告诉他，这种印象可能即将改变。

赫尔曼德省

2009 年 7 月 9 日

尼克 · 欧文是一个相当矮的家伙。“我以前身高 1.88 米，”他喜欢这样开玩笑，“但是长期负重跳伞，将我的身高压缩到现在的 1.70 米。”青少年时期的他，骨瘦如柴，小伙伴们给他起了个外号叫火柴人，但是尼克用事实证明思想远胜于身体的理念。经过多年的锻炼，他让自己的身体强壮得比斯蒂夫 · 乌尔克尔更像 T 先生。T 先生现在配上战斗力爆表的狙击枪，让你根本不想去惹这个家伙。

他也是我见过的最优秀的射手之一。房间里到处都是靶子，他随时都在进行空弹射击训练。这家伙的射击水平都可以参加奥运会了，这说明他是多么专注于业务技术。这家伙就是一个天生的狙击手。

当然，经过多年的艰苦训练，才有了今天的成就。在最初的军旅生涯中，他曾担任过各种角色，从破门者到斯特瑞克装甲车驾驶员，到机枪手，再到点 50 口径枪手，然后进入游骑兵学校，获得了游骑兵身份。直到 2008 年他才最终完成了正规狙击手培训科目，长达数月的训练。现在，他终于到了军旅生涯的最后一个岗位，作为一名战士，他找到了自己的真正归宿。

这是一个绝佳的时机，因为尼克进入这场战争的 2009 年春天是独一无二的机会，唯独需要像他这样拥有高超狙击能力的人。

当年早些时候，白宫宣布计划向阿富汗增兵，美国可能增兵多达 17000 人，因为阿富汗的形势正在恶化。到当年夏末，阿富汗战场上的美军人数将会超过 20000 人。

7 月 2 日，就在破晓前，4000 多名美国海军陆战队士兵涌入阿富汗北部的赫尔曼德省，试图在阿富汗即将到来的总统选举之前清除该地区的叛乱分子。这是自越南战争以来规模最大的一次海军空运行动。官方将这次行动命名为“弯刀行动”，又称“打击之剑”。随着各项任务的逐步展开，该行动获得了一个更为人所乐见的昵称。

“这个夏天，你们将改变世界，改变就始于今天上午，”在士兵们准备登上直升机时，第八海军陆战团第二营指挥官如是告诉他们：“美国和全世界都在关注着你们。”他们对此次**“坚决之夏”**行动给予了无法言表的最高期望。

“坚决之夏”，的确如此。

据媒体报道，西方军队此前从未在此地出现过。正如一位海军上校说过的：“我们将开天辟地。我们要到一个无人类涉足的地方。”非常激动人心，但不是非常恰当。尼克和游骑兵队员驻守此地长达数月之久，殚精竭虑地镇压叛乱，清除高价值目标，为海军陆战队的到来清除这一地区的反叛势力铺平道路，做好战争准备。就在“弯刀行动”发起当天，尼克应征与一个衣着邋遢的纵深侦察员小组冒险进入无人区，即便配有极具杀伤力的武器装备，也极少有西方人敢轻易深入该省腹地。

他现在在海军陆战队阵地南面不足50公里的地方。如果道路交通良好，只需半小时车程。很遗憾，道路交通条件极差。

尼克对这次大规模行动的战略背景一无所知。这些都远远超出他这个薪资水平特工的知情范围，指挥官一般不会就这种宏大的战略行动给士兵做任何解释或者分享。尼克唯一知道的就是，他们应当尽可能多地杀死或者逮捕坏人。事实证明，这里的坏人真不少。据他估计，在被部署到这里的几个月时间里，他领导的小组歼灭了将近1000名反叛武装分子。在一次行动中，他和迈克仅一个晚上就击毙了6名塔利班指挥官，使得塔利班在马尔贾地区销声匿迹了长达一周半。

尽管如此，他之前所有的经历和成就对目前所面临的形势没有任何借鉴意义。

他将陷入搏命之战。

沙希果德峡谷

2002年3月4日

“3分钟后着陆！”

就在支努干直升机到达预定着陆地点时，罗伯·佛朗听到前面机枪手手中的M240机枪咆哮着开火了，哒—哒—哒—哒—哒哒哒的枪声打碎了他的思绪。当他还在奇怪这家伙究竟在朝谁开火时，突然发现一群涂有明绿色示踪剂的人正在朝他们冲过来，并从直升机的小舷窗旁边经过。

他可以感觉到直升机剧烈地向右旋转。他们在向飞机开火。

还没有到达着陆区，但任务方向发生了偏差。

战争打响了。

第2章 为狙击而生

年轻时，我经常坐在森林里，等待命令。我往往只能等着兔子和松鼠，因为迟早那棵树上都会跑来一只松鼠，或者那个树桩前跑来一只野兔。我就是知道。我也不知道为什么，但就是知道。

——卡罗斯·海斯卡克

我们将在本书中介绍美国海军特种作战部队（海豹突击队）狙击手科目、美国海军陆战队狙击手基本课程和美国陆军狙击手科目，以及其他狙击手培训科目，包括军用和民用，这是世界上最复杂、最艰苦、最枯燥的训练项目。但是这些科目都不是让一名狙击手成为真正的狙击手的根本原因，任何科目都不能训练出真正的高手。对于那些顶尖的狙击高手来说，他们是天生的，并非任何训练科目造就的。

枪手猎人学校分为三个阶段，当然并非所有学校都是这种学制。也许你会认为这三个阶段就像国民教育序列的小学、中学、研究生教育三个阶段。第一阶段，即小学阶段，随着你毕业后应征入伍，也就结束了。

这个阶段在正常社会中就是人们口中常说的“孩提时代。”

罗伯·佛朗是家里6个孩子中年龄最长的，从小成长在纽芬兰福戈岛，那里是加拿大东海岸的一个小岛，非常偏僻遥远，拥有自己的时区。他家乡所在的镇（总人口：可能有 300 人）是一个渔民社区，严酷的气候条件和艰苦的生活造就了当地居民坚强的意志力和品格。罗伯的父亲是渔业及海洋部的一名官员，或者按照当地人的说法，就是“渔政警察”。作为文明边缘小镇上的执法工作者，父亲的工作绝不轻松。罗伯早就知道如何利用自己的拳头。

罗伯的童年大部分时间在户外度过，要么在水上打鱼，要么与父亲到森林里猎杀驼鹿，抑或为家里的采暖收拾柴火。打学会走路起，他就可以根据天上的星星、植物生长方向，以及老猎手的言传在荒郊野外自如行走。

7 岁那年，他得到了人生第一把枪：一支压动式气枪。对罗伯来说，他感觉自己简直就是获得了一辆法拉利。他对那支气枪的爱护到了无以复加的程度。当然，他很快就意识到自己的气枪威力多么弱小，9 岁那年，罗伯换上了一支弹丸枪。从那时起，父亲开始花时间教他如何正确对准标准线，以及如何远距离调整射击目标等。罗伯从来没有听说过“射击原理”之类的术语，如果他真的听到，也根本不知所云。他只想射得更好，能够打死鸟雀。

每天放学后，罗伯一回到家，立马就带上枪和一盒弹丸奔向家的后院，在罗伯的字典里，“后院”就是指大片开放的森林，在那里练习打鸟、射击木头目标，或者其他任何他可以找到的射击目标。通常情况下，弟弟也会背着自己的枪陪在他身边，与他一起练习射击。他们会在溪水里抓小鳕鱼（北大西洋地区的一种鱼类），然后把它们放在一块木头上作为练习射击的靶子。很快，这些小鱼就会吸引来许多苍蝇。

有一天罗伯对弟弟说：“嗨，我们为什么要射鱼呢？我们来打苍蝇吧！”

于是他们由射击鱼升级到打苍蝇。他俩经常会有一个人大声尖叫：“我觉得我射中了一只！”然后他俩一起跑过去检查木板，寻找新的弹孔和肢体不全的苍蝇尸体。“耶，”其中一人会说，“我觉得正好打中了这只苍蝇！”罗伯后来非常坦诚地说，其实他自己根本不确信是不是曾经真的打死过那些嗡嗡作响的苍蝇。但是，他补充道，他们有时候的确会发现苍蝇的残骸。

随着射击准度的稳步提高，他们将靶子的难度提得越来越高。罗伯开始将旧油罐和瓶子用钓鱼线挂起来，他们通过打断钓鱼线来训练射击技术。一枪一枪射击，罗伯坚持不懈提高自己的精准度。罗伯可能需要打出 150 颗弹丸才能成功命中钓鱼线一次，但是每次看到其中一个罐子突然掉下来那种成就感和满足感让他觉得一切的付出都是值得的。

严格来说，罗伯的家庭并不富裕，他家里有6个需要抚养的小孩，父亲作为乡镇警察的微薄收入是家里唯一的经济来源，所以能够拥有一支弹丸枪对他们兄弟来说是一件非常重大的开心事。他们非常珍视自己的枪。（实际上，直到今天，他们的枪还非常完好地存放在父母家里当年存枪的地方，他们当时像爱护孩子一样无微不至地爱护着枪。）第一次得到那支枪之后，罗伯就非常小心地用砂纸将枪身打磨得非常光滑，并将它漆成乌黑色，打磨平整之后，他又在枪身上安装了几枚螺钉，以方便他给枪装上背带。有时候一大群孩子会聚到一起，七八个人，成群结队地出去打猎。但罗伯是这些孩子中唯一一个只要有时间就会小心擦拭和维护自己枪支的人。

他为什么总会不由自主地这么做呢？

"我不知道，"他说，"我就是会那样做。可能我的身体里藏着一名狙击手吧。"

就在罗伯·佛朗在北方的荒野上完成枪手猎人学校小学阶段的教育时，贾森·德尔加多在纽约市最北端的布朗克斯接受自己的小学阶段教育。20世纪80年代，布朗克斯是一个被毒品、犯罪，以及暴力控制的世界。贾森的童年基本上是在垃圾场和废弃的建筑物中度过的。年龄较小的孩子称之为"会所"。对于年龄稍长的孩子们来说，这是他们的营生之所。被刺伤、砍伤，或者遭枪击，对于贾森和朋友们是家常便饭；在这里唯一可以让他们仰望的大人物就是那些红极一时的毒品贩子，他们穿着时尚耀眼的服饰，开着豪华的凯迪拉克，满嘴油腔滑调、污言秽语地做着交易。

贾森5岁的一天，堂兄弟们坐在轿车上，从他爸爸的车库出来正要穿过街道，当时是他叔叔开着爸爸那辆薄荷绿的凯迪拉克。这时，一个神情紧张的家伙走过来，拔出身上的短管霰弹枪，顶在叔叔后脑勺上，扣动扳机后，原路逃跑了。

贾森的妈妈赶紧抓住孩子们，将他们带回一个街区之外的家里，他们坐在那里，哭喊、拥抱，并相互安慰，而大人们都忙不迭地查看他们是否全部安全了。他们当然不会有安全。

两年后的一个晚上，贾森被一部双向无线电的嘶嘶声和尖锐的通话声吵醒了。睡眼惺忪的他从卧室跌跌撞撞地走进客厅，眯缝着眼睛望着客厅里的灯光，他看到两名警察在他妈妈身边徘徊，她歇斯底里的哭声失去了连贯性。可能是两个毒品集团之间因为争夺地盘发生了火拼，半自动武器发出的光照亮了整个社区，机枪子弹打穿了他们家的房子。他妈妈当时睡在客厅的沙发上，突然飞进来一颗子弹擦破了她的头，之后又落在了远处的墙壁上。

贾森的爸爸和妈妈都是好父母，但是他们必须努力工作，以维持一家人最基本的生计，所以贾森家的两个孩子或多或少是在这条街道上长大的，他们不得不自己照顾自己，从而学会了丛林法则，城市版的。

犯罪生活似乎是向这些孩子们开放的为数不多的职业道路之一，贾森有几名亲戚就走上了与法律对立的道路。但是他叔叔惨遭杀害等一系列事件似乎激发了这一辈人的变化。他们内心深处有一个声音在呐喊，这不公平，他们不想成为任何人的受害者。他们想拥有自己的枪支，但是只想拿枪保护母亲和家人不受任何邪恶势力的伤害，并不是想成为邪恶事件的制造者。他年龄最长的两位堂哥长大后都当了警官，其中一个还在纽约市警察局当上了小组组长。贾森也有过当警察的想法。但是与当地社区警察的几次纠纷和口角，让他对执法工作很难再提起兴趣。

大概 9 岁那年的一天，贾森和另一名同龄朋友，一名非洲裔美国人，从位于福德姆路上一家男孩女孩俱乐部步行回家，突然一辆警察巡逻车拉着警报猛地一转弯，横在他们身边，切断了他们的去路。两名白人警察走下警车，抓起他们扔到墙根，并开始对两个孩子进行搜身。贾森的朋友问警察，为什么要搜身，一名警察厉声训斥道："你他妈给我闭嘴，小兔崽子。"

他朋友对警察说："你们不能这样对我们。"

那名警察拉着他转过身，扇了他几个耳光。"小心你的嘴，你个小杂碎。"那名警察骂道。最后放他们回了家。贾森依然清晰地记得，在回家的路上，泪水顺着双颊直流，他继续跟朋友说着话，努力装出已经忘记刚才发生的一切的样子。14 岁那年，贾森参加了一个名为第三侦察营的童子军组织，是以越南战争中一个美国海军陆战营的名字命名的。

这是一个名叫肖恩·高保特的老兵创立的，其目的是为孩子们放学后提供一个可以做一些事情的地方。说白了，就是防止他们放学后无所事事而惹是生非。组织里的所有教员都是越战老兵，而且这个组织结构非常严密，完全可以与军队相媲美。贾森和小伙伴们在那里学会了如何书写五段指令，如何策划、开展任务，如何使用仪器设备检查，以及如何自行开展高难度的军事行动。他们使用与军方相同的专业术语缩略词库。不仅学习模仿军队的举止行为，更重要的是，在这一过程中被灌输了非常强烈的荣誉感和想要参军服役的欲望。

孩子们会前往范科特兰公园开展为期几天的露营拉练，制定任务，侦察其他童子军组织。整个一周，他们会竭尽全力地搜集情报，仔细检查捡到的每一件物品，或在校园里，或在社区里，探听其他孩子将会在什么时候、什么地方巡逻，以便对其进行伏击。这是一场完完整整的彩弹枪游击战。

“我们会在那里修建隐蔽掩体，”贾森说，“我会身着吉利服，携带蒂普曼专业轻型彩弹枪，会在那里等带其他童子军组织到这里扎营，当他们进入我的射击范围后，我会仔细瞄准这些家伙，除掉其中一个。

“我正在被训练成一名职业狙击手，但是我根本没有意识到这一点。”

该项目的创立者高保特，也为没有最终变成毒品贩子的贾森树立了非常重要的榜样。充满魄力和号召力，他可能是贾森童年时代遇到的第一位对他产生积极影响的人，甚至超过他的父母亲。

“他从来不把我们当孩子看待，”贾森说，“他把我们当青年对待。”

与罗伯·佛朗一样，尼克·欧文也是在很小时候就开始了射击练习，6岁时，父亲就带他到西佐治亚的树林里，告诉他如何使用点20口径霰弹枪射击。尼克当时甚至都抗不起那么笨重的家伙，更不用说举着它或者进行瞄准。父亲站在身后，帮他支撑霰弹枪的前握把，将枪托放在儿子的肩窝处，替儿子举着枪，尼克则只需负责扣动扳机。

自从第一次射击之后，尼克就深深爱上了它。他颇具射击天赋。即便在他还因太小无法举起霰弹枪的那几年，他也多次命中目标。（“当然，”他指出，“那是霰弹枪，所以我们是在讨论如何撒一张非常大的网。”）

不久，父亲送给他一支点22口径的猎枪，他一有时间就会练习射击，但这对他来说还是不够。尼克的童年是在马里兰州度过的，就在父母亲工作的米德堡陆军基地边上，但是妈妈的亲人都生活在佐治亚州偏远乡村，所以他们的夏天基本上是在那里度过的。每年夏天，尼克都会利用那几个月时间学习打猎、钓鱼，自己一个人在树林里转悠，练习射击。

上学以后，为了不荒废射击技术，他不得不进行大量空弹射击练习。但是一到暑假，他就和点 22 口径猎枪形影不离。他会偷偷拿上外祖父的香烟，到外面将香烟一根根仔细地竖起来，再后退一百步，然后用猎枪认真瞄准，并朝香烟射击。到他上高中时，射击水平已经达到相当高的水准，在百步之外可以命中香烟，让香烟一分为二。

除了点 22 口径猎枪，他也开始练习使用霰弹枪。父亲那支点 20 口径霰弹枪是他的父亲作为礼物送给他的，但是在尼克 15 岁生日那天，这支霰弹枪又成为孙子的财产。这时尼克成为一名相当出色的专家级射手，父亲开始教他如何拆卸组装步枪。每天放学后，尼克都要将霰弹枪拆卸，然后再装回来，并给自己计时，看自己能在多长时间内又快又好完成枪械拆装任务。很快，他就熟悉得可以直接在梦中完成这套动作了。

尼克对打猎不是特别感兴趣。他喜欢享受控制精度的那种感觉，以及伴随着精湛的枪法展现出的娴熟技巧和孤寂。有几年时间，他一直都在看历史频道战争与军事行动方面的电视节目，尤其喜欢越南战争相关的节目。越南战争向世人重新界定了现代狙击手的艺术，卡罗斯 · 海斯卡克因而成了尼克心目中的英雄。孩提时代的尼克将海斯卡克的采访视频看了无数遍。中学时，他给自己制作了第一套吉利服，将妈妈的缝纫线截成段粘在一件黑色的连体衫上。他开始定期去图书馆，认真阅读能够找到的每一本可能会提高射击技巧或者理解力的书籍，从数学教材到关于越南战争中的特种部队等，无所不包。

“我一直想成为一名狙击手，”尼克说，“从我开始记事起。”

与前面那几个家伙不同，我小时候根本没有碰过枪支，也从来没有产生过想要成为狙击手的夙愿。除了十几岁时在潜水船上工作时在船头打过陶土飞靶，我根本没有真正碰过步枪，直到参加基础水下爆破 / 海豹课程时，他们给我塞了一支狙击枪。

在我看来，这跟鱼叉没有什么区别。刚到潜水船上工作，我就悄悄跟着船长迈克 · 罗奇和大副吉姆 · 洛巴克，近距离观察他们在水下追踪并射击猎物。我花了好长时间才明白打猎到底是怎么一回事。经常是我们正在一起游泳，突然之间，嗖嗖嗖 …… 砰，他们其中一人击落了一个我根本没有看清楚的东西。那个东西到底从哪里来的？但是很快，我也开始练习了。

鱼叉捕鱼是一项非常直观的体力活动。没有瞄准镜，也没有需要认真观察的瞄准十字线。与传统的弓箭射击一样，只需要使用自然瞄准点即可。另外，你射击时使用的也是相对更粗的钢铁箭矢，因为你是在水中，箭矢在水中飞行遇到的阻力会比子弹在空气中飞行时遇到的阻力更大。所以，射击目标范围也不会超过 10 米。这就意味着，如果你想在足够近的距离内对猎物发起射击而不提前打草惊蛇，就必须学会隐身术。

我在不到 13 岁时就学习用鱼叉捕鱼。到 14 岁时，已经成为一名技艺相当精湛的捕鱼能手。渔猎部那些家伙让我难过了好久。他们不相信我拖回来的鱼都是我一个人捕杀的。法律规定，15 岁以下的孩子捕鱼无须办理渔猎许可证，所以他们怀疑我是在为其他真正的捕鱼人打掩护。但是这种情况并没有持续多久。一旦了解实情之后，当我告诉他们鱼都是我自己捕杀的，他们都会相信。

有些人能够成为顶级军事狙击手，但也许不是你所期待的那类人。罗伯、贾森和尼克从小就对步枪和射击拥有强大的亲和力，但这并不是让他们成为天生狙击手的根本原因。至少，不完全是。对长枪有一种天生的手感当然是其中一部分原因，但仅此还远远不够。世界上有无数伟大的射击高手，那些射击运动员在射击靶场可以说无所不能，但是一到真人实弹、硝烟弥漫的战场上就成了百无一用之人，或者根本缺乏军事狙击手应有的耐心和心理承受能力，狙击手在实战中需要仔细观察，实时搜集、处理大量信息。

狙击手与射击运动员是完全不同的两回事。在当今的战争中，狙击手首先而且永远是一名情报人员。这就意味着对于狙击手来说，情报工作能力与狙击能力同样重要，其重要性并不是像如何使用枪支那么简单，而更在于如何使用眼睛和脑子。

每一位顶级狙击手似乎都拥有一些与射击本身看似风马牛不相及的素质、技能，或者说秉赋，但都与他能够最终成为顶级狙击手有至关重要的关系。

对于尼克·欧文来说，他的特长是国际象棋。

尼克依然清晰地记得第一次下国际象棋时的情景，他与父亲是在一张六十四格棋盘上下的，那时他 3 岁。冷战时期，父母亲都在军方情报系统工作，父亲对国际象棋情有独钟。他告诉儿子，国际象棋是一项“智力游戏”，下棋可以让他变得更聪明。尼克非常喜欢下棋时发出的声音。只要一有时间，尼克的父亲就会拿出他那副精美考究的德国棋盘及手工雕刻的橡木棋子，与儿子大战几个回合。

实际上，直到现在，尼克的父亲每次在感恩节例行度假来尼克家时，都会跟儿子下几局。

“每年感恩节，我们都会下棋，”尼克说，“每年感恩节，他都会赢我。直到今天，我还是下不过父亲。”

他能够做的就是认真领会整个棋局和国际象棋的长远核心战略思想，使之融入骨子里。就像雷蒙德·钱德勒创造的标志性私家侦探菲力普·马罗一样，尼克经常花费数小时观看国际象棋大师的比赛，也经常会与自己下棋。他对国际象棋研究得越深，对狙击艺术的理解就越深刻。要想下好国际象棋，完全在于计划与策略，他后来意识到，这与射击是一个道理。

在后来的岁月，他对国际象棋的热爱为他在战场上完成任务提供了重要的借鉴。

“我觉得我最终能够参加这么多行动，”他说，“就是因为在执行任务时我会像下棋一样认真做好计划。下棋时，你通常必须提前考虑到后面两步、三步，甚至四步。我经常会想，**那好，假设我在这里，如果这里发生了什么事情，我应该立刻去哪里？**”

每次在战斗打响之前，他都能够盘算出开火之后敌人会出现在哪里，所以他就会与自己的团队提前等在那里，他能够预测到如果自己是敌人，会出现在哪里。最后的事实十之八九证明他的预测是正确的。尼克说他创立的这套“基于象棋策略的军事行动计划”的成功率接近百分之百。

对贾森来说，他的特长是绘画。

二年级时，贾森就开始涂鸦、画漫画和连环画。涂鸦本身倒没什么，许多小孩都会写写画画。但是贾森很早就发现自己在这方面天赋异禀，他可以用一套彩笔画出班里其他同学根本无法完成的作品。很快，绘画就成了让这位勇士愿意花费大量时间，并让他在学校集中精力的为数不多的事情之一，这似乎未尝不是一件好事，否则，他会感觉自己的生活无聊至极。

在后来的几年里，学习大学绘画课程后，他学习了更多关于绘画技术方面的知识，例如，光影的相互作用、比例与透视，一级、二级、三级颜色的分层等。但是早在参加任何正规的学校教育之前，他就在不断提高自己的绘画水平。

绘画教会贾森如何注意一个场景中任何一条哪怕最细微的细节。如果他画的女孩子有一根头发凌乱了，他就会将那根头发画得跟实际的一样凌乱。他学会了如何真实地精确还原自己所看到的任何景物，如何比绝大多数人以更高的精确度观察事物。

这种视觉上的细节感，对贾森在战场上如何完成任务产生了巨大影响。

“我的大脑里有一台测距仪，”贾森说，“如果你告诉我远处的某个物体，我可以告诉你它的距离，误差在几米以内。”这在实战射击中非常有用，当然在侦察活动中亦是如此。狙击手在战场上的大多数时间都在观察，而非摆弄枪械，所以能够将看到的情景快速准确地绘制下来至关重要。从纯技术角度而言，贾森能够将地域范围及其广阔的战场快速绘制出准确度达到建筑图纸级别的草图。

除此之外，绘画特长还对他如何从整体上观察现场情况发挥了巨大的积极影响，各种细节如何有机联系，它们分别具有什么样的意义和作用，哪些重要，哪些无关要紧。这为他如何读懂复杂的情景提供了一种神秘的感觉。

这种能力后来在侯赛巴被证明非常重要。

罗伯·佛朗小时候既不画画，也不下棋。对罗伯来说，这并不是什么特别的艺术特长。他的特长更多的是一种多种特征的综合，在这种充满荒凉与野性的环境中成长的过程，他形成了狙击手特有的思维方式：机智、专注、独立。

狙击手的个性千差万别，不一而足。你会发现他们有些人性格极度外向好动，如鲁特埃勒兄弟，也有静若处子，如克里斯·凯尔。有政治上保守的，有政治上自由的，也有毫不在乎的。性格上有些人残酷得令人发指，有些人温和得让人震惊。但有一件事情，我们似乎都达成了共识：对权威有一种爱恨交织的感情，即对真正伟大的领导者充满无比深沉的尊敬，对差劲的领导者根本不屑一顾。在抵制遵从方面，即如何礼貌表达不同意见，海豹突击队的声誉最好，海军陆战队和陆军特种部队稍差一些。但是毕竟特种部队是特种部队，狙击手是狙击手：根据定义，我们本来就是不同于常规武装部队的。

独立，则是罗伯最明显的特质。

除了热衷于包括曲棍球、篮球、棒球等各种球类在内的体育运动外，他的兴趣都比较集中。他热爱户外运动、热爱钓鱼、热爱打猎。作为在福戈岛荒野丛林中长大的人，他不可避免养成了真正的独立特性（又是一个拥有自己时区的地方，比纽约和多伦多早一个半小时）。

开始上学后，他发现数字远比单词更好学；数学和物理让他感觉充满了魔力，十几岁之后，他迷恋上了电脑。这会帮助他找到一个工作，至少在一段时间内，尽管不是一个职业。在算术课程中，真正让他找到自己使命的是风偏与仰角、射程与终端弹道学。

跟我一样，亚历克斯·莫里森在进入基础水下爆破／海豹课程之前根本没有摸过步枪。也跟我一样，亚历克斯在加利福尼亚海岸的童年是在一支鱼叉陪伴下度过的，只是对亚历克斯来说，他的鱼叉不是真正意义上的鱼叉，而是一杆**标枪**，使用起来就像用弹弓发射一根长矛。当你看到一个人捕鱼时，手里只拿着一杆橡皮筋驱动的长矛，你就应该知道你遇到了一位对渔猎非常认真的人。

同时这也是非常关键的一点。要明白这与射击风马牛不相及。捕猎并非射击。捕猎最显著的本质，就是追踪的艺术。用一根长矛捕鱼，意味着你必须掌握潜行、隐形，以及移情等一整套技巧。

移情？是的。要想最大可能地接近地球上最敏感的危险感应器，鱼这种原始生物，仅仅做到潜行远远不够。你必须对鱼的感知与感觉有一种与生俱来的体悟。这就近乎心灵感应。作为一名狙击手，必须像了解自己的心理一样谙熟自己猎物的想法，或者更加了解。

这就是亚历克斯的国际象棋、绘画技艺，他为射击而生的独特特质。自开始记事起，他就产生了想要成为一名伟大的户外运动达人的热切愿望，旅行、探险，而且，最为重要的是，捕猎。狙击手有一段时间被称为“战场上的枪手猎人”。这八个字完美阐释了亚历克斯如何由一名长矛捕鱼少年华丽转身成为狙击手学校的优秀学员。

对亚历克斯来说，他入伍服役完全是命运的安排。从小生活在海军家庭里，他只知道海军陆战队士兵是那里最能打的人，所以他常常希望自己能够加入海军，成为特种侦察员的一分子，该部队是海军纵深侦察和直接行动特种部队。直到 1984 年的一天，父母亲说他的一名空手道教练越战期间曾经在海豹突击队服役。

“什么是**海豹**啊？”亚历克斯问道，觉得这个名词听起来特别奇怪的样子。

“就是那些拿海军特种侦察员用来做早餐吃的家伙。”他妈妈说。

他父亲点点头。“没错。”（在此特别向我的海军朋友们申明：绝对没有不敬之意，我只是转述他父母亲告诉他的原话而已。）

事情就是这样的。那一年亚历克斯15岁；3年后从高中毕业，他直接进入了海军新兵训练营，在那里，参加了海豹突击队选拔。

与亚历克斯不同，罗伯·佛朗之前绝对没有想象过自己会与部队结缘。一切似乎来得都是那么突然。

1997年秋季的一天，罗伯在小镇上漫无目的到处晃荡。他整整一天一夜没合眼了（结束一整天的学校学习之后，他又值了整整一夜的安保晚班），而且心里空荡荡的。坦率地说，他有点厌倦了自己的生活。上大学，做计算机编程，在海滨一家单位做兼职保安。21岁生日马上就要到了，但是对自己未来的迷茫让他一点也激动不起来。罗伯非常热爱计算机，他也在计算机上花费了许多时间，但是很显然，计算机编程并不是适合自己的工作。只要一有空闲时间，他都会去户外，如果可以，他就会去打猎。他在寻找一些什么事情，却不知道自己究竟在寻找什么。

就在他慢悠悠在街道上晃荡时，看到人行道上一块夹板广告牌。他停下来看了一下广告牌上的内容。上面是一则加拿大武装部队的征兵广告。罗伯从小就开始练习射击，但是参军入伍的想法似乎从来没有出现过。军队在纽芬兰农村地区基本上没有什么存在感，而且参军这种想法在他看来特别怪异。但它现在就在那里，就在眼前。看看能有什么损失呢？

他走进征兵中心。一位海军军官问他到这里来干什么？

“我对当兵很感兴趣。”他说。

那个家伙带着罗伯进入一个房间，房间里有一部电话、一台录像机和几张椅子，几张桌子上堆放着四五十盘录像带。那个家伙告诉他放松点，随便选一部自己感兴趣的录像带，可以看一看加拿大武装部队每个军种或者兵种的介绍片段。之后那名军官就出去了，留下罗伯和那些录像带以及录像机在房间里。

罗伯开始不断播放或者取出录像带，零零散散地看着。有些宣传片实在是令人昏昏欲睡，味同嚼蜡，但也有个别片段让他为之精神大振。其中一个片段展示了一群身着绿色军装的年轻人，到处奔跑、射击，爆破，从飞机上跳下来。**步兵**，他心中暗道。他对军队知之甚少，但是他知道入伍的第一站是进入步兵团。

然后，他正坐在那里观看时，屏幕上突然出现的一幅画面让他坐直了身子。有一个身着迷彩服的家伙，身上粘着一串串植物碎片，在地面上匍匐前行。

这个家伙在**追踪**。

罗伯当时对狙击手根本一无所知，完全不知道他们究竟是谁，是做什么的。他从来没有听说过卡罗斯 · 海斯卡克或者“吉利服”等之类的术语。但是他知道捕猎是什么，完全正确，他对捕猎的熟悉程度不亚于自己的名字，他感到自己与录像画面产生了一种瞬时联结。

几分钟之后，罗伯走出那间小观影室，走到那位征兵军官的桌子前，并将自己的入伍申请书扔到他的桌子上，申请表填得满满当当的。

“给你。”他说。走出征兵中心后，他朝家里走去，他要补一会儿觉。

几个月之后，罗伯接到征兵办公室的电话。“嗨，”那个家伙说，“我们步兵这边还有一个空缺。请问你还有兴趣吗？”

耶！罗伯心里想，但他嘴里说的却是：“当然，那就这么定吧。”

“好的，”那个家伙说，“两周后过来报到。”

事情经过就是这样。

罗伯根本没有想到事情会发展得这么快，甚至根本没有想到军队会同意招募他。没有告诉任何人他提交了入伍申请，甚至连他最亲近的家人，都没有告诉。他知道这会让他家乡的人大为吃惊。在他的家族史中根本没有任何军方背景；罗伯的家族几乎世代皆为船员，在邮轮或者远洋船上担任船长或者大副。

他给父母亲打电话，告诉他们：“嗨，我参军了。”

对于贾森 · 德尔加多来说，想要参军当狙击手的想法诞生于一个瞬间，在他 9 岁那年的一个瞬间。

时间回到 1991 年 1 月中旬，当多国部队开始对萨达姆的军队发动大规模空袭，多国部队的"沙漠盾牌"行动升级为"沙漠风暴"时，贾森基本上每天都在目不转睛盯着电视机。第一次海湾战争开创了我们今天习以为常的全天候新闻直播的先例，贾森经常会连续观看好几小时的电视新闻。

有一天他看到一个短片，是在夜景模式下拍摄的，视频中，一个小组正在向一栋建筑物渗透，就在这时一阵曳光弹从空中划过，落在该建筑物顶部。

天哪，他心想，**这是玩真的啊。**

坐在客厅里，看着这些镜头，贾森发现自己竟激动得哽咽不已。生死一线之间，这些家伙却不顾一切冲锋陷阵。他看到他们最本能的勇气。这是他第一次发现自己的内心深处充满了爱国主义情怀。这也让他明白，世界上任何伟大的行为都不及主动请缨、投身抗敌更加勇气可嘉，甚至连执法工作者都无法让他感受到这种勇气。是的，作为一名警察，他也很可能会到非常严峻的环境中巡逻。但是作为一名战士，他会义无反顾地浴血奋战、无意生还。

这种精神在内心深处扎下了根。

几年之后，他加入高保特学员组织并接受训练，正是在这里的训练最终让他能够有机会直接进入萨达姆位于巴格达的据点。

16 岁那年，贾森从高中退学。学校生活让他厌倦至极；他觉得在学校的时光特别漫长和乏味，没有任何事情能够让他提起兴趣。当这种无聊累积到无法忍受的程度时，他就会翘课，整天待在溜冰场或者去打鸟。（与纽约其他大约 100 万小孩一样，他认为自己有一天可能会成为职业球员。）16 岁时，达到纽约法定辍学年龄，他就做好了退学准备。

他与母亲做了一个交易：如果她同意他辍学，他就去考美国高中同等学力证书。她同意了。贾森开始拼尽全力为自己的高中同等学力测试做准备，他在学校从来没有这么发愤图强过。他会将代数课本带回家，将自己关在屋子里，先查看书本后面的答案，然后再对这些答案进行逆向推导，并从最初的问题中找出自己为什么犯这样的错误。不到一年时间，他就去参加了这项考试，一次全过。

紧接着新的问题又来了：接下来做什么？他进入纽约南布朗克斯区的尤金尼奥·玛利亚·霍斯托斯社区学院，但是一个学期后，他又不想读了。18 岁时，他觉得该去参军入伍。就陆军吧，他想。并不是为了任何特别的目的；他过去总在想象，只要他应征申请了，进陆军肯定没有任何问题。但是陆军说不行。因为 11 岁那年，他在滑冰时摔倒，第二颈椎的软组织受到了损伤。因为损伤严重，所以需要通过手术进行修复矫正，手术包括从他的臀部取下一块肉回填到他的第二颈椎受损部位。颈椎受伤是陆军拒绝录取他的一个原因。高中辍学是另一个原因。由于没有高中文凭，尽管他通过了高中同等学力测试，再加上那次颈椎受伤，两大劣势综合到一起就成了他被拒绝的原因。陆军不想要他。

他觉得参加海豹突击队也是一个不错的想法，但是那边也不行：他通不过海军特种作战部队体检要求，而且高中没有毕业，也是一个硬伤。

他应征海军陆战队的经历则有所不同。不管什么原因，都说明他们是最宽容的一个兵种。当然，他并不是稳操胜券。贾森还必须通过一个相当复杂的审核过程，拜访不同的专家，以获得他们签署的弃权证书，这些弃权证书是他能够加入海军陆战队不可或缺的文书材料，而且似乎永远也开不完。有几个月时间，看情况他似乎根本没有加入海军陆战队的可能。

“海军陆战队告诉我被招录的那一天，”他说，“这是我听到的最大的好消息。”

如果你在尼克·欧文六七岁时遇见他，问他长大了想干什么，他的答案肯定与班上绝大多数男同学一样，“当一名宇航员”，到了 8 岁之后，他开始有一种感觉，他可能有一天会参军。尼克的父亲是查克·诺里斯的铁杆粉丝，他的很多朋友都是美国特种部队三角洲和绿色贝雷帽的特战队员；尼克是看着三角洲部队的电影长大的。10 岁时，想当一名宇航员的理想早都烟消云散，他下定决心，长大后他要做一名海豹突击队队员。

当然，这还只是一个孩提时代的梦想，根本谈不上具体的计划。直到 14 岁那年，梦想才变成了实实在在的现实，就在那年夏天一个阳光明媚的星期二上午，9 点钟刚过几分钟的那一刻。

坐在十年级生物课堂的座位上，尼克双眼紧紧盯着老师匆匆忙忙地打开电视机。一屋子十年级学生都惊恐地看着电视屏幕上世贸中心双子塔轰然倒塌在地上。

就在第一节课结束之前，第三架飞机撞向了五角大楼。尼克的学校就坐落在巴尔的摩 — 华盛顿大道边，距离美国国家安全局总部非常近，但是谁也不知道下一个目标在哪里。第一节课结束后学校就停课了，所有学生被要求立刻离开学校。

尼克立马就知道美国要打仗了，立马知道他将成为战争中的一分子。**天哪**，当他准备奔向1.6公里外的家时，他告诉自己，也告诉自己最好的朋友安德烈：**我要去打仗了。**

他当然还不能报名入伍，他当时还不到15岁，必须完成高中学业。但他可以为了将来参军刻苦训练。

他的确如此。

那一年，尼克在安纳波利斯完成了海军学员培训课程，然后参加了一个名为“小海豹突击队”训练科目，这是一个类似于海豹突击队训练的预备课程，预备课程非常严格，包括海豹突击队队员选拔科目中必须通过的各种体能测试：12.5分钟完成457米游泳，11.5分钟完成2.4公里新兵长跑，以及所有的仰卧起坐、俯卧撑、引体向上，甚至还有该课程自创的迷你地狱周。甚至在这次紧张的训练之前，尼克就花费了无数时间了解、学习海豹突击队的知识，观看历史频道纪录片以及所有他能够找到的视频资料，学习特种作战部队的各种知识。

与此同时，尼克还通过了另一个性质完全不同的战斗训练：他跟别人发生了非常严重的斗殴。

当然不是他主动挑衅他们的。根本不是那样。尼克·欧文是那种非常安静的家伙，看起来是最不会主动跟别人发生冲突的人。八年级开始参加青少年足球比赛时，他是全队最瘦小的家伙，故得到了火柴人的外号，一直流传下来。读高一时他的体重还不到41公斤；到高三毕业时，体重最高时都没有达到48公斤。

从九年级开始，尼克就经常受到其他同学的捉弄。他根本不知道究竟是为什么。“我不会主动搭理那些看起来酷酷的小孩子，”他说，“也许他们认为我总是特立独行，自认为我比其他人更优秀。但是我只是想一个人待着。”十年级时，情况更糟了；十一年级时，尼克开始反击，很快就赢得了一个名声。这个名声似乎更加容易让他成为同学们戏弄的目标。高三那一年，打架基本上成了每日的必修课，他父母亲每周至少有好几次都不得不提前下班到公交站台去搭救他。有一次，附近学校的一群小青年放学后聚集在公交站台等着与他较量，这群孩子大约有 50 人，有些人手里拿着刀，还有几个人带着枪。尼克的父亲不得不给自己的一些朋友打电话，让他们全副武装地前来，才算把这场斗殴平息下来。

2004 年夏季高中毕业时，尼克准备告别自己的童年并成为一名海豹突击队队员。由于他只有 17 岁，父母亲不得不签署一份弃权证书，同意他应征入伍。他甚至没等到参加高中毕业晚会，一拿到父母亲的弃权证书，他就立马夺门而出。

然后，与贾森非常相似，他碰到了一个麻烦，海军拒绝了他的入伍申请。

体检结果显示，他是色盲。

“我根本不知道啊，”他说，“我知道我的视力有一点问题，因为我分辨不出有些颜色。我一直以为是因为我们房间灯光的原因。”

这本来是尼克军旅梦的终结，但一位富有同情心的军队护士听说尼克的经历后，她一定在尼克身上看到了什么。她悄悄把他拉到一边，告诉他，陆军也有与海豹突击队相似的特种部队，它被称为游骑兵。

加入他们难吗？小男孩问到。

“难，”她说，“非常难。”

他们也有狙击手吗？

“有啊，他们也有狙击手。”

对尼克来说，这简直太好了。这位护士偷偷指导他通过了视力检测，冒着丢掉自己工作的风险，却改变了无数美国士兵的未来命运，在将来的战场上，一位被他们称作“死神”的狙击手将会挽救他们的生命。

“我希望能知道那位女士的姓名，”尼克说，“我希望能够有机会再见到她，面对面地感谢她当年为了我而承担的巨大风险。如果不是她，我今天根本就是一个平庸无奇的普通人。”

提交高中毕业证书两周后，他就已经身处位于佐治亚州本宁堡的陆军基地，开始参加美国陆军的基础训练项目。

第3章　地狱

你们有些年轻人认为战争全都是魅力与荣耀，但我来告诉你们，小伙子们，战场完全就是地狱。

——威廉·特库赛·谢尔曼将军，在1879年6月密歇根军事学院毕业典礼上的讲话

如果军事训练的目标是为你进入战争的地狱做准备，那么只有一条路可走。训练必须也跟地狱一样。

军事训练就像但丁的《神曲》：它是建立在一系列渐进的地狱级别之上的。等级范围因兵种不同而各有不同，但基本上都遵从相同的大模式。首先是初级地狱，在那里，不管你身上有什么样的坏毛病、小个性，统统给你治得服服帖帖，你将学会如何服从命令，学会整齐划一。初级地狱是你开始成为军事人才的地方。新兵训练营、基础班、步兵学校、战斗学校，虽然名称和课程五花八门，但是殊途同归，其根本任务只有一个：将你放到热锅上，烤尽你身上的市民气息，将你锻炼成一名纪律严明的士兵。

然后你就进入了高级地狱，他们会继续提高锅底的温度，让你内心深处的钢铁回火，如果你体内还有钢铁需要回火的话。

在所有培训中，特种部队的学校培训或者高级军事课程考核是最严酷的。这不仅仅是因为在那里你可以亲身体会到什么叫地狱，亲自体验这种严酷的

课程究竟是什么样的，同时到课程结束时，能够顺利通过考核者仅有百分之二三十；还因为在高级地狱，你被要求挑战你的绝对极限，然后再继续扩展，直到你发现你之前的那些绝对极限根本连极限都算不上。在那里你将经受让你昏厥的疼痛，醒来后，你发现自己还活着。然后再经历一遍这样的疼痛。反复多次。你会深切地体会到什么叫死去活来…… 而这一切只是为了能够毕业。

如果你顺利毕业了，也就意味着你将继续参加更加严酷的训练，意味着更深一层的地狱。

我们有一种说法：**训练比实战更艰苦**。还有一种说法：**训练多流汗，战时少流血**。只是这句话也不完全正确，有时你在训练中也会流血。

对罗伯·佛朗来说，前几层地狱都不算太残酷；与其说这些经历是一种真实的痛苦，还不如说是一种文化冲击。

加拿大步兵的基础训练与全球各地的基本军事训练严格来说并无二致：新兵的训练科目属于基础性的，包括军衔制度、举止规范、基本队列训练，以及武器训练。但在实际训练中所有这些都是次要的：连续数日不停地遭受攻击，身体上、语言上和精神上。对罗伯来说，为期两个月被呵斥的经历并没有让他觉得非常不爽，他只是感到非常困惑。

罗伯是那种只要接到任务就立马执行，不会过度分析，或者抱怨，甚至推辞的家伙。他一直是一个非常务实、目标明确的人。现在眼前突然出现这么多权力人物，朝他大呼小叫，横挑鼻子竖挑眼，捶桌子摔板凳，而且不管他做什么，都会被骂得狗血喷头。似乎无论他如何严格地执行命令，或者不管付出多大努力，最后结果都是一样。

在新兵训练快进入第二个月的一天，他用实际行动亲自验证了自己的这套结论。那天早晨，下士教官走进房间，像往常一样，将罗伯的所有衣服从衣柜里扯下来，扔了一地，然后大声呵斥，让他把所有衣服熨好叠平整。但是罗伯并没有依命令行事。相反，他只是捡起地上的所有衣服，将它们卷起来，然后直接塞进原来的柜子里。

第二天早晨，那位下士教官走进罗伯的房间后，只是瞥了一眼他的物品，然后点点头，并说道，“不错，干得好，继续坚持”，然后就走了。

尽管每天面对呵斥与惩罚，罗伯立刻知道他就喜欢这种军旅生活。他以全班第一名的优异成绩完成了新兵训练科目。谈到射击，罗伯最强劲的对手是一名预备役士兵，他对 C7 突击步枪非常熟悉，这种步枪是加拿大军队的基本制式步枪，是 M16 步枪家族中的一款卡宾枪（枪身较短）。那名预备役士兵对这款枪里里外外烂熟于胸，但是罗伯此前却从未见过。那名士兵射击排名第一，罗伯紧随其后，排名第二。

基础训练结束后就到了为期半年的战斗学校训练，这一阶段主要在于让这些毛头小子真正进入步兵人生：战术、生存、导航、模块化演习，更多的还是武器和基本射击训练、爆破训练等，以及体能训练。体能训练：无休无止的体能训练，无休无止的打击，与基础训练阶段一模一样，只是程度更加严酷。

“在战斗学校，你就是垃圾，”罗伯回忆道，“你就是一坨狗屎。”

第一个月，不管教官们做任何事情，其目的只有一个：打击这些新兵。罗伯班上超过 50% 的学员被淘汰，然后他们抽调另一个班来补充这个班，那个班也有一半多学员被淘汰。有些人精神崩溃了，另一些人没有挺过极度野蛮、永无止境的负重行军拉练。淘汰率是惊人的。

但罗伯根本没受任何影响。自打进入战斗学校之后，他就像打了鸡血，肾上腺素直线上升。他迫不及待全身心投入训练。早晨起得再早也不影响他的心情，夜里晚睡他也开心。反正他乐见一切。他整天就闲不下来。即便新兵允许享有一丁点儿空闲时间，罗伯全部花费在其他训练上：练习装弹夹、组装和拆卸步枪、演练枪械，什么都练。他不想只是通过培训科目，他想完全征服它，掌握它，尽自己的最大能力做好它。他渴望追求卓越。

这一次，没有预备役士兵能胜过他。在战斗学校班上，罗伯获得第一名。奖杯是一支 1.8 米长的步枪，上面刻有他的名字，直到现在还是最令他骄傲的财富之一。

从战斗学校毕业后，他被分到第三营，并立刻进入加拿大射击队，在那里他的射击水平让他获得了加拿大西部第一和全能“十佳新兵”第二名的荣誉。然后他远赴波斯尼亚执行维和任务，这可不是一项那么令人兴奋的工作。当时是 1999 年，整个世界基本是和平的，这对于一名胸怀抱负的狙击手来说是相当无聊的。

在波斯尼亚执行任务期间，他被调回国内一个月时间，重新回到加拿大国家队，代表加拿大参加一项国际比赛，这次比赛在澳大利亚举行。

罗伯喜欢竞技射击。他喜欢竞技射击的纯粹性，喜欢它完美的延伸性。他还特别享受与那些技术精湛的高水平射击手同台竞技，分享这项技艺的窍门。例如，他注意到有些参赛选手会在射击之前先将自己的子弹放在太阳下晒一会儿，给子弹预热。这是有道理的：使用带有热敏感推进器的步枪进行射击时，经预热的子弹能够加速燃烧，增加枪膛压力，从而提高子弹的初速度。

罗伯将这一点牢牢记在了心里，也许将来会派上用场。

竞赛第一周结束时，他的射击成绩在他们小组排名第一。一切进行得非常顺利。没有什么事情比射击更让罗伯兴致盎然的了，这的确是一场非常罕见的高水平竞赛。但是不久，他尝到了与其他选手摩肩接踵的苦头，就是字面意义上的摩肩。

有一天，参赛选手正在进行一个比赛项目，其中包括一个障碍科目。罗伯在一个障碍物下匍匐前进，手里拿着步枪，他身后的另一名选手不小心撞到他的后肩。罗伯突然感到肩膀上一阵撕裂般的疼痛，那种神经冲动尖叫着冲向他的大脑，**红色警报——我们完蛋了！**这是一个重击，它把罗伯的肩膀弹了出去，使他的手臂脱臼了。

对他来说，这场竞赛就这样结束了。

罗伯被彻底摧垮了。在接下来的 3 周里，他只能在澳大利亚到处坐着，怅然若失，看其他人射击。这 3 周时间，对罗伯来说几乎难以忍受，它远比任何最凶残狡猾的教官能够制造出来的任何地狱更加煎熬。

1999 年剩余的几个月以及整个 2000 年期间，罗伯的唯一任务就是养伤，让自己的肩膀恢复正常，以便继续实施他的宏伟计划，他刚一入伍就制订的一个计划。返回部队时，罗伯制订好一长串详细的计划清单，认真写下来，形成书面材料。计划清单大概是这样的：

通过部队基础训练

通过战斗学校科目

进入战斗营

通过跳伞科目

达到空降兵招募要求

通过侦察课程

达到侦察排招募要求

获得荣誉

除了自己，谁都不知道这份计划清单的存在。他从未与任何生命体分享过自己的计划。他的计划逐级提高门槛，实现难度不断增加。眼前他的全部注意力（除了射击以外，当然注意力常常集中在射击上）都集中在下一个目标上，通过一门跳伞课程。只要成功通过这项科目，他就有资格进入 A 连，即第三营空降连。如果在 A 连一切进展顺利，他将会有机会进入加拿大帕特丽夏公主轻步兵团的侦察科目。

与美军一样，侦察科目是一个典型的特种部队训练项目，是地面导航、侦察、突击行动，以及野外生存等各种技能的完美结合。很少有人能进入该训练科目，能够顺利完成科目训练的人更是凤毛麟角。如果罗伯有幸成为这些凤毛麟角中的一员，他获得的侦察资格将有可能（只是**可能**）成为他进入梦寐以求的第三营侦察排的门票。通过侦察科目还远不能保证他十拿九稳地进入侦察排，这个精英团队只招收精英中的精英。尽管竞争非常激烈，但这是他能够借此进入自己向往之所的一个通道。

然而，所有这些目标中的任何一个目标，就其本身而言，对他来说至关重要，它们都是罗伯实现自己**终极**目标的垫脚石。**荣誉**。他一直没有忘记在纽芬兰征兵办公室的电视屏幕上看到的图像。

他要成为一名加拿大顶级狙击手。

就在罗伯在澳大利亚因肩膀受伤静养的时候，贾森 · 德尔加多坐在一辆由曼哈顿开往南卡罗来纳州帕里斯岛的巴士上。整个车程大约 20 小时，足够让贾森认真思考他将要为自己营造一个什么样的未来。

尽管他非常确信，对此他早已胸有成竹。美国海军陆战队的基础训练是所有兵种基础训练中时间最长、最残酷，而且大多数人认为，也是最野蛮的。

“你知道海军陆战队为什么优秀吗？”

“我告诉你，就两个字：**苦难**。”他笑着说，“纯粹的地狱与苦难。”

刚一走下巴士，他就看到柏油路面上分布着一个很长的黄色脚印矩阵，分四列排列。“站进去！”新兵全部把双脚放进黄色脚印里，这些脚印可以有效地迫使他们以正确的姿势站立。

那就是海军陆战队，就是那个地方。美国海军陆战队以严格著称。在海军陆战队，任何事情都有唯一的数字编码，微管理达到极致，而且这种管理模式获得了巨大的回报。这些数字编码是统一、可靠、卓越的缩影。当海豹突击队野战排深入阿富汗扎瓦尔基利洞穴的敌人据点时，海军陆战队一个由大约 20 名队员组成的小组为我们提供安全保障，这让我感到非常骄傲。如果说明天我要回到敌占区，美国海军陆战队将是我在这个世界上不二的安保选择。

可能与你在电影镜头中看过的一样，进入海军新兵训练营第一项活动就是颇具仪式感的剃头，只是不像电影中演得那般温情干净。好几个人的头上被刮出很大的口子。“非常血腥野蛮。”贾森说，“血都流出来了。”

接下来他们将获得自己的标准配置：靴子、体能训练装备，以及其他物品。除非他们不被允许真正穿上他们的靴子。确实，他们必须赢得许可。在美国海军陆战队新兵训练营，他们必须赢得一切：他们的名牌，“鹰—地球—船锚”徽标（美国海军陆战队徽标），靴子等每一样东西。可以喝水，但是如果想要喝果汁，就必须去赢得。想要给家里打电话？很好：去赢得。从进入军营第一天开始，他们就被教育珍惜所拥有的一切。

那么如何获得这些权益的呢？主要通过英勇的表现。

贾森很快发现你表现得越是争强好斗，你在别人眼里就越具有领导潜质；表现得越突出，你获得的权益就越多。他很快就获得了一个打电话回家的排位号，这全凭在几次斗殴（暗中鼓励）中的表现所赐。

一天上午，贾森来到食堂，端着他的饭菜坐在一张餐桌前，刚吃了一口，还没有咽下去，这时过来一名中士，要求他吐出来。所有人不得不立刻起身离开。那天大家都不许吃早餐，这种事情经常发生。要想及时赶到餐厅吃饭，你就要学会时间管理的基本原则。

表面上看起来这种行为是一种随意的虐待，但实际上意在打破这些年轻人邋遢的习惯，提高他们在生活、工作中的效率。许多人一开始并不能理解，但是在特种部队待几年后，特别是一旦被部署到军事行动中，这些年轻的海军陆战队队员们就能理解为什么必须像在新兵训练营那样做事。由于之前在“第三侦察员”学员训练团的经历，贾森对这一点有比较深刻的理解。

“从入伍第一天起，他们就打击我们的傲气和个人主义，”他说，“还会不断地告诉你，不是为了你，而是为了使命。”

使命是第一要务，其次是部队荣誉。使命第一，哪怕是付出生命代价，你也必须完成自己的使命。

承训教官们对新兵拥有完全的自由支配权。任何时候，如果他们对受训新兵的表现不满意，所有人必须停下手中的工作，爬到地上开始做俯卧撑。

一天晚上，贾森的承训教官琼斯中士（被称为“大块头”），冲进营房，掀翻所有人的床铺，打碎摆在墙上的所有须后水瓶子，将衣物全部扔到地上，然后命令他们必须在天明之前将房间收拾得一尘不染，井然有序。与罗伯·佛朗的教官一样，只是琼斯中士又增加了一个非常独特的要求。

离开之前，他让所有士兵站成一排，命令他们在上床睡觉之前每人喝完满满的两壶水。每喝完一壶后，他们必须将水壶倒过来举过头顶，证明他们确实一滴不剩喝完了。有几个试图蒙混过关，最后受到了凉水浇头的处罚。在确定每个人都保质保量喝完两壶水后，琼斯中士又临时下达命令：“任何人如果敢起床上厕所，他将必须进行火情观察，直到天亮。”（火情观察极度无聊，通常情况是一小时一轮岗；被迫连续几小时不准睡觉也不许看任何东西，特别是在你极度困乏的情况下，真是令人痛苦难熬。）他打开营地宿舍的所有窗户，这些小伙子整个晚上将在瑟瑟冷风中度过，这样会让他们更容易出现尿意。

整个晚上，贾森只听到队友们的呻吟。有些人尿在自己的水壶里。贾森早就知道这是一个很糟糕的决定：琼斯中士肯定早就想到了。得想一个不同的策略，他悄悄爬起来，偷偷摸摸穿上自己的全套迷彩服，带上手枪背带和手电筒，溜出营房进入餐厅，假装他在执行火情观察任务。他在营房宿舍外来来回回溜达了几圈，随后躲进卫生间撒了尿。出来后他又在宿舍外溜达了几圈，然后溜回宿舍继续上床睡觉。背着自己的彩弹枪和望远镜在范科特兰公园数月的夜间潜行锻炼，在今天获得了完美的回报。神不知鬼不觉。一个狙击手正在茁壮成长。

第二天早晨起床后发现，有些家伙尿在床上，其他人尿在裤子上。但是最惨的，不出贾森所料，就是那些尿在自己水壶里的家伙。琼斯中士踏着方步走进宿舍，下达当天的第一个命令：每人再喝一壶水。那几个前一天晚上用水壶做尿壶的家伙试图蒙混过关，将装满尿液的水壶放到嘴唇上，假装在喝水。但是他们并没有考虑到接下来会发生什么事情。

"好啦，现在将水壶倒扣着举过头顶！"

当天上午，好几名海军陆战队队员享受了一次金黄色的淋浴。贾森虽然一脸严肃，但是心里却乐得差点尿裤子。

实际上，贾森发现，新兵训练营的每一件事情都很滑稽有趣，当然只是最初。就他自己而言，他在布朗克斯童子军团做过这些事情或者许多相似的事情。不知道是哪根筋搭错了，他非常渴望能够尽早进入新兵训练营，成为美国武装部队一名忠诚、地道的军人，一名海军陆战队队员。每次他被教官大声训斥之后，当然远没有达到被打得蜷缩在角落里的程度，都会有意想不到的效果。他会认真反思，享受教官训斥的每一个字。

他开始调整自己的态度，非常严肃地对待教官的训斥和批评。这个调整发生得非常快。他很快就意识到这并不是一个简单的游戏。这些家伙之所以这么严格凶残，目的就是要将他以及其他人锻造成能够满足任何需求的精英。海军陆战队新兵训练营的训练时间比美国武装部队中其他兵种的训练时间长。更长、更艰苦。基本体能要求包括在 15 分钟内完成 2.4 公里长跑，2 分钟内完成不少于 45 个仰卧起坐和 15 个俯卧撑。惩罚就是在此基础上加码。

3 个月的训练贯穿着一系列不断升级的负重（背着满载的背包长跑）：3.6 公里、6.5 公里、11 公里等。基础训练的最后一个项目，被戏称为"熔炉"：长达 54 小时的一系列测试，包括障碍穿越、战争游戏、故障排查、团队协作测试等，穿插在无休止的演习和数十公里的行军过程中。有一次，贾森发现自己要想办法将沉重的弹药箱从低矮的铁丝网下拖出去几百米远。还有一次，他不得不让他的整个团队通过障碍设施，地面上伸出巨大的钉子，而他们只有一块木板，就像真人版俄罗斯方块游戏。一个又一个看似不可能完成的任务，不眠不休，食物匮乏，所有这些都搅在一起，形成无尽的苦难，但贾森对此很喜欢。

也就是说，他讨厌这一切，但却是一种好的方式。他可以感觉到这一切正在将他塑造成一个自己所期待的人。

还有一个关键因素，使美国海军陆战队新兵训练营区别于其他兵种的新兵训练营：这些家伙得到广泛的射击训练。通过基础训练的每个海军陆战队新兵至少是合格的射手。海军陆战队有一个引以为豪的口好：“每个海军陆战队队员都是一个枪手。”这毋庸置疑，皆是从新兵训练营开始的。

到达靶场后，贾森和同学开始274.3米站姿快速射击，然后是274.3米跪姿快速射击，紧接着是365.8米坐姿和卧姿快速射击，最后是全程卧姿457.2米快速射击。5个足球场，那是一个非常远的距离，是其他基础训练都不会尝试的。早在2000年，贾森通过这项考核时，使用的是全机械瞄准器，也就是说，没有先进的光学设备，只能通过枪上的金属小缺口瞄准器来瞄准枪管，那是非常原始的。

但是所有的场地射击时间仍然摆在他们面前，进入第二周了。在使用M16狙击枪的第一周，贾森没有开过一枪。根据海军陆战队经典传统，射击阶段的第一周都是课堂作业、武器操作的基础知识，一遍又一遍演习。他们练习扣动扳机，观察瞄准器是否晃动或稳固。这是枯燥无味的一周，每次坐在草地上数小时，盯着一系列油桶上的喷漆人形射击靶（半身）。贾森和几十名新兵趴在地上，围成一个大圈，用武器对着目标瞄准并“开火”。

M16步枪是一款半自动步枪，采用导气式工作原理。当你发射一颗子弹后，该子弹产生的爆炸性气体会驱动枪械装置将下一颗子弹固定到位。这就意味着，如果你没有真正发射一颗子弹，就不会有爆炸，而且每次当你扣动扳机并击发撞针后，你就必须手动使撞针复位。这样1次？2次，10次？也没有什么了不起的。但是100次？几千次呢？这不仅乏味，而且很枯燥。一动不动趴在那里，扣动扳机、复位、瞄准、击发、复位、瞄准、击发、复位，连续几个小时，日复一日，整整一周。

天气非常热，南卡罗来纳州的春天非常热。

第一天，贾森趴在地上，就位以后，就开始进入空弹射击：瞄准、击发、复位。瞄准、击发、复位。几分钟后，他感觉有什么东西在叮咬耳朵，然后就感到耳朵特别痒。他告诉自己别理它。瞄准、击发、复位。但是耳朵越来越痒。是沙虱，在耳朵里叮咬他。**别理它，贾森。别理它，老兄。**瞄准、击发、复位。简直无法忍受，他真的忍不住想将手从步枪上拿下来在自己的右耳朵上抓一抓。但是他知道这是不允许的，他必须趴在那里，忍着。

“耶……”这时从他头顶传来一阵轻蔑、嘲弄的笑声。排长从表情中看到了：极度烦躁的不适。“耶……”

他继续道："让它咬吧。它也需要吃饭的…… 我的海军陆战队小学员们。"射击教练们对沙虱非常熟悉，称之为"我们的小教官"。

贾森继续练习空弹射击，那个"小教官"则继续在他的耳朵里大快朵颐。

在大小教官的双重教导下，第一周让他开始认识到纪律和自律在将来会发挥多么重要的作用。实际上这将挽救他的生命，挽救其他人的生命。

当尼克·欧文根据当初报名时的"选项 40：游骑兵"合同进入部队时，他依然是一个非常瘦弱的小男孩，体重最高时不超过 48 公斤。他之前一日三餐都是马马虎虎随便应付。青少年时，他基本上每天只吃一顿正餐，然后就是零零碎碎吃一些糖果或者其他高热量的快餐食品。他不会吃那么多，直到他走进军营食堂。10 周的基础训练结束后，尼克的体重增加了将近 18 公斤，基本上都是肌肉。

但是事实证明，这只能增加他个人的地狱之苦。

尼克本来希望成为一名海豹突击队队员，在过去几年中，他一直都在努力向游泳健将的身材努力发展。他从来没有进行过陆军步兵形体的训练，步兵形体训练需要进行大量负重运动，他现在只能每天扛着 36—55 公斤的重物在水泥跑道上来回奔跑。这种长跑很快让他患上了严重的外胫夹，后来又进一步恶化，导致双腿骨出现多处微小骨裂。

增加的 18 公斤让尼克由火柴人变成身体健硕的大块头，但是这使他受伤的双腿增加了更大的压力。每天早晨，他都在双腿的肿胀和疼痛中醒过来，最后痛得实在受不了，他打电话告诉父母亲发生了什么事情。

"嗨，"他说，"我不知道我能不能熬得下来。"

"听着，尼克，"父亲告诉他，"这是你从小学起就有的梦想。面对现实，坚持住。如果情况太糟，双腿断掉，**到那时**你才能放弃。"

尼克听了父亲的话，暗下决心：除非双腿真的断掉了，他才会选择放弃；要么他死了。他想起在那些黑暗的日子里，有好几次，**我真的希望我死了**。

基础训练结束后，尼克应该直接去空降学校，但是身体状况使得他不得不推迟原计划。医生告诉他，需要半年到一年时间让压力性骨裂愈合。"去他的，"尼克说，"我没有半年到一年时间。我只有一个月时间，到时候不管愈合到什么程度，它们只能到那个程度了。如果双腿断了，那就断吧。"

他说到做到，只休养了一个月，然后进入伞兵学校，在那里，除了实际跳伞外，他发现他每天要跑 10—16 公里。双腿外胫夹复发了，同时还有骨裂、肿胀、疼痛，除此之外，令他痛苦不堪的因素又增加了一个：恐惧。

他可以克服双腿的疼痛。一段时间后，他只能感到双腿的麻木。至于跳伞？那又是另一回事。

事实上，尼克绝对是恐高症患者，只是爬到屋顶修一下瓦片都会让他觉得要晕倒了。任何超过 3 米高的地方都会让他感到害怕，更何况他要到比 3 米高得多的地方。

在进行实际跳伞训练之前，学员们要登上一架 AC−30 运输机模型，模仿自由落体。这个高度只有 12 米，而且在整个训练过程中，他们身上都系着安全带。尽管如此，尼克还是抖得厉害，几乎无法完成训练。

不久后，他就坐在一架航速 322 公里的 AC−130 运输机里，在 457 米的高空，他感觉到双腿绵软无力。知道他的恐高症很严重，一名教官一把将他从学员队伍里拉出来。“嗨，新兵蛋子，知道吗？”他说，“你第一个跳。”

尼克和其他学员坐在飞机的长凳上，他排在队伍最前面。接下来听到的话让他的恐惧感陡增：“伞兵，预备！立正！扣上挂钩！”他们将降落伞挂钩扣在机舱内的牵引索上，这就意味着降落伞会自动打开；无须操心拽开伞索、计算开伞时间或者跳伞过程中其他技术问题。他们需要做的是保持正确的姿势：双膝并拢，收腹，下巴紧贴胸部，这样就可以避免吊绳弹开时灼伤他们。

那名教官打开运输机巨大的侧门，将尼克扶到舱门处，他的皮靴尖悬在舱门边上。

“不要向下看，”一个声音告诉他，“向天边看。**千万不要**向下看。”

尼克朝下面看了一眼。

地面上的一切东西都是那么渺小。尼克心里刚刚说了一句，**简直是疯了！**紧接着绿灯亮了，站在身后的教员在他的屁股上拍了一巴掌，然后他就跳了出去。他学过的一切，教员教他做的一切，统统都留在了飞机上。他就像一具死尸一样跳了出去，下降和着陆全无形象可言。居然成功着陆了，意识清醒，完好无损。这根本不是他最糟糕的一次跳伞。

最糟糕的还在后面呢。

这么多重地狱，这么短的时间。

空降兵学校学习结束后是长达一个月的选修课，被称为游骑兵教导科目，后来又被称为游骑兵评估与选拔科目，旨在淘汰素质较弱的候选新兵。他们之前根本没有学习过这些科目：基础地图识读、武器使用，都是非常基础的。实际上，这是又一个惨无人道的30天体能训练。第一天他们开展了负重45公斤的800米跑。第一天开班时有学员85名，但是65名没能坚持到第二天。

对游骑兵候选新兵来说，教导团经历相当于海豹突击队的基础水下爆破／海豹课程。在教导团训练期间，会有一个令所有人闻之色变的阶段，被称为科尔校场，与海豹突击队新兵军训相对应，这是游骑兵版的地狱周。

科尔校场是距离本宁堡非常遥远的一个训练区。他们不会用车送你过去，需要你自己跑过去。

尼克和战友们打包好一周所有军需物资之后就出发了。他们必须在3小时之内到达校场，否则，他们将会被自动淘汰。从驻地到校场大约19公里。

当天非常热，气温接近37.8℃。行程刚过一半，其中一个家伙嘴里嘟嘟囔囔说着什么；谁也不知道他在说什么。一分钟后，他开始尖叫，随后他晕倒在地。他恳求大家，“求求你们，谁有温度计，给我测测肛温。”

他们脱下他的靴子，发现他的双脚完全浸泡在汗水里。为了不在行军过程中弄湿自己的双脚，他用食品保鲜膜将自己的双脚裹了起来。

开玩笑吧？尼克心里暗道，**太傻了，伙计。**

没有问题，他们将温度计插进他的肛门；他的体心温度超过40.6℃。他们将他拖进附近一家医院，并将他踢出了部队。

终于到达校场后，大家都已经严重脱水，尼克的肌肉开始抽筋，非常严重。他很快让肌肉放松下来。刚一到达，他们就开始了体能训练：俯卧撑、仰卧起坐、跑步，更多的跑步，结伴跑：扛起你能找到的块头最大的那个家伙，背着他跑3.2公里，再背着他跑回来，然后做更多的俯卧撑，更多的仰卧起坐，继续更多的跑步。每一次他们都觉得要结束了，但是永远不会有结束。锻炼一直持续了8小时。终于到睡觉的时候了，只是他们不能躺下，不能蹲下，唯一的睡姿是站着。

他们只有15分钟的休息时间，然后，你猜是什么？开始更大强度的体能训练。

这是一个永无止境的循环，持续了将近一周。

有一次，一位培训干事带来一些热比萨，还有咖啡和热巧克力，该死，闻起来真不错。这时他们只能吃到一小部分即食食品，即标准军粮。（我曾经与许多来自不同兵种和国籍的军人在某个军事驻地一起靠即食食品生活了几个月，我学到的是：你不能跟别人交换食物，**更不能**送人。）

“嗨，伙计们，”一位教官说，“想吃比萨吗？比萨就在这里，但是只能让一个家伙来这里为你们所有人拿走一些比萨。”

尼克非常清楚，一旦你垂涎美味并离开队列去拿比萨，**砰**！你出局了，游戏结束，你将立马被踢出班级。你永远也不能轻易离开队列。放在那里的比萨不是给他们吃的，根本就是用来折磨他们的。

一天，教官终于将所有还没被踢出去的学员集合到一起，对他们说：“好了，伙计们，终于结束了。你们通过了科尔校场的训练项目。你们现在可以返回新兵训练基地，认真清洗一下自己的武器，美美吃一顿，然后继续接下来的训练。”

他们全部爬上一辆荷载2.5吨的卡车离开了校场。尽管新兵们精疲力竭，无力地瘫卧在卡车车厢的座位上，他们还是激动不已，相互击掌相庆：“耶！我们胜利了！”

半小时后，卡车突然停了下来。覆盖在卡车车厢后的油布被掀开了，外面的灯光洒在车厢里的座位上。这些小伙子跳出车厢，环顾四周。

他们还在科尔校场。

科尔校场的训练根本还没有结束，他们又回到出发时的原点，只是被拉着转了一大圈。教官跟他们开了一个玩笑。

“我受不了啦，”尼克听到一位同学低声抱怨，“我要离开这里。”他崩溃了。

那天他们班上流失了好几位同学。

几天后，他们被带到外面的雨中，被安排练习战场创伤急救工作。他们在那里：精疲力竭，连续数天没有睡眠，尝试为彼此进行静脉注射，将鼻咽气管塞到对方的鼻子里。都搞砸了。非常糟糕。

那天也有好几个家伙退出了。

游骑兵新兵训练营刚开始时，尼克的班上有超过80名学员。毕业时，仅剩下他和另外6名学员。

高级军训不仅仅打击你，同样还检测你，发现你的每一个弱点，寻找你最大的脆弱，然后再猛烈攻击你的软肋。

对于那些本就身体健硕、耐受力强的人来说，刚开始的地狱周和科尔校场等高强度体能训练并不是大问题，他们都可以轻松驾驭并顺利通过的，但是到了泳池能力测试环节，大家都傻眼了。你背对游泳池，坐在游泳池边上，听到同班学员纷纷落水的声音。许多学员在这个环节被淘汰。对我来说，泳池能力并不是什么大问题，我就是在水边长大的。但在我的成长过程中没有任何与枪械打交道的经历，所以很显然，我是班上射击能力较差的学员之一，我也差点因此被淘汰，直到我慎重决定，坚决攻克。

每个人都有自己的软肋。

对于尼克·欧文来说，他的软肋就是恐高。

通过新兵教导团的训练遴选，意味着尼克获得了游骑兵身份，成为游骑兵部队的一名现役士兵，开始为期半年的轮岗实习训练。被分配到驻守本宁堡的C连几天后，尼克就参加了一场夺取机场的演习。

这是游骑兵的强项之一。每当战争爆发之后，游骑兵首先投入战斗，夺取机场，为其他部队、补给线，以及全面军事行动所需的一切资源开辟道路。

他们被安排夜间跳伞。尼克担任M240机枪手。M240机枪是一个大家伙（与罗伯·佛朗2002年在支努干直升机上看到的那位舱门射手配备的机枪属于同一款），枪身几乎与尼克一样高，而且不包含弹药，净重达11公斤。带着机枪，他在行动中所需的装备，装有1000颗子弹的突击包绑在小腿上，日常装备塞在枪盒中，加上头盔、夜视镜以及降落伞，尼克的行军负重比平常增加了45公斤。

当C−17大型运输机在空中向上攀升时，尼克暗暗告诉自己，**嗨，坚强一点，这是你第一次参加战斗营的大型跳伞行动**。他们得到跳伞的绿灯指令信号。他转身走向已经打开的跳伞门，跳了出去，他什么也看不见，只看到一堵黑魆魆的墙。他尽量不让自己去想他们正以超过每小时805公里的速度下降，身处远离地球表面的高空。这比他家的屋顶高多了，这非常确定。

他跳了。

可以感受到风在拍打着脸庞，他开始了计数：

1000……2000……3000……

数到4000时，降落伞应该打开了。就在这时，他突然觉得背后抖动了一下，好像有什么东西打开并猛地弹了一下。

一切正常，他告诉自己。他现在应该可以驾驭降落伞了。

但事情并不像他想象得那样。

5000……

好家伙，他依然能够听到呼呼的大风。

他突然意识到还可以听到队友正通过受话器朝他大声喊叫：“拉开你的备用伞！**备用伞，备用伞！**”他抬起头，看到的并不是如华盖般完全打开的伞面，而是一个像烟卷一样的东西。一支布香烟。降落伞没有正常打开。头顶上除了一卷在风中飘荡的毫无用处的织物外，什么也没有。

哦，见鬼。

他伸出手拉开备用降落伞，然后一切都变得非常缓慢了。

他看到有一个弹簧弹了出来……

备用伞滑到双腿水平位置……

然后自行打开……

然后慢慢升起来，在头顶打开……

只可惜备用伞在打开弹起过程中，连接在降落伞伞面上的绳子在左腿和武器盒**下方**打了个结，所以这些绳子上升时就会猛烈拉扯尼克左腿。他现在是劈着叉快速向地面降落，右腿向下垂着，而左腿却向上弯曲，他甚至可以吻到自己的左膝盖。现在根本无法转动身体，更不用说为正确着陆做准备了。见鬼，那条腿疼得厉害，感觉好像被扯断了似的。

尼克朝下面看了一眼（“千万不要向下看”），他看到一片水泥跑道迎面而来。他还看到附近停着几架F-16战机，掩映在昏暗的暮色中，以及大片水泥地。

他心中暗道：**这将是一个糟糕透顶的结果。**

他想：**我要摔断腿了，我非常清楚。**

备用降落伞的设计不像主伞那样更容易操控，但是，无论如何，尼克还是不停挣扎，他拼命想要改变自己的着陆线路，用了吃奶的劲想拉动备用伞，希望在着陆之前能够进行一段水平飞行。

但是根本没用。

他试图稍微弯曲一下左腿，以帮助吸收一点即将发生的冲击力。但根本动弹不得。他现在距离地面仅有 30 米……23 米…… 尼克的脑海中突然闪现出妈妈的样子，她总认为他的工作太危险了。**你太小了，根本做不了这种工作，尼克**，她说，**你会受伤的。**

距离地面 15 米时，他大声喊道："哦，伙计，我妈妈会杀了我的……"

然后他听到了砰的一声响。

那是膝盖，他想，**那条腿也就这样废掉了。**

备用伞，依然在风中奋力扯动着，现在开始将尼克拖下跑道，撕碎了他的衣服。皮靴在停机坪上用力摩擦，靴底都快被摩擦得熔化了。尼克试图解开降落伞，但是降落伞在他身上的缠绕方式使他无法弹出伞带，降落伞继续在机场上裹挟着他。他试图拔出随身携带的一把刀，但是刀别在左脚皮靴上，而左脚依然被一根吊绳缠得死死的。

他吓坏了。没有任何办法，只能跟着降落伞滑行。他想好了明天的新闻标题：**入伍陆军游骑兵第一天，尼克·欧文宣告死亡。**

最终，他停了下来。

几名队友冲到他跟前，完全惊呆了。

"我的天哪，伙计，你没事吧？"

尼克趴在地上，后背上传来一阵刀割般的疼痛。队友都围了过来，其中一名队友开始检查膝盖。不可思议的是，膝盖并没有受伤。他听到的"砰"的响声根本不是膝盖撞到地上发出的声音，而是皮靴猛然撞击水泥地面发出的声音。他腰部以下的衣服都崩开了，被撕成了碎片。他全身都是刚刚被降落伞在跑道上拖拽时留下的黑色划痕。皮靴底已经熔化，几乎要脱落了。他的样子狼狈不堪，但是全身并没有散架。

他们问："你还好吧？"

他觉得应该组织一下语言。

他本来可以说："老子再也不想跳伞了！对不起，伙计们，我不想干了！"或者，他也可以忍一忍，面对现实。

要是那样说的话，你就根本没得选择了。

“还好啊，”他尽量表现出一副轻描淡写的样子，“我很好。”他站起来，捡起四处散落的装备，恢复了一下神志，一瘸一拐地加入自己的队伍。活下来了，一切都变了。

拖着受伤的臂膀离开澳大利亚之后，罗伯·佛朗完成了波斯尼亚军旅任务，之后返回加拿大接受了非常严格的理疗。臂膀一恢复到可以射击后，他立马返回训练场。他顺利通过了为期3周的跳伞训练课程，然后进入A连，第三营的空降兵部队，在那里，每个人都很讨厌他，因为他是新来的。他总是一言不发，认真做好清洁，维护武器装备，尽量不引人注目。感觉时机成熟之后，他表达了想要加入侦察培训科目的兴趣。指挥官说可以。

侦察员训练科目为期2个月，几乎就是由各种伏击和突袭训练构成。

训练科目涵盖了地面导航（类似海军特种兵的基础水下爆破／海豹课程项目）、生存、空降行动、潜水，以及其他更多项目。淘汰率非常高。

科目训练的残酷程度超乎寻常，开始不断挑战生理极限。对于海豹突击队来说，最严酷的就是基础水下爆破／海豹课程和之后的高级训练项目。而对于陆军游骑兵来说，则是游骑兵学校（尼克尚未进入该阶段）。对于罗伯来说，就是侦察学校。尽管训练项目周期仅为2个月，节奏却非常快，没有惬意放松的周末，没有可以休息养元的夜晚，没有可以调节节奏的学术课堂。这是一个持续不间断的能力测试。连续5天时间没有睡眠，不准进食（只允许饮水），负重行军，不容有任何差错的复杂而严苛的任务。罗伯甚至在侦察训练期间第一次在行走过程中睡着了。他说那2个月时间是他一生中最耗费体力的经历。

罗伯接受培训的侦察学校位于华盛顿路易斯堡军事基地，绿色贝雷帽的一支骨干担任训练任务。时值2000年10月，而路易斯堡的整个10月都是雨天。这些家伙整天湿漉漉的。有一次，绿色贝雷帽的承训教官将他们聚集到树林深处进行露营。大伙全都湿得像落汤鸡，忍受着刺骨的寒冷，痛苦不堪。就在露营的当天半夜时分，身边燃起一堆大火，所有教官悠然自得地站在篝火周围。

等等，罗伯心中暗想，**画风有些不对**。这些虐待狂不仅不像平时那样气急败坏，大发雷霆，似乎还在开玩笑，且很享受。他们为什么突然想给这些学生一个机会，来消除他们骨子里的寒意呢？

“嗨，”一名教官说，“我们给你们这些家伙准备了午餐。”

队员们一言不发。真的吗？是黑暗之中的一缕阳光，抑或一个阴谋？

那位教官对罗伯的一位队友说：“嗨，哈格兰，那边有一支蓝色的荧光棒，就在路那一头。午餐就在那里。赶紧跑过去拿。”

哈格兰消失在前面的小路上。过了不久，其他队员就听到他的大声喊叫：“这是什么东西啊？”紧接着他们就听到来回奔跑的声音，伴随着一阵突如其来的声音：惊慌失措的咯咯叫声。这种叫声，与突然出现时一样，突然停止了。

一分钟后，哈格兰踩着重重的步伐沿着小路走了回来，脸上阴沉沉，一副怒气冲冲的样子。他一只手里拿着石头一样的东西，走近一看原来是一颗土豆。另一只手里，是一只体温尚存、软趴趴的小鸡，刚刚被他拧断了脖子。那是他们的晚餐。每个人分到了一颗生土豆、一只活鸡仔。这就是他们接下来 4 天的全部伙食。

这是非常真实的训练，他们在训练中学会了真正的侦察战术。你如何才能生存下来？假设你身处荒野之中，孤身深入敌人阵地，一只鸡和一颗土豆将是你的一顿饕餮大餐。事实上，在那种情况下，你会非常幸运地遇到这种奢侈的机会的，正如罗伯后来亲身经历的那样。

罗伯说，在整个军旅生涯中，侦察学校是最残酷的经历。

“你会非常讨厌平淡的人生，”他说，“学习所有这些令人发疯的生存技巧会令你激动不已，但你同时也许会说：‘我为什么要这样自虐呢？’”

尽管吃尽了苦头，罗伯在培训中的表现很好，他回到加拿大的 A 连后，发现其他队员对他有了全新的认识。尽管还是一名初入行伍的毛头小伙子，但射击水平出类拔萃，后来去了空降兵连，在那里表现很好，被派去参加侦察科目培训，在那里也很出色。

但是对罗伯来说，通过侦察科目培训只是另一块垫脚石。

下一个目标：侦察排。

加拿大帕特丽夏公主轻步兵团的侦察排行动独立，为第三营提供力所能及的全力支持和配合。例如，第三营某个排想开展一次空降行动或者水下行动并且需要前期侦察行动，他们就会向侦察排求助。

侦察排分为 3 个小组。

第一小组是远距离巡逻组，他们的强项是超长时间巡逻。这些家伙承担的任务属于典型的侦察行动，潜入敌人防线，执行长期任务。他们擅长于隐匿、观察，以及野外生存。

第二小组是探路者，这是一支极度训练有素的特别行动小组，擅长抢滩登陆、水下行动、空降行动、直升机行动、协助渗透，几乎无所不能，类似于我们的海豹突击队。

最后一组是狙击手。

即便在侦察排内部，狙击小组也是自成体系、独立行动。并不是说只要你通过了侦察排的培训科目就可以理所当然进入狙击小组。哪怕你只是想获得成为一名狙击手的机会，首先你必须通过专门的狙击手培训科目。正因如此，绝大多数侦察科目毕业的学员根本没有机会进入侦察排。通过侦察科目说明你仅仅具备了侦察能力，绝不是你可以随意选择兵种的保证书。所以罗伯并不想让别人知道自己的雄心壮志。他知道该怎么做：沉默少言、增强素质、专心本职，静待时机，因为你前面还有人在等待。他知道，如果他表现得让人一眼就看出他非常急切想要越过小组其他人进入狙击小组，最后只能获得一个非常差的名声。他只能默默为自己正名，静待机会。

但是罗伯不知道，系统内的高层一直在关注他。有传言称，这个小伙子是一名射击天才，有钢铁般的意志。

早在1999年赴波斯尼亚执行维和任务期间，他就受邀参加了一个为期2周的集中培训课程，有机会与来自加拿大、英国以及捷克等许多国家顶级狙击手共同学习切磋。与他一起参加培训课程的另一名加拿大士兵也没有参加过狙击手科目培训，尽管没能击败经验更加丰富的英国和捷克狙击手，他们也取得了自己的胜利。很显然，这次培训是考验他们是否能够成为精英狙击手的一块试金石。罗伯直到顺利通过侦察科目培训后才获悉此事，但是高层早就做出了决定，只要罗伯能够通过侦察科目，就会直接提拔他进入狙击小组，马上开始岗位培训。

听到这个消息后，罗伯欣喜若狂，简直无法压抑内心的激动。但是他也非常清楚，通过侦察科目培训并进入狙击小组只是一个开始，就像海豹突击队学员通过基础水下爆破／海豹课程。当然，这很难，而且的确如此，在你通过该科目后值得高兴，但无论如何，这只是一个入门考试。一个绝对残酷的入门考试，但无论如何，这只是一个开始。

一旦通过了入门考试，真正的训练才刚刚开始。

与罗伯·佛朗一样，贾森·德尔加多在进入新兵训练营第一天就非常明确自己的目标是什么。步兵学校的基础训练结束之后，紧接着是为期 7 周的海军陆战队生活，更加繁重的战术和武器培训，其他时间，当然全都是更加野蛮的体能训练。贾森一口气报名参加了所有训练项目，他迫不及待想要通过这些训练科目。他只希望考核尽快到来。

美国海军陆战队以其侦察狙击科目著称。早在越战时期，海军陆战队狙击手的战斗力在美国各兵种中就遥遥领先。贾森能够最终进入海军陆战队或多或少也有机缘巧合的成分在里面，尽管通往陆军和海豹突击队的两扇大门都被关上了，但是结果证明最后这条路才是最完美的。

在刚开始接受海军陆战队狙击手训练时，你只会被视作一个接受过专业训练的枪手。只有从狙击手学校毕业后，你才能被称为真正的枪手猎人。在贾森通过培训时，年轻的专业射手们经历了他们特定营的狙击手教导团的征召。这些教导团有些持续一天，有些持续两三天；具体时间取决于各个单位。教导团尽管持续时间较短，但却是残酷的。在 18 个或 20 个有抱负的专业射手中，通常只有三四个人可以通过，其他人都被按要求淘汰。

体能对贾森来说根本不是问题，但性格影响了他。为贾森的引体向上计数的是一个叫罗斯的枪手猎人。有一次，罗斯连续叫了两次同一个数字，随后又叫了一次，接着还是一次，一个接着一个引体向上，但是他却不断报出同一个数字。贾森认为可能因为自己是西班牙裔，这家伙想要让他出局。他失去了冷静，辱骂了那个教官。

当然，这与种族没有关系。这只是贾森自己的胡说八道：是教官触发的，并不是偶然的。罗斯教官是在试探、试压、寻找这位专业射手坚硬的铠甲的缝隙。他找到了。

海军陆战队流传着一种说法：**没有什么是不可冒犯的**，不管是物还是人。这是训练的一部分，任何东西都可能被夺走，包括你的骄傲、自尊、理智，但你依然必须执行。他们会拿任何人、任何事情开玩笑：母亲、妻子、女友、孩子，而且很下流。你不能生气，也不能有任何回应。年轻的海军陆战队队员彼此一次又一次这样做，以至于无法判断他们是否让你很生气，因为你只是笑和配合。此种训练旨在教会他们，面对压力保持镇定、宽容，以及一条无价的生存技巧：不要太将自己当回事。更重要的是，他们可以从中学会从容应对任何情形，不管是什么事情。

“它迫使我放弃了好斗心理，”贾森说，“我意识到，这种心理会让你一事无成。是我们自己给自己强加了这种狗屁种族主义的负担吗？当然是的。部队中凡能成大事者，都是能够自觉抛弃各种无谓的烦恼的人。”

这是一个非常有意义的教训。贾森被教导团淘汰了。

教导团委员会给出了“不通过”的结果，对贾森来说，这是他一生中最深感痛苦的经历。当然这也是他一生中遇到的最美好的一件事情。

他回到排里，用接下来整整一年时间证明自己。他担任了火力组组长，随后又被选为城市巷战教官。城市巷战是一个相对较新的事物，是海军陆战队的一个综合科目，包括近距离作战和各种以城市为重点的突击技巧，从隔离目标到使用爬梯，以及教授污水、管路和饮水净化等方面的基础设施管理技能。这是一个糟糕的领导职务，特别是对一个如此年轻的人来说，但贾森赢得了许多人的赞誉。

但他从来都没有忘记自己的目标，他想成为一名狙击手。

他的一位朋友通过了狙击手教导团并进入了狙击排，通过他，贾森最后和几位资深狙击手成了朋友。作为城市巷战科目教官，此时，他教过的学员中已经有多人成了狙击手。他也积累了丰富的经验和良好的口碑。最重要的是，他不断摒弃自己心灵深处的芥蒂。

终于，这一天来了：他进入狙击手教导团第二期，这次训练为期 2 天。最后，当教导团委员会投票决定谁可以通过培训考核时，贾森又一次被投了否决票。只是这一次，狙击排的首席狙击手杰克·考夫林推翻了决议。“瞧，”杰克说，“这是这孩子第二次参加培训。他奋力拼搏才来到这里，谦卑地回来再试一次。他很有勇气。”

凭借侥幸和自己的全力拼搏，贾森在第二次冲击梦想时终于成功了，但是事情还没有结束。

由于第二期教导团没能产生足够数量的专业射手来填充狙击排空缺，司令部决定举行第三期教导团。他们这次决定，在那些参加培训遴选的小伙子们奋力通过魔鬼训练时，贾森和其他专业射手不能光坐在那里享清福，尽管已经通过了考核，贾森还得陪着他们再参加一次教导团。只是这期教导团有所不同。狙击排碰巧被部署到日本冲绳县，这也是贾森入现役后的第一次海外部署行动。因此，第三期教导团将在冲绳基地进行，而且这次培训为期不是 1 天，2 天，也不是 3 天。

教导团培训持续了 6 个月。

他们在基地外面的丛林里一待就是五六天，然后返回海军基地一天，清洗、整理衣物，然后再到镇子里胡乱折腾一段时间，再返回基地，一遍又一遍重复这样的行动。时光基本上是在丛林中度过的。

每天早晨，都要进行一次长跑，五六公里，或者 8 公里，当然也会根据教官当天的心情，感觉他们应该跑几公里就跑几公里。所有学员长跑时背后都吊着一个“专业射手蛋”：一个装满了沙子的沙袋，用胶带扎得紧紧地。目的？屁用都没有；纯粹就是为了额外增加你的负重。不管你走到哪里，蛋就跟到哪里。如果正好你负责无线电设备，或者专门负责背水，该怎么办呢？没关系：你还得继续背着那一包 18 公斤重的该死的“专业射手蛋”。冲绳县的空气湿度之大，这简直令人抓狂。长跑结束返回营地后，你会发现，他们一个个好像刚从海水里爬出来。

科目训练体现了海军陆战队训练的另一面：残酷中充满了对完美的不懈追求。课程安排非常密集，每天如此，有时候安排的科目训练都是之前做过的。狙击手学校培训本身只有 12 周，但是这期教导团却长达 6 个月之久，也就是说狙击手学校所开设的每一个科目他们都学习了三四遍，所以他们对所有科目都了如指掌，甚至可以将课程资料一字不漏背下来。实际上，这也是学校对他们的要求之一。他们在背诵时连哪怕是一个系动词、介词，或者冠词都不能出错。表达必须精确无误，即便是一次背诵好几个段落，亦是如此。

他们会不断接受非常严苛的测试。例如，他们会乘坐汽车到市区某个地方转悠，其中一名资深枪手猎人会突然告诉他们：“我们刚刚经过 7 辆轿车，请分别告诉我每一辆车的品牌、型号，以及驾驶人员。”与身体一样，大脑也在随时接受严酷的训练。这俨然是一个体制完备的狙击手学校，只是没有挂上“狙击手学校”的名称而已。

一旦到了去真正的狙击手学校时，贾森会准备得更充分。至少，他是这么认为的。

2005年年底，当尼克·欧文加入他现在所在的营时，伊拉克战争正在全面展开。为期6个月的训练（包括那次惊心动魄的跳伞）后，尼克被派到伊拉克3个月，担任机枪手和斯特瑞克装甲车驾驶员，然后返回美国，继续接受为期6个月的训练，紧接着第二次重返伊拉克战场，然后返回美国本土。这个周期——6个月训练与3个或4个月战场部署交替——持续到2008年，随后他得到消息，这次战地部署（第四次）返回美国后，他将进入陆军游骑兵学校。

狗屎，是他的第一反应，也是唯一的想法。

尼克尽管荣誉等身，但制服上还没有挂上游骑兵徽标，只有当你告诉别人你毕业于游骑兵学校时，你才能成为一名真正的游骑兵。尽管如此，没有人真正**期望**进入游骑兵学校。

如果游骑兵教导团是地狱，为期62天的游骑兵学校培训则是这种经历的重演，只是在更深的层次上。每晚平均15—30分钟的睡眠（有些晚上根本没有睡眠），让尼克很快失去了他在基础训练时的体重。

最难熬的是山地训练阶段，可能是三个阶段（陆地阶段、山地阶段，以及沙漠阶段）中最艰苦的。他背着重约55公斤的装备，在山间奔波穿梭。山里的气候寒冷刺骨。这时他处于半昏迷状态，感觉好像在梦游。他们在爬山，最终到达了一处休息点。这时轮到尼克执行安全警戒。尼克站起身，依然睡着觉，在他们周围巡逻、站岗。他模模糊糊地意识到，他的脑海中只有一个意识：**该死……我太……累了。**

尼克朝下面看了看，并眨巴着眼睛，至少他自己觉得他在眨眼睛。实际上，在刚闭上眼睛那一刻他睡着了，而且能够有效地抓住哪怕几分之一秒的时间进入深度睡眠，大脑就可以得到令人满意的休息，而当他的脸距离地面不到15厘米时，他猛地惊醒了。

但是紧接着，砰，脸**真的**撞到了地面上。

该死，他心中暗道，我刚刚睡着了。

他开始起身，当他把一条腿放在身下时，他知道自己又要睡着了。为了缩短距离，他就待在原地，单膝跪地，执行安全警戒，而不是站立姿势。

毫无疑问，他又睡着了。

这一次，在他落地醒之后，他想，**去死吧，我干脆躺下吧**。他想，如果教官看到他，也许会认为他俯卧在那里，在用武器瞄准了什么东西。

他趴在地上，尽力摆出端着武器瞄准东西的姿势，并抬头盯着附近的一棵灌木，但是，就在他的眼皮子底下，这棵灌木开始移动了！在灰蒙蒙的夜色中，那个模糊的形状慢慢变成一个身影……然后他突然意识到，那**不是**一棵灌木。那是乔治·福尔曼，单膝跪在地上。

见鬼，尼克心想，**是乔治·福尔曼！**

他环顾四周，是否有其他人看到眼前的情形？鬼知道乔治·福尔曼跑到这里干什么？

然后他意识到，乔治·福尔曼是一个知名的励志演说家，也许他们送他到山上给他们做一次励志谈话，帮他们树立永不放弃的信念。

也许他们让他到山上给他们送一些食物。

然后，那个身影开始说话了。

“嗨，朋友，”黑影说，“听着，你想要一块乔治·福尔曼烤肉吗？”

“太棒了，是的，”尼克用沙哑的声音说。他向乔治手指的方向望去，他手里拿着一大块多汁牛排。紧接着，乔治打开乔治·福尔曼烧烤架并将那块牛排放上去，牛排立马发出嘶嘶的声响，看起来简直太神奇了，而且味道更加神奇。尼克舔着自己的嘴唇，他快要流口水了。

不，不是**快要**流口水。他就是在流口水。这是毋庸置疑的。他都等不及了，想立马就咬一大口。

然后，那个身影慢慢消失了。不一会儿，那个身影又变成了一棵灌木。

尼克非常难过，他差点哭出声了。

就在游骑兵学校毕业的当天，获得游骑兵徽标之后，尼克做的第一件事情就是径直冲向沃尔玛，买了一个29.99美元的乔治·福尔曼烧烤架，并用这个烧烤架为自己考了一块巨无霸多汁牛排。他现在还保存着那个烧烤架。

尼克并不是唯一一个在梦游中从游骑兵学校毕业的。同样是在山地训练阶段，有一天他们正在一处山脊上行走，与他一起的一个家伙突然狂奔起来，沿着悬崖一路飞奔。有那么一刻，尼克以为这小子要跳崖，他想自杀，很快尼克就确认了这一点，因为当那个家伙接近悬崖边时，他居然加速了。

但他没有自杀倾向，他是一名橄榄球运动员，他刚刚看到四分卫给他传了一个长传球（他后来如是告诉尼克），他要赢得这场球赛。

球飞过山脊到了山的另一边，我们这位外接手喘着粗气追了过去。他飞起身子，扑向山坡，伸开双臂，他接住了球，当然，重重地摔了一跤。幸运的是，他伤得并不严重。他在摔倒的中途惊醒了，所以身体保持着比较放松的状态，而且着地后，他顺势在山坡上打了个滚。

在山地训练阶段，尼克开始闻到一股难闻的臭味，一股氨气的味道。他意识到这是他自己身上发出的气味：身体在吞噬自己的肌肉。有一次，渴得实在受不了，他就直接喝了一口山间泉水，并没有先用强制性碘片进行净化。非常不幸，回到基地后，他发现自己患上了严重的感染病和寄生虫病。到目前为止，他的体重锐减差不多18公斤，但是令他恐惧不安的是，他发现无论吃什么东西，他的身体根本不吸收。无论吃什么东西都只是穿肠而过，甚至喝水都是如此。有一天，他们一起的一个家伙偷偷把一些比萨带进营地，他们每人吃了半块。尼克刚吃完他的那一份，比萨就从另一头排出去了，几乎完好无损。

噢，糟了，他心中暗道，**这下坏了。**

医生迅速给他进行了三四次青霉素静脉注射，几小时之后，他又回到了训练场上，但依然不能吃任何东西，他仍觉得周身疼痛。正常成年男性每天热量最少摄入量为1800千卡，而他们只能获得差不多一半的热量，还要伴随着疯狂的体质训练，缺乏睡眠，有时甚至两天都不能合眼。如果你需要睡觉，你必须思考自己的睡觉方式，你能猜得到，站着睡。尼克听到过几个人倒地的声音。

他班上的一位学员由于脖颈肌肉损伤严重，以至于他的脖颈都无法支撑他的头重。他不得不用一只手托着自己的头到处晃悠，而且如果他想要看什么东西，他就必须用双手将自己的头转到他要看的方向。他最后惨遭淘汰，被直接打发回家。

游骑兵学校毕业之后，尼克的脚趾头完全失去了知觉。直到五六年之后，脚趾头才慢慢恢复了知觉，那时他已经退役好久了。退役后，他回到弗吉尼亚进行了一次体检。医生看到他的X光片和检验报告时惊道："我的天哪，你的体质状况就像80岁的老人！"他告诉尼克，根据他的经历，游骑兵学校会让人的预期寿命平均减少7年。

许多人无法理解。他们认为你能够通过基础水下爆破／海豹课程或游骑兵学校，或者三角洲部队训练，只能说明你非常顽强，通过这些训练只能让你更加强壮。事实并非如此。你不是简单地活下来，而是被它所击垮。

这种训练，一句话，就是地狱。你参加这样的训练，是因为它能让你为国家战斗时，为你在战场上面临的情况做好准备。这是一个我们心甘情愿做的交易：让你成为技术精湛的战士，但同时，你也会受到伤害，而且这种伤害是永久性的。

美国海军特种作战部队有自己传奇品牌的地狱。基础水下爆破／海豹课程是一个长达 7 个月、令人身心俱疲的马拉松式体罚，该训练在人类的最大承受极限范围内，在所有人可能想象到的环境中展开，旨在淘汰每一个缺乏激情、不够狂热、不能彻底疯狂、不足以激励自己成功通过该项训练并到达下一个终点的灵魂。该项训练的淘汰率是惊人的。真正的死亡是罕见的，但曾经发生过。亚历克斯·莫里森 1988 年就差点死于这项训练。

在地面导航训练中，亚历克斯所在的班级被带到圣克利门蒂岛，该岛又被称为“岩石”，是距离圣迭戈约 129 公里外的一处荒芜岛屿，是海豹突击队的军训场地之一。（这里所说的“训练”系指人类的极限，并不断突破。）我依然记得 1998 年我所在的基础水下爆破／海豹课程班到达“岩石”第一天的情形，比亚历克斯正好晚了 10 年。一位教官将我们集合起来并告诉我们：“嗨，孩子们，我要你们记住：在这荒无人烟的地方，没有人听得到你们的哀号。”他没有开玩笑。我自己都觉得岛上的训练根本就是残酷至极，所以我根本无法想象，10 年前，在监管严重缺位的情况下，训练该有多么残酷。

一天早晨，他们进行了一项早餐前 13 至 16 公里长跑（这是他们的标准操训安排）。长跑结束返回营地后，亚历克斯只吃了一点早餐。之后他们就前往爆破训练场参加工事爆破绘画实践。在爆破训练场期间，亚历克斯犯了一个不可饶恕的错误，稍微在地上跪了一下。

要受到惩罚。教官带他离开训练场，将他带到“岩石”中心一座名为蛙山的山脚下，要求他进行一次“航班”表演。这种惩罚要求他背负一块空运货盘，在规定的时间内爬到山顶再折回来。只是这次教官要求亚历克斯将货运空盘换成了一个重 82 公斤的假人，他们亲切地称之为“牧师”。

早餐前的长跑已经让亚历克斯体力大减，加之早餐吃得不多，他背着“牧师”向山顶爬去，但是当他到达山顶时，“牧师”从他身上滑落，于是他就把“他”放到地面上。

“重来一遍。”教官命令道。

他拖着“牧师”回到山脚，再次将“牧师”紧紧地绑在自己身上，重新向山顶爬去。这时，他彻底精疲力竭，所以，自然，他再次让“牧师”掉到了地上。无须教官再次喊出命令，亚历克斯的脑海里已经听到了。**重来一遍。**

“你应当退出了，亚历克斯，”当他拖着自己的负重回到山脚准备第三次尝试的时候，教官朝他厉声怒吼，**“你应当退出了。你为什么不自行退出呢？”**

“该死，”亚历克斯用尽全力骂了一句，“老子死也要死在这里。”

这时的他累得只能背着假人在地上向前爬行，很可能到了低血糖休克的程度。

最终，教官发现无法让亚历克斯退出，于是终止了对他的惩罚。“你完成了。”他说，然后就让他爬回训练基地。

回到营房后，亚历克斯爬进自己的小床，像胎儿一样蜷缩在里面。过了一会儿，学员过来问他：“嗨，伙计，你怎么了？”亚历克斯没有回答；他也不需要回答。他的瞳孔扩大，体温开始下降，几乎没有了任何反应。学员们不需要地图导航。他们最终用军用救护直升机将他送到医院进行抢救。如果不是他们，他也活不过几小时。

就在他们用担架转移他时，一位学员俯下身子，将嘴贴近他的耳朵跟他喊：“嗨，亚历克斯！亚历克斯！你想要退出吗？”

“不！”亚历克斯喘着粗气说，“不！不！不！不……”

在接下来几小时之内，医生给亚历克斯做了好几次静脉注射，当他恢复到能够控制自己的身体时，他吃了一些东西，稍微休息了一会儿。

随后他又登上直升机返回“岩石”训练基地。初入培训基地时，亚历克斯感觉自己坚持得极度艰难。在任何项目的训练中，他都只是一个不入流的小跟班，其他队员都回去吃午餐时，他却还在接受惩罚，在寒冷的海面上做浅打水练习。但是在基础水下爆破/海豹课程结束时，他却成了班上最优秀的学员。

他说，最令他满意的时刻就是在同班学员面前完成了一次定时向上跑，不仅是以第一名的成绩完成了任务，更重要的是，在跑完之后他并没有感到体力不支。

“那种绝对自信的感觉，告诉自己**我什么都行**，加油！这种感觉，”他说，“是我人生中最激动人心的感觉之一。”

这就是地狱的根本目标：让你发现自己拥有克服一切困难的能力。

也许你之前阅读过相似的训练故事，抑或在影视作品中看过有关新兵训练营的片段，而且可能看起来非常疯狂，教官似乎都是虐待狂，让他们的受害者不断突破身心崩溃的极限，纯粹是一种变态心理。当我们在这样的训练中痛苦煎熬时，我们每个人也都有这样的感觉。

但是，一旦到了真正的战场上，你的想法会完全不同。

回头想想，当你突出重围，战胜困难并开始服役之后，你就会发现那些教官根本就不是虐待狂。他们并不是想要杀死你，他们甚至根本不想伤害你。

他们只做两件事。

首先，他们想要了解你是一个什么样的人。因为，如果在美国国内安全的新兵训练营，面对残酷的体能训练你就屈服了，那么在世界其他地方的实战中，当敌人向你开枪，在你眼前丢炸弹，想尽一切办法要置你于死地时，你毫无疑问也会屈服的。与实战的地狱相比，训练的地狱根本什么也不是。

其次，他们想帮助**你**认识自己是一个什么样的人。

我们所有人都在各种基础的和高级的训练科目中学到了许多。大量的主题，成千上万详细严谨的行为模式，无数机械知识和技能技巧。但是我们学到的最重要的东西是关于我们自己：无论他们怎么对我们，**我们都坚持到了最后**。

不可否认，体罚是极其残酷的，可这并不是地狱的根本目的所在。你的身体远比你所想象的强大得多。特种兵训练想要打破的极限并不是身体上的，而是精神上的。

想要成为全球最精锐部队的一员的决定并非一蹴而就，而是需要你一次次，一天天，甚至一天几十次的思考之后才最终形成的。在这一过程中，你不再仅仅是一位训练有素的战士，而是变成了一种自然的力量。

第二部分 技能

在各种极端的条件下，你应当展示出对多种武器纯熟的掌握技巧。你将被置于更强大的压力之下，面对比之以往更严苛的心理要求，不能出现任何差错。

我们将把你的能力推到很高的水平，即便在你生疏、疲惫不堪，抑或面对从未设想过的情况时，你仍然会胜过敌人。我们希望你能够达到一个一开始看起来不现实、不公平，甚至不合理的卓越水平。你会逐渐发现，完美是你的新常态。我们期待你，在日复一日的打磨中，成长到不会出任何差错的完美水平……

第 4 章　狙击手学校

我们不会自然成长到我们所期待的水平。我们能够到达我们训练的水平。

——阿尔基洛科斯，古希腊士兵、抒情诗人

罗伯·佛朗难以抑制内心的激动与兴奋。终于，经过部队系统内多年的训练与发展，他成为加拿大武装部队狙击手训练班的学员，并开始准备参加为期 2 个月的训练科目。

一天上午，他到与妻子居住的营房地下室去取一些装备。拿到装备后，他回到营区，并朝一张桌子走去，这张桌子上挂着勤务兵和执勤下士的帽子。走近那张不锈钢的大桌子时，罗伯突然感到困惑。通常情况下这个点这里几乎没有人，但是那一天却有一群人，大概有 100 个家伙聚集在那里。这时还不到清晨 6 点。**到底是怎么回事啊？**他心想。

所有人都目不转睛地盯着桌子上的电视机。罗伯挤进人群想一看究竟。电视屏幕上，他看到一座摩天大厦起火了，滚滚浓烟直冲云霄。

他认出这栋建筑就是位于纽约的世贸中心双子大楼中的一栋。

“简直太疯狂了，”罗伯听到有人说，“看起来好像一架民用客机撞到美国双子大楼了。”

“这完全说不通，”罗伯说，“什么样的白痴会飞得这么低呢？”

就在他们观看的时候，第二架飞机又从南面撞上了大楼。

世贸大厦，就在那一刻，所有人立刻明白发生了什么事情。

我们遭遇了攻击。如果这种事情能够发生在纽约，同样也会发生在加拿大。

反应非常迅速。加拿大政府开始关闭各处军事基地。罗伯所在的训练营的训练计划立刻加快了进度，训练内容也迅速转向恐怖主义应对。当罗伯在狙击手学校报到时，成为一名狙击手的所有概念都被赋予了全新的意义内涵。

他们毕业后的任务将不再是赴波斯尼亚执行维和任务，而是奔赴战场。

9·11 恐袭事件发生时，贾森·德尔加多正在世界的另一端——日本冲绳县，他还在那次为期半年的丛林预备狙击手训练中煎熬。纽约时间上午 9 点是冲绳当地时间 22 点，当晚他们正好处于台风三级备战状态，所以，广播电视插播恐怖袭击新闻时他们都回到了基地，待在营房里。星期二上午，就在罗伯静静地返回部队位于阿尔伯塔省的驻地时，贾森排里的年轻海军陆战队队员们在冲绳军事基地的大厅里来来回回走动着，拔出枪，歇斯底里尖叫着。

“你可以想象一下，200 名血气方刚、酩酊大醉的海军陆战队队员在电视直播中眼睁睁地看着世贸大厦轰然倒塌。”贾森摇摇头，“当时场面几乎失控了，你知道吗，伙计。每个人都想采取行动，立刻，马上。”

那个时候，尼克·欧文正好高中辍学，待在马里兰州的家里，世贸大厦轰然倒塌的画面在他快速运转的大脑中不断重现，想要应征入伍的强烈欲望让他热血沸腾，不能自已，长达 7 年时间的狙击手训练在向他招手。

听到空袭消息时，亚历克斯·莫里森正好躺在床上听收音机。他立刻起床，迅速穿戴整齐，乘车前往执勤地点。作为一名服役超过 10 年的海豹突击队队员，他担任狙击手 7 年之久，经受过多种任务的洗礼。他知道自己很快将会执行更多任务。

至于我，当时在加利福尼亚州科罗纳多驻地，整装待发。

恐袭事件爆发时，我已从狙击手学校毕业，2000 年时我被部署在远东和中东担任狙击手，当时我正准备前往下一个部署地。我们排正好轮到下一个前往海外部署的任务，将和第一个部署海外的排一起进入阿富汗。

我们每个人都在不同的部队、不同的历史时期接受过不同科目的狙击手训练。每个人的受训经历和课程差别甚巨，我们都会讨论这些差别。但是本质上，他们都没有任何差别。他们都出自狙击手学校，狙击手学校是我们所有人军事生涯中最残酷、最压抑的经历。

最主要的不是身体上，而是训练过程中持续高度的精神集中会将你推向崩溃的边缘。在基础水下爆破／海豹课程中，你可以自我承诺全力以赴，笃定意志，无论遇到任何困难，绝对不言放弃，最终会成功通过训练考核。这是一种精神和身体上的洪荒之力，但在狙击手学校这是行不通的。

如果你错过了目标，你不能仅仅“深刻反省和自我承诺”；你不可能仅仅通过“全力以赴”来脱身，你必须做到正确，不是大部分正确，不是99.99%正确，而是**完全正确**，否则你会出局无疑。

通过基础和高级训练，千锤百炼，你会被锻造成高级钢铁。在狙击手学校，高级钢铁将会被打磨成精密仪器。

在狙击手学校，对容错的要求则更加严苛，允许你出错的机会被降至无限小。狙击手学校的目标不是让你变得更加强壮，而是让你变得超乎寻常精确。你必须全神贯注盯着一个非常小的圆圈，一种激光般的集中状态，我们称之为**准星聚焦**。当然，与此同时你还必须非常清楚周围的每一件事情和正在发生的所有情况，我们称之为**全面态势感知**，就好像你需要在使用手术刀的同时还要耍好大刀。

我的亲身经历可以作为一个例子。

对我来说，在狙击手学校期间唯一让我感到压力的事情就是他们称之为**冷枪**的射击训练：每天早晨起床后的一次单枪射击。冷枪实际上就是模仿战地真实情况，你没有时间去热身，也没有时间练习射击。**一枪毙命**。就像比克原子笔广告中所说的：每一次都是第一次。

这是何其困难啊?

请让我为你细数个中原因吧。

首先是你自己。无论你的身心状态有多棒，早晨刚起床时你无论如何都不可能处于亢奋状态。再加上前几天的训练让你仍然颇感精神紧张和身体疲乏。你的手指、反应能力、感知力和判断力都会受到一定影响。如果为了活络筋骨和清醒头脑，你提前一个小时醒来似乎并没有什么意义，因为这就意味着你将少睡一小时的觉，这就会使你更加缺乏睡眠。

其次就是你的狙击枪，跟你一样，也是刚刚醒来。

当你通过枪管打出一颗子弹时，则意味着你让一股极其热的气体在与子弹飞行的过程中在枪管内发生爆炸。枪管会迅速发热，而且发热过程中，金属就会发生膨胀，这就意味着枪管的内管空间会变得更加狭小，这反过来会产生更大的摩擦力，从底部推动子弹向外飞出的速度会稍微加速。这会影响子弹的飞行弧度和射程。所有这一切都会影响射击的准确性。

接下来的一整天里，你将使用发热的枪管进行射击。但每天早晨的第一枪却不是。早晨起床后的第一件事情，就是用像石头一样冰冷的枪管射击。2000 年，当我在加利福尼亚高原沙漠参加美国海军特种作战部队课程训练时，夜晚的帐篷里冷得像冰窖一样。

我们每天早晨 6 点左右起床；有些人会喝咖啡，但是咖啡会干扰你的神经，所以我们有些人只喝一杯水，然后直接前往训练场。不管你早晨起床后的习惯是什么，重要的是不要轻易改变它。行为的一贯性非常重要。对我来说，咖啡可以不用那么早喝。**任何事情都可以等待。**我需要考虑的就是那颗孤独的子弹和等待我的那个靶子。想象一个真人大小的剪影，跟保龄球的样子大致一样，球的顶部是靶子的头，球的主体部分就是靶子的胸腹部。靶子中间有一个小圈：是 10 分区。外面是一个 8 分圈。只要打到 8 分圈以外，全部记 0 分。

累计得 3 次 0 分者，将被淘汰。

我无法改变步枪的温度（因为枪械在夜间被集中锁在一个储藏柜中），但我非常清楚，我可以控制子弹的温度，这也是第三个因素。因为子弹本身的温度高低对射击结果也会产生不同的影响。如果你拿一发在寒冷的环境里放了一夜的子弹，直接装膛，作为你早晨的第一枪的子弹，子弹的温度会影响枪膛的压力。正如罗伯·佛朗在澳大利亚的竞赛中看到的，预热子弹会影响其性能，尽管不会很显著，也许其影响程度非常微小，但是这可能就是造成结果差异的决定性因素。

所以我每天晚上都要跟一发该死的子弹睡在一起，抱着它，让它保持温暖，因为我的命运就是由它决定的。在战场上，它更会决定我的性命。

在第一天的射击阶段，我在冷枪环节失手了。在接下来的一整天中，那个 0 分就像早晨的起床号一样盘踞在脑海中，挥之不去。我一整天几乎都没有想别的事情。这当然是不可能的，狙击手学校就是狙击手学校，也就意味着在一天的时间里，你每时每刻必须同时思考无数不同的事物。但是唯独那件事情就像循环播放的磁带一样在脑海深处不断重现：**我失败了——明天早晨我一定搞定它。**

第二天早晨，我又失败了。**该死！见鬼！**

连续两个0分。我的胃一整天都在痉挛。现在我必须获得8分以上，不仅是第三天，接下来的10天都必须如此，每一天，否则我将会被淘汰出局，直接被打发回家。

我每天早晨都在一身冷汗中醒来。冷枪每天就像一个2000公斤的粪桶压在背上。

第三天，我打中了靶子。8分。我安全了，至少在第二天早晨到来之前是这样。接下来的一天，再下一天。这就是一种折磨。

问题就在这里，这正是狙击手学校的精髓：持续不断、最大限度的煎熬，正如我在狙击手学校时的训练伙伴埃里克·戴维斯所说的，你不能**试着**打中靶心。你必须让大脑以及所有的神经和肌肉都变成一束激光，将子弹**放到**靶心上，一次又一次，每一次。

但丁的《神曲》中关于最后一重地狱的描写特别有意思：它的受刑者不是被直接扔进火海油锅，而是被慢慢困在更深的冰层里。非常形象，但丁。如果说新兵训练营和基础水下爆破／海豹课程的折磨是火刑，狙击手学校的折磨就是被困在冰层中的酷刑。

2001年9月24日，星期一，罗伯·佛朗和他在加拿大帕特丽夏公主轻步兵团的一名队友降落在阿尔伯塔省温赖特军事基地，在那里与来自加拿大武装部队其他兵种的13名士兵见到了教官，这次经历与罗伯之前的想象完全不同。

“嗨，伙计们，”几位教官说，“你们还好吧？恭喜你们来到这里。我们想要告诉你们的是，为了能够来到这里，你们付出了不同寻常的努力。”

罗伯的经典模仿简直令人目瞪口呆。**你们还好吧？恭喜你们来到这里？你们这些家伙来自哪个星球啊？**

在此之前，罗伯所接受的每一个军训科目不仅对体力要求很高，而且在授课方式上也很有压力。教官们总是高声大嗓，常常是近乎辱骂，你总会感觉被他们推着，推着，推着到达你的极限，推着你不断打破自己的极限。但是这些教官有什么样的教导方式呢？这是一个奇特的经历。在罗伯看来，简直太令人难以置信，他怀疑自己是不是降落到了另一个星球。这些家伙居然像对待人类一样，跟他们新来的学生亲切交谈，好像他们是**成年人**了。

罗伯所接受的教导方式就是我们所称的“绅士课程”。这种课堂上没有大声呵斥或者歇斯底里的辱骂，根本不会有任何把你折磨得不成人形的恶搞游戏和无休无止的体能训练，没有纯粹为了整人的额外压力。

“我们不会给你们施加压力，”教官解释道，“在这里的培训中，你们本身就面临着巨大的压力，你们自己会给自己加压的。我们根本不会做任何淘汰你们的事情。事实上，我们会尽量让你们留在训练班。即便如此，你们中的许多人最终还是不能通过本次培训的。”

当然，他们说的是实话。当时，加拿大狙击手培训科目的淘汰率大概是 95%。罗伯暗下决心，一定要成为那 5%。

如他们所言，教官们实际上是在尽其可能帮助学生，这也是罗伯军训经历中的又一个第一次。

到了晚上，一天的训练结束之后，他们会来到学员的营帐外并询问：“好了，伙计们，你们谁在训练上需要什么帮助吗？我们再重过一遍你们今天学过的东西吧？”然后他们会挨个辅导每一位学员，帮助他们提高在白天训练过程中给他们带来麻烦的环节和知识。

当我和挚友格伦·多尔蒂一年前从美国海军特种作战部队训练班毕业时，我们看到的是自己被踢屁股或者遭受辱骂的场景。罗伯当然没有这样的遭遇。那些伙计不仅是顶尖的狙击手教官，他们也是**加拿大人**，一个以日常礼仪和礼貌为人所称道的民族。积极的强化训练从不间断，但是罗伯从来没有见过任何一位教官用力拉扯任何学员或者将他推倒在地上。相反，他们都在想方设法地为学员提供力所能及的教诲和指导。

其中有一位教官尤其优秀，他叫蒂姆·麦克米金。尽管身材高大（近 1.88 米高）、健硕，蒂姆也是非常可爱随和的。罗伯立刻就喜欢上他了，事实很快证明，他们是一对黄金搭档。

罗伯为期 2 个月的狙击手学校培训开始于长达 2 周的室内学习：装备、弹道学，以及作战技术，与此同时，还学习管理学和逻辑学等知识，诸如狙击小组和军团内部的等级结构与部署，以及其他更多知识：连续14天不停歇的大规模信息输入。之后他们进入场地训练阶段，这一阶段持续了整整6周，直到整个培训科目结束。场地训练实践教学刚开始不是学习如何射击，而是学习如何**看**。

如果你正在观察数百米外的地形，寻找某个非常隐蔽的目标，你会注意哪些方面？什么特性会使得一个事物更容易被发现？在包括形状、大小、光线对比、颜色、轮廓，以及其他因素在内的十多个可视属性中，最显著的是**移动**。这就是为什么自然界所有被捕食的动物都拥有一种不可思议的能力，可以纹丝不动待在一个地方数分钟之久：它们知道，移动远比自己的形状、体形、位置，或者其他任何可视属性都更容易出卖自己。这给予这些狙击手学员莫大的启迪，不管是作为捕食者还是潜在的猎物。作为猎人，他们开始训练自己，迫使自己将事物的移动属性放到视觉注意力自然结构的最高层。作为潜在的猎物，他们也知道，需要培养那种绝对静止的能力。

接下来是视觉搜索技术。直视不一定是观察事物的最佳方法。由于人类视网膜的结构，它的视杆细胞和视锥细胞的性质和分散特点，所以你从左边或者右边观察一个事物可能会更好，因为通过外周视角，也许你会看得更清楚。外周视角不能敏锐地捕捉到一些细节。用外周视角很难阅读文章，这就是为什么在阅读时你会使用焦点视角。但是外周视角对于捕捉运动却非常敏感，而且对颜色也十分敏感（颜色是继运动之后第二个最重要的属性）。

要射中极远处的目标，重要的在于你能够精确地量化目标的确切范围。判断目标距离，**即确定射程**，是学员们需要学习的另一个重要技巧。他们不能使用雷达测距仪，即全球定位系统（GPS），或者其他先进设备。他们要学习通过武器瞄准镜上的十字线确定目标的精确射程。（更多相关描述请见第8章。）

他们学习了如何制作吉利服，如何正确使用伪装设备，如何正确使用深度，如何移动才能更好地避开侦察。

接下来是追踪。

当天早晨他们接到命令："这里部署着敌人的一个观察点，我们认为大概就在这个方框里。"一块大约1平方公里的场地。学员们乘坐运输卡车到达训练场，在训练场一端下了车。他们的地图上，有一条用弧线标出的安全走廊，向左右两边分别延伸500米。只要他们走出安全走廊，即被视为失败。场地内实际的安全走廊也用橘黄色的带子予以标识。

现在，他们开始通过安全走廊追踪猎物，要在不被发现的前提下确定猎物的藏身处，并进入射程范围。

那么猎物是什么呢？是两名加拿大顶级狙击手，他们经验极其丰富，坐在一排椅子后，面对正在向他们接近的学员，他们胳膊搭在椅子背上，手里的高性能望远镜举得高高的，仔细搜寻任何向他们靠近的迹象。

必须明白，这两个家伙可是顶级狙击手，是这一行业的宗师，且知道这些学生从哪里下车。他们知道 1 公里范围内的安全走廊在哪里。非常清楚这些学员从那边过来，他们就坐在正中间，一边观察，一边等待。而这些学员必须追踪到距离其目标 100—300 米的射程范围内，朝他们打两枪（当然是盲打），然后再悄悄退回去，这一系列动作都必须在不被他们觉察的情况下完成。

罗伯从卡车后部下来，跳到地上，心想，**在采取任何行动之前，我必须先确定观察点的精确位置**。如果不知道目标在哪里，如何追踪呢？几名同学采取了更加直接靠近方式：根本没有使用教官之前交给他们的任何分析线索，其头像潜望镜一样伸得高高的（他们称之为“火鸡脖”），努力寻找目标。

“冻结！”一个声音高喊着。他们几乎还没有开始，其中一位狙击大师就觉察到了。所有学员必须原地待命，等待巡逻人员过来。

巡逻人员由另外 4 名教官担任，身着印有橙色标志的马甲，每个人肩膀上挂着一台无线电，25 厘米长的天线上挂着一面小旗子，在安全区域来回走动巡逻。他们是蹲守在观察点的两位狙击大师的左臂右膀；这次追踪训练就是一个具有生死存亡意义的贴标签游戏，而这几位巡逻人员就是张贴标签的大手。

狙击大师看到哪里有动静，就会通过无线电告诉巡逻人员，让他们朝某个方向走去。巡逻人员不允许有任何主观行为，他们就像无人机，完全听命于两位狙击大师的指挥，是他们观察器官的延伸。根据狙击大师的指示，某一位巡逻人员会径直走向刚刚被发现的“火鸡脖”。

与此同时，罗伯和其他学员都被冻结在原地不能有任何动作。一旦“冻结”命令下达，如果你继续移动，想要蹲得更低一些，或者有其他动作，只要被任何一名巡逻人员发现，立刻出局。

那位巡逻人员继续向前走。狙击大师指示他径直走向那名可怜的学员，他无力地瘫在地上，眼睁睁看着厄运朝自己不断迫近却无能为力。巡逻人员触碰了他一下。

出局。

接下来，其他学员又可以自由行动了。罗伯继续追踪活动。他将脸紧紧贴在地面上，悄悄向前爬行，他最终顺利到达一处距离观察点不到300米的地方。将自己的步枪和瞄准镜慢慢伸出浓密的树叶，用十字瞄准线锁定一名狙击大师的头部，经过测量他得出了一个数字，希望——不，就是**相信**——误差率在5%以内。他将计算得出的数据传输到指挥塔台，综合风力干扰因素，深吸一口气，大喊一声。

“狙击手准备射击。”

最近处的一位巡逻人员听到他的报告后，走到距离他藏身地点不到25米的地方，这时，他的无线电中又重复了一遍。

“狙击手准备射击。”

狙击大师现在知道前面某个地方有一名狙击手，而且看到了他。罗伯从那一刻起就明白，他必须以绝对的精确度移动。

那名巡逻人员说：“等待曝光。”

那名狙击大师举起一块人头形状的牌子，上面涂着一个字母。他们称之为“猎人的头”。猎人的头既可以是白底黑字，也可以是黑底白字，上面涂写的是“S–N–I–P–E–R”几个字母中的一个，刚刚举起的猎人头是写着“S”的黑底白字的牌子。

他将猎人头举起来，1–2–2.5，收回去了。仅仅2.5秒的曝光时限。如果罗伯不能在这么短的时间里看清楚牌子，他就没有办法进行下一步动作。

那也就意味着失败了。

“狙击手确认塞拉。”他大声报告。

“狙击手宣称是塞拉。”巡逻员通过无线电向狙击大师报告。

瞬间停顿之后，狙击大师的回复传了回来。“收到。是塞拉。让他开始第一次射击。”

巡逻人员朝着罗伯的方向点点头。“好，开始第一次射击。”

一种狂喜涌上心头，但罗伯赶紧将这种喜悦强压了回去，现在根本没有时间沾沾自喜。实际上，真正的困难才刚刚开始。因为接下来的环节，每一步的新动作都会让狙击大师最终发现你的精确位置的可能性不断增加，而且在接下来的几秒钟，这种可能性会以指数级增长。

罗伯将要露出马脚了，很有可能。

啪！

他盲打了一枪。狙击大师（现在是两位同时）通过自己的望远镜，目不转睛地寻找前面哪怕一枝一叶的细微摆动，任何风吹草动都可能会出卖狙击枪的准星不经意间的一个轻微移动。寻找枪管发出的光。寻找狙击手学员的一只脚，或者身体其他部位的移动，找出任何狙击手学员在扣动扳机时可能忽略的东西。

他们什么也没有看见。

“好，”无线电里又传来狙击大师的声音，“走到距离他 7 米之内的地方。”

巡逻人员走到距离罗伯更近的地方，停在距离罗伯趴着的地方仅 7 米的地方。

“指示方向。”

巡逻人员举起手臂，并直接指着罗伯。

与此同时，罗伯取出前一颗子弹的弹壳，将它装在口袋里（在现场留下弹壳亦即被视为失败），然后将第二颗子弹压进枪膛，在整个过程中，他一直在思考所有可以被人的视角发现的线索，最引人注目的当属**移动**，**并希望**——不，**是坚信**——狙击大师根本不会发现他的任何移动迹象。

一次漫长的停顿。然后：

“巡逻人员，离开。让他开始第二次射击。”

巡逻人员退了回去，然后说：“狙击手，请开始第二次射击。”

罗伯进行了第二次射击。

又一次停顿。

“好，巡逻人员，请走到距离他 3 米内的地方并指示他的方向。”

你这是在跟我开玩笑啊，罗伯心中暗想，尽管他非常清楚接下来会发生什么事情。**他怎么可能看不见我呢？**他心中又道，但他立刻收回自己的思绪，根本不容自我怀疑。要想成功完成追踪任务，需要拥有红杉一样的耐心和巨石一般的自信。

巡逻人员走到距离他不到 3 米的地方，又一次举起手臂，向狙击大师示意罗伯的藏身之处：不是指着地面，而是像指南针一样，平指向他的位置所在的方向。

但是两位狙击大师依然看不见他，所以他们开始进入下一步：他们转过自己的椅子，面向其他方向。

“无法观察到狙击手。”

此时，巡逻人员（他也是大师级的狙击手）走过去蹲在罗伯身边。“你现在距离观察点的距离是多少？”

“狙击射程是220米。”罗伯回答。

巡逻人员站起身子，拿出雷达测距仪，扫描了一下狙击大师的椅子，然后点点头。“好，你的距离正好是220米。”然后他又走过来，爬到罗伯的步枪后面，检查他的仰角与风偏装置。两个装置都没有问题。

现在，在罗伯挪开身子腾出地方后，巡逻人员走到步枪后面，拔下枪栓，认真检查准星，以确定准星前面没有任何遮挡或者他没有更换更加清晰的瞄准镜进行射击。如果他发现子弹的飞行路径中有一枝一叶，或者其他障碍物，他将自动失败。

没有发现障碍物。

巡逻人员退回身子，将枪栓还给罗伯让他装回去，然后通过无线电报告：“这边一切正常。目前为止，狙击手已通过所有测试。”

到目前为止，他想，太好了。

接下来的环节更加困难。现在，他需要退回去，还不能被发现。这个环节要艰难得多，因为狙击大师知道他的**精确**离开位置。最重要的是，他知道他们将会检查他的行动踪迹，即检查他是否留下任何可疑痕迹或线索。如果他遗落了装备配件、指南针、刀具、伪装材料、空弹壳，不管任何东西，即被视为失败。整个追踪过程包含13个具体步骤，13个截然不同的步骤中任何一个环节出了问题都意味着失败。

在接下来的几周，他们要完成8个等级的追踪场景训练，这些训练全都是非白即黑，要么通过要么失败：你必须顺利通过每个级别的追踪训练，否则，整个狙击手训练课程就算失败。

他开始匍匐着往回爬，悄无声息地移着身体，准备转身离开时，罗伯的脑海里闪现的是教官在他们开学第一天讲的话。**我们不会给你们加压，你们自己会给自己加压。**

罗伯的一名同学获得了“密位点”的昵称，因为他理了极短的平头，打理得纹丝不乱，几乎贴在头皮上。但是随着追踪阶段的不断深入，密位点的头发因为压力开始出现大面积脱落，密位点根本无法顺利毕业。其他许多同学也是。

事实上，追踪训练是狙击手学校绝大多数学员的滑铁卢——任何一所狙击手学校，不管什么军种或者哪个国家。追踪是狙击手职业能力精髓之所在；是一名**战士 / 刺客 / 间谍**的秘密侦察能力，即要能够在没有任何线索的提示引导下通过常人根本无法通过的地形或者环境还不会被发现，如风而来，似雾而去。追踪技能，比其他任何方面的能力更能体现出专业狙击手与专业射手之间的差别。

追踪是非常煎熬的。

追踪与开飞机很相似。你可以随便跳进一辆汽车，根本无须考虑要做什么，而是直接启动出发，但是开飞机却不是这样。开飞机时，在离开跑道之前，有无数事情需要你去做，各种检查确认，一大堆数据需要你明白并持续跟踪。即便是非常简单的飞机仪表盘，绝对远比你汽车上的仪表盘复杂得多。

追踪就是这个样子。持续、全面、细节性的势态感知。

我们在追踪行动中所讲的要有一套战略清单，与你开飞机时使用的策略清单非常相似。动身前你要问自己，阳光的方向在哪边？行动之前，你需要确定眼前没有阴影遮挡。树叶的阴影会投射在哪个方向？你及自己的影子在哪个方向？要确定你的背景是否合适，前景是否合适。要明确你是径直向前滑行，朝着目标，而不是误入陷阱，这一点很容易检测得到。必须清楚你的下一步动作将会悄无声息，还是会弄出声响。要认真思考寂静的天空，茫茫未知，以及各种偶发事故，你得有充分的思想准备，万一不幸遭遇这样的鬼情况，该如何脱险。与飞行员在起飞之前必须认真核对战略清单一样，只是在侦察行动中，你必须**全程**谨慎核对。

你永远不知道什么人会在什么时间朝你所在的方向认真观察，故必须假设**一直**有人朝你所在的方向仔细观察。在侦察培训科目中，就是有这样的一个人。

这需要巨大的专注力，不能分神，哪怕一瞬间的分神都是不可原谅的。如果你缺乏严格的自律和刚毅的忍耐力，不断核对战略清单，一刻不停思考这些问题，你就会失败。在你意识到“糟糕，我该移动了”的那一刻，也就是你被俘的时刻。

侦察训练的真实情况就是为了能够成功执行一次完整的侦察行动，从潜入，到射击，再到悄无声息安全撤出，必须将整个侦察过程，详尽无遗、毫无遗漏地先在脑海里过一遍。

关于侦察训练，你的脑海里只有一条底线：失败，或者成功，必须时刻铭记在心。

亚历克斯·莫里森不堪回首的经历，自然就是1991年他在海豹突击队接受并通过的狙击手培训科目。

当时对枪械还相当陌生，亚历克斯在该课程的射击技术部分颇感吃力。他不适合射击，至少眼前还不适合，所以他必须全身心投入射击技术学习，他每次都会克服一切困难聚精会神聆听、观察教官的动作示范，尽可能观察教官一分一秒的所有动作细节，每天都会抽出几小时进行实践、练习。

海军特种作战科目有一点比较好，就是即便早在那个时候，他可以额外抽出很多时间进行实践。海豹突击队的训练科目资源丰富程度毫不逊色于其他兵种；为了让你成长为一名专家级射手，他们提供了一切所需的时间、金钱、弹药，以及机会。学员们在训练场进行为期5周的射击技能训练，他们唯一需要做的就是射击、射击、射击。教官有些是文职人员、全国射击竞赛选手，之所以愿意无偿奉献自己的时间在他们身上，纯粹是出于爱国情怀和得天下英才而教育之乐。枪法训练阶段结束之际，亚历克斯会射击了。

尽管射击技术训练让他历经磨难，但侦察技术的上手却颇为顺利。当年使用鱼叉捕鱼的所有技能与经历已深深融入他的血液骨髓，而且在地面上搜寻人与在水下捕鱼没有本质区别。

然而，具有讽刺意味的是，正是侦察训练让他几近崩溃。事实上，这也是他班上绝大多数学员最深感痛苦的经历。早期的侦察科目其难度让人绝望，教学质量非常不理想，那期培训班共有16名学员，骨干教员中毕业于狙击手学校者仅有4人，那一期学员的通过率非常惨烈。

亚历克斯通过科目培训时正好是炎热的夏天，在他的记忆里，侦察培训就是一个绝对痛苦的折磨与煎熬。躺在树林外面的草地上，像蒸桑拿的母猪一样浑身汗流如注，很快他就发现，当地的小昆虫群体对他非常感兴趣。在一次侦察训练中，他匍匐着爬过一座蚁丘：红色的农田蝼蚁，人们通常将这些烦人的家伙误认为是火蚁，其原因不难理解。被农田蝼蚁咬了之后会产生一种强烈的灼痛感，感觉好像自己发烧了。亚历克斯自然就成了蚂蚁的美味大餐。但是他不能做任何反应，只能静静忍受着，全神贯注趴在那里，继续慢慢向前移动身体，拖着自己的身体爬过蚁丘，朝着目的地继续前进。训练结束时，他浑身都是被蚂蚁咬过的伤口。

当然，只要能够通过训练，所有这些痛苦都是值得的，可他并没有。

在第一次失败之后的几年时间里，亚历克斯一直都在不断反省提高，分析自己当时失误在哪里，如果下次训练他应该怎么做。侦察本质上与用鱼叉在水里捕鱼并无二致，但在具体细节上略有不同，这些细节正是他需要学习和掌握的。

他意识到，他当时过度信任和依赖自己的吉利服。他现在开始更多利用侦察过程中随机遇到的各种自然植被。他学会了在侦察开始之后就纹丝不动待在原地，一直到自己确定了观察点的具体位置之后——而且只能是在这个时候——再制定出绝对正确的侦察路线。

通常情况下，一旦到达目的地并做好射击姿势，他就会将身边的植物拔下来拧成一股一股的草绳并盖在步枪的脚架上，将自己的步枪变成一只巨大的植物风扇。但是在他开始理解如何利用环境光线的时候，他才发现事情并不像他之前想象的那样。如果阳光正好从他身后照射过来，这一策略就不能奏效：守在观察点的教员依然能够看到他投在植物风扇上的轮廓。发现自己身置那种处境时，他知道他需要找一些什么东西挡在身后，防止轮廓的形成。另一方面，如果面对阳光，他就在自己的前面摆一束淡色植物，从而将光线反射到观察点方向，这样，教员的视线就会受到干扰。

一点一点地，他形成了自己的技巧体系，直到他相信自己可以成功完成一整套侦察任务。

1994 年，第一次在这里射击 3 年之后，亚历克斯又回来了，重新参加该科目训练，这一次，他做好了一切准备。他是班上第一个顺利完成侦察阶段所有任务的学员，并取得了优异的成绩。

之前我说过，狙击手学校的压力主要不是体力上的，而且事实基本上就是这样。例如，加拿大武装部队训练科目、美国海军特种作战部队训练科目，以及美国陆军特种作战目标封锁（即美国陆军特种部队狙击手课程）都是这样。

然后是美国海军陆战队：证明这条规则的一个例外。

与罗伯在温赖特狙击手学校的经历不同，贾森·德尔加多2002年年底在彭德尔顿的狙击手学校接受的并非绅士课程。就如何给学员施加压力和虐待方面而言，该学校课程与海豹突击队狙击手课程有所差异，却与海军特种作战部队的基础水下爆破/海豹课程有颇多相似之处。该校甚至还有自己版本的地狱一周。在冲绳美军军事基地，当贾森准备参加美国海军陆战队狙击手初级班培训时，他认为自己完全做好了准备。也许是这样吧，但是这并没使这次训练经历有些许轻松。对贾森来说，狙击手学校只不过是他通往地狱之旅的又一个经历而已。

海军陆战队的狙击手课程更像一个选拔项目，所以除了所有培训和狙击技能训练外，还有引体向上和体能训练，遭受大声呵斥，深夜不许休息，持续不断的折磨骚扰，以及在部队中被称为“捉弄游戏”的其他项目。与贾森进入狙击手学校第一天的经历一样。

他在学校的第一个发现就是，在那里，不管到任何地方你都不能**走**，不管到哪里去，你都得跑。你想喝一口水？你得跑着去。到了吃饭时间？你得跑着去。吃完了，你又得跑回来。他第一次培训时的夜间训练手册并没有变化：之前美好的睡眠又要惨遭剥夺了。他们挑你的刺儿，跟一般学校的老师完全不同，而是“嗨，你，扛着你那位95公斤的伙伴连同二三十公斤的装备，还有你的装备，给老子跑到前面365米或者457米的地方，再给老子跑回来，而且速度要快！”须知，有几天气温会飙升到37.7℃以上。

第一天首先进行了一次体能测试，与上一次第一天的日程安排没有什么区别，只是日程安排得更加紧凑，让他有些晕头转向，每一项任务都快得让人感觉好像掉进了旋涡。刚刚通过肺功能检测，喝了一口水，还不到一分钟，他们立马脱掉伞兵制服，到外面场地上进行卷腹运动，紧接着又是引体向上，随后是5公里快速长跑，然后迅速返回教室……

回到教室后，有一个遭淘汰的学生名单在等着他们。

什么？是的，淘汰。结束了。不到几小时，有6名学员被淘汰。贾森的狙击手训练班最开始时有 34 名学员，第一天就淘汰掉 6 名，第一周结束时又有 8 名学员被淘汰。

对贾森来说，这是一件非常稀松平常的事情。他的观点是，如果教官对他们不够严苛，他们就不会敬畏这门科目，也就不值得前来参训了。

“正是因为海军陆战队的精神，”他说，“我们乐见被惩罚。我们被狠狠踢屁股，而且还会说：‘谢谢你，长官，请问你能不能再多踢我一脚啊？’”

如果接受惩罚是贾森的夙愿，海军陆战队狙击手基础课程绝对不会令他失望。

为期 12 周的海军陆战队狙击手初级班科目（现已被压缩成 10 周）由众多不同科目组成：理论学术、作战技术、射击、侦察、无兵战术演习、地狱一周，以及毕业前的猪派对，这是专门为最终顺利毕业的学员举行的一场总结性活动。

海军陆战队就是海军陆战队，其学术理论科目的严格程度简直到了令人难以置信的程度。该科目包括数学中的毫弧度（密位点）计算、距离评估、仰角与风偏、瞄准镜理论、精确射击姿势基础、弹道学、武器系统、历史、观察技术课堂指导、狙击任务、无线电技术、火力支援呼叫、近程空中支援，或者九线直升机救援（之所以这么说，是因为有 9 条完全不同的信息呼叫线路：位置；无线电呼号；基于伤病人员数量的优先急救；必备专用设备；能否走动的伤病人员数量；对所在地区敌人武装的描述；接应地点如何标注；有多少伤病人员，是否美国公民、武装人员或非武装人员，或者是战犯；以及地形描述，包括该区域是否存在核生化武器污染）。

他们每天课堂上的第一件事情就是对前一天所学的知识进行测验，只有及格和淘汰两种结果。这就意味着在一天的课程还没有开始之前，学员们先要通过对前一天所学每一个知识点的详细测验。如果你星期二上了 4 节课，那么星期三上午上新课之前先要通过 4 场考试。

作战技术包括常规观测、记忆保持系统游戏、隐蔽、战场测绘，以及其他诸如此类的内容。在侦察环节，教官对他们按照 10 个侦察环节分别打分，与罗伯接受的 8 个侦察考核相似，与加拿大的侦察课程一样，侦察阶段是狙击手学校最难的课程。最后就到了射击，进入训练场的第一天，贾森就遭遇了自己军训生涯中最糟糕的经历。对此他补充道："这都是我自己的错误。"

他和当天的搭档阿隆·温特勒用 M40A1 手动栓式狙击枪进行了多轮射击。贾森进行完一轮射击之后，刚准备从射击位上站起来准备进行下一轮射击。他们的枪炮军士希利问贾森有没有清理他的武器。

废话，贾森心中暗道，但是嘴里却说："是的，希利中士！"

"再清理一遍，"希利说，用他那看似轻松的南方语调，"以防万一。"

从他极其镇定的语气中，贾森应该知道自己被盯上了。但是他还是太嫩，根本没有领会到这一点。想都没有想，他照做了。他将 M40 的枪栓拉回来，想要证明枪膛里是空的 —— 但是让他惊恐不已，一支明亮、闪闪发光的子弹从枪膛里面飞了出来。**砰**……

终于能够走进射击场并使用这套武器系统练习射击的想法让他激动得过了头，竟然忘了清理步枪。他**认为**他清理了。他**非常确信**他已经清理了。但是他确实没有，当然希利非常清楚。

贾森感觉那颗该死的子弹从弹出枪膛，然后像风车一样轻轻地划过空中，最后落在他和希利中士中间的地上足足用了 5 分钟时间。贾森呆呆地盯着落在地上的子弹。

希利根本没有回头，只是轻声地问了一声，"赖特中士？"赖特，他们的体能训练教官，是的，他们在狙击手学校还有操练军士，像从地狱召唤出来的虐待精灵一样迅速出现在希利的身后。"把德尔 — 加 — 多和射击搭档带过来。他们需要…… 鼓励。"

贾森和阿隆那天下午在赖特中士手上接受的那轮体能训练是他所经历的最糟糕的体能训练，今生今世。在湿度高达 112 度的环境中经过近 2 小时不间断的体罚之后，他俩都因热损伤而倒下了。

贾森再也没有忘记过清理自己的武器。

最艰难的阶段是当之无愧的地狱一周。现在的地狱一周期间学员每天必须最少吃一顿饭，但是贾森参加培训时他是连续 5 天不准进食，也不准合眼。

地狱一周当然也是开始于体能训练：8 公里负重跑、专业射手版鸡蛋快跑，以及其他更多的项目，一直持续到深夜。回到营地后，他们还要进行一项无兵战术演习 —— 一部长达 89—150 页的行动指令，需要详细清楚地解释其中的所有知识。他们需要带什么样的鞋带、什么规格的子弹、身份识别牌应该佩戴在什么地方、急救药箱应该放在什么地方。有一张海军陆战队队员的身体绘图，上面详细地标出每一件物品的携带位置和装配物品携带方案…… 这是一个极其宏大的细节整理库，包含你可能执行的所有任务的每一个方面和环节。

这些被剥夺睡眠的海军陆战队学员经过数小时的训练，完全精疲力竭，但他们必须通宵坐在桌子前，认真阅读这套琐碎得令人发狂的报告，而且还要确保精确记住其中的每一条。教官还会通过营地的广播系统直播他们严重分散学员注意力的狗屎游戏，其中一个人用阿拉伯语说话，另一个人用英语现场翻译。房子里非常闷热。学员们开始有些神志不清了。贾森回忆说，有一次是先写关于蓝色气球和一只龙虾的东西，然后紧接着写关于猴子抢夺装备的东西。在当时的情况下似乎是有道理的，但是不知道是否真的产生了幻觉，他一直在写。那次班上的绝大多数人都没有写对。

第二天，他们又进行了体能训练：一次 3.6 公里的 23 公斤负重长跑，以及教官们为他们冥思苦想的其他一些任务。结束体能训练回到营地后，他们完全累瘫了，但还得为即将开展的一项任务制作地形模型。地形模型的制作要求尽可能详细真实，他们精心设计，用心制作，用纱线做经纬网格线，为了让成品模型更具真实性，他们对每个地方都进行了喷绘修饰。最终完成任务后，他们发现自己制作的模型简直就是一件件艺术品。

那时他们已经连续 3 天没有合过眼。

就在他们设计制作地形模型时，教官们让他们停下手中的工作，并问道："嗨，注意听这句话是什么意思 ……"他们用阿拉伯语说了一些东西。贾森听出来了，因为他们说的话里有一句短语是教官们在前一天夜里试图打扰学员抄写无兵战术演习指令时玩过的。不知道为什么，贾森就记住了。其他人根本没有任何印象。他举起手。

"贾森？"一位教官命令道。

"意思是：'你能不能说慢一点？'"

"祝贺你，贾森！"那个家伙说，"你可以获得一个奖励。

贾森的奖励比金钱更珍贵，比食物还实用，比他能够想象到的任何东西都珍贵：一大杯热气腾腾的咖啡。3 天没有合过眼的情况下，真是人间天堂。他坐在那里，喝着咖啡，心里乐开了花，**哦，哦，我就是这样的人** …… 喝着咖啡，他突然感觉有一股疯狂的力量在血管中膨胀。这是他有生以来最荣光骄傲的一次经历。他只觉得自己已经平步九霄之上，想要拥抱整个世界。

他站起身子，回去继续完成地形模型。

“好了，伙计们，停下你们手中的工作，”教官朝他们大声喊道，“接下来是休息时间。给你们半小时打个盹。”

贾森顿觉跌落九霄云层，重新回到地面，甚至直入地下。

班上的其他学员几乎异口同声重重地舒了一口气，倒在地板上。几分钟后他们都进入了梦乡。在接下来的 30 分钟里，贾森躺在地板上，双眼直勾勾地盯着天花板，心中暗暗诅咒。这是他们进入地狱一周之后第一次获得睡觉机会。这也是他们进入地狱一周之后最后一次获得睡觉机会，但贾森却在彻底的清醒中浪费了半小时的时间。

不过，他最终顺利通过了地狱一周，以及本次军事训练中的所有科目。

经历了射击场恐怖的第一天之后，贾森艰难地度过了射击的训练考核。他和自己的射击搭档杰西·达文波特都是神枪手，却都不是经验丰富的观察员。在射击的第一周，他们进行了 3 次资格赛，并在第三次中取得了最好的成绩。贾森的前两次射击都失败了，在第三次勉强通过。如果说射击场上的第一天训练是他军训中最糟糕的一次经历的话，那么在狙击手学校的最后一天则是他军训生涯中最精彩的一天，那一天他被授予军训班“高水平射手”的最高荣誉。

最初有 37 名学员的军训班到最后毕业时淘汰得只剩下了 12 人。其中 3 人是海豹突击队队员，2 名海军陆战队军官，其余 7 名均为普通海军学员，包括贾森和杰西。毕业后不久，这两位好朋友就随第四海军陆战队第三营前往伊拉克，该部队是北上进攻巴格达的部队之一。

购买了乔治·福尔曼烤肉架，并享受了自己在游骑兵部队训练时朝思暮想的烤牛排几周后，尼克·欧文又要去参加训练。在接下来的 7 个月里，他与妻子在家里待的时间不超过三四周。其余时间他都被深深地淹没在狙击手学校一个接一个的狙击手科目训练之中。

当时可能不是 2000 年，我 2001 年或 2002 年通过海豹突击队狙击手科目训练时，罗伯和贾森正好也在参加他们各自版本的狙击手培训科目。可以确定不是 1991 年，亚历克斯当时正好进入该项目训练的第一次射击训练阶段。

2008 年，美国在多条战线上深陷持久战 7 年之久。游骑兵正在以疯狂的节奏在两个战场开展行动。他们需要合格的狙击手，需要行动迅速敏捷的狙击手。

尼克将要参加的为期 5 周的快餐式军训科目并不是一个先进的军事行动科目，在培养优秀狙击手方也是名不见经传。但是尼克有一个强大的优势：他是一名游骑兵，第 75 游骑兵团拥有自己的训练渠道，其中就包括一整套军校，有些学校是由专业化的文职军官负责运行，几十年来，培训内容从最初级的特别行动小组到联邦调查局／人质救援小组以及特勤狙击手，甚至还有更棒的。他们还拥有室内训练“学校”，类似狙击手预备学校，与贾森在冲绳军事基地为期 6 个月的新兵训练营项目相似，只是这是一个为期 2 周，旨在培养熟悉都市民情和当地情况的资深狙击手基础速成班，执教的都是拥有几十年狙击手职业经历的家伙。

训练开始之前，这支有大约 20 名学员组成的团队需先进行一项体能适应性测试——3.6 公里全负重长跑、障碍科目、常规测试，接下来是心理测试，包括一大堆在尼克看来怪异无常的问题。

“爸爸、妈妈，你更爱谁？”尼克搞不清楚**这个问题**的最佳答案是什么。

“相比蛋糕，你更喜欢鲜花吗？”**如果我回答是**，他心想，**感觉好像我是个同性恋，但是如果我回答不是，又感觉我的心理和思想太幼稚**。

他们一道道地回答，将近 6 小时的题量，整个测试过程尼克都是在凭感觉蒙的。这是什么鬼啊。他随便写了一些答案并希望能够有最好的结果。问卷部分完成之后，他不得不与一名心理医生进行了面谈。有好几名信心满满的狙击手就在这个环节惨遭淘汰。

完成心理评估后，他又接受了理事会的考验。被带进一个房间后，他坐在一张长桌的一端，另一端是由大约 10 名资深狙击手组成的理事会。这些家伙拥有绝对的生杀大权。即便你各方面都非常出色，并通过了其他环节的测验，如果他们认为你并不是他们要带进游骑兵狙击手精英团队的合适人选，就可以否决，根本没有道理可讲。尼克得到了他们的一致认可。

接下来就进入了正式训练环节。他们领到了各种各样的装备，有些是尼克之前根本没有见过的，有些他也不知道是干什么用的。有外形怪异的帆布背包、雪地装、林地环境吉利服、市区装备，还有各种各样的杆子、棍子和梯子，一架可以装进衣服口袋但伸开后却可以到达 4 米高的楼顶的梯子。

当然还有狙击枪。

尼克领到一支巴雷特 M82 点 50 口径狙击枪，绝对的巨型怪物；一支 MC24 型点 30 口径狙击枪，M24 狙击枪的全新配置升级版，本身也是一款非常霸气的步枪；还有一支 SR-25 狙击枪。这些类型的枪支尼克之前都练过、用过，相当熟练。但是当他们将 SR-25 递到他手里时，他还是一见钟情。

那天晚上尼克回想起一年前在摩苏尔一个晚上的经历，当时其身份是一名斯特瑞克装甲车驾驶员和机枪手。尼克的部队不觉进入了敌人的伏击区，他们遭到猛烈的火力攻击。他们分队的一位负责人将自己的苹果音乐播放器连接到尼克驾驶的装甲车的内置音响上，将音量调到最大，听着迈克尔·杰克逊的《风骚的戴安娜》，冲出突围。

尼克是听着迈克尔·杰克逊的歌曲长大的，他根本想象不到还会有其他什么更好听的歌曲。

《风骚的戴安娜》堪称经典。

接下来的 2 周他都在射击场度过，每天 6—8 小时，持续性练习 M24 狙击枪射击，听《风骚的戴安娜》。在此期间，那些资深狙击手也在尽其所能将自己的所学所知传授给他们：远程射击理论与技巧，侦察和隐蔽行动技巧，膛内弹道学、外弹道学和终端弹道学要领，他们甚至还会给学员提供更多用于射击练习的子弹，不限量不限时自助餐式地足量供应。在离开服役单位参加陆军基础狙击手训练科目之前，他已经接受了训练。

但是，一旦踏进真正的狙击手培训科目，他们深感痛不欲生的并不是射击训练。尼克认为陆军狙击手科目是他军事生涯中最艰难的军训经历，但是这种艰难与射击根本没有任何关系，而是淘汰率高达 70% 的作战技术与侦察的训练。尼克一度认为他可能会成为惨遭淘汰的学员之一。

刚开始的科目之一是目标追踪，包括在一个非常宽广、不规则的范围内寻找一些微小的物体。对尼克来说这绝对是一件令人倍感挫败的事情。在第一天的科目训练中，教官在训练场提前藏好了一些目标物体，尼克居然连一个都没有找到。

教官走进训练场，在学员们的注视中，他在场地上转了一圈，将所有物体一个个碰了一下。尼克心想，天哪——我根本不可能将眼力训练得能看得到

这样的东西啊！

尼克原本觉得自己射击技术过硬，理所当然觉得自己在侦察的训练也会表现不俗。但他担心自己的视力，尽管是色盲，他当初也是历经波折最终如愿入伍服役。他的眼睛这一次会不会出卖他？这会是他致命的弱点吗？会不会成为阻碍他实现多年夙愿的拦路虎，并将他送回原服役单位，继续担任一名机枪手或者突击兵？

他想，**也许我命中注定不是一个狙击手的料。**

但是随着训练课程的推进，他开始慢慢理解侦察究竟是怎么一回事。与罗伯·佛朗在加拿大接受侦察科目培训时一模一样，教官教他们如何用不同的方法观察事物，寻找事物的最具特征的关键元素，诸如颜色、光线、影子，以及线条等。自然界中的线条绝大多数具有流线柔和的特点。某些特殊的影子在自然环境中是无法形成的。在一次实践环节中，教官要求大家暂停训练，他走到训练场地上，捡起一个非常小的牙刷头，将牙刷头半折叠起来放在一块岩石后面，并用树叶遮住牙刷头的一部分。

“你们这些家伙怎么**没有**看到这个牙刷头呢？”

“伙计，”有人说，“这个东西只有小指头大小，而且还被树叶盖住了！”

“是的，”教官说，“但是你看这个，看看这条直线，它与树叶边缘的弧形曲线形成了多么鲜明的对比啊？”

就在那一瞬间，尼克完全理解了教官的意思。这绝对不是要求你拥有良好的视力那么简单的事情，而是要求你如何用自己的眼睛，事实上，是用脑子去发现与大背景环境不协调的微小目标物体。几天之后，他就以“优秀”的成绩通过了侦察科目的测试。

一天早晨体能训练时，他们进行了一次 8 公里长跑。长跑结束后，又做了许多仰卧起坐和俯卧撑，正感到肌肉疲劳时，教官将他们带进教室，坐下来，发给他们每人一张纸一支笔，告诉他们：“在你们今天跑过的路上有 20 个军事目标，用一分钟时间将他们全部写下来。”

教官们将任意选取的 20 个小物件随机摆放在沿途：道路上、树上、路标上、树林后等，这些东西要么非常微小，要么视觉上非常模糊：绑在“停止”路标立柱上的子弹；挂在树林深处一棵树上的吉利服，距离他们跑步经过的道路可能有 27 米。所有学员之前都不知道这次晨跑的真正目的，大家都以为这只是一次常规的体能训练性晨跑。这些教官异常狡猾。

尼克和其他学员坐在椅子上，盯着眼前的白纸，竭尽全力回忆自己并没有记住的所有细节。就在此时此刻，教官们还在大声播放着摇滚音乐，不断打开又关上教室里的电灯，用力敲打垃圾桶。他们甚至还在几张空桌子上翻起了跟头，反正就是极尽所能地分散学员的注意力，而学员们却只有一分钟完成任务。

然而，简直不可思议，他们都完成了。在尼克看来这简直就是一种魔力，但是毋庸置疑的是他的视力和视觉回忆力都建立了，就好像他在多年前的基本军事训练中锻炼了强健的体格和体力一样。

最后，终于到了侦察环节，在这一环节（与海军陆战队的该课程完全一样）中，有 10 个打分项目，他们必须至少通过 7 个。许多学员根本没有耐心完成欺骗教官的事情，教官是一名参加过越南战争的海军陆战队特种兵，能够用肉眼看到 900 米外全伪装狙击手。在那家伙如鹰隼般的目光的注视下，你在 30 分钟到 1 小时仅能移动 15 米。

尼克深入自己的记忆库最深处，仔细回忆他所读过或者看过的关于狙击手的书籍或影视资料的所有细节，努力将自己想象成卡罗斯·海斯卡克。**每次移动 3 厘米**，尼克，他告诉自己，**每次就 3 厘米**。最后 10 个打分项目结束时，他居然全部顺利通过。

以优异的成绩从陆军狙击手训练班毕业之后，尼克先后在全美各地参加了各种速成式专业培训科目，马不停蹄地奔赴各地。

首先参加了一个企业承办的训练科目，为期 2 周的超远程精准射击课程，这是由一家装备公司在得克萨斯州南部地区举办的一个名为“纯射击”的活动。接受过纯射击科目教官训练的狙击手来自美国特种武器和战术部队小组，联邦调查局，美国烟酒枪炮及爆炸物管理局，海豹突击队，英国特种空勤团，美国海军特种作战研究大队等所有你能叫上名字的擅长远程精确射击的狙击手服役单位。当然也包括陆军游骑兵。

纯射击课程没有侦察技术，没有作战技术，只有弹道学和超远程高精度射击技术科目。

这里的教官给学生传授了许多与枪械有非常紧密关系的数学与技术知识。

训练场经常有非常强劲的大风，这是非常理想的自然环境，因为在远程射击中，风是影响射击精准度的一个典型因素。

科目训练节奏快，强度大，早晨 7 点开始，一直到晚 6 点左右才结束。有时候他们要在夜晚的热浪中继续练习射击。这次训练持续了 2 周，其间没有一次休息时间。

尼克与另外 7 名游骑兵一起参加了这次训练。在 2 周训练中，他们打掉的子弹数量大得惊人，尼克甚至都无法估计究竟打掉了多少颗子弹。当时是一辆十八轮平板车装了满满一车子弹，仅供他们 8 名学员射击使用。等到训练科目结束时，他的整个右胸都瘀青了。

在狙击手学校接受训练时，使用的是 50.8 厘米 ×102 厘米的靶子，也是军队狙击手训练用的标准靶子。在得克萨斯州的训练班上，采用的是直径 7.6 厘米的环型靶。**好家伙，**尼克当时心想，**我根本不可能在 275 米开外的地方射中一块直径 7.6 厘米的目标！**他们谁也不敢想自己可以射中。然而，他们最终都做到了。然后，射击目标变成了 305 米开外的一个人头型靶子。他们同样认为自己根本无法击中。当然，他们又一次做到了。

这次训练结束后，尼克终于有了一点时间清理自己的枪支，亲吻妻子，当然还得遵照命令报到；接下来他要奔赴西海岸，参加另一个纯射击训练科目，唯一不同的是，这次的训练地点在加利福尼亚州的一座高山上。

说一下地形和气候变化。在刺骨的严寒中，尼克将在数千米高的山峦间上下攀爬 3 周。加州山区的训练场是模仿阿富汗北部和东部地区环境的绝佳场所。

这也是一所高精度射击学校，只是这所学校只专注于超远程——1645.9 米和 1828.8 米，超过 1600 米的远程距离和高射界射击，这与直线射击所需要的计算知识完全不同。他们以极限角度从山顶向山脚进行超远程射击。他们学会了用勾股定理来提高通过陡峭的山坡向山下或山上射击的精准度，他们称之为“坡面”（后面详细介绍）。山上的大风非常猛烈而且经常不可预测，除了基本速度和方向外，尼克在那里还学会了风的各种不同性质。他还体验了海拔对射击质量的影响。你所处的位置海拔越高就会越冷，但与此同时，空气越稀薄，子弹的飞行速度就会更快，飞行距离也会更远。

这又是一次全过程无休息的射击训练，耗费了成千上万颗子弹。一直以来，尼克始终坚信，训练时无限量子弹供应的奢侈，在战场上是不可能享受到的。在实战中，出现子弹供应不足是家常便饭。数着每一颗子弹过日子的时候终究会来的。他的生命，以及其他人的生命，都将依赖于这些子弹。

还有其他更多培训科目。他通过了一个城市狙击手培训科目，培训内容为城市隐蔽技术，与丛林或者沙漠隐蔽技术原理完全一样，唯一不同的是将训练环境换成了建筑物和人流如织的街道。他还通过了第75游骑兵旅的精确射手培训科目，该课程由全球最优秀的射手，美国陆军射击队队员执教。这些家伙还会参加奥运会的射击竞赛；他们参赛只是为了提高比赛的可观赏性。他本来还要参加陆军精英特种部队的特种作战目标封锁课程，但是最后因为没有时间而未能成行。我们当时深陷战争旋涡之中，而他又是海外战场最急需的人才。

经过半年几乎马不停蹄的多个狙击手训练科目之后，尼克在登上飞赴前线的C-17大型运输机之前获得了2周的休息时间。下一站：阿富汗赫尔曼德省。

7年前，我们在阿富汗的战争经历刚刚开始，罗伯·佛朗在狙击手学校的学习生涯进入了最后几天，正好开始了最后的训练实践环节，一个为期2天的模拟任务。为了提高训练难度，校方在这次模拟任务中引入了警方力量，他们用警犬和驯犬员追踪学员。罗伯必须避开人和狗的追踪成功到达目的地并完成射击任务，然后再安全撤回来。成功到达射击范围并摆好最后射击姿势后，通过望远镜，他看到了一张颇能表达自己当天情绪的图片：在射击目标位置，教员张贴了一张真人大小的奥萨马·本·拉登的照片。

罗伯因在拉登的头上留下一个圆形的窟窿而心情大悦。

但是最后的训练实践并不是完全的最后。随后的终极侦察才是整个培训中最艰难的科目。这两种侦察的最后阶段，都是一旦学员成功摆好最后射击姿势且未被发现，守在观察点的教员会撤离现场，取而代之的是钢质标靶。学员必须对标靶进行实弹射击以结束自己的侦察行动，必须确保自己预留的时间足够自己清理弹壳并完成其他必须完成的工作。

罗伯直到今天依然清晰记得自己在狙击手培训班终极射击中子弹击中钢制标靶之后发出的声响。那真是一种巨大的解脱，也是他军旅生涯中最难忘的记忆。

在所有人结束了终极射击，一回到训练场上，他们就举行了毕业典礼。培训基地的上校指挥官亲自带着 5 份毕业证书来到毕业现场，他的到来足以证明这次特殊的实践课具有多么重要的意义。

当上校在校场为学员颁授齿形徽标和毕业证书时，他们都挤站在一起，脚上还穿着登山鞋，脸上的油彩妆还没有卸掉。

“祝贺你们，”他对大家说，“你们今天在这里取得的成绩，很少有人能够企及。现在都回去洗漱一下，还掉装备，然后就可以一起好好喝几杯了，这是你们应得的。”

当其他人朝营房走去的时候，上校转向罗伯并轻轻地对他说。

“很不幸，罗伯，”他说，“你今天晚上不能和他们一起庆祝了。”

哦，见鬼。罗伯心里暗道，**究竟是什么事情呢？**

“你得返回埃德蒙顿报到，”指挥官补充道，“现在动身。”

加拿大狙击手培训科目的淘汰率通常是非常高的，95% 的淘汰率并非罕见。但是这一期培训班的确不同寻常。水准（显然是双关语）格外高，当然通过率也很高。开班时的 15 名学员中，1/3 的人最后顺利毕业。在这 5 名毕业生中，有一名被选中直接进入战斗服役。

与每一位同学握手告别之后，罗伯返回营房打包装备，然后直接乘车返回埃德蒙顿。

他将奔赴战场。

第5章 铂金标准

你要是想取得卓越的成就，从今天开始，从这一刻起，请不要再做不卓越的工作。

——托马斯·沃森，IBM公司创始人

9·11事件后整整几个月时间里，我在阿富汗只做两件事。首先，全须全尾、毫发无损地回到美国，这样我就可以见到我的儿子，我还没有见过他呢。第二，如果我能够活着回到美国，那么接下来我想做什么呢。计划非常简单：我希望成为基础水下爆破／海豹课程教官，并继续完成我的大学教育。

对于一名现役海豹突击队队员来说，去担任基础水下爆破／海豹课程教官简直就是一种疗养。你一周可能只需要工作3天，还可以对学员大声训斥，让他们周末给你去洗车，还有机会纾解压力。做基础水下爆破／海豹课程教官，休假时整天陪在家人身边，还可以利用业余时间完成大学学业。总而言之，那就是一种非常惬意安逸的生活方式。那是我一直以来非常向往的生活方式。

可是从来没有那样生活过一天。

相反，我在基础水下爆破／海豹课程班上的同学埃里克·戴维斯和我一生都在不断面对挑战。“嗨，你俩，”他们告诉我们，“我们想让你们帮助设计、开发并实施一门全世界最现代化、最高效的狙击手训练科目。”

受邀参与建设这一项目让我想起了几年前的一天，那是2000年，还有少数几个培训名额，排长丹·古拉特决定让我和挚友格伦·多尔蒂一起去参加海军特种作战部队狙击手学校的培训。我们当时被吓坏了，因为还只是新兵蛋子，还没有参加过任何前线服役的海豹突击队新人，我们还处在试用期。新兵几乎不可能有机会前往狙击手学校参加培训。他们用这样的话鼓励我们：

“别给我搞砸了！”

不到 3 年后，我又回到了那里，但此行的任务既不是接受狙击手培训，也不是执教，而是对其进行升级改造。

我想到了之前的人生规划，基础水下爆破／海豹课程教官，与家人共享美好时光，完成大学学历，乐享人生。一个非常令人激动的规划。可我又怎能对他们赋予我的使命说不呢？这简直是一个令人难以置信的荣誉。

当然这也是一个令人极度惴惴不安的任命。从本质上讲，我们要为整整一代狙击手负责。当我同意接受这个光荣而艰巨的使命时，我心中暗暗鼓励自己：

“别给我搞砸了！”

奇怪的是，所有与狙击手有关的事情对我来说都或多或少是一种偶然。当然绝对不是我预先规划或期待的。

许多顶级狙击手甚至在入伍前就已将枪械玩得炉火纯青。罗伯·佛朗、贾森·德尔加多、尼克·欧文都是在乳臭未干时就扛着步枪到处转悠。马库斯和摩根·鲁特埃勒天生就是射手，他们是在得克萨斯州打猎中长大的。克里斯·凯尔很有可能是扛着一支步枪出生的。

我完全不是这样的。入伍之前，我甚至没有碰过任何枪支。

我从来没有想过长大后要做一名射手，我一直梦想长大后做一名**飞行员**。早在孩提时代，尼克·欧文就如饥似渴地阅读、观看所有能够找到的关于卡罗斯·海斯卡克和海豹突击队的书籍和视频资料。能够让我热血沸腾的电影只有《壮志凌云》，我小时候是一名《星球大战》的狂热分子。任何与飞行器有关的事情都会让我热血澎湃。把我送进驾驶舱，宝贝，送我到 3600 米高的天空，我要驾驶“千年隼”号！（现在依然如此，顺便说一下，我最喜欢的事情就是带着朋友登上曼哈顿天际线顶端，或者在西海岸数千米的高空上下飞翔，我更享受俯冲的感觉。）

直到参加海豹突击队军训时，我才开始成为一名枪械新手，而且还不是一位优秀的枪手。与亚历克斯·莫里森的经历一样，小时候多年捕鱼的经验技能已经渗透到我的骨髓，鬼使神差地最终转化成一种侦察、追踪和射击的能力。如果看了我在基础水下爆破／海豹课程中的蹩脚表现，你永远也不会想到我会有这一天。

然后是埃里克的传奇经历。

跟我一样，埃里克是一个在港湾地区长大的加利福尼亚人。父亲是圣马特奥县的治安官，祖父是联邦调查局特工，而**祖父**的父亲也是法律从业者。现在能够成为一个拿枪维持秩序的人，或多或少是他骨子里带来的，他参加海豹突击队的理由再简单不过了：保护和捍卫那些无法保护和捍卫自己的人。

尽管有这样的家庭背景，埃里克在成长过程中与枪的关系并不比我密切多少，而且在参加海豹突击队军训之前，他根本没有任何射击经验，甚至连枪都没有用过。事实上，他当时对射击不怎么感兴趣。他所热衷的是要搞清楚枪械的工作原理，如何逆向工程，然后再将这套复杂的技巧传授给别人。他一生都在研究人类的表现，对此乐此不疲。至于实弹射击？我只想说，这家伙在业余时间从来不会练习射击。

所以，老天啊，帮助创建全球最优秀的狙击手培训科目的使命，居然托付给刚入海军时根本不懂得什么是狗屁射击的两个家伙。

这也是够讽刺的。更让人啼笑皆非的是，这在海军内部还是第一次。因为，你可知道海豹突击队狙击手培训项目不光彩的小秘密？在其短暂的存续期间，坦白地说，绝大多数时间段并没有大家想象的那么好。是的，标准非常高，高得让人抓狂。但是培训质量却不尽如人意，淘汰率也不是那么高。这两个问题，正如我们看到的，将会得到根本性扭转。

想想这个问题：海豹突击队队员是海军的一部分。不属于陆军，也不属于海军陆战队。海豹突击队的历史可以追溯到第二次世界大战时期水下爆破队，他们的专长是潜泳和水下爆破。即便到今天我们还是称自己为**蛙人**。正如空军只负责空中军务，海军负责水上、水面或者水下军务，这并不是点 30 口径 MK13 狙击枪实施精确射击的理想环境。（你会指望空军创建一个顶尖级的狙击手培训项目吗？）尽管海豹突击队觉得自己严格来说不属于“水兵”或者海军的一部分，它的确**是**美国海军特种作战部队。我们不是陆军游骑兵；我们也不是特种侦察员。我们是海豹突击队。

陆军新兵训练营让你熟悉射击技巧和技术。海军陆战队新兵训练营为你提供一个广泛的狙击射击训练机会。海军新兵训练营，则只会教你如何从枪套中拔出手枪而不伤着自己。

你看到各军种之间的细微差别了吗？

而这些差别在历史上一直延续到不同军种的狙击手培训科目中。

海军陆战队在第二次世界大战期间创设了美国三军中第一个真正的狙击手培训科目，该狙击手培训科目从开始到现在一直都是美国各军种狙击手培训科目中最优秀的。卡罗斯·海斯卡克能够成为海军陆战队队员也绝非偶然。海军陆战队队员都有传奇色彩，如果能够通过海军陆战队狙击手初级班的考核，在美军中堪比获得一枚荣誉勋章。

即便在今天，海军陆战队队员在某些方面依然是无出其右：他们从入营第一天就开始了扎实过硬的枪法和射击训练。海军陆战队培养了许多世界最顶尖的狙击手。实际上，现在负责海豹突击队狙击手培训科目的一位朋友告诉我，他最近招聘了一名前海军陆战队队员在海豹突击队狙击手学校任教。

如果说海军陆战队的狙击手培训科目是黄金品质，那么陆军狙击手培训科目也是可以望其项背的。尼克·欧文参加的初级狙击手培训科目，尽管说不及海军陆战队的狙击手培训科目完善，最基本的各方面训练还是非常扎实的，而且陆军的高级狙击手培训科目曾经是全军一流。

接下来我要说一说海豹突击队以前的狙击手培训科目。

海豹突击队的历史最远可以追溯到越战时期，然而，在 20 世纪 60—80 年代，海军特种作战部队内部一直没有开设狙击手培训科目。在那个时期，任何想要接受狙击手培训的海豹突击队队员只能前往美国三军狙击手的摇篮：海军陆战队。直到 80 年代后期，海军特种作战部队才开始组建自己的狙击手培训学校，但是学校刚运行时，甚至没有人愿意到这所新诞生的学校接受训练，从而出现了难以成班的尴尬现象。《海豹突击六队》的作者霍华德·瓦斯丁及其队友霍默·尼尔帕斯，两名授勋狙击手因为在摩加迪沙战斗中的出色表现而双双获得美军银星勋章（霍华德·瓦斯丁还获得过一枚紫心勋章），曾经回忆他们当时可供选择的几所狙击手学校，海豹突击队狙击手学校、美国海军陆战队狙击手学校，以及陆军特种部队狙击手学校的前身：特种作战目标封锁课程。

“当我向海豹突击队参加过狙击手培训的朋友征求意见时，”瓦斯丁说，“所有人无一例外地选择了海军陆战队狙击手学校。”

他和尼尔帕斯也不例外。

亚历克斯·莫里森1991年参加海豹突击队狙击手科目培训时，该科目的难度简直到了一种无以复加的地步，完全可以与10年后我参加培训时令人发指的难度相媲美。但是课程难度高并不意味着课程效果好。不可否认，海豹突击队狙击手学校的确培养了一些出类拔萃的狙击手，尽管这与学校的培训是分不开的，但有些方面还是存在不尽如人意的地方。

海军特种作战部队的培训课程，特别是在最开始，组织结构不是很合理。执教教官都具有非常丰富的射击竞赛经验且射击技巧高超，但是缺乏实战经验。课程设置也是直接模仿海军陆战队狙击手培训科目的教学大纲：观察训练、记忆游戏、绘图、超高难度的侦察，以及其他课程，但是到了具体的日常教学中，大多数教官或多或少都在按照自己的想象闭门造车。

20世纪90年代，学校培训科目才逐渐正规化、体系化，教学质量也在不断提高。即便如此，当我2000年参加培训时，学校的课程设置和培训机制等与10年前亚历克斯参加时并没有得到根本性的变革，正是由于其他军种更优秀的培训科目，瓦斯丁与尼尔帕斯及其他五六名顶级狙击手都直接放弃了选择海豹突击队狙击手学校。

埃里克1991年参加培训时，他说，狙击手学校对他们来说最困难的是他们根本不知道自己到底应该学习什么内容。

“那时候教材根本不完备。”埃里克说。

“不管是弹道学、射击、侦察，或者其他科目的课程，教官只是给我们灌输一大堆信息，但是根本不知道各种信息之间的内在关系是什么。汗牛充栋的信息只能靠我们自己去理解体会。”

海军特种作战部队的狙击手培训课最早的缘起就像一场蛮荒的西部秀，开始于“流氓武士”马辛科的退休辞呈墨迹未干之际。海豹突击队狙击手科目的教学质量在此后的十多年里有了显著的提高，但仍未有脱胎换骨的新颜。

我们的任务是将其升级改造成最高标准的专业培训学校。

别搞砸了。

幸运的是，我们还是有一些事情可做的。首先而且最重要的是，领我们进门的那两个家伙将会成为老板：彼时负责海军特种作战部队西海岸培训科目的高级士官长鲍勃·尼尔森，连同他在东海岸培训科目搭档杰伊·曼蒂军士长。

值得一提的是，在我和埃里克到任时，尼尔森和曼蒂两位长官已经对许多核心课程进行了大刀阔斧的改革。他俩是非常杰出的顶级授勋狙击手，对于狙击手培训科目的发展方向有着令人难以企及的远见卓识。他们绝对不是找了我俩就做甩手掌柜的，自己手上也有一大堆事情。

我们需要做的第二件非常重要的事情与埃里克本人有关。

他是我能够想到的最佳拍档。埃里克是一位非常优秀的教官。无论他教什么内容，我发现不管任何时候，我都可以坐在那里静静地聆听、思考和**学习**。这家伙天生就是一个当教师的料。除此之外，他还有一个独一无二的天赋。埃里克不仅对事物的工作原理非常痴迷，而且拥有非常神奇的逆向工程能力，不管有多么复杂，他都可以将它拆分成成百上千的零部件，然后再将它组合成一个全新的整体，例如他可以将一块瑞士手表拆解之后，再组装成一个詹姆斯·邦德的武器系统。

另外，我俩还是相知多年的老友。埃里克是我在基础水下爆破／海豹课程班上的同学，我俩都曾在海豹突击 3 队服役过；他是海豹突击队狙击手培训班 1999 届学员，早我两期。我所在的排从 2000 年秋天起到驻泊在也门海岸的“科尔”号导弹驱逐舰遭袭这一段时间一直部署在中东，而这期间他也在中东的巴林部署，参加过多次强行登船行动。“都是海盗船。”他说。9·11 恐怖袭击爆发时，埃里克所在的排刚刚完成海外部署回到国内，正在进行部署后的休假。我所在的排则即刻乘船奔赴阿富汗；而他所在的排在次年 1 月进入海外部署，并最终部署在坎大哈战术行动中心，我当时已经深入前线。对我和埃里克来说，能够有机会一起共事就很令人开心，更不用说像这样疯狂的工作了，真是上天赐给我们的礼物。

对我们来说，第三件重要的事情是历史和时机。

从历史的角度来看，美国的狙击手培训科目在长期的和平时期总是容易被忽视、遗弃和忘记。第二次世界大战后的几年中，美国政府让我们部队的狙击手培训科目或多或少进入了休眠状态。（苏联就没有犯过这样的错误。）直到我们进入朝鲜战争，甚至直到我们一位海军军官的双筒望远镜被敌方一名狙击手击碎（他的脑袋差点被开瓢）之后，我们才意识到该是将早已束之高阁的狙击手培训科目拿出来并重新付诸实施的时候了。但是1953年签署朝鲜停战协定之后，军方的狙击手培训科目又被遗忘了，多亏了两名海军军官的奔走相告，多方呼吁，他们是少尉吉姆·兰德（卡罗斯·海斯卡克的导师）和准尉亚瑟·特里，他们在竭尽全力地保护狙击手培训项目香火不断。在越战全面爆发之前，美国军方的狙击手培训科目也是这种情况。

越战结束后，海军陆战队的精英狙击手培训课并没有取消，陆军的也是，但没有之前那么紧迫了。海豹突击队狙击手培训项目在整个90年代也是如此。"没那么紧迫"的意思就是缺少关注，也就意味着缺少来自中央指挥部的预算和物资支持。培训狙击手需要花钱，培训世界上最顶尖的高效率精英狙击手简直是烧钱。最主要的问题就是缺钱。

9·11恐怖袭击之后，情况彻底变了。到我和埃里克加盟课程改革时，海军特种作战部队对培训科目的建设与改革是有求必应，充分满足，因为我们的国家正处于战争状态。

我和埃里克重新设计狙击手培训科目时可谓时局艰难。不仅因为我们处于战争状态，更是因为我们深陷一种全新的复杂战争环境。这不是沙漠风暴，我们可以用导弹打击望风而逃的敌人。这是一场多面开花的复杂的街头巷战，而且经常出现同时与众多派别不清、效忠对象不明的武装力量激战的情况。特种行动，通常指外围或者特殊情况下的军事行动，突然一夜之间，居然变成了核心战术元素。

在这种新战争时代环境下，特种部队的狙击手就是战争的矛尖，而我们的使命就是将这些矛尖打磨成全球最致命的利器。

我们决定摒弃任何试图通过培训创造**竞争力**的想法，而是挤压出创造力。"良好"真的是伟大的敌人。我们对良好没有任何兴趣。我们追求的能力与合格根本不可同日而语，我们追求的能力要让"良好"不堪一击。我们追求的是**完美**，或者说无限接近人类可能达到的完美。几十年来，美国海军陆战队狙击手培训科目一直以来被奉为美军狙击手培训科目中执牛耳者。我们的目标是取得这样的成功并有更大的突破：创造一个完美的标准——**铂金标准**。

一个根本性变化，我们都知道，并不是我们要教**什么**，而是**如何**教。教学质量本身必须提高。

当时，培训科目的淘汰率大概是 30%。现在听起来似乎并不差啊。但是你想一下基础水下爆破／海豹课程科目或者游骑兵狙击手培训学校的巨大淘汰率，这也是有道理的。如果你想培养一支精英中的精锐力量，很明显就得淘汰掉那些不合格学员。

但是话说回来，狙击手学校与基础水下爆破／海豹课程不一样，你预料到会有一大批新人遭淘汰，而且确实也希望他们被淘汰。作为一名军人，有资格参加海军特种作战部队狙击手的培训科目，就说明他实际上已经是一名技术过硬的射手。前来参加狙击手培训科目的都是海豹突击队中的佼佼者，以其技术水平和能力，他们完全可以完成一名狙击手应该完成的任何使命，不管在任何条件下，而我们却**还要**淘汰掉 30%。2000 年参加狙击手培训时，班上最开始有 26 名学员。我认为 26 个人都是颇具狙击手潜力的优秀战士。然而，最后只有 12 人通过毕业考核，淘汰率居然超过 50%。

我和埃里克并不觉得高淘汰率就是狙击手培训科目的荣誉徽章或者优秀象征。我们反而觉得这是一种失败。不是学员的失败，而是教育的失败。我们希望降低淘汰率，不是通过降低，而是提高标准，即通过提高教学质量，从而让学生学得更多、更好。降低淘汰率的方法，我们坚信，是提高优秀水平的重要途径。

2002 年中期第一次从阿富汗战场回到美国后，我就主动参加了海军的教官培训科目，这是所有基础水下爆破／海豹课程科目教官都必须参加的为期 4 周的培训项目。这是一次非同寻常的经历。我们站在讲台上授课时，他们为我们做了实况录像。除非你真正看到自己的实况录像，否则，你就根本不会相信授课时你的体态和声音是什么样子，在讲课时**“嗯”“啊”“你们知道”**等各种口头禅不断，你也根本不会意识到你会说那么多脏话。我还看到有几个家伙在授课时不停地抓自己的睾丸，但是在我们告诉他们时，他们无论如何也不承认，直到他们亲眼看到自己的授课实况视频后，才意识到这一点。这比有意识的小动作还糟糕。这是不礼貌的，但也是无价的。直到今天，每当我应邀去做直播采访或者有偿报告时，我还在使用当年我在这门课上学到的技能。

教官培训科目不仅教会我们如何教，而且还教会我们如何教**好**——如何与学员互动才能鼓励他们真正学习，而不是仅仅甩给他们一大堆信息。

那次经历也让我之前对素质教育的一些想法有了更深层次的认知。我先后参加了基础水下爆破／海豹课程和海豹突击队的各种培训，**只有**基础水下爆破／海豹课程教官参加过这个科目的培训。我认为这是我们狙击手培训科目存在的问题之一。教官的射击技能可能确实精湛，在侦察和其他技能方面也非常娴熟，但这并不意味着他们就是优秀的教师。作为教师，实际上，他们中的许多人非常蹩脚。我们决定在新的科目中，要让所有教员参加教官学校的培训，让他们真正成为训练有素、高度专业化的**教育家**。

接下来我要说的是**教学内容**。一个重要决定就是，我们科目的教学内容需要整合起来，我的意思是，要让教学内容更具条理性、连贯性和一致性。

海豹突击队狙击手培训科目最初由一名负责人和两三名全职副手共同负责运行，人手不够时，他会从海豹突击队各分队抽调人员补充。尽管海豹突击队狙击手科目是模仿海军陆战队的课程大纲设置的，但是最终却变成了许多课程的拼凑堆砌，每一位教官又或多或少按照自己的风格和经验授课。

更糟糕的是，这种情况在西海岸发生时，相同的情况同样完全独立地在东海岸发生。美国海军特种作战部队由两个大队组成，分别是位于西海岸的海军特种作战部队一大队和位于东海岸的海军特种作战部队二大队，而且都有各自独立的狙击手培训科目。两个大队的培训科目中确实有许多优秀的课程，但是他们根本就不在同一个频道上，也就是说学员不一定学到同样的东西或者接受相同的授课。

这是一个问题。

这就是军事飞行员有海军航空训练和作战程序标准化手册以及标准化训练的原因。不管学员来自哪里，教官跟他们谈话的方式都是一样的。你可以随便从东海岸拎出一名飞行员，把他扔进西海岸的某个直升机组，他可以轻车熟路驾驶一只“大鸟”，用所有机组人员都能够完全理解的话语跟他们交流。所有人都在同一个频道上。

9·11 恐怖袭击后，直到我所在的排进入真实世界的战斗部署时，我们才意识到：“天啊，我们的狙击手之间语言不通。”他们会互相说：“请等一分钟——你为什么要等我一分钟？你的意思是你以分钟为单位呼叫射击方向，而我是以密耳为单位。”

必须将一个没有经过任何清晰规划的所谓的优秀培训科目标准化，将之改造成一个专业化的科目。

（注：尽管这个问题已经在美国全军系统内部得到解决，但是全美执法领域的标准化依然任重道远。面对日益严重的恐怖主义和无特定目标的随机犯罪射手的威胁，亟待将所有文职单位的训练和行动实践实现标准化。）

在 4 周的教官培训科目的基础上，我又参加了一个为期 3 个月的课程并获得了大师级培训专员证书。该科目教会你如何着手建设一个培训科目、确定学习目标（你要确定课程**教授**学生什么内容）和技能目标（你要确定学员毕业后真正能够从事什么样的工作），写出如何实现这两个目标的完整、具体、可行的课程方案。在为期 3 个月的培训科目中，他们安排了许多非常实用的知识，所以该科目被称为**大师级**培训专员。该科目，实质上，就是一个浓缩版的研究生学位课。

我下定决心一定要摒弃任何闭门造车的工作风格，坚决将狙击手培训课程建设成全球最高水平的高等教育科目。

从 2003 年 8 月启动课程改造行动，经过 3 个月的拼命鏖战，我们强化并推出了一门试点课程。3 个月结束之后，我们成功了，至少我们是这么认为的。

与此同时，课程改革被叫停了。尼尔森希望我们的改革力度更大一些——对这门课程予以继续开发，不断突破极限，不断提高门槛，就是想看看我们能够做到什么程度。他希望我们不只是对科目重新设计，而且还能够**教授**这门课程。我当时并不能理解这一点（那时刚刚晋升中士衔），但是在第二年，我就被擢升为科目主任兼科目全权负责人，埃里克受命负责科目中至关重要的侦察，主要包括心理技能、侦察、秘密行动、隐蔽等技能训练。

接下来的一年，我和埃里克不断创新、严谨实践、大胆尝试，明确了哪些创举是成功的，哪些是无效的。我们调研了全美最优秀的狙击手培训科目，无论任何时候、任何地点，只要发现有合适的，就会直接借用或者化为己有。我们还考察学习了海外竞争对手。参与 K−Bar 特遣队（2001 年 10 月至 2002 年由美国领导、八国特种部队参加的阿富汗战场特遣行动小组）期间，我有机会认识了来自澳大利亚、加拿大、丹麦、德国、新西兰、挪威，以及土耳其等国的特种部队士兵。现在充分利用这些关系。我们认真研究了英国特种空勤团、德国 KSK 特种部队，以及波兰机动反应作战部队的作战任务和性质，同时还了解了其他少数几个联盟国家的搭档及其狙击手培训科目。

我们认真研究了职业体育竞技场上的杰出成就，然后仔细研究了奥运会金牌选手。对于银牌和铜牌得主的经历甚至根本连一眼都没有看，因为根本不屑一顾。我们想知道，只想知道一件事，这些金牌得主都有什么样的人生经历。

那是一个令人难以置信的创造性时期。集思广益，大胆尝试，增加新课程，彻底革新原有课程。变动校内的各种陈设，改变顺序。引进新技术。我们尝试了无数新的想法，其中许多因为效果不尽如人意而未被纳入新的课程体系中。对于精选下来的几个项目，我们将坚持实施下去。

那一年，我们改变了**一切**。

首先，在培训科目前面增加了一门全新的课程：用整整 2 周的时间对学生进行后现代主义情报艺术 —— 数字摄影与传播的全面培训，简称“摄影情报课程”。希望将我们对科技的应用带入 21 世纪 —— 始于培训的第一天。

为什么要将这一科目放在最前面？因为狙击手的重要使命绝不是扛一支步枪去射击，**狙击手是最重要而且永恒的情报资产**。狙击手是战争元素中的前线耳目。侦察与监视是我们技能的基础。

直到那时，教员仍然在指导他们通过望远镜观察并将看到的东西画在纸上。毫无疑问，这是一套必须掌握的高超技巧。（贾森的观察技术将使他在侯赛因期间获益良多。）我们希望学员能够掌握一种技术优势。我们已然走出纸笔时代，将最先进的照相机套件配置到了每一位学员的手中。在那次为期 2 周的培训科目中，我们教会他们如何伪装相机，如何隐蔽拍摄，如何使用专有软件裁剪、调整和增强照片，以获得最高的清晰度，然后对其进行压缩、加密并通过无线电或卫星控制中心发送给指挥部。

这意味着它必须是一门全面的通信技术课程。在战场上，你有一些重要的照片需要回传给战术行动中心，你会怎么做呢？如果无线电接收器收不到信号呢？这时你得随机应变。你要利用自身的潜能，用你手头的任何东西做一个替代，**快速**完成。本课程的目的就是要教会他们该如何做。

我们还有一个最令人惊奇的教学环境，这个环境看起来和感觉起来就像从詹姆斯·邦德电影中拷贝出来的。就在圣迭戈海岸，有一处不为人所知的地下军火库，鲍勃·尼尔森设法将它弄到手，改造成我们科目的训练场所。这是我们自己的秘密地下掩体。

这真是一处绝妙的所在。进入掩体，穿过一道双扇门之后，你就到达令人叫绝的教学空间：高高的裸露的天花板，最多可供 50 名学员使用的高质量桌子，你还可以看到与绘图桌配套的高脚椅子；大讲台上的计算机服务器可以让你控制数字投影仪和所有灯光设备；在这间 21 世纪最完美的教室内，拥有一切你希望拥有的东西。我们拥有自己的军火库。我们拥有大功率弹丸枪训练场。我可以打开通往后区的门，那里是一处保险柜区，专门储存弹药和装备，还可以享受来自大海的习习凉风。每一位学员都拥有独立的钢制网箱，它们可以存储自己的枪支弹药，以及专业影像处理计算机。这些照相机也非常拉风，单价 25000 美元的精密设备，绝对是市面上最先进的产品。埃里克会带上这样的摄像设备与家人一起前往动物园，周围的人大都认为他是《国家地理》杂志的摄影师。

我用“秘密”这个词，绝对不是开玩笑的。其他人根本不知道这里是干什么用的。其他海豹突击队员来到科罗纳多与我们一起训练，看到我们扛着卫星天线和令人惊艳的摄像设备出现，都会非常吃惊地问：“你们这些家伙扛着这些鬼东西做什么？”我们缄口不言。

凭借其高科技、精密科学和专业标准，专业影像处理计算机为本科目的其余部分奠定了基础。

在老的传统课程中，学员们很早就领到了武器，并被送往训练场，只有通过射击阶段考核之后，他们才可以进入追踪／侦察阶段的训练。但是这对我们来说没有任何意义。在新的课程设置中，射击科目并不是安排在侦察科目之前，而是正好相反。除非你能够在不被侦察对象发现的情况下成功进入有效射击范围，否则，你根本连开枪的机会都没有。如果没有掌握侦察技术，枪法对你没有多大意义。

所以我们调换了这两门课程的顺序。

我们觉得，应该让学员掌握战地生存的所有必需技巧，给他们打下坚实的基础，然后，再将这些技巧融汇到真实的战地侦察中，最后让整个培训科目在射击训练阶段达到高潮，正如战地跟踪将整个狙击行动推向高潮，实际情况比我们想象的要喜人。这种课程设计进一步巩固了他们的实战经验，而且这正是目的所在。培养目标不是顶尖级的赛场射击选手。我们是在培养默默无闻的杀手，他们要成为战场上灵动自如的职业猎人。我们不是射击学校，而是杀手学校，而射杀始于侦察。

因此，专业影像处理技术阶段之后，紧接着就进入了科目的保持记忆系统课程（KIMS）。

关于保持记忆系统的来源有两种不同的说法。有人说它源于鲁德亚德·吉卜林的经典小说《基姆》，这部小说讲述了一位在印度长大的爱尔兰孤儿的故事。青年时代的基姆接受过政府情报人员的培训；在训练过程中，教官会让他观察堆积在托盘里的石头和宝石，或者硬币，或者照片等，然后盖住托盘，让他尽可能准确描地述出自己刚刚看到的东西。因此，它被称为“基姆游戏”，这是一个非常精彩的故事。也许有些真实故事的成分在其中。据我所知，该项目的名称是Keep In Memory的首字母缩写，因此，KIMS就是Keep In Memory System的首字母缩写。（谁知道呢，也许吉卜林那时候已经知道使用首字母缩写，这正是那部小说主人公名字的来源。）

不管这个名称是怎么来的，保持记忆系统游戏早在狙击手训练科目开始时就有了，但是我们并不想只是复制这门常规课程。我们希望提高该课程的门槛标准，埃里克正好是完成这项任务的不二人选。我在前面说过，埃里克擅长研究非常复杂的程序，弄清楚一个物体数十个（或者数百个，甚至上千个）组件或步骤，然后再根据意义序列讲授给学生。保持记忆系统则是他施展自己才华的绝佳场合。

“记忆力训练与狙击手学校的所有培训科目一样，”埃里克说，“要求的不是洪荒之力或者艰辛努力，而是注意力、精确性和精准度。也许你可以使出洪荒之力提高记忆力，但是死记硬背也只能到这个程度。”

埃里克知道如何更大可能地挖掘你的记忆极限。

早在9·11恐怖袭击发生之前，埃里克前往科威特执行他军旅生涯中第一次海外部署任务。那段日子非常缓慢无聊，有一天他在军人服务社浏览书籍目录，突然一本书的题目引起了他的注意：《超级魔术记忆法》，由哈利·洛拉尼与杰里·卢卡斯合著。

这是什么鬼，他心中暗想。他买下了这本书并开始研读。第二天，他就能够依次说出每一位美国总统的姓名和生卒日期；准确说出一副被打乱了顺序的扑克牌中每一张扑克牌的数字花色，以及元素周期表，他掌握了熟练记忆任何复杂列表的技术。

对埃里克来说，这不过就像一个派对伎俩，可以给观众留下深刻印象，但是没有任何实际用途。

直到我们受命重组海军特种作战部队狙击手培训科目。

在记忆训练科目的第一天，面对三十多名从未谋面，亦未曾有过任何交流的学员，埃里克随机选择其中一名学员，让其报告姓名。这名学员说出姓名之后，埃里克马上报出学员的电话号码和家庭住址，以及他的社会保险号码。

然后用同样的方式准确报出了**全班每一位学员**的所有详细信息。

当埃里克与每一位学员确认他们的具体信息时，我仔细观察他们的表情，感受到了最大的快乐。要给海豹突击队队员留下深刻印象绝非易事，但这些家伙完全被折服了。我也是。这简直太令人难以置信了。

有趣的是，埃里克的记忆力并非异于常人。埃里克是世界上最温情的父亲之一，但说他总是记不住几个孩子的生日，我不确定他是不是在开玩笑。但是他学会了一套特殊的联想和视觉化记忆技巧，拿到一组生数据之后，你得记住它们并为它们编织一个特殊语境，这样，许多随机数字就会变成一组有意义的数组，分布于一张多层记忆蛛网之上。

“人们并不会遗忘任何东西，”埃里克说，“他们只是不知道如何正确记住这些东西。”

埃里克通过讲授洛拉尼和卢卡斯的经典书籍开始自己的记忆训练科目，然后指导班里的所有学员如何强化课本上的技巧，并在此基础上予以拓展和融会贯通。

学员们很快就掌握了记忆技术，而且很快，传统的狙击手记忆训练游戏对他们来说根本没有任何挑战性，我们只能想办法进一步大幅度提高我们记忆力训练游戏的难度。

首先，增强了分散学员注意力的强度。在他们匆匆观察物品的短暂时间内，我们在他们身边打砸垃圾桶盖子，敲击烤盘锅碗。进行闪光弹和实弹射击。播放电影，并将音量调到最大。**噢！是的，就是这样……加油，加油，**

再强一点，再强一点！

一切都是徒劳：他们仍然顺利通过了每一项测试。

我们变得穷凶极恶。我们尝试将给他们展示物体到进行记忆力测试的时间间隔延长为几天，然后又延长到几周，但是他们依然势不可当。

这对我们来说是一个具有开创性意义的经历，说明埃里克不仅可以自己掌握这一项看似不可能的技巧，还可以将这一项看似不可能的技巧传授给一大群人。这对整个课程的开发具有至关重要的意义，因为它让我们对于继续进一步强化每一门课程的训练强度更加充满信心。

在战地侦察训练环节，我们会驱车一小时，通过内陆道路将学员们送到拉珀斯塔山训练场（后来更名为迈克尔·蒙苏尔山作战训练中心），训练中心是一片占地约2590平方千米的高山地形。海豹突击队大多在这里训练；机缘巧合，也就在这个地方，我自己在海豹突击队训练期间，第一次经历了各种糗事，从一名蹩脚的射手变成了专家级射手。

侦察训练科目与其他狙击手学校的侦察科目本质上并没有任何差别，但还是有一点变化。在侦察训练科目中，学员们刚开始并不需要带枪，而是需要携带**照相机**。他们必须悄悄潜伏到距离教官182.9米内，拍摄他们清晰可辨的面部照片，或者拍摄教官手中的一张纸，要清晰地拍摄到打印在纸上的一组数字（与罗伯·佛朗训练时用到的猎人首级相似）。之后巡视人员会向教官们指出学员们的精确藏身地点，他们则需要继续保持隐藏状态，在这种情况下，不能让远处的教官看到自己。

这要比扛着步枪去侦察难度更大。带着步枪侦察时你可以平举着步枪，通过步枪瞄准镜向前方搜索，而整个身体却可以完全躲藏在灌木或草丛之中。的确，你需要一条清晰的射击路径，但是一颗子弹直径也就是几毫米，当你需要清晰观察目标时，也不会变成你的目标的**大**目标。

带着照相机执行跟踪则完全不同。你不可能将照相机举到眼前1米的地方。想要完成任务，你必须有一条开阔的、没有任何障碍的拍摄路径，在整个过程中不能让照相机的镜头出现任何面向侦察对象的反光现象。同时你还必须确保镜头上不能出现任何尘土或其他污迹，否则会破坏照片的质量。其艰难程度超乎想象。

最佳距离，无论是狙击抑或拍照，基本上都在 160—180 米之间。他们还要面对两名训练有素的教官，例如我和埃里克，都拥有成千上万小时的侦察与反侦察经验，惬意地坐在阴凉下，手持高性能望远镜直接搜寻他们，同时我们先于他们到达训练场，不仅知道他们将从哪个方向出现，而且对这里的地形都了如指掌，况且这里也没有郁郁葱葱的树木植被可以形成隐蔽。训练场大部分区域都是高度沙化的荒漠。

随后我们会用步枪取代照相机，这样就进入了传统的侦察训练科目形式：带着步枪追踪教官，空膛射击，以及最后的实弹射击。侦察科目是狙击手学校淘汰率最高的环节。学员开始用步枪追踪我们的时候，已经是技术娴熟的追踪者，所以我们不会淘汰太多的。

侦察科目结束之后，我们会回到掩体内进行一段时间的理论科目学习，之后才前往教场进行射击训练。我们会给他们讲授弹道物理学，包括内弹道（枪膛内部的物理变化）、外弹道（子弹射出枪膛之后的物理变化），以及终端弹道（子弹击中目标之后的物理变化）。我们希望他们成为弹道学专家，而不只是技术精湛的枪手。我们还训练他们使用弹道软件，这是一种方兴未艾的技术，而且在战场上的应用越来越广泛。

这种科学指导的背后是一个非常现实的原因。毋庸置疑，现行培训体系可以让学员成长为一枪毙命的射击高手，但是第一枪往往很难击中目标。我们需要他们在第二枪、第三枪能够做到精确无误。

这是我的自留地。埃里克最初负责整个培训的侦察科目环节，而射击科目环节则由我负责，射击科目的设计有一个根本性的变化，我急不可待想要去实施。

配备一名优秀的观察员这种经典狙击手培训模式，对于培养出色的特别行动军人至关重要。观察员能够监测你的子弹的具体落点，就第二次射击是否要进行什么样的调整提供最及时的反馈。在射击过程中，你的注意力完全集中在一些基本要素上：呼吸、姿势、扣动扳机、持续射姿；你只能关注射击本身。你还需要有人帮你关注远处射击以外的各种情况：距离、仰角、风速风向、目标的活动状态。你俩的关系就像飞行员与导航员：你是驾驶飞机的人，可需要导航员告诉你具体飞行位置。你要是想成为一名高效的狙击手，就必须无条件听从观察员：不要争论，不要质疑，只需要按照他的要求去做。

至少，传统观点就是这样。对于我和埃里克来说，狙击手训练神圣不可侵犯，且是一个必须改革的圣物。

海湾战争期间，我俩都曾担任过直升机上的射手观察员。在进攻村镇时，我亲眼见过许多战友为突击部队担任狙击手安全警戒任务；我自己也担任过多次。在这样的实战情况中，你不能指望观察员，原因很简单，你**没有**观察员。你必须自我观察。那么，为什么我们不训练他们如何做到这一点呢？

战场的现实是，你不可能总会那么奢侈，不，坦白地说，你极少可能会享有这种奢侈——配备一名专业的观察员，并且随时告诉你，“嗨，伙计，你高了6分钟”或者“我们遇到大风了，请向右保持3点钟方向。”我的意思是，如果你可以这么奢侈，那想必是极好的。要是你没有配备观察员呢？一旦你射击之后没有击中目标，接下来该怎么办？你需要明确知道为什么打偏，都有哪些因素在起作用，分别具有多大的影响力，这样你才能够快速做出矫正并打出第二枪。即便这不会影响到你自己的生命安全，但它的确会是其他人的性命所系。

传统的两人一组的射击团队组合，就其本身而言，是无与伦比的，可在真实战场环境中，一旦第一枪没能击中目标，其组合功能往往就会失去意义。我们需要将学员培养成独立的特别行动人员，完全能够同时承担射手与观察员的双重角色。（正是这种单人训练很快就让克里斯·凯尔和海豹突击队其他许多狙击手成为伊拉克城区闷热街道上最致命的杀手。）

狙击手培训科目中的改变在很大程度上与其所执行的任务性质相关，因为狙击手通常是在传统作战部队身处险境时临时担任侦察任务的，但同时必须适应科技的进步。变化的不仅是战争的本质，士兵的武器也发生了变化。

例如，半自动武器在性能和可靠性上有了质的飞跃，极大提高了作战性能。20世纪90年代，手动栓式步枪是当时世界上最先进的狙击武器，而半自动步枪的可靠性还很不尽如人意，太容易出现卡壳或其他故障。现在根本不会存在这种问题。2000年年底，我们排进入阿富汗时，半自动步枪的技术稳定性已经毫不逊色于其他任何步枪。使用半自动步枪意味着你再也不需要不断重复手动栓式步枪的整个操作过程——解锁，退出弹壳，复位，重新上锁——半自动步枪消除了整个机械运动过程，极大提高了射击输出率，并显著提高了狙击手的杀伤力。

另一个例子：激光测距仪。技术的发展让你测定自己与目标之间的距离变得更加简单快捷，在很多情况下，射手可以在不明显分散其射击注意力的情况下独立完成。

技术的发展使得狙击手独立完成一项任务的可能性越来越大，不再是必须与其他人搭档合作，而且让两名狙击手单独行动意味着极大扩展了狙击范围。

我们也改变了对学员的测试与评价方式。

当我第一次顺利完成射击训练时，发现许多家伙的射击技术非常娴熟却不懂弹道学，很大一部分原因就是糟糕的观察员。我参加射击科目培训时的评价体系与海军和陆军的课程评价体系一模一样：射手与观察员一起被视为一个行动单元，所以两个人分享同一个分数。这就意味着优秀的射手有可能因搭档了糟糕的观察员而被拉低了分数，由于不精确的信息反馈而惨遭淘汰。我就亲眼见过这样的惨痛事实。

实际上，这种事情差点就发生在贾森·德尔加多身上。如前所述，在狙击手培训期间，他连续丢掉三次排位赛中的前两次，而且他的失败并不是只差一点点，成绩甚至距离合格都很远。第三天，教官将他拉到一边告诉他，如果他第三次，也就是最后一轮，还不能顺利通过的话，他就得卷铺盖走人。

他们建议他换掉观察员。贾森的搭档是他的朋友杰西·达文波特，也很快将会成为他在伊拉克的狙击搭档，他们即将被部署到那里。贾森觉得，如果自己将与杰西在伊拉克共事，他们最好将这样的问题解决好。问题是，正如我之前所说，尽管都是非常出色的射手，但他们并不是经验丰富的观察员，正是因为杰西的指导导致了贾森的连续两次失败。

贾森却倔强地不想换人。

“你就是世界上最笨的混球，”教官提醒他，“我建议你换掉观察员。”

一位准备参加该项科目考核的海豹突击队队员正好站在附近。“嗨，”那位海豹突击队队员说，“我给你做观察员吧。”

贾森心中暗道，**为什么不呢？**他就换掉了观察员。在最后一次资格考核中，他的每一次射击都是正中目标。

那我们回过头来再稍微思考一下。贾森·德尔加多，一位非常优秀的海军陆战队队员，后来的事实证明，他的确是超级巨星级狙击手，你很快将会看到，在伊拉克战场上挽救了无数人的生命，但是当初在射击训练环节，却差一点被我们给赶回老家……**因为观察员未能给他的指引**。

这对我没有任何意义。作为一个优秀的狙击手，不仅需要高超的射击能力。也许你可以心中不断默念“**一枪毙命**”这样的咒语，一直念到你脸发绿，但事情往往并不总会尽如人意。如果第一枪没有命中目标，与实际战场上屡见不鲜的情况一样，你必须立马自己找到问题所在，在极度强大的压力下，再次射击并**击中**目标。这是一个原因，唯一但至关重要的原因——狙击手与射击运动员是完全不同的两回事。

我设计了一套观察测试体系，并将其应用到教学评估之中，如果没有完全掌握这套技巧，谁也别想蒙混过关。这套技巧的难度几乎无以复加，但同样有着不可比拟的实用性。

我们首先会通过观测镜检测他们，然后让他们通过步枪进行自我检测。之后会对枪支做技术处理，要求他们再次进行射击。比如，我们会让学员朝500米处的目标射击。砰，正中靶心。很好。我们会告诉他：“好的，放下枪械。”我们会拿起枪，重新调整风偏和仰角旋钮，向上或向下，向左或向右，也许在10分钟的角度内，但并不告诉他我们做了什么，然后把枪还给他并告诉他：“这里有3颗子弹，其中2颗是用来解决枪械问题的，第三颗要做到一击命中。”

现在，他必须在三次射击之内重新调整好自己的枪械设置并直接命中靶心。如果没有真正掌握弹道学知识，他根本不可能完成这项任务。如果他能够完成这项任务，我们会毫无疑问地确认他可以做到自我修正，这正是我们希望培养的优秀射手。

我在之前曾经说过，罗伯·佛朗在加拿大参加的狙击手培训科目，我们称之为绅士课程，因为在那里学员会被视为成年人，甚至像同事一样被尊重。但是埃里克和我分别于1999年和2000年参加美国海军特种作战部队狙击手培训科目时，情况则完全不同。他们不断呵斥我们，教官们一个比一个凶。

我们并不认为这样对待学员就能提高教育质量或者培训效率。

这样说并不是说我们脸皮薄太敏感，或者我们不认可严师出高徒的价值观。根本不是那样。毕竟，我俩都通过了基础水下爆破／海豹课程，成了更加优秀的军人。但是我们的学员并不是基础水下爆破／海豹课程学员，也不是新兵蛋子。他们都是久经沙场的战士。他们都是海豹突击队战士。不能像对待初入军营一周的小屁孩那样对待他们。

所以我们不再对他们大声呵斥或者体罚打骂。相反，严格约束教员的行为举止。我们并没有丝毫**降低**培训科目的压力，只是改变了压力的性质。不再对他们大声呵斥，但是我们更加严格地控制了差错率的出现并极大提高了对他们的期望值。

我们从根本上改变了教官与学员之间的关系。

在之前的科目培训中，师生关系特点主要取决于每名教官的性格特点，有些教官一个比一个粗鲁，但也不排除个别教员相对比较温和。但这种关系本身是不近人情的，甚至到了对抗的程度，感觉他们就是**故意**不想让我们毕业似的。当然，我想这种课程是以基础水下爆破／海豹课程为蓝本，这种体系和模式对于基础水下爆破／海豹课程行之有效，但在狙击手学校就行不通。

相反，我们将学员分成两人一组，为每组学员指定一名教官，担任他们的私人导师。

导师制理念的确是一个精彩绝伦的创举，但是我不能贪天之功。我非常确信这是军士长曼蒂的心血结晶，但无论它来自哪里，当我和埃里克上任之时，这一制度就已存在，还成了我们新课程体系的一部分。

我立刻就深深折服于这一创举的智慧、效率以及力量。在整个培训生涯中，包括在海军陆战队期间，特别是作为海豹突击队队员，我遇到过太多或伟大至极或糟糕透顶的教官。与绝大多数特战队员一样，无论任何时间、任何情况下，我都会竭尽全力，负重前行。但真正让我清楚认识到自己取得了巨大进步的时间，是在我遇到了一位非常棒的私人导师之后。在传授技巧方面，这种师徒制具有无可媲美的优势，这也是导师真正能够教会你的，无论是非常明确的结构化指导抑或非正式讲授，都基于导师的个人性格与品质。

不过，在这种情况下，课程是结构性的，是硬性规定的程序，这意味着它不会依赖于个人。毕业于我们培训科目的学员无不得益于自己的私人导师，一位技术过硬、接受过高水平专业培训的职业教官，亲自培养并目睹了他们的整个成长过程。

这是一个非常了不起的创新。它确立了一套不让一个人掉队的问责制。每天，我们都会密切关注各自指导的4名学员。通常情况下每位教官会分到两组学员。我们会详细记录每一位学员每天的所有行动记录。在个人档案袋中，记录下他们的行为表现以及每一次测验成绩。与他们进行一对一的合作，为他们提供所需的一切指导，无论任何需求。他们的成功就是我们的责任。

每个星期五，我们会召开一次教官例会，回顾本周的教导工作，看看他们可能遇到什么问题，他们觉得自己需要什么帮助，或者我们发现他们需要什么帮助。我们会检查他们为自己的学员做的档案记录并记录我们的会谈内容。

如果有必要，我们还会利用周末的时间继续探讨，周末时间我们通常用于实习和矫正工作。

在接下来的星期一，会举行一次会议，我们与课程主管（当时的课程主管就是我自己）开展检查，前往每位教员的教室。“是的，经与学员们交流核查，我们确定了今天的任务，A学员这方面还有问题，B学员那方面还需要帮助。”这样，教官和学员立刻明确了在接下来的一整天里，哪位学员在射击技术或者扣动扳机，抑或其他方面需要加强训练。

这一创新同时激发了教员之间的竞争意识，而且这是一种最健康的竞争。每个教员暗下决心，要确保将学员培养成同期最优秀的毕业生，这就意味着所有教官都必须持之以恒、全力以赴地致力于尽最大可能满足他们的成长需求。你绝对不希望在星期一的例会上看到你的学员在所有学员排名中垫底。为了确保他们天天向上，表现出色，我们都不惜一切代价、不计付出地去帮助他们。

当我和格伦在2000年参加狙击手科目培训时，我们的教官，坦白地说，对于我们是否能够通过培训根本没放在心上。至少有一名教官在千方百计阻挠我们顺利通过考核。我们完全扭转了那种动力机制，全新课程评价体系为每一位渴望培养出最优秀狙击手的教官提供了内在动力。

在负责狙击手培训科目的3年时间里，超过300名学员顺利通过了培训考核，我只淘汰过一名学员，他叫马库斯·鲁特埃勒，就是畅销书《孤独的幸存者》的作者。他最近又返回学校参加了第二次培训，以优异成绩通过了狙击手培训科目。其他人都是一次性顺利通过，因为如果我的学员不能顺利毕业，我会遭诅咒的。

为了实现我们追求的铂金标准，从2003年底到2004年底，我和埃里克不停工作，不敢有丝毫松懈，通过下面一系列组合拳：

提高专业教学水平；

系统化和标准化课程；

将先进的科技融入课程；

延长、重组和增强所有课程内容；

致力于培养独立的特别行动人员；

制订有针对性的辅导计划……

我们彻底改革了海豹突击队狙击手学校。

此外，我们的课程还有一个变化——在我看来，这是一个将会对我们实际作战效率产生巨大影响的额外变化。这种变化与培训我们的学生如何射击或如何侦察没有直接关系。

这与训练他们如何思考有关。

第 6 章 **禅心，魔念**

没有什么狩猎能比得上猎杀人类，那些猎杀过武装人员的人，喜欢上了它，此后就不再关心其他事情了。

——厄内斯特·海明威，《在蓝色的海洋上》

“请用 3 个音节以下的词告诉我，绿色地球上到底发生了什么？你们这些绅士到底在搞什么巫术？”

从 3200 公里之外的佐治亚州本宁堡，他的声音传到我在圣迭戈的地下办公室，但是他铿锵有力的声音几乎要将我手中的电话听筒熔化。这位陆军上校非常清楚他需要什么，对如何实现自己的目标也了然于胸。

我一句话也没有说，只是静静地等他继续说完。我感觉我知道他想要说什么。果然，停顿一会儿后，他说了另一件事。

“因为，不管地球之外是什么情况，韦伯主管，不管你的伙计们喝的是什么精酿啤酒，我打电话是想说，**我们也想要。**”

时值 2005 年，伊拉克战争打得如火如荼，我们的毕业生已经在战场上服役，消息已经传开，这些家伙在战场上大放异彩，其他兵种的指挥官纷纷与我联系，想知道我们究竟是如何让他们在战场上如此与众不同的。

那么，我们的秘诀是什么？其实就是你在上一章读到的所有内容……加上另一个撒手锏。对我来说，**另一个撒手锏，即 X 因素**，是课程中引入的最重要的一项改革、一项创新，比其他创新措施更加显著、直接提高了狙击手的培训质量。

必须承认，刚开始我是坚决反对这一改革举措的，这当然与最早将我们推向新的改革方向的那个人有一定关系。

有一天，我与埃里克刚刚接手课程改革不久，鲍勃·尼尔森打电话将我们召唤到他的办公室，说他马上要退休了。对我来说，这不啻惊天噩耗，鲍勃是我遇到过的最优秀的导师，我痛心于他要退休的想法。尽管这让人感觉糟糕透顶，但是他接下来的一句话对我们来说更是五雷轰顶：他告诉我们谁将会成为他的继任者。

在我的自传《红圈》一书中，我写到了哈维·克莱顿，以及在接下来的一年里，在他手下工作成了一场噩梦。作为军士长，哈维是一位非常优秀的赛场射击选手，但绝对不是一名经过实战考验的狙击手，特别是像亚历克斯·莫里森一样重新返回学校接受培训的那些人。实际上，亚历克斯 1994 年第二次参加培训并顺利毕业时，哈维正好是学校的主管军士长。

尽管我在书中对哈维抱怨甚多，但有一点我认为还是需要说明一下。值得称赞的是，确实是他把我介绍给了那位对我在海豹突击队狙击手训练课程中的贡献影响最大的人。

2004 年初，哈维告诉我们，他要安排我们去亚利桑那州斯科茨代尔待几天，与他认识的一位奥运会射击运动员心理管理专家见面。

哦，天哪，我心想。我们都在全力以赴地培训学员，而哈维却要浪费我们宝贵的几天时间，送我们去听一个叫什么托尼·罗宾斯的废话？正如英国人说的：真见鬼。看了埃里克一眼，我非常确定他跟我的想法一样，而且确实如此。

几天后，哈维和我以及埃里克乘飞机前往斯科茨代尔，在那里遇到了曼蒂军士长以及来自东海岸狙击手培训学校的几位同行。除了我和埃里克，在场的其他人都是三级军士长，或者更高级别的军官。（一年后我获得了晋升。）作为级别最低的小喽啰，我们认为这根本就不是我们大声表达观点的地方。但是毫无疑问，我们内心深处的观点表达**却是**非常强烈。

我们入住在一家非常蹩脚的特价连锁酒店，就是那种每一面墙上都是非常蹩脚的油画、每一张蹩脚的床上都是破破烂烂的床单的那种酒店。当然并不是说我就像一个高傲的游客一样有那么高的要求，但是我真的非常讨厌这个地方；如果我们住不起高级酒店，我只希望哪怕是住在一家廉价的爱彼迎也是可以接受的。

我们与那位管理专家的会谈被安排在一间蹩脚的会议室。这感觉就像我即将得到一个三等的分时度假推销。

这让我大感失望。

海豹突击队一直在寻找竞争优势，所以我们往往是各种技术的最先采用者和积极创新者。与此同时，我们也是巨大的怀疑论者，如果我们认为不符要求者，无论任何人任何事情，我们都会毫不犹豫地予以抛弃。我最近被派往东海岸参加一个评审委员会，审查美国特种作战司令部一项新型特种作战改进设备。一位供应商走进来就开始了他的推销，几分钟之内我就发现他的推销漏洞百出。这家伙从来没有上过战场，甚至连枪都没有摸过。他试图反对我的观点，但就是找不到机会。他将自己的软肋暴露无遗，我的问题让他毫无还手之力。我想让他们知道，我们不是一群那么容易糊弄的人。

我们走进那家小酒店的蹩脚会议室，坐下来，等待着，准备迎战。

很快，兰尼·巴沙姆就出现了。

兰尼给我的第一印象就是非常谦虚、和蔼，没有自高自大，没有炫耀，也没有目中无人，如果他愿意的话，他还是很有资本的。这家伙是真心不错。作为一名射击天才，在还是一个孩童时，兰尼就被分配到陆军射击队，该射击队成员包括世界上最优秀的赛场射击选手。25 岁参加 1972 年慕尼黑奥运会射击比赛时，兰尼是这项运动中最年轻的世界冠军，而且是此次比赛中最热门的夺金选手。

那些超高的期望，后来被证明成为他职业生涯的最大杀手。

在慕尼黑参赛期间，他偶然听到几位俄罗斯竞争对手在谈论他，他感到他必须面对巨大的压力。他们的评论给他带来了严重的思想压力。非常可悲，他最后只拿到了一枚银牌，而非之前预期的金牌。

兰尼被彻底击垮了。客观地讲，他知道，能够在奥运会上获得一枚银牌实属令人满意的成就。（实际上，能够获得参加奥运会的资格就非常了不起了。）

然而，他就是无法摆脱那种令人失望的挫败感。他害怕与听说他参加过奥运会的初识者交流，因为他知道他们的谈话内容将会是这样的：

初识者："哇，你参加过奥运会啊？"

兰尼："是的。"

初识者："太厉害了。成绩怎么样啊？"

兰尼："我拿了块银牌。"

初识者："哇，那当年的冠军是谁啊？"

兰尼说，他对银牌的定义变成了"你所能获得的最佳成绩，但还是一种失败"。

"有谁会记得一个银牌得主？"他说，"或者美国小姐大赛亚军，抑或世界职业棒球大赛或超级碗决赛选手？唯一能够记住他们的就是亚军自己，终生铭记。"

他的话对我和埃里克具有非同寻常的意义，因为我们对第二名的兴趣绝对不会比兰尼高。在特种作战领域，排名第二并不意味着你可以捧着一个银牌回家，而是意味着你将被装进一个木盒子里送回家。

兰尼在失望中煎熬了数年。后来，在 1974 年，他遇到了一个改变他一生的人。兰尼在《自由飞行》一书中，用寓言的形式讲述了这个故事，他称这个人为"杰克·桑兹"。（真名叫杰克·费罗斯，但我还是按照兰尼的说法，叫他桑兹。）

桑兹是一名海军上校（后来被提拔为指挥官），在越南战争中他的飞机遭北越军队击落后被俘，之后在河内希尔顿战俘集中营度过了 6 年多的战俘时光。之后，他终于获释并搭乘飞机返回圣迭戈，刚一下飞机，他就被一辆急救车送往巴尔博亚医院接受体质检查。这家伙当时的体重几乎不到 45 公斤。毕竟，他在环境恶劣的监狱里度过了 6 年多时间。

就在前往医院途中，急救车刚好经过北岛海军航空站后门的高尔夫球场。桑兹突然大声喊叫："等一下，让救护车停一下！"

怎么回事？救护车司机停下汽车，警报仍在鸣叫。这家伙快不行了，还是怎么了？

“让我出去一会儿，”桑兹说，“我要打一下高尔夫。”

急救车司机盯着他，似乎他就是一个疯子，但桑兹坚持要下车。唉，他是归来的英雄。司机很不情愿地让他下了急救车，把他护送到高尔夫球场俱乐部会所，俱乐部成员起初拒绝让他打球，试图将他赶出去。

他告诉他们他是谁，说他在可以想象得到的最糟糕的北越监狱里待了6年多时间，他真的、真的渴望走上绿茵场，打一局高尔夫。俱乐部里的绝大多数人本身也都是退伍老兵，都非常同情他的遭遇。他们带他前往专业的用品店并让他穿好行头，紧跟在中校身后，他们一个个紧张地面面相觑。这老兄的身体状况极度糟糕，瘦骨嶙峋的，几乎不能自己走路。在去医院的路上，他都痛苦得大声哭起来。他会不会在挥动球杆时将自己摔倒啊？

桑兹走到果岭上，在第一洞打出了标准杆，然后是第二洞、第三洞。

他的开球在球道上狂奔，每次都是如此。他的推杆很完美，在所有18洞他都打出了标准杆。

球场上的常客像看外星人一样不可思议地盯着他。这老兄好多年没有踏上高尔夫球场。实际上，他好几年连草地都没有见过。他在狭小逼仄的监室里荒废了数年时光，没有任何体育锻炼，所以他刚才的表现简直令人不可思议。他们就这样静静地看着他。

“请问，我能问你一个问题吗，中校先生，”在场的一位俱乐部会员说，“你究竟是怎么做到的呢？”

他却回答道：“先生们，在过去的6年里，我在脑海中打了成千上万局球，我要告诉你们，很久很久以来，我的推杆就从来没有失手过。”

这就是在战俘集中营这么长时间，他还能够保持如此清晰的思维的原因。虽身陷狭小局促的监室之中，但他广阔如海的胸中却是他最喜爱的高尔夫球场，在6年多的每一天里，他都神游于其中，在意念中打了一局又一局。尽管身体上，他确实很久都没有碰过高尔夫，但他在脑海中把每一场比赛排练得尽善尽美，而且做得非常到位，他所有的肌肉和关节都知道该怎么做。

桑兹上校并非唯一一个通过意念和想象力运动的人；实际上为了保持大脑清醒，有不少越战战俘都在自己的脑海深处积极地开展类似的大规模意念运动。一位名叫霍华德·拉特里奇的上校，在长达7年之久的监禁中，在自己的脑海中建造了 5 栋房子，从选址到地皮收购谈判，再到地面清理，开挖地基等，涵盖房屋建造的每一个细节、景观设计、家居装饰，以及房屋出售，为自己开建下一套房屋赢取利润等，事无巨细。还有一位上校，名叫威廉·劳伦斯，被囚禁后他开始重新梳理自己的记忆，想看看从一年级起，他自己能够想起多少同学的姓名，最后，他把自己的整个人生重新回顾了三遍。

这些人都有一个共同点，他们都是失去了人身自由的战俘。但是，正如桑兹指出的那样，兰尼也是一个囚徒，只是被囚禁在他自己建造的监狱里：他被困在一个充满挫折、遗憾和自我限制的盒子里，仅仅因为他没有获得金牌。

让兰尼沮丧不已的并非他只拿到了奥运会银牌，而是他拥有摘金的实力，但是他却让环境，以及俄罗斯竞争对手的对话，控制了自己并让自己功亏一篑。那些偶然听到的评论把他送进了监狱，这一点他在某种程度上也是知道的。

桑兹告诉他，想彻底改变人生轨迹，归根结底就是：如果外部控制了你的态度，你就变成了囚徒。如果你能控制自己的思想和态度，你就是自由的。

这给了我一个很大的启示。我们不辞辛劳地飞赴斯科茨代尔，在一家蹩脚的招待所的会议室里学到的“心理管理”，绝不仅仅是掌握某项特定技能的技术或战术。这是一种哲学，使我产生了强烈的共鸣，与我们追求的一切的核心本质有着密不可分的联系。

我们课程的目标，并不是希望将学员培养成职业射手。

我们课程的目标，是希望学员能够成为自己命运的主宰。

这正是兰尼的目标和任务。1974 年拜访桑兹之后，他利用接下来的 2 年时间遍访了近 100 名奥运会金牌得主及其教练，与埃里克的逆向工程相似，他认真记录下他们说的每一句话，详细分析了他们的训练方式。这些心理管理的核心原则是一切的核心。1976 年，他重返蒙特利尔奥运赛场，这一次，他如愿以偿获得了金牌。在接下来的许多年里，他一直都是全球射击界的霸主，先后获得世界个人和团体冠军 22 个，多次打破世界纪录。他还将自己的所学所悟整理成系统的理论、知识，将它们悉数传授给来自世界各地的教练员和运动员。

那天，兰尼跟我们聊了一整天。这位陆军少校说得完全正确。走出那间小会议室时，我们都喝了“酷爱”饮料。从那以后，我一直在喝它。

我们将新学到的心理管理哲学应用于三个主要领域。首先是建立一种基本的、积极的教学方法，从桑兹告诉兰尼他在被囚禁期间悟出的一个基本原则开始：只关注问题的解决方案，而不是问题本身。

这个想法对我来说很熟悉，对任何一位海豹突击队队员来说也是如此。从进入海豹突击队第一天起，我们就被教导，不要提出一个没有解决方案的问题。特种部队作战人员在训练和天性上都是极其注重解决问题的。我们是军事创新创业家，绝非按照既定路线执行命令和行动的优秀员工。我们会身临任何不可能的环境，而且需要能够不拘一格地完成目标。

然而，在所有这些以行动为导向的解决方案的偏见影响下，我意识到，**我们并没有以这种方式教学**。我们的教学方式是我们大多数人从小就以身作则的方式，也就是关注**问题**。

我担任过少年棒球联盟的教练，其他教练对孩子们说的话总让我震惊不已。我记得有一次，在一个孩子正要击球时，教练对他说："嘿，比利，无论如何，都不要三振出局！"

他认为那个可怜的孩子走上本垒时在想什么？他想的是三振出局。这就是他所能想到的。当他真的三振出局时（当然会），那不是他的错，尽管他认为是这样。在我看来，这是教练的错，百分之百。

无独有偶，还有一个更加过分的例子：还记得我和格伦收拾行囊，准备去狙击手学校时收到的那句精辟的小口号吗？3年后，当我和埃里克为我们的新任务秣兵厉马时，我还在对自己重复这句话：

"别给我搞砸了！"

如果有人上百次地告诫你"别给我搞砸了"（或者你不厌其烦地这样警告自己），你心里会想什么？当然是搞砸了。由于你所关注的就是你所得到的，想一想会有什么样的结果？搞砸了。对于一个准备打出本垒的7岁小棒球选手来说是这样，而对于期望成为全球最精锐的成年狙击手来说也绝无二致。

听了兰尼的话之后，我立刻接受了他的观点，我知道必须把我们的核心教学方法从"不要那样做"转变为"要这样做"。

只关注问题的解决方案，而非问题本身。

如果说新课程体系就是我们的新科目章程，这16个字就是它的独立宣言。

根据埃里克经典的逆向工程战术，从详细写出我们认为对射击有一定影响的每一个重点开始着手。完成这项工作后，总结出大约 100 个重点。然后，进行了排序和筛选过程，将它们按重要级别进行排序，最终，我们将射击技能要点列表缩减为 7 个核心基础要点。为了不泄露敏感的战术、技术和程序，我们不会在这里详列 7 个基础要点，但会以**顺畅扣动扳机**为例予以解释。

对于狙击手来说，顺畅扣动扳机无异于高尔夫玩家的挥杆或者美式橄榄球场上的四分卫传球。犹如公众演讲家在主持人介绍完、掌声停息之后全场寂静无声时刻讲的第一句开场白。它是拱顶的基石，是橡胶与路面的黏合点，是事关成败的千钧一发之际。

不过，这也是有区别的。对于一名竞赛射击选手来说，扣动扳机就像职业高尔夫球手挥杆一样，在这个重要方面：当你做好了准备，就可以扣动扳机。观众保持安静。你做好了所有准备工作，瞄准了自己的靶子。你一直在静静等待，直到你觉得该出手的那一刻，然后你扣动扳机。

然而，在战争中，狙击手根本不可能那么从容。你不是在训练场上射击，你是在形势混乱、声音嘈杂的战场上射击。这就是为什么我们要尽最大努力让学员处于最大可能的压力之下，想尽一切办法分散他们的注意力，尽可能模拟他们将不得不面对并必须战胜的各种环境。

学员最奢望的就是教官**不要**打乱他们的思维过程。

在新兵训练营和其他基本军事训练科目中，你会碰到太多的负强化行为。如果我每听到教官骂我一声“你就是一个没用的废物，韦伯”，我就可以获得 1 美元的话，我早就成了可以与马克 · 扎克伯格、比尔 · 盖茨以及沃伦 · 巴菲特比肩的富翁。这种情况在海军特种作战大队狙击手学校也不例外，该校形成了以负强化教学模式为特色的海军特战培训科目。

我认为，这种教学方式并不适合狙击手学习。如果他们搞砸了，我们就没有必要再往他们的伤口上撒盐。他们自己会做的，特别是学员第一枪失手，他自己会立刻恼怒不已，根本不需要我们再去补刀。

训练场应该成为他们的主场。

负强化教学方法的问题本质上在于你在努力让学员走向失败。我希望让他们走向成功，无论在什么情况下。

因此，一旦我们确定上述 7 个核心基础要点为我们射击教学的重点之后，我就告诉全体教员："好了，伙计们，这就是我们要做的。这些就是我们的授课原则。当你发现学员哪里做错了，你要给他们一个积极的纠正，而非消极的纠正。与其告诉他**不要**做他做错的事，不如帮他明确他应当注意的核心要点，提醒他该怎么做。"

想象一下，如果你是第一次朝450米开外的目标持枪射击，而且我就站在你的身边。我教你如何通过瞄准镜锁定远处的目标，然后你扣动扳机。假设发生了故障，我注意到撞针撞到子弹时发出的喀嚓声，但子弹并没有爆炸，这时候你会退缩。

我可能会说："嗨，下次**不要退缩**。"

在这种情况下你会怎么想？当然是退缩。这是你所有能想到的。我只是在用消极的方式给你编程。

或者，我也可以帮你重新复习一下连贯扣动扳机的核心要领，然后再告诉你："你看，这对于你以后的学习是一次非常重要的经历，以后遇到其他类似的问题，你应该知道如何做了，是吧？好的。"我不会让你总是关注你所犯的错误，而是让你注意下一次如何做得更好，要让你明白为什么要这样做。

在这两种情况下，我都是在告诉你该如何去做，只是在第一种情况下我告诉你重复这个错误，而在第二种情况下，我在强化积极的习惯。

就是如此简单、如此强大。

只关注问题的解决方案，而不是问题本身。

如今与我的团队讨论问题或者培训新员工时，我也是用这种方法解决日常问题。我会非常注意自己同他们的交流方式，注意自己的遣词造句。我也是这样对待自己的孩子，而且这种方法相当奏效。

我们对心理管理的第二个应用就是教学员如何通过**心理演练**，打磨和完善他们的技能，就像杰克·桑兹当年在监狱里练习高尔夫球一样。

在1974—1976年期间，从所有接受兰尼采访的奥运金牌得主身上，他发现一个普遍现象：他们都非常充分地发挥了视觉化的力量，花费时间和心血认真反思他们参加过的每一场运动会或竞赛的整个过程，将每一个细节都非常清晰地再现出来，并在脑海中不断练习，以求完美。

关于心理管理及其在射击中的应用，我做过一次2小时的讲座，并将其纳入射击基础课程。这是射击课程的第一讲。尽管这只是一门仅仅 2 小时的课程，我们对课程资料进行了多次反复熟悉和强化，学生在整个射击的科目学习期间也是在反复学习。

我从兰尼的故事开始讲起：他的背景、奥运奖牌及其事迹，以及他如何形成了自己的方法论。我解释了心理管理哲学的核心原则，然后教他们如何通过心理演练不断完善自己的射击技能。

在一次课堂上，我遇到两位学员，布兰特和利伯曼，我知道他俩都有非常大的潜力。与海豹突击队所有队员一样，他们之前对这门课程的声望及其难以企及的艰难程度有所耳闻。在射击科目伊始，他们找到我问道："实事求是地说，主管，你对我们第一次射击测试的期待是什么？"

我告诉他们："我期待你们能够得满分。"

这种想法当然是疯狂的，没有谁在射击中能够得满分的。你知道为什么吗？**因为这是我对他们的期待。**

我送给他们一本兰尼的电子书：《自由飞行》（语音版，由兰尼亲自朗读灌制），告诉他们认真听，一字一句，从头到尾。他们唯一能使用的 CD 播放器是在租来的汽车上。所以每天晚上，他们都会爬进汽车，认真听这盘 CD。

其他学员开始嘲笑他们，说他俩到车里去激情四射，诸如此类的话。这种情况在海豹突击队实属家常便饭。他们根本不为这些流言蜚语所动。当我告诉他们，我期待他们得满分时，他们听完了整本书，而且是两遍。

给你们一个"标准"的概念：在第一次测试时，我们要求学员使用点 308 口径半自动步枪，射击距离 1000 米，这是该枪的性能极限，也就是超出了枪出厂时的固有射程，即便拥有高超的射击技术也有可能出偏差。

我们对他们进行倒伏靶和移动靶射击测试，即要求他们击中多个突然弹起或者左右不规则移动、无法预测位置的靶子，告诉他们射程为 182.9 米、365.8 米、548.6 米、731.5 米和 914.4 米。接下来，他们要进行一项名为未知距离的测试。在该项测试中，他们必须通过步枪上的瞄准镜观察目标并快速估测射程，不允许使用雷达测距仪或者其他技术设备，并进行快速精确射击。除了这些变量，再加上风的作用，他们还必须应对不可预测的人为变量。碰巧在外面操控倒伏靶的人可能在前一天晚上喝多了，今天的靶子有点歪（顺便说一下，这种情况并非不可能发生）。

这样的测试他们每个人都要通过两次，第一次是作为射手，而第二次是作为观察员，在测试过程中，我们对射手和观察员分别予以打分，所以谁也不能搭别人的顺风车。他们必须同时掌握两项技能，这就意味着每组学员要被打4个分数。

在我告诉那两名学员我期望他们在第一次测试中得满分的消息传出去之后，所有教官都用怀疑的目光望着我。

接下来就是测试日，布兰特和利伯曼顺利通过了测试，并得到如下成绩：

100

100

95

100

也就是80次射击，只有1次脱靶。对于肉体凡胎来说，这近乎完美。

第二天，他们的营房外排起了一条长长的队伍：这些家伙都想要他们手上的CD，赶紧爬进他们租赁的车里。

我们还教他们用这种方法演练偶发事件。

如果你预测在战场上可能会出现10个问题，你可以为每一个问题设计好预案，然后按照预案对每一种情况进行演练，对相应问题予以解决，这样，如果你预想的问题真的发生，你已经演练过十余次，完全可以不假思索地予以完美解决。

我当时刚刚拿到飞行驾驶证，也是用这种方法进行飞行训练的。会发生什么问题呢？我问自己，如果我在飞行过程中突然遇到某个引擎起火，抑或出现某个引擎失灵关闭，我想好了应对这些问题以及其他意外情况的解决预案，并在心里一遍又一遍重复整个解决过程，这样即便在飞行过程中真的发生诸如此类的意外，我也会满怀信心知道如何成功化解这些意外。这就像在飞行模拟器里工作，只是我没有被绑在一个昂贵的设施中，而是在脑海中建立的模拟器中。

对心理管理的第三个应用是，创立了一种我们称之为**自我教练**的积极教学法。这种教学方法与我们习以为常的消极教学法大相径庭，该教学法不仅关注我们如何与学员交流，更重要的是关注**他们如何自我交流**。

没有任何人比你自己对你的影响更大。其他人跟你的交流时间是有限的，但是你与自己的交流却是 24 小时持续不断的。这种交流（通常）并不会大声说出来，大多数情况下甚至连你自己都意识不到。但你的确一直在这么做，毋庸置疑。谁都不例外，你对自己说的话，诸如做什么事情，如何做，你相信自己可不可以做，都会对你的行为产生无法估量的影响。

如果我之前对这些没有一定的了解，从一开始我就不可能进入狙击手学校。

尽管当初我对枪械一窍不通，但是在 1997 年的基础水下爆破 / 海豹课程科目的射击考核中，我还是努力坚持了下来。直到进入海豹突击队高级训练班之后，我们才开始学习如何成为真正的海豹突击队队员，并应用我们学到的所有技能，当时对我来说真的非常煎熬。在洛杉矶拉珀斯塔山训练场接受射击精英培训时，我受到了其他人无数的白眼，他们仿佛都在质疑我："你有毛病啊？"显然，我是整个培训班最差的。

我当时心里只有一个想法：

哦，天哪，我简直太差劲了！我怎么才能通过培训啊？我这次死定了！

就在那时，我取得了一次突破。我突然意识到自己在想什么，这些想法对我造成了多大的伤害，对我的进步造成了多大的破坏。这些狗屁想法竟然让我失去了自信。

伙计，我对自己说，**让我们停下来重新开始。你拥有成为一名优秀射手的所有技能。你完全有能力。现在就让我们解决这件事吧。**

从那一刻起，我改变了认识自我的方式和自我交流时的用词。起初我的进步并不显著，但是很快就开始引人瞩目。我很快由班上最差的射手变成最优秀的学员之一。

不久之后的今天，我成了狙击手学校整个培训课程的主管。

兰尼在《渴望去赢》一书中对自我教练的理念、方法有非常详细的阐述。那天他在斯科茨代尔解释了它的本质之后，我立刻认识到他这些话的力量，并知道**必须**将这一理论应用到课程里。

在为时两小时的第一课，我详细解释了什么是自我教练及其理论依据。我告诉学员如何进行自我教练，如果他们意识到自己正在用某种消极的方式进行自我交流，就可以立马纠正，有意识地改变自己的思维习惯。

“自我交流并不是不着边际的异想天开，先生们。”我对他们说，“它与血和子弹一样真实。远比我们能够为你们提供的任何训练和理论讲授更加真切实际，最重要的是，你应该知道如何有效指导自己，因为我们都是自己最好或最差的教练，通常是最差的，而不是最好的。”

即便今天，在商业和媒体领域工作的我，还是经常为一些人的自我评价深感震惊，“哦，我在这方面真的不行”，或者，“伙计，这件事情真的让我煎熬不已啊”。是吗？如果你总是这样告诉自己，最后的结果一定会是如此，因为实际上不管你想做什么事情，你都在不断提醒自己努力**搞砸它**。

这种消极的自我交流方式，在绝大多数人的思维中根深蒂固。你可以告诉人们什么是自我教练，非常透彻地解释给他们，但是想要根除他们根深蒂固的习惯需要实践，**大量**实践。

另一方面，我们面对的是海豹突击队队员。相对于普通市民而言，学员接受过大量训练，不仅在身体上，还有心理上。他们能够迅速领会并开始积极改变自己的思维习惯，直到积极思维变成第二天性。

当然，真正的教学并不是我们秘密地堡中两小时的课堂讲授，而是随后为期几周每天 16 小时的场地训练，因为当你被置于学员所承受的各种压力之下时，你很容易恢复到旧的思维习惯和自我交流之中。

我们会积极设计方案，让他们陷入最大的压力和逆境中，以观察他们如何应对。总要比在阿富汗或伊拉克战场上好一些，难道不是吗？

有一次，我的两名学员在参加测试时抱怨前面的倒伏靶弹起时有些歪，不是完全直上直下。

是吗？我心想，**这要是在战场上你该怎么办呢？你在射击时难道还要请求敌人垂手站立啊？天啊。**

“你们看，”我告诉他们，“靶子是否树得垂直根本没有关系，因为目标还是在那里。他们暴露的目标并没有因此减少一丝一毫，你只管朝那该死的东西开枪就行。”

但是他们继续抱怨，说这会影响他们的决断力。

我索性通过无线电告诉靶道那边负责控制倒伏靶的学员，让他们将靶子树得更糟糕一些。“将靶子的弹起角度设置为 45 度。”我说。然后所有人见证了这两名学员内心的崩溃。他们完全失去了理智，尖叫、跺脚。他们无法平复自己的心态。他们没有能力应对压力。

这是你行进在拉马迪满是碎石瓦砾的街道上，或者冲进贾拉拉巴德一座大院后根本不希望看到的情况。你需要的伙计应该是警惕你的后部并说：“嗨，我不在乎目标在哪里或者位置如何，我会直接开枪，然后继续前进。”

我把它作为一个教训。那两名学员惨遭失败，纯粹是因为他们的自我教练质量太差。这不是目标的错。目标难度一点也没有增加，只是因为它不够垂直。实际上就是他们的确遇到了问题，但是他们却让这些问题影响了自己。

问题并不在目标，**而在于他们告诉自己关于目标的事情**。

这两种态度之间的差异在我看来真的非常有意思，我一直非常清楚，甚至在退役之后的今天依然如此。在现实世界中，事情往往不会一帆风顺，事实上，绝大多数情况下是很不顺利。“世事无常”一度成为最流行的车尾贴。但差别在这里：当出现问题时，普通人会感到惶恐、压力或愤怒，而冠军则拥抱逆境，甚至视他为上天赐予的礼物，当作一个机会，并会告诉自己：“看看我能做什么！即使在这种情况下，我**仍然**会赢！”

面对完全相同的情况，一种态度走向失败，而另一种态度则创造胜利。正如兰尼告诉我们的，这就是金牌得主的心态。

实施上述各项改革之后，一些有趣的事情发生了。我们的标准提高了，但淘汰率却降低了。我们为狙击手学员创建了一个类似宾夕法尼亚大学沃顿商学院的 MBA 课程，丰富了学生的课程学习资料，提高了课程难度，学员的毕业率却不降反升。

在实施课改之前，海军特种作战狙击手学校的淘汰率是 30%。大部分课改措施推行之后，淘汰率暴跌至 1%。布兰特和利伯曼在第一次测试中取得的那种令人难以置信的高分成为学员测试成绩的常态，而非个案。

2003 年中期，我和埃里克接手狙击手学校的课程培训，并在来年 1 月开始全职授课。我在那里一直工作到 2006 年 7 月退役离开部队。在 3 年时间里，我们对十几门课程进行了改革，先后培养了 300 多名优秀学员。我在他们身上看到的成长和变化是我无法用语言来描述的。从海军特种作战狙击手学校毕业之后，他们完全脱胎换骨了。内在变化如此完整、深刻，他们一走进房间，你就能够深切体会到，他们不仅仅是变得更优秀，而是超越了当初对自己的最高预期，达到了连自己都不敢相信的潜在程度。

在某种程度上，这些年是海豹突击队狙击手让世界知道他们是谁的时期，因为我们的学员一旦毕业后进入战场，立刻就能脱颖而出，继而出书描述自己的职业经历，或者，因为种种原因，其他人纷纷为他们著书立传。他们包括克里斯·凯尔（2004 年春季班毕业）、摩根·鲁特埃勒（2004 年夏季班）、麦特·阿克塞尔森（2004 年夏季班）、马库斯·鲁特埃勒（2004 年秋季班，当年冬季班复读）、亚当·布朗（2005 年春季班），以及乔恩·汤米尔森（2005 年夏季班）。

在其畅销书《孤独的幸存者》中讲到自己的狙击手学校经历时，马库斯·鲁特埃勒提到我（尽管编辑将我的姓名写错）时，说我的标准“高得让阿帕奇侦察员都会倒吸一口凉气”。后来，他回忆他在准备执行一次清除塔利班一名高价值目标任务时内心闪过的念头，他说：“我向沙马克（他们的高价值目标）开枪的机会很可能只有一次，我的瞄准镜只能锁定他一次并且必须击中他，而且很可能是在数百米开外。我只知道一件事：我最好不要失手，否则，韦伯和戴维斯，更不用说海豹突击队其他队员，肯定会踢烂我的屁股。”

马库斯参加了 2004 年秋季班的培训，但是侦察环节没有通过考核。中途他掌握了技巧，但为时已晚；他根本追不上来了。然而，与海豹突击队许多优秀队员一样，他根本不知道“放弃”一词的含义。他回过头来，重新参加了整个培训课程，从头至尾，并且在 2005 年初，以优异的成绩顺利通过课程考核。

我俩从海军退役多年之后，在“中途岛”号航空母舰上的一次慈善活动中，他给了我一个热泪盈眶的拥抱，并高度评价他在狙击手学校的培训经历，特别是在阿富汗战场上挽救他生命的侦察科目。

“你的训练挽救了我的生命，”他说，“没有你严要求高标准的训练，我今天就不会站在这里了。我要真诚地感谢你。”这是我作为一名教官最感骄傲的时刻，这让我觉得当年抛妻舍子、醉心于课程教学的所有付出都是值得的。

由于《孤独的幸存者》的大卖，马库斯成了全球知名的鲁特埃勒。但是他的孪生兄弟摩根，也是一个非常了不起的人物，也许更加出色。马库斯说，摩根由于未缴清超速罚单，曾 4 次被捕入狱。我不是很清楚这是一个真实的故事，还是一个荒诞的得州故事，但这毫无疑问地说明了两人的关系。尽管我并不知道他们谁是哥哥，但我断定摩根是哥哥。（的确如此，他早出生了 7 分钟。）两人相互交心，只有同卵双胞胎才能做到那样。“嗨，”在 2004 年秋季培训班上他经常对我说，“如果我弟弟来参加培训，你一定要照顾他。”摩根当时还是一个新兵蛋子，甚至还没有下过连队（马库斯有过连队经历）。但是他在培训中没有出现任何失误，所有课程考核直接高分通过。

对于鲁特埃勒兄弟而言，在海豹突击队服役是一次“断背”经历，就是字面意思。马库斯在“红翼行动”（如果你看过 2013 年彼得 · 伯格的电影，这种情况对你来说就不足为奇了）中逃生时摔断了后背。4 年之后，摩根在一次训练中也摔断了后背，他乘坐的黑鹰直升机夹住一根缆绳，撞上了他们准备登上的船只。与马库斯一样，他根本没有将医生的断言放在心上，恢复速度超出所有人的预期，他很快就出院继续服役了。摩根在经历了 9 次战斗后最终离开了部队，去攻读应用认知学博士学位，以帮助脑外伤患者。

麦特 · 阿克塞尔森是摩根最亲密的挚友，他俩在 2004 年夏季培训班的科目考试中还是一组搭档。在我亲自送出去的 300 多名狙击手学员中，阿克塞尔森是最优秀的学员之一。在《与英雄为伍》一书中，我有一个章节是专门写他的。与马库斯一样，他也是参加 2005 年夏季“红翼行动”的 4 名海豹突击队队员之一；他和马库斯是行动小组的狙击手。与马库斯不同，他没能幸存下来。很多人都很怀念他。

说到乔恩 · 汤米尔森，他还是我的一名教员。乔恩在 2005 年夏季培训班上扮演了一个特别的角色。我会在每个班级任命一位杰出的学员担任班长。他们那个班的班长就是汤米尔森，我所见过的最称职的班长。乔恩也是马库斯和摩根以及海豹突击队五队所属排部分队员的挚友。2011 年 8 月，乔恩与另外 37 名队员牺牲了，他们乘坐的支奴干在喀布尔西部登吉谷被塔利班武装分子击落了。我在《与英雄为伍》一书中也写到了乔恩。

与亚历克斯 · 莫里森和马库斯 · 鲁特埃勒一样，亚当 · 布朗（畅销书《无所畏惧》的主人公）在 2002 年第一次参加培训时侦察考核未通过。与那两位杰出战士一样，他再次参加了培训，顺利通过了课程考核。

亚当 2005 年春季第二次参加的射击课程，是我们最后一次将东海岸和西海岸的课程完全分开进行的；当年的夏季班开班时，我们将射击阶段合并为一个全国性的科目（尽管我们在不同的海岸进行专业影像处理技术和侦察跟踪的独立教学）。那一期培训班开班时我正好在西海岸担任马库斯的教官，并不是亚当的教官，所以我对他在培训班上的情况知之甚少，但我曾在东海岸狙击手学校的训练场上与他有过一次短暂的交流，直到那时，我才了解了他的情况。这家伙当时是海军特种作战部队的一名传奇人物，因为他做了一些在海豹突击队队员看来都属于挑战疯狂极限的事情。

在此大概两年之前的2003年夏天，亚当在参加近距离巷战训练时遭遇了很少发生的训练事故。在模拟射击中一颗子弹（真正的弹壳里装有液体，弹头上涂满油漆）伤到了他的一只眼睛。这只眼睛完全失明了，而且还是右眼。作为一个天生的右撇子，在第二次参加狙击手培训之前，布朗开始重新训练，让自己变成一个左撇子，用左手左眼射击。只要能够从头到尾坚持走完海豹突击队狙击手培训科目的整个过程就是一次涅槃式成功。这个疯狂的混蛋居然用一只眼睛顺利通过了课程考核，而且是用左眼瞄准狙击。

我想说一个关于思想的力量的例子。

克里斯·凯尔，又一位声名远播的传奇人物。

克里斯的故事如今众所周知，我在这里重复也没有什么意义。我只想说，即使他在2004年春季通过课程时，他还不是“传奇”，没有160多个海外狙杀记录，更没有被伊拉克叛乱分子冠以“拉马迪恶魔”的标签，也没有被悬赏80000美元，那时候这一切都还没有发生，他只是来自得克萨斯州的普通学员，但是很显然他当时是一位值得我们关注的对象。

与马库斯、摩根，以及乔恩不同，克里斯不是我的学生（他的教官是埃里克），但是很显然，我给他留下了深刻的印象。更准确地说，我因为**一句话**让他对我印象深刻。

随着我们那些卓越的毕业生陆续从伊拉克、阿富汗、非洲以及其他战场前线返回美国本土，我和埃里克建立了一项邀请他们返回校园座谈的常规性活动，借此机会听取他们在海外战场上的所见所闻、所思所想。看看我们的课程有没有需要改革的地方，有哪些事情还可以做得更好，有没有可以在课程教学中讲授的新事物？我们会将从他们那里听取到的信息纳入常规课程综述里，如果感觉有些改革建议足够重要，我们会在几周内将这些改革整合到课程大纲里。

从伊拉克回来后的某一天，克里斯来到我们的地堡。办公室里乱七八糟的，他刚准备跟我们详细聊一聊他在伊拉克市区使用的掩体时，办公室的电话响了。

我伸出一根手指示意克里斯，我很快就回答完这个电话，并提起听筒。

是特种艇小队的一个家伙打电话询问我们狙击手学校的办学资质问题。确实是。**狙击手学校**的办学资质？这家伙甚至连海豹突击队队员都不是。

在当时，不能通过基础水下爆破／海豹课程考核或者中途退出的学员有时候有机会进入海军特种艇中队或者海军特种作战快艇部队。这就造成了一种非常奇怪、不安的动态。在船舰上，你会突然发现驾驶轮船的家伙就是几年前从基础水下爆破／海豹课程班上退学的人。这让人感觉非常奇怪。我们就是无法信任这些家伙。（澄清一下：特种艇与海豹运输载具或者海豹突击队的运载工具不一样，像马库斯和阿克塞尔森所在部队，甚至根本就不在同一个太阳系。）司令部很快意识到这样可不行，从那时起他们启动了一项非常好的工作，建设一套非常优秀的培训课程。但在当时，进入该系统仍然有一种刺骨的耻辱感。

我把这名船员的电话转成了免提模式。

"嗨，我是海军士官某某某，"电话那头说，听起来非常兴奋，"我来自海军特种艇小队，我想了解一下狙击手学校的招生条件。"

我看了一眼克里斯。

"通过基础水下爆破／海豹课程。"说完我就挂断了电话。

克里斯已经无法控制自己的情绪，忍不住大笑起来。

多年以后，我俩都退役离开了部队，当我们以作家身份再次相遇时，他又提起那次搞笑的经历。我完全不记得了，他还在那里笑得前仰后合的。

这一名单——凯尔、马库斯、摩根、麦特、布朗、乔恩，让你感受到了从该项目出来的铂金级狙击手的水平。他们只是你听说的一些人，他们每个人身边都有数十位可与其媲美的狙击精英，正在发挥着极其重要的作用，改变了敌人的行为方式。当敌人不得不担心"我现在是不是被一个狙击手盯上了"，这就剥夺了他们的行动自由，从而改变了战场上的平衡。

我们开始收到消息，说海军和陆军非常感谢有海豹突击队狙击手与他们在一起。你也许看过电影《美国狙击手》（或者读过其原著），可能还记得克里斯·凯尔与一支海军陆战队在伊拉克周边行动的场景，他们正在地毯式清理每一栋建筑物。知道凯尔就在附近某个地方——在屋顶或者窗口，无论他在哪里，这些海军陆战队队员就会感到更安全，反过来也会提高他们的行动效率。有他在那里，我们的常规部队就有了更多的行动空间，而不会遭到敌人的枪击或炸弹袭击。凯尔让敌人觉得更加危险，但让我们的人感觉更加安全。

如今，这种效果扩大了百倍，因为有数十个像克里斯一样接受过同样培训的队员，有同样的技能和杀伤力，守护着我们的人并让成百上千的敌人命丧黄泉。这些人从未出过书，也未曾接受过CNN的采访，你连他们的姓名都没有听说过，但他们却改变了我们常规部队成千上万男女士兵战斗面貌。

在过去十多年在中东和非洲的反恐战争中，我们失去了很多美国人，也失去了很多联盟的兄弟姐妹。但是如果没有凯尔、鲁特埃勒兄弟、乔恩，以及贾森、罗伯和尼克，我们会失去更多的人。

为期13周的新课程几乎是陆军狙击手学校课程时长的两倍，比陆军特种作战目标封锁课程和美国海军陆战队侦察狙击手基本课程也要多好几周。即便如此，13周还不是我们学校狙击手课程的全部课时。除了这些基本课程以外，我们还开设了高级课程，这是一种狙击手继续教育，进一步扩展了我们课程的范围。

以其中的一门课程为例，这是一门野外课程，我们会将学员带到西北的荒郊野外，远至加拿大边境地区，进行为期一周的围猎麋鹿和白尾鹿之旅。这些学员中有些人之前打过猎，大多数人没有这样的经历。

这是一个实实在在的杀手学校。

乘着夜色，在黎明破晓之前出发，当阳光将树梢末端的霜冻融化时，我们已开始我们的猎杀行动。猎杀行动会持续好几小时，之后我们会返回营地吃早餐。接近黄昏时分，我们会第二次出猎，一直到天黑，返回营地，战利品挂在身上。这不是娱乐性的旅行，人们在那里打几枪，然后互相拍打着背部，出去喝啤酒。我们要侦察、追踪、射杀、剥皮、开膛、清洗、烹饪，并吃掉我们杀死的所有动物。

在整个白天，我们会开展远程射击和实景追踪的高级课程。

这些追踪情景是学员们从未经历过的。在经典课程训练中，你是在一个既定的区域内行动，知道自己的左右边界在哪里。在这里，学员身处非常动态的 360 度环境中，用实弹射击。当他们花费数小时来接近目标，以便能够干净利落地射击，我们让反狙击手带着无线电跟在他们身后，尽最大努力打垮他们。这与常规侦察课程的基本概念相同，只是更加逼真。

正如我在前面说过的，我是在水底玩鱼叉长大的，但从未在陆地上打过猎。在一次野外课程中，我射中了第一只鹿。当时，我们刚刚使用弹道软件。之前在南加州时，我拿到一把崭新的步枪，对着数十米外的目标调教，然后把它带到了加拿大边境。之后我没有再对步枪进行调教；事实上，在这个新环境中，我连一颗子弹都没有打过，只是应用了弹道软件给我提供的数据。那天在野外，我用测距仪瞄准了一头鹿，进行仰角修正，瞄准，随后扣动扳机。这支步枪的第一枪是在一个完全不同的环境、不同的海拔、不同的气候条件下发射的，距离 400 米，在一个向上 20 度的斜坡上，第一枪就将那只动物击倒在地，一枪毙命。

指挥系统高层一些人试图叫停这门课程。一群海豹突击队队员跑到外面玩一些花拳绣腿的闹剧，这是他们的评价。幸运的是，更多理智的决策者占了上风。这绝不是花拳绣腿的闹剧，我们在这里获得的技能水平是其他途径和方法都无法提供的。我们在为学员创造学习击杀的环境。

如果你能够追踪并成功猎杀野鹿，你就掌握了前线杀敌的本领，因为猎杀人类远比猎杀动物容易。人类天生懒散，他们的态势感知已经被舒适安逸的圈养式生活严重钝化。野生动物生性敏锐，知道如何辨识彼此的声音。它们的感官异常敏锐。要想成功猎杀北美麋鹿，你必须让自己成为一个半野生化的动物。

有些学员就是打猎长大的，例如克里斯 · 凯尔、马库斯和摩根兄弟等人。但更多的人在接受海豹突击队训练之前甚至连枪都没有摸过，例如我和埃里克等人。对于像我们这样的人来说，这是他们第一次用一颗铅弹停止一颗心脏的跳动。这也让他们有机会了解自己是不是能够做得到。

更重要的是，它的确给**我们**提供了一次这样的机会。

并不是每个人都能够做得到。通过这门课程，你就知道你要送上战场的都是什么样的人。他可能是一个非常优秀的士兵，具有强毅果敢、忠诚奉献等各种优秀品质，但如果他不敢通过瞄准镜锁定一个生命并毫不犹豫地扣动扳机，当你的部队冒着生命危险冲进一座建筑物时，你肯定不需要他这样的人为你们担任警戒狙击任务。

你需要的是一个毫不犹豫敢于击杀的人，如果击杀是必要的。

尽管海军特种作战核心课程改革取得了重大进步，而且还开设了诸如野外课程这样的高级科目，但我们从来都没有回避一个毋庸置疑的事实：**课程依然不等于现实**。不是在战争的混乱中，将武器指向一个人，并向他开枪的现实。无论你创建什么样的课程，这一点是永远没有办法实现的。

真正能够为现实战争训练士兵的方法只有一条，那就是上战场。

这是杀手学校的第三个阶段，也是最后一个阶段。

第7章 战争的现实

战争的本质是暴力，战场上的宽容就是无能。

——约翰·“杰基”·费舍尔，英国海军上将

训练是一回事；身临一个陌生的世界，在尸体面前，有人向你开枪，意图置你于死地，而你必须开枪还击，并期望先杀死他们，这又是另一回事。只要上了战场，你就进入了杀手学校的最后一个阶段，即毕业和研究生阶段。

我对战争现实的第一次亲身体验是在9·11恐怖袭击发生前一年左右，当时“科尔”号导弹驱逐舰在也门海岸遭到两名恐怖分子驾驶的满载炸药的小型气垫船的自杀式炸弹袭击。

我们排的一位战友，克林特·埃默森先于我们飞抵现场，帮助处理遇难者和伤者。据克林特描述，当时的场景是他人生中见过的最惨烈的场面。作为一名战地医生，他见过很多糟糕的事情。登上舰艇后，他径直走到遭炸弹袭击的龙骨区域，现场十几具保持着坐姿的尸体在热水池中浸泡了数小时。他弯下腰抓住其中一具尸体的胳膊，试图将他拉出水池，但是那只胳膊被从尸体上扯了下来，抓在他的手中。克林特说，那些尸体摸起来像用果冻做的。

17名船员在此次恐怖袭击中丧生。我们前去负责掩护的海豹突击队队员也是17个人，所以只要能够抓住任何一点可以休息的时间，我们都要在那17个家伙睡过的床铺上休息。这太令人毛骨悚然了。

尽管“科尔”号导弹驱逐舰遭遇自杀式恐怖袭击事件令人警醒，但毕竟只有极少数人亲身经历过。整个世界对正在酝酿之中的滔天罪恶基本上一无所知。一个甚至很难在世界地图上找到的中东国家的海滩上发生的一起爆炸事件，根本不会引起多少人注意，或者说甚至都搞不清这个国家的名字怎么读。但10个月之后，当两架遭劫持的商用客机撞向纽约市两栋最高的大厦时，真实的战争敲响了我们的门，一切都改变了。

我所在的排是第一批加入本次新型战争的海豹突击队之一，到目前为止，这场战争一直采用谨慎的、外科手术式的打击模式，在特种部队的支持下，阿富汗陆军和美国地面部队的每次军事行动规模都非常小，且快速简洁。我们都渴望参加战争；每个人都是如此。除了我设计的以白色恶魔为特色的“拥抱仇恨”口号的埃克排徽章，我们的制服上还缝有NYFD(纽约消防局)的徽章。整个10月和11月期间，我们一直在海湾地区开展拦截行动，并在科威特和阿曼进行集结。最终，在11月中旬，我们登上一架黑色的C-130运输机，并在几小时后，走下运输机，我们到达了坎大哈。

真的是超现实。攻占坎大哈国际机场是1979年苏联入侵阿富汗时干的第一件事情。22年后的今天，你知道，我们也在做着同样的事情。在与苏联长达10年的鏖战中，该机场遭到了严重毁坏；在塔利班武装将它用作军事要塞之后，机场保养和维修并不在他们的紧迫议事日程之中。在我们到达这里仅仅几天之前，美国海军一支队伍到达这里，从塔利班武装手里夺得了机场的控制权，双方在机场发生了激烈的战斗。机场到处都是破碎的玻璃，地面上的斑斑血迹仍然清晰可见，随处可见各种残骸。当天晚上，我们睡在主航站楼，看起来就像世界末日后的电影场景。

“科尔”号是一个事件。这就是战争。

几周后，我们前往阿富汗东北部，在靠近巴基斯坦边境的山区待上一段时间。那里有一种完全不同的感觉，有美丽而可怕的乡村，有被巨大的、参差不齐的、白雪皑皑的山脉包围的小型农场。你知道那里有一些不好的事情发生，但它仍处于某种正常的环境中，这就是文化和遗产的交织。

坎大哈不是这样。坎大哈就是一个人间地狱，只有平坦的沙漠和丑陋的城市扩张，你可以说到处一团糟，就像一个巨大的、肮脏的武器市场，而且你会有一种感觉，任何人随时都有可能拿出一把AK-47疯狂扫射。

坎大哈有一种独特的气味，人们在西方发达国家的走廊上永远闻不到这种气味，未经处理的污水与持续不断的明火恶臭结合在一起，炉子里燃烧着木头和任何人们能找到的燃料，以填饱肚子。你可以蒙上我的眼睛，把我塞到飞机上，不告诉我这是哪里，就把我仍在那里，我马上就能闻出这是哪里。

坎大哈最引人注目的是它的陌生感，它的怪异性。这是美国、加拿大、欧洲，或者我曾经去过的其他地方（至少在西方）都无法与之相比的。

多年以后，我以承包商的身份在伊拉克工作过一段时间。有一天，驾车在伊拉克某座城市的街道上行驶，我看到街边一个笼子里坐着一个小孩，就在一处繁忙的市场前。这个男孩，大概五六岁的样子，被装在你为仓鼠或豚鼠编制的那种铁丝笼子里。小孩。装在铁丝笼里。**这**到底是怎么回事？但我知道是怎么回事。装进笼子里的小孩被放在街边是一种惩罚，一种公开的羞辱。他看起来很悲惨，但看不出有任何不愿意的表情，他接受了他的命运。他的姿势告诉我，**这很难受，但我活该**。这让我不寒而栗。

我曾在战场上看过无数恐怖的情景——生活在最恶劣的环境中遭受着沉重压迫的人、尸横遍野的战场、骨瘦如柴的人。但是那个孩子被装在铁丝笼子里的画面，是我见过的最荒诞、最怪异的情景，无论从哪方面来说都是最令人不安的。

这就是坎大哈给人的感觉，一个完全不同的世界。那就是几周后罗伯·佛朗将要飞抵的世界。

2002 年 2 月 2 日，罗伯和战友们乘大巴赶到埃德蒙顿国际机场停机坪，登上一架巨大的洛克希德 C–5 银河运输机。罗伯从未见过这样的大家伙。C–5 运输机机身非常庞大，是目前世界上最大的军事运输机。

很显然，美国对开战是认真的。

6 个加拿大特战队员下了巴士后，登上这架巨型飞机。

机组人员都是美国人，每个人都是笑意盈盈的样子，很显然对加拿大人加入他们感到很开心。

接到加拿大政府关于帕特丽夏公主轻步兵团特战队员将被部署到阿富汗的预警命令后，他们决定带着自己的狙击手，分成 2 组，每组 3 个人：1 名队员担任大家伙麦克米伦 TAC–50 狙击枪的狙击手，1 名担任观察员（组长），第三名担任警卫。当时帕特丽夏公主轻步兵团参战队员中只有5名狙击手，所以需要第六名狙击手加入。蒂姆·麦克米金，罗伯在狙击手学校相处很好的教官，加入第63B组，任组长，并搭档罗伯，担任狙击手。另一组，第63A组，由格雷汉姆·拉格斯代尔任组长，他之前也是一名狙击手教官。用“百里挑一”来形容他们最恰当不过，他们是加拿大最好的士兵。

他们从埃德蒙顿国际机场飞往德国，然后从德国飞往阿联酋，在那里他们将换乘一架直飞阿富汗的C−17运输机。飞机降落在坎大哈国际机场停机坪上后，他们从飞机后的大斜坡走出飞机，展现在他们面前的情形与7周前海豹突击队到达后看到的情景没有什么两样，只是在此之前，我们对机场进行了一些初步清理，而且机场上有许多行动，数十名身着不同制服的人员在机场上来回忙碌着。

罗伯描述眼前的景象时所使用的词与我第一次走下C−130运输机后对机场的感受一模一样：**超现实**。一座破旧的混凝土机场，四周停放着过时的俄制飞机和战斗机。他们安顿下来，并卸下装备。很快，他们将不得不躲进掩体里躲避即将到来的火箭弹袭击。这让他们的肾上腺素飙升。

尽管如此，他们并不觉得自己有多大危险。身处那个炼狱般的奇怪地方：在一个战争环境中，处于战争的边缘，但还没有真正进入战争的残酷现实之中。

他们被分配到两个人的狙击小组，并与一队美国侦察员和一些当地的阿富汗士兵一起被派往营地外2公里处的警戒塔（苏联占领时期修建的）部署，作为观察哨和预警系统。

接下来的两周，他们与那些当地士兵一直驻扎在那里。在那段日子里，罗伯绝大多数时间都是与他的点50口径狙击枪在警戒塔顶上度过的，时刻紧盯着步枪上的瞄准镜。他们与当地的一些军阀武装发生了一些摩擦，确实抓住了一些试图穿过外围警戒线进入设在机场的盟军基地的坏人。对于罗伯来说，这根本算不上所谓的“行动”，纯粹就像从城市街道上逮捕一名犯人一样简单。这些家伙会开着车或者骑着肮脏的自行车来到这里，当地士兵会与他们聊天，有时候他们会突然提高嗓门大声喊叫，从而制造出骚动的迹象。当地士兵会从车里拽出一个家伙，告诉美国和加拿大士兵这个家伙是塔利班分子，然后罗伯和同事将这个家伙装进麻袋并贴上标签，然后打电话给宪兵队，就是这样。那个家伙踏上了前往关塔那摩监狱的旅程，而罗伯则回到警戒塔顶端。

有一天，在这种警戒任务约两周后，罗伯看到一辆美国悍马轿车朝着他们的方向冲过来。根据安排，他们每周二进行补给。当天并不是星期二。那辆悍马停了下来，并将前面的车窗摇了下来。

“你俩，”悍马里的家伙喊道，指着罗伯和他的搭档，“带上你们的狗屁家伙，返回营帐。指挥官要见你们。”

返回营地后，罗伯和搭档与第 63A 组及第 63B 组其他几位加拿大狙击手聚到一起，他们 6 个人被带进营帐，他们发现，等待他们的居然是帕特·斯托格兰中校，帕特丽夏公主轻步兵团指挥官。坐在斯托格兰中校旁边的是一位美国指挥官，身边有几位专员陪同。

中校看着他们 6 个人说：“美国指挥官让我来这里，”他朝右边的那个男人点点头，“你们这些家伙需要支持一项行动。”

“服从命令，你尽管下命令吧，长官，”拉格斯代尔回答道。

斯托格兰中校稍微倾斜了一下身子。“好吧，小伙子们，事情是这样的。这是一次即将开展的特别行动。关于此次行动，我没有太多的信息，反正也不可能允许我告诉你们。”

罗伯非常清楚，不管是现在或者将来，关于特别行动，他们能够获悉的信息也就是这么多。他还知道这将意味着什么：他们将被送进战争的某处核心区域去追踪一些人，并干掉他们。

“但你们首先会被隔离一段时间。”指挥官继续说道。

“你们很可能明天就得飞离这里。花一些时间，将装备收拾一下。有任何需求，直接跟我说。”

几名美国宪兵来到他们身边护送他们出去。

他们转身准备离开营帐，就在他们刚要踏出门槛时，斯托格兰中校又说了一句。

“顺便说一下，”他说，“到目前为止，我还没有获得加拿大政府关于同意他们开展本次行动的授权。我会像慈祥的父亲一样焦虑地等待你们的归来。”

换言之，他的行为是未经许可的。

“长官请放心，”拉格斯代尔回答道，“我们绝对不会让你失望的。”斯托格兰中校将会记住他的这些话。

离开营帐后，宪兵们将他们6个人带进一处被单独围起来的建筑物之后就离开了。他们不允许与任何人有任何联系，包括父母、配偶，以及来自加拿大的其他战友，不能跟任何有灵魂的东西交流。对于除他们以外的整个世界而言，他们就这样无影无踪地消失了。

在接下来的两周里，他们住在那个小院，训练和等待。那是一种奇特的生活。他们准备好装备，熟悉他们的降落伞，做出保持斯巴达式生活的样子……但是在忙碌的外表下，他们实际上什么事情都没有做，只是在转圈。**好了，我们在这里；我们该怎么办？**

有一次，一位准尉前来向他们介绍高海拔地区行动的性质。他给他们服用了乙酰唑胺，一种帮助抵消极端海拔效应的药物，然后问他们是否需要其他特殊装备。他们几乎可以要求任何东西。“足够了！”他们回道。他们万事俱备。随后他离开了。

而他们继续等待。

战争的一个重要部分就是等待。在有些情况下，实际上，在所有情况下，等待远比战斗本身更糟糕。你准备了好多年。你想立刻行动。你不想每天无所事事地待在这个狗屁地方，眼睁睁地看着战争机器慢慢开动起来，但战争通常就是这样。战争的技巧取决于士兵对无聊和静默的耐受性，以及如何应对紧张和不安。

终于在一个夜晚，一位军官进来对他们说：“好啦，伙计们，30分钟预警。收拾好你们的狗屁东西。我们马上出发。”

他们收拾好了自己的装备，根本没费什么力气，实际上，他们早在几天前就做好了准备。半小时后，几个人带着他们走出大门，一架C-17运输机等在那里。从飞机后的大斜坡登上飞机之后，发现这只巨型怪物的机舱内居然空空如也，他们是仅有的几名乘客。

在飞机后的大斜坡关闭的时候，一名加拿大军官冲到停机坪上，怀里抱着一堆装备。“嗨！”他大声喊叫，“你们这些家伙，你们得带上头盔！”他举起一堆装备：6件防弹背心和6个头盔。

罗伯和其他狙击手交换了一下眼神，然后回头望着那位军官。“是的。”其中一位回道，“我们不需要穿戴那些狗屁玩意儿。”

机尾斜坡缓缓地关闭了，跑道上留下长官和装备，在风中凌乱。

对于罗伯来说，战争将在沙伊库特谷变成现实。

对于贾森·德尔加多来说，直到一年后的 2003 年春天，战争才变为现实，当时他所在的第四陆战团第三营将穿越伊拉克腹地前往该国首都，并推倒萨达姆的雕像。从伊拉克东南端向西北一直到巴格达，全程约 560 公里，在整个推进过程中，贾森和他的狙击手搭档杰西没有参与他们营遭遇的一些零星抵抗。

直到他们到达迪亚拉河河谷。

4 月 6 日，海军陆战队到达巴格达东南端小镇贾斯尔迪亚拉，该镇与巴格达东南部仅隔着迪亚拉河（幼发拉底河的一条支流）。他们全部机械化，即乘坐军用机动车辆，组成一个庞大的车队，向巴格达开进。

谁也不想在小镇上停留。按照行军计划，车队通过跨河大桥之后，将在河谷对岸驻扎，等待团部许可，突破伊拉克拉希德空军基地，进入巴格达。

但事情并没有按照他们的预案发展。

贾森和杰西乘坐两栖突击车进入城镇。按照标准流程，他们停下车之后，从突击车里出来，希望寻找一个绝佳的狙击观察位置，以保护由他们提供支持的 I 连。很快，他们就选定了一座小钟楼作为狙击观察点，他们判断这个位置的视野足够开阔，完全能够满足他们为支持目标提供安全警戒的需要。他们与排里的其他几名战士登上钟楼。在钟楼顶层，他们进入一个四面墙壁上分别装了百叶窗的空房间，四扇窗户面向东南西北四个方向，堪称完美。

贾森拿出 M6 狙击枪，杰西也拿出 M40 狙击枪，另一个狙击手，亚历克斯·科尔多瓦，使用的是点 50 口径特殊用途狙击枪。I 连车队开始穿过城镇向大桥移动过来。

就在此时，贾森发现附近一处屋顶上有一个蜷缩的身影，肩膀上平扛着一支长长的管子。管子直指 I 连的一辆两栖突击车。贾森心想，**这混蛋居然用火箭筒向我们的队员发射火箭弹！**听到爆炸声的同时，他看到一股灰色的浓烟从火箭筒的后面喷射而出。几秒钟之后，火箭弹击穿了那辆两栖突击车的一侧。

简直不可思议，火箭弹并没有爆炸。这款两栖突击车外面是一层伪装装甲，下面是一个空心层，然后才是保护内部机车和士兵安全的钢铁装甲。火箭弹穿透外面的装甲壳之后留在了空心层。整个营队立刻发起了回击，而且回击得相当猛烈。几天之前，他们就遭遇了第一次伤亡，在迪亚拉省东南部约 160

公里的库特的一次小型冲突中，一个名叫马克·伊弗宁专业射手中枪不治身亡。就在此次冲突的前一天，一辆仓促组装的伊拉克炸弹卡车撞上一辆艾布拉姆斯坦克，并将它炸成了一堆废铁。海军特战队现在是高度紧张，绝对不敢有一丝一毫的松懈。

几秒钟之后，科尔多瓦就用自己的特殊用途狙击枪瞄准了前面那栋房子的屋顶，并朝对方开了一枪。特殊用途狙击枪子弹爆炸的声音非常响，以至于有那么一瞬间，贾森以为他们被火箭筒击中了。房间里的所有人都双手抱头，紧紧捂住自己的耳朵。

“我的老天哪。”贾森大声喊道，“你在做什么啊，伙计？”

与此同时，房间里的所有人都在地上乱爬。谁也不知道火箭筒来自哪里。贾森和杰西清楚地看到了袭击者和火箭筒后面喷出的浓烟，他们试图通过自己的通话器向地上的人解释，但是根本没有人在听。他们都沉浸在战争的迷雾之中。通话器中传来他们慌乱的叫喊声，“我们遭到了袭击”“左边交火了！左边交火了”“不是，是右边交火了”。所有人都在向外射击。

由于无法通过通话器交流，他们走下楼梯并来到外面的街道上，正在这时，有一个排穿过街道跑了过来。这个排正好是贾森成为狙击手之前所在的排，他们认出了他，他朝他们喊了一声：“跟我来！”他和杰西跑进一个小巷子，朝着刚刚发射火箭弹的那栋房子冲过去，那个排的战士全都紧紧地跟在他们身后。他们穿过巷子，就在贾森到达巷子尽头并朝角落摆了一下头向他们示意的那一刻，没错，一个身着黑色运动服的男子从大楼里溜了出来。

这名男子并没有注意到他。他转身朝贾森所在的方向扫了一眼，这个家伙转身观察的时间足够贾森看清他的脸，然后这名男子又回过头，沿着街道悠闲地朝另一个方向走去。

贾森绝对不可能让他这么轻松地离开。他两步跨出巷子，举起步枪，仔细瞄准，然后就是一枪。

什么事情也没有发生。

听到枪声之后，那个家伙开始拼命向前狂奔，甚至都没有回头看一眼。

该死！贾森心中骂道，**我想自己还是有一点紧张而且持枪还不够稳定。**

这本应该是一次不费吹灰之力的射击。那个家伙的逃跑路线与他在同一条线上，这就意味着他基本上是一个静止的死目标。贾森将M6狙击枪端在怀里，又一次长长舒了一口气，平息一下呼吸，并扣动了扳机，尽可能平静地。

又一次：什么事情也没有发生，那个家伙继续向前狂奔。

这究竟是怎么回事？贾森心里暗暗骂道。他连续打偏了两次。那个家伙知道贾森想要击毙他，所以继续拼命向前逃跑。没有办法，只能再打第三枪；他都尽全力瞄准了他，但还是连续失败了 2 次。

他现在到底该怎么做呢？

贾森通过了美国海军陆战队的训练，该训练几乎是全球最优秀的训练科目之一，并通过了残酷程度不亚于游骑兵“教导团”的全能训练，该训练为期 6 个月，实际上是以狙击手为其培养目标，而且他还通过了海军陆战队狙击手学校培训，应该说他是受过最严格训练的狙击手。

但是不管如何全面的训练，战争现实完全是另一回事。

一个 10 年来一直忠实地参加跆拳道培训班的人，拿到他的第一条黑带，然后你把他扔到镇上一个糟糕的酒吧里打架，他突然发现自己在地板上和一个卑鄙的醉酒混蛋缠斗，这个人正想办法挖出他的眼睛，会发生什么？那个卑鄙的醉酒混蛋会挖出他的眼睛。

培训班是培训班，现实是现实。

当战争变成现实之后，你的内心也发生了许多重大变化。你会心跳加速，你会焦虑，肾上腺素急速飙升，各种想法如脱缰野马在你脑海中肆意狂奔，而你却试图忽视涌动在脑海中的那个绝对不可忽视的声音：**该死，战争真的发生了！**

军方对此进行了最严苛的训练。吸取越南战争的经验，特别是从那时起，他们开始总结吸取其他小规模战斗的经验，他们开发了基于科学理论的训练方法，研究一个人在现实战争中的生理变化，并试图将这种生理变化复制到战前的军训之中。他们知道，在硝烟弥漫的战场上，一旦开始交火，你就会心跳加速，所以他们在日常训练中会人为地促使你心跳加速。他们会让学员开展各种体能训练，之后将他们带入训练场，直接进入实弹射击环节。

但现实战争远没有那么简单。除了急剧加速的心跳之外，还有更多因素。训练场上，你可以做一些俯卧撑，再进行一个数百米的跑步之后，立刻抓起你的枪，是的，你现在就可以在呼吸困难情景中开始尝试射击。**但是无论如何，**

你非常清楚你是在参加训练。你知道自己在测试什么项目，也熟悉训练场的环境，知道将会发生什么。无论他们将你的射击难度设计得多么高不可及，无论训练环境有多么艰苦，但归根结底都不是要命的大事。这不是战争。

在现实战争中有太多未知因素，没有人能够训练你对战争的真实感受。

贾森参加狙击手训练时，军方已经将培训科目设计得足够精细复杂了。如今海军陆战队在培训狙击手时，教官会竭尽所能采取各种干扰措施，比如发射闪光弹、零星的自动武器射击，或者在他们耳边播放超高音量的火爆摇滚乐，并不时用明灭闪烁的强光灯照射他们的眼睛，诸如此类的挑战并破坏你的感官极限的措施无所不用其极。如果一个狙击手能在超负荷压力下自如开展行动，就说明他就是你在战场上需要的人。

但是，这依然不是战争。

贾森深吸了一口气，他想将那小子直接爆头。他失误了两次，时间在一分一秒流逝。他知道自己只有一次机会了。他准备实践自我纠正艺术。

你可能会认为第一枪打偏之后，第二次尝试往往会矫枉过正。这与我们日常生活中的经历非常吻合。想象一下，你一个人驾车行驶在公路上，脑子一直在开小差，突然发现左边车道上一辆车正在向你冲过来。你会怎么做？绝大多数人会向右边打方向盘，通常情况下你会发现方向打得太过了，也许还可能撞到右边车道上的伙计。高速公路上的大多数事故都是这样发生的：并不是因为刚开始的跑偏，而是因为过度矫正。

尽管有些不可思议，这种情况在射击训练场并不常见。射击学员在第一次失误之后，第二次射击时往往会出现**矫正不足**的情况。我依然清楚地记得2001年我参加狙击手培训时教官对我说的话："矫正时大胆一些。"

在某种程度上，这是一个不错的建议。行动时大胆一些总比胆怯要好，但这确实没有多大帮助。埃里克·戴维斯说，每次听到教练这么说时，他会想，**这个狗屁"大胆"到底是什么意思呢？**

几年之后，我们开始执教这些科目，每次听到埃里克要给学员说"矫正时不要太大胆，做**正确的**矫正"时，我都会忍不住要笑。

并不是大胆与否的问题，也不是不同姿势的问题，而是精确性的问题。这是一个数字，说明了准确性和对激光聚焦的要求，这也是狙击手学校如此难通过的原因。教官告诉你做"大胆的矫正"，就好比告诉你要更努力，或者让你受到更多启发。但你不能尝试——或蒙混过关或调整姿势——把子弹打到你的目标上。你必须精确地**击中**目标。

这就是现在最需要的结果。贾森必须做出**正确的**矫正，现在就必须做出矫正，刻不容缓。

贾森摸了一下自己的步枪，枪托顶在肩膀上，枪管下 M203 下挂式榴弹发射器使他的 M16 狙击枪显得有些笨重。他低头看了一眼步枪上的瞄准装置，一下子恍然大悟。他之前将自己步枪上的觇孔式瞄具设置成了 550 米。那个家伙现在距离自己大约 182.9 米，也就是说，贾森刚刚是按照 548.6 米的射程进行射击的，意味着他的射程远远超过了射击目标。

没有时间重新设置步枪的仰角。他必须凭直觉尽快评估出仰角并补一枪。他将 M16 步枪恢复水平位置，将步枪的准星瞄准那个逃跑的家伙的臀部，之后扣动扳机，这一系列动作在几秒内一气呵成，但是贾森感觉完成这些动作花费了数分钟时间，像是一个漫长而缓慢的过程，每个步骤都要非常小心，就像过河的时候，非常小心地从一块石头上跨到另一块石头上，这样才不会掉进河里……

第一枪——

观察——

没打准！什么情况？

冥思苦想——

不得而知——

稳住，瞄准——

第二枪——

观察——

又没打准！

那家伙现在跑得更快了——

糟糕，他知道我想击毙他——

冥思苦想——

究竟是怎么回事？为什么我总是失手？

低头看了一眼自己的步枪——

恍然大悟：射程被设置成了 550 米——

根本没有时间重新设置射程——

微微颔首：**我知道该怎么做**——

重新瞄准，稍微降低一下 M16 的高度，将准星中心对准逃跑的那个家伙的屁股——

杰西那时刚刚将步枪放置到位，准备射击——

但此时贾森在扣动扳机——

他打出了第三颗子弹——

观察——

砰！……啪！

——第三颗子弹正中那个男子的后背。

这就是战争的超现实性。在这种情况下，你的大脑会极速运转，肾上腺素在体内飙升，让你感觉周围的一切都变成了慢动作。对于贾森来说，整个过程似乎花了他一个多小时。貌似时间停滞不动了。

然后，这一切的超现实性变得更加突出。贾森看着男子中弹后的情景，在他看来，这是他所见过的最怪异的事情。他在等待好莱坞的那种场景——一个人中枪后，像保龄球一样打一个滚，躺在那里死去，铜管乐发出的凄凉背景音乐渐渐淡去。但事实并非如此。那个家伙拼命撕扯自己的肚子。

什么情况？明明击中他的后背，眼前的情况让贾森非常困惑。贾森半信半疑：**等等，我到底有没有击中他，或者是谁从正面击中了他？**不可能，他确实打中了啊，但是那家伙却在抓自己的肚子。

那家伙随后向前走了几步，好像要去做什么事情一样，然后坐在地上，非常平静。

然后倒在地上，死了。

随着参战时间越来越久，贾森不止一次看到相同的情况：他会向某人开枪，而且知道自己击中了，但是被击中的目标的反应与自己期待看到的情况完全不同，以至于他总怀疑自己是不是没有击中对方。或者，根本没有任何明显的反应：那家伙会继续向前走几步，之后坐在地上，也许想点一根香烟，然后，香烟点燃之后，双腿交叉着倒在地上，死了。

就像这个家伙，情况太出人意料，太奇怪了。对贾森来说，这个家伙的死亡过程比电影特技演员表演的翻身倒地然后死掉还要糟糕。

但贾森根本没有时间去思考这些问题，甚至对此产生任何反应。经历了第一次战场杀人之后，他即将经历战场上的另一个第一次。

突如其来的火箭筒袭击，似乎引发了河岸相当严重的混乱。一场交火一触即发。贾森和杰西重新一路狂奔返回二楼的有利位置，之后又在不同屋顶间穿梭，试图寻找一个能够观察下一步反应并为自己的同伴提供火力保护的绝佳位置。就在他们刚刚准备在一个屋顶上站一会儿时，贾森突然听到了一阵最糟糕的声音：一群愤怒的蜜蜂就在他们头顶嗡嗡作响。

什么鬼？他心里骂道。**蜜蜂？在伊拉克的一间屋顶上，就在战斗期间。**

他俩过了好一会儿才弄明白他们听到的究竟是什么东西：根本不是一群愤怒的蜜蜂，而是一阵密集的子弹。

他们受到了攻击。

要回到范科特兰公园，我们还有很长的路要走，贾森。

他俩之前打过的子弹都是成千上万发计的，身边其他人的射击经历也不逊色于他们。但真正被袭击，真枪实弹地直接朝你射击，是训练场上从来没有遇到过的事情。他们第一次朝着活生生的敌人疯狂射击，也是第一次被敌人作为目标疯狂射击。

还是**目标性**射击，好吧。贾森不希望对方是狙击手，但是他可以确信，他们的确就是狙击手。对方的火力很显然就是奔着他们来的，而且对方使用的是高速子弹。贾森刚刚误认为是“愤怒的蜜蜂”，是因为这些子弹的确像愤怒的蜂群从他们耳边飞过：嗖—嗡—嗖—嗡—

两人同时反应过来，迅速隐藏到屋顶上，并沿着屋顶的缓坡稍微向后滑动了一下。

他们反应灵敏，瞬间躲到屋顶底部，并滑到脆弱的堡垒后面。在接下来的几分钟里，他们被敌人的火力死死地封住了。

见鬼！贾森骂道。对方的一名狙击手盯上了他们，所以他们根本连抬头确认一下对方具体在哪个位置都没有机会。这太令人沮丧了。

贾森看了一眼自己的 M16，枪管下方挂着该死的榴弹发射器。

这个东西让他非常恼火。这个家伙太笨重了，不管在哪里，只要他一跑起来，它就会不断撞击自己的后腿。这还真是一个让人屁股痛的东西。

随后，他突然想起来：他身上还有一组 12 颗 M203 专用榴弹。

他脸上路出一丝微笑。

砰！砰！砰！贾森化身一个单人迫击炮小组，朝着自己猜测的敌人狙击手的方位发射了一连串 M203 榴弹，每发射一颗榴弹，他都会轻微调整一下自己的射击角度。**砰！砰！砰！砰！**他也不知道榴弹具体落在了哪里，但心想不管落在哪里，只要对自己有帮助就好。

他们等了一会儿。

这组榴弹显然是很有用的，因为当他们从屋顶上探出头向四周环顾时，什么事情都没有发生。愤怒的蜂群也消失了。

他们迅速离开那一处屋顶，转移到邻近的一处屋顶上，在这个还没有被敌方狙击手盯上的地方建立了新的据点。贾森相信敌人还不想发起新一轮进攻，当然只是当时在那个地方。他相信敌人原来的计划是等待时机，让海军陆战队踏上大桥之后再炸毁大桥，然后他们再兵分两路从大桥两侧同时发起进攻。但是敌人的火箭炮引发的混战持续时间太久，敌人最后只能说一句“他妈的”，并将对海军陆战队的进攻转移到大桥南边。

如果那个伊拉克武装分子有足够的耐心，不要发射那一枚火箭炮，谁也说不准会有什么样的后果，但是他发射了，影响了整个任务进程，对战争双方都造成了可怕的结果，我们后面会看到。

在现实战争中，情况往往不会按照他们训练时的预想发展。2005 年，亚历克斯·莫里森和其他几名狙击手在与拉马迪隔河相望的塔米市与一支常规部队合作，开展了大量的狙击观察行动，试图让伊拉克叛乱分子在安放简易爆炸装置前三思而行。这正是克里斯·凯尔 2004 年在费卢杰和 2006 年在拉马迪所做的工作，并且正在产生效果。亚历克斯的队友击毙了一些试图在通往拉马迪的主要道路上安放爆炸装置的叛乱分子，这里路边炸弹的爆炸频率开始明显下降。

一处出租车停车场旁边的十字路口基本上每周都会发生一起路边炸弹爆炸事件，陆军部队询问他们是否可以在那里设置一个观察点。他们将主要通道上的一处建筑物确定为狙击观察点，这栋两层建筑物有一面墙正对着十字路口。

他们晚上乘坐布雷德利步兵战车离开营区，刻意绕过这一地区，在一些地方停停走走，开展一些迷惑敌人的行动，然后在距离选定建筑物 800 米的地方下了车。他们悄悄溜进那栋建筑物，告诉建筑物内的居民他们来这里的原因，并在晚上为其提供安全保护，他们在二楼的墙壁上凿出一些射口并开始等待。

继续等待。

那天晚上什么事情也没有发生。亚历克斯上午第一个当班，他发现一群面相狡猾的人朝这边走了过来，但是没有任何行动。当天下午大约 2 点时，他的轮班结束了，他靠在墙上想打个盹。在另一个射口执勤的狙击手站起来想要伸展一会儿身子，他无意间向窗户外看了一眼。

“天哪！”他惊叫了一声，“那里有一个家伙，就在那儿！”

亚历克斯猛地站起来朝外看了一眼。果然，在不到 36 米的地方，有一个家伙正在街道上挖坑。“就好像你在隐蔽点坐了几小时后，”亚历克斯说，“起身准备去撒尿时，突然发现身后站着一个大笨蛋。”

问题是，他们准备朝十字路口射击，但并不是朝外面的街道方向。不能隔着窗玻璃直接开枪射击，因为窗户安装在非常厚实的墙壁上，而且装着防护横条。他们不想在无法确保一枪命中的情况下打草惊蛇。

“听着，”亚历克斯告诉搭档，“我会砸掉窗户，你迅速探出窗户击毙他。”两人必须完美配合，同时出击，不能有任何迟疑。

亚历克斯抓起大锤，从身后抡起来，然后——咔嚓——窗户被砸碎了。

就在此时，锤子卡在横条中间了，亚历克斯试图收回锤子，但被卡死了。

那名叛乱者呆呆地停在原地，抬头看着眼前的这栋建筑物，似乎心里在说，**等等，那扇窗户怎么碎了？**但是身体却一丝也没有动。这对亚历克斯来说是一件幸运的事情，因为他还在努力将那把该死的锤子从破碎的横条中间拉出来。

就在亚历克斯拼命收回锤子的同时，他的搭档举起 SR−25 狙击枪，想办法将枪管伸到破碎的窗户外面。

砰！

直到被 SR−25 子弹击中胸膛倒地，那个家伙依然呆呆地盯着楼上的窗户。

2006 年年中，尼克·欧文所在的游骑兵部队在提克里特登陆时陷入了真实的战争中。在此后的 3 年里，他的生活都是在一个接一个的战场上度过的。有一段时间，他所在的部队在短短90天里先后开展了120次行动，行动速度令人震惊。当然，他刚开始参加的五六次战斗基本上都是单方面的开火，对方没有进行有组织的还击。

一天晚上，他们正在执行一项任务：追踪一个非常有名的高价值目标，那个家伙是阴暗的基地组织的头号人物之一。他们追踪了很久，感觉自己永远在路上。尼克当时的体重约为68公斤，加上携带的枪支弹药，大概也有68公斤。尼克的双腿根本无法适应超重负载下的持续行军。其他身体部位也是如此。

他们终于到达了目的地。作为一名狙击手，尼克负责安保，每天站在据点后面一堵高高的砖墙上，确保不能有人从后面溜过来。

他站在那里等着到点换班。等待着。突然，他听到了一阵奇怪的声音。

嘶……啪，嘶……啪，嘶……啪……

噢，见鬼，他心想。他的耳机掉下来了。他尝试着敲击一下耳机，看起来是好的，所以他刚刚听到的鬼声音就是耳机晃动时发出的——

他还在思考中，组长将他推倒在地，用膝盖顶住尼克的背部。“卧倒！”组长喊道，“我们遭到敌人的袭击！”

隔壁楼顶的敌方狙击手用步枪对他们进行压制性火力扫射，所以听不到对方射击时发出的**砰**的声音，只能听到细微的音爆，超音速子弹飞过他的身边，射到他身后的墙壁上。

他刚刚听到的正是这种声音。

训练教会了尼克如何打扫房间，如何引爆破坏和炸开房门，如何开展近身肉搏战。他被训练得可以承受无休止的行军、不眠不休和极端环境所带来的痛苦与压力。他甚至学会了如何开枪杀人，但是自己遭到火力攻击时该怎么办呢？在遭受攻击时，还要按部就班地根据培训内容反应吗？这些就是需要毕业后自学的课程。

尼克的脑海中突然闪出一个想法：**我还是一个年轻人！**不是开玩笑，他真的差点儿**就死了**，刚刚，就在那里。

但他没有死。游骑兵狙击手开始火力还击，之后，他们的突击队攻上隔壁建筑物的屋顶。一场激烈的交火随后在敌人的狙击手被全歼中结束。

天还没有亮。

尽管敌人狙击小组的直接危险解除了，周围的战斗却是一触即发，他们面临被敌人包围的危险。尼克和机枪小组的其他成员开始向外围移动，准备在周边执行安全警戒，确保不放进来一个敌人。向外围移动的过程中，尼克抬头向空中瞥了一眼，他发现远处一架 AH–6 小鸟直升机在危险地超低空飞行。就在那一瞬间，尼克听到了砰的一声巨响。飞机顶部冒出滚滚浓烟，并且开始旋转。起初尼克以为直升机遭到了火箭筒袭击，后来他才意识到原来是飞机撞到了电线。

小鸟直升机就在距离尼克 1.6 公里的地方坠毁了，尼克亲眼看到了整个坠落过程。该死，他心想，**就像在观看大片《黑鹰坠落》**。

一位副排长快步走到尼克以及其他几名队友跟前大声喊道："嗨，我们有一架小鸟直升机坠毁了，我们需要你和队友过去把飞行员救回来。"

他们向那边跑过去，带着数百公斤的装备，1.6 公里的死亡冲刺。尼克腿上在狂奔，但心里一直没有闲着。**我一个 18 岁的小伙子，与其他几个年轻人去保护一架被敌人团团包围的坠机**。到达小鸟直升机跟前后，他们爬到一处斜坡上，发现飞行员手里拿着一把 MP5 赫克勒 – 科赫小型全自动冲锋枪。那个可怜的家伙被吓坏了。

与尼克一起的一名队员拿出一挺 MK–48 轻机枪，尼克随身配有一支同样的武器（比 MP5 更厚重的一款全自动步枪），将子弹压上膛，敌人端着 AK–47 突击步枪冲了过来。在尼克看来，好像全村的人都跟着那几个家伙冲了过来，每个人的手里都是 AK–47，看起来确实跟索马里的情况一样。

随后情况变得更加糟糕。

尼克向右边瞥了一眼，他吃惊地发现一辆坦克朝他们开了过来。**天哪！**他心里暗道，**这些家伙还有坦克！**

他转向右边做好了射击准备，将狙击枪的红外线瞄准镜直接对准坦克前面顶端小炮塔上的传感器，他觉得那里就是驾驶员的位置。只要命中目标，他知道至少可以让坦克停止前进。如果运气好，他还可以击毙坦克驾驶员以及驾驶室里的其他人。他打开 MK–48 的保险，将手指伸进扳机护罩内，当他开始扣动扳机时，他感受到扳机触发器上的金属在挤压他的手指。

就在扣下扳机让 MK–48 爆发活力前的一瞬间，坦克突然停了下来，旋转它巨大的炮筒，直接对准了尼克。他注视着那个长长的黑洞，时间似乎停止了。这肯定是一个教训。不到一小时前，他差点被狙杀，现在他要去了解被一颗120毫米的坦克弹击中是什么感觉，那是一颗直径比他的胳膊还要粗的“子弹”。

噢，糟糕，他心里暗道，**太糟糕了**。

“嗨。”身边传来一个声音，那是组长。“嗨。”他又重复了一遍，“那是**我们的**伙计。”

那是一辆艾布拉姆斯M1主战坦克。尼克差点向一辆美国坦克开枪了。

他慢慢放下手里的武器，从坦克前面退了回来，走过去帮助解救那名飞行员。

那天晚上，他所在的部队击毙了将近30名叛乱分子，但高价值目标却逃往另一个据点了。没有关系。那名飞行员获救了，他们完成了当天夜里的任务。

尼克永远也忘不了自己盯着坦克上黑魆魆的炮筒时的感觉。

参加战斗并不总意味着被枪击。有时，致命的暴力威胁就在正在发生的事件的表面下酝酿，但从未完全爆发。有时，不确定的对峙（他们是在虚张声势，还是要开枪）或者对平民的审讯（他们真的是无辜的平民吗）的紧张感是如此强烈，你甚至可以把它切成块状，作为高爆炸药使用。现实战争中的情况异常复杂多变。但不管你在市区遭遇武装分子的伏击，在一次突击行动中执行狙击警戒任务，抑或在夜深人静的时候挨家挨户搜查逮捕犯人，你必须时刻记住，任务就是任务，战争就是战争：当你身陷武装敌人的包围险境之中，他们的任务就是杀死你，无论计划有多么周详，它实际上就是一触即发的火药桶。

这就是战争的核心实质，不可能在培训中传授。每个特别行动都是半组织化且致命的疯狂行为，根本不存在安全任务的说法。即便战争现实变得非常清晰明显，你也必须义无反顾跳进去并继续执行。

每次执行任务感觉就像跳伞。有一个期待的边缘，有些许的紧张，但一旦跳出运输机后的大斜坡进入空中，你心中的紧张、焦虑以及疑虑将全都烟消云散，全都被身边疾驰的大风吹得无影无踪。一切都消失了，而你却依然身处其中。除了眼前致命的游戏，你不会去想任何事情，也不在乎任何事情了，你只希望竭尽所能让队友活着走出这场竞赛，如果可能的话，你自己也活着离开。

这是一个非常有趣的区别。

有些人是不允许进入这一区域的。这些人一旦进入战争滚烫的沸水中，第一和全部反应就是不顾一切拔腿往回撤。他们的大脑里根本没有队友的安危。并不是他们不关心队友，只是因为面对此情此景，求生的本能使得他们只会发出震耳欲聋的尖叫声，淹没了其他一切。我亲眼看过这种事情的发生。实际上每一位参加过战斗的人都见过这样的人。

2007 年，尼克在摩苏尔第一次遇到了这种情况，这是他第二次进入战争部署。当时他所在的部队陷入了一场旷日持久的艰苦鏖战，突然一颗火箭弹从他驾驶的斯特瑞克装甲车的车顶飞过来，落在他们前面的地面上。

看到眼前那颗未爆炸的火箭弹，尼克的一位战友一下子蹲在了地上，然后躺在地上，蜷缩成一个胎儿的姿势。一直到危机解除，他都没有动弹过。

尼克立刻跳进斯特瑞克的舱口开始发射压制性火力，直接打完了 7 个弹夹里的所有子弹，击毙了周边的所有敌人，那颗火箭弹一直没有爆炸，在整个过程中，那个家伙一直悄悄地蜷缩在那里。任务结束后，他就直接被打发回家了。

罗伯·佛朗在“蟒蛇行动”中也亲眼见过这种情形，与尼克的部队面临的情况一样，当时他所在的部队完全被敌人包围了。

我所在的部队曾经执行一项非常棘手任务，我们乘坐的飞机刚刚降落在阿富汗山区的预定地点，我们中的一个家伙突然说他的脚踝受伤了，然后转身爬回直升机里去了。

很好，我和排里的所有人心里都在想，**我知道交火时我是绝对不愿意与他一起并肩作战的。**

我并不认为这些人就低人一等或者道德上有缺陷，这也不是对他们性格的控诉。很简单：他们不属于战场。地狱式严苛的军训已经在竭尽所能地事先将这些人清除出战斗队伍，但是没有万无一失的系统，总会有个别懦夫成为漏网之鱼。

事实也是如此，在没有身临让你肾上腺素飙升的战争现实之前，你无法真正了解自己，也**不可能**真正了解自己。每个人都**认为**他们完全可以胜任这项工作。但是在真正了解之前，你根本不知道。在第一次参加战斗前夕，一些奇奇怪怪的问题会不可避免在你的脑海中萦绕。**我会不会中枪？会不会被敌人击**

毙？这些都是你无法摆脱的问题，是的，可这并不是最重要的问题。更重要的问题是：**我的表现会合格吗？**这是向陆区不断接近过程中最让你焦虑不已的问题：**我是不是具备一名士兵应有的胆略，我能不能出色地完成战斗任务，我会不会是一名孬兵？**

这可能是你进入杀手学校参加研修项目最初几天所获得的最关键信息：这是一种直觉，一旦你出去完成几次任务后，你就知道谁学到了，谁没有。当你发现，**我具有一名士兵应有的素质，我不会胆怯，我得到了队友的支持**，你自然会非常开心。

在罗伯·佛朗抵达阿富汗的几周前，我所在的排也接到第一个重大任务：飞往查湾克利搜寻并摧毁基地组织位于该地洞穴中的训练设施，原计划 12 小时的任务最后延长到一周才完成。第一天晚上，我们到达预定位置，那是山顶的一处废弃的村庄。

第二天黎明破晓之前，我们一个小组前往前一天晚上被轰炸的地方进行战损评估，搜寻一名特定的被击毙人员的尸体。我们走了一段时间，可能有 12—15 公里，到达那个地方，我们随即设置了警戒线。太阳刚刚升起来，两名队友前去搜寻我们应该找到的那具尸体。其他几个人则守在原地。

几分钟后，我们听到附近洞穴中出来一群人。虽然之间的距离不足以让他们发现我们，我们还是可以清晰地看到他们的武器装配：肩扛式火箭筒、机枪、AK−47 步枪。这就有问题了。他们的人数比我们多。中尉告诉我，我们有一架 B−52 轰炸机就在附近，该战机可以投掷重达 450 公斤的联合制导攻击武器。他需要我告诉他武装分子与我们之间的距离。

问题是我们没有携带测距仪。更糟糕的是，我也没有带红外线狙击瞄准镜和狙击枪（要记住，这是一次原计划仅 12 小时的行动），身边只有一把 M4 突击步枪，这种武器基本上就是一款配备高级战斗光学射击瞄准具的轻型 M16 狙击枪。根本找不到任何可利用的设备。我不得不估测出具体距离。

这就是战争现实。

好吧，估测是唯一的办法。误差不能太大；如果我的估测出现一点偏差，B−52 投掷的炸弹就很容易将我们炸死。**嗨，不要有压力了**，我心中暗想。我估算出了距离，大约 460 米，这是一个危险的距离，我向中尉报告了坐标范围，然后他将数据通报给了通信中心，通信中心再将数据发送给 B–52 轰炸机。这时武装分子看到或听到我们了，开始朝我们开火射击。中尉下达开火命令之后，我们对敌人予以还击，我们都知道有一枚炸弹已经在空中了，希望是朝着他们的。

第一枚炸弹的落点距离敌人太远了。为了防止我们遭到误炸，我提供的坐标数据超出实际目标大约 91.4 米。我又向中尉报告了校正后的坐标数据。第二枚炸弹正中目标，击中了他们。

待烟雾散尽之后，我们走过去进行战损评估，不是昨天的轰炸，而是我们刚刚指挥 B–52 开展的轰炸。爆炸的石墨气味混合着烧焦的尸体散发出来的恶臭味弥漫在四周。现场没有尸体碎片，至少没有任何可辨识的尸体部件。一切粉碎得根本无法用肉眼识别。现场看起来更像被涂抹过的模糊的污垢，一枚重达 45 公斤的炸弹在你的头顶爆炸之后就会形成这种景象。

意识到刚刚还有十几个人站在这里，但现在全都消失得无影无踪，你会觉得这是一件很惊奇的事情。

瞬间蒸发了。

后来我们全体行动队员因为此次行动获得了奖励。这次奖励感觉像是荣誉勋章。

这种事情在电影中看起来充满英雄主义气概。但当它真正发生时，一点英雄主义的感觉也没有。要么你死，要么敌亡。

这就是战争现实。

第 8 章 狙击的艺术与科学

这样的距离，就是一头大象，他们也是打不中的。

——约翰·塞奇威克，北方联军少将，在 731.5 米外被南方狙击手击中面部而致死前的瞬间

贾森·德尔加多和搭档杰西·达文波特，在伊拉克炎炎烈日下蹲伏在屋顶上，搜寻潜在的狙击目标。那颗火箭弹引发的零星交火还在持续，他们为继续向迪亚拉河大桥推进的 I 连以及自己排的其他人提供安全警戒保障。

他们发现远处一个屋顶上突然出现一个身影，用一把看起来像 AK-47 的武器断断续续向他们射击。那个家伙打一枪就立刻躲到矮墙后，然后过一会儿又探出头，看一眼或者再打一枪。

贾森所有接受过海军特战队狙击手训练的朋友之中，达文波特是唯一一个不断接受狙击手学校培训的人。他们有太多的共同经历，这让他们之间达到了心有灵犀的亲密关系，在战场合作中，语言交流根本没有必要。他俩都经历了最初的战斗考验，在那里，**“我要怎么做”**的感觉被**“好的，我们知道了”**取代。他们轻松进入了战斗状态，射击、移动，沟通顺畅。

两个朋友轮流使用 M40A1 狙击枪，轮流为彼此担任观察员。今天，正好杰西端着那把长枪，贾森担任观察员。

杰西朝远处的屋顶点点头并说道：“看到那个家伙了吗？”

“是的，”贾森说，根本不用说完整的句子；他们都知道彼此说的是什么。贾森拿出测距仪并将激光对准那栋建筑物。那栋建筑物距离他们 731.5 米。

“嗨，”他说，“731.5。”**他距离我们 731.5 米。**

身在 731.5 米之外的家伙目前还不能对他们造成任何伤害，但两位狙击手都非常清楚，一旦地面上的部队再前进一段距离之后，那家伙就会成为一个问题。他们必须除掉他。

杰西将弹道修正钮调到 8。M40 狙击枪配备一个翁厄特尔瞄准镜，该瞄准镜是一款非常基本的狙击枪装备，没有我们海豹突击队狙击枪装配的激光瞄准镜所具备的精微调节功能。弹道修正钮可以实现一定精度的调整，但很大程度上还是需要凭直觉。

杰西透过瞄准镜望着前方并低声咕哝道：“风？”**风速和风向怎么样？**

贾森观察了周边的环境，计算出了风向和风速。在附近的屋顶上，他可以看到挂在铁丝上晾晒的衣服，覆盖在打开的窗户上的布罩，甚至还可以看到两面旗帜在随风飘扬。有足够多的视觉线索告诉他是从左边吹来的微风，甚至在杰西询问他风向风速问题之前，贾森已经确定为了矫正微风对子弹方向的影响，杰西需要将自己的目标向左边稍微调整一下，也就是，让那个家伙处于瞄准镜中心稍微偏右一点的地方。当杰西问“风”的时候，贾森只是轻轻舔了一下手指头，然后举起来，若有所思的样子，似乎在做一项基于自己手指上的唾液如何晾干的神秘计算，然后说：“哦，是的，向右 1.5。”

用一位英国绅士拥有的最优雅的方式，杰西回道：“收到，向右 1.5。”

有时候幽默是让你在战场上保持冷静的最好方法。

为了弥补风偏，杰西在瞄准镜上向右边微调了 1.5 个密位。“瞄准了。”

“瞄准，”贾森回道，“准备好就开火。”

这即便不是一次不可能的狙击，至少也是一次非常令人难以置信的狙击。

只要有其他途径，经验丰富的狙击手绝对不会选择爆头。原因只有一个，那就是太容易打偏，人头作为靶子其展示面积远没有身躯的展示面积大。还有，爆头也没有必要。用一个以声速或接近声速的金属子弹击中一个人，你不会“只是想让其受到重创”，而是想要实现终结性毁灭。所以不会的，狙击手不会将对手的头作为靶子；他们会选择大块的中心区域，躯干的中心，每次都是这样，如果可能的话。

但对贾森来说，这次情况不同。那个家伙把身体藏在小矮墙后。更糟糕的是，杰西只能看到他的头，只能看到那人一闪而过的脸，因为他摇晃着身体，在边缘偷看，然后又低下头。

他在准备进行一次731.5米的远程射击，正好是该款步枪的有效射程上限。8个足球场地的长度。要在这么远的距离击中一颗摇晃不定的头颅，简直就是天方夜谭，比不可能还不可能。

他开了一枪。

砰！

差不多一秒钟之后，那个家伙突然摇晃了一下，抓住自己的脸，好像被一个东西袭击了一下，然后向后面飞去。

"天哪！"贾森咕哝道。这是杰西第一次一击命中，而且是贾森截至目前亲眼看过的最不可思议的一次远程狙击。不久之后，他会亲眼见证一次更加不可思议的狙击。

我知道我曾经不厌其烦地说过，侦察是狙击手培训中最难通过的科目，射击在狙击手的战场任务中只占微不足道的部分，但是千万别忘了：你必须是一名绝对出色的射击精英。

你知道人们有这样的说法："嘿，这不是火箭学。"但是，作为一名特种部队狙击手，这**就是**在研究火箭学。你的每一颗子弹本质上就是一艘微型火箭飞船，以其独特的旅程发射，而这个旅程并不像美国国家航空航天局的火星任务那样，是一条简单的直线。了解影响子弹飞行的所有因素，并知道如何调整以应对各种变量带来的影响，无论这种影响多么细微或者多么巨大，是专业狙击手与狙击发烧友的根本区别。

我们之前在讨论调整准星时讲到**仰角**和**风偏**两个术语，但是并没有予以详细介绍。所以，让我们暂停一下，快速了解一下两大因素的工作原理，看看狙击手如何使用它们。

仰角

当你透过瞄准镜观察目标时，在你与目标之间，你看到的是一条清晰的、没有任何障碍的通道，但是对于飞行的子弹来说，并不意味着这**就是**一条毫无障碍的通道。这一路上也许会有树枝或者头顶的电线或者其他一些障碍物，你只是没有看到而已。为什么你没有看到呢？因为子弹的飞行路径并不是你所看到的那条路径。

你**觉得**你看到的就是子弹的飞行路径，实则不然。

子弹不会沿着你的视线所定义的漂亮、整齐、线性的路径飞行。为了到达你的眼睛，来自远处目标的光线是一条直线。实际上，光线并不是直的，不是字面意义上的笔直，光线本身是弯曲的，但在我们所讨论的距离上，这种弯曲微不足道，以至于在实际应用中，你可以忽略这一点，并说你的视线是一条完全的直线。

子弹并不会直线飞行。

当你向远处的目标射击时，与投掷棒球一样：为了从这里到那里，它必须以一个弧线飞行 —— 上升、飞行并下降。子弹在飞出枪管那一刻，它被空气阻力减慢速度，并被重力拉向地面。如果你将枪口直接指向目标，子弹永远不会正中目标，因为当它到达预定目标时，重力将它拉下来，使它飞到目标的下方。或者，根据你的射击距离和目标高度，子弹甚至可能在到达目标之前就钻入了地面。

为了补偿，你必须让枪口对着目标上方的一个点。高出多少？这取决于很多因素，包括你使用的枪械和弹药的物理特性。确定你要瞄准目标上方到底有多高，就是我们所说的“调整仰角”。

顺便说一下，这同样意味着你在规划射击时不能简单地将你的视线确定为射击路线；你同样必须意识到头顶的空间。在进行任何重要距离的射击（例如，达到或超过 270 米）时，当子弹在飞行时与悬空的树枝或者其他障碍物相撞时，完全偏离预定轨迹是很正常的，因为有些障碍物可能在你的视线之外，但正好在子弹的实际飞行弧线上。

风偏

如果在大风天你放开手中的气球会怎么样？风会将气球吹跑。子弹比气球重多了，子弹在冲出枪管时的速度也相当高，但是风依然会让其偏离预定路线，其影响力至少让子弹偏离目标，不管射击前你瞄得多么精准。

这就是为什么杰西需要贾森为其提供精确的风速、风向等数据。更加具体地说，要告诉他为了补偿风偏，他需要朝哪个方向进行多少度的调整。

当然，还有其他因素。例如，**旋转飘移**，这是子弹的自然倾向，在其弹道的某个点上向右顺时针剥落，通常是当子弹由超音速减慢到跨音速时。如果玩过陀螺，你就会知道，陀螺慢到一定程度时，它就开始**前倾**，也就是摇晃，然后旋转出更大的弧度，随后倒地。一颗高速飞行的子弹，像陀螺一样旋转，也会出现同样的现象。

但是旋转飘移只在超远程（达到或超过 914 米）射击中成为一个影响因素。与科里奥利效应一样，地球自转对空中飞行的子弹的影响与地面上的具体情况有关。我们将在后面的章节中进一步讨论这些及其他更加神秘的因素。对于本书中谈到的绝大多数射击而言，仰角和风偏是核心要素，是进行射击的 X 轴和 Y 轴。

你现在应该明白了：将枪口直接对准目标，以完美方式瞄准，你不会命中目标。重力和摩擦力会把子弹向下拉拽，而风会把它推向一侧或另一侧。理论上，完美的瞄准只能在外太空中行得通，那里没有风，没有明显的引力。但是在地球上，完美的瞄准只会让你成为敌人的射击目标。

射击艺术不是完美的瞄准，而是打造完美的**不完美**瞄准的艺术——一个具有精确设定的不完美的瞄准，这样重力、风力，以及其他环境因素将会侵蚀你的不完美射击，抵消掉它的不完美，最后达到……完美。

你必须**瞄偏**——恰到好处。

为了做到这一点，你有两个可调节旋钮，位于瞄准镜的中点：顶部的仰角旋钮和右侧的风偏旋钮。调整仰角旋钮用于调节你的瞄准镜，以补偿特定的距离，而风偏旋钮用于左右调整，以补偿风向；它们都是以角分（MOA）进行校准，一角分是六十分之一度，更加典型的是以角分的几分之一进行校准。（通常，左边还有第三个旋钮用于调焦，其功能类似各种光学仪器的调焦，如双筒望远镜或望远镜。现在，大多数望远镜还有一个前置变焦控制，你可以从 10 倍放大到 20 倍。但是这两个旋钮实际上并不调节瞄准点，只是调整视觉图像的清晰度。）

这些旋钮会发出明显的咔嗒声，可以用手指清晰地感觉到，就像一台好的相机上的光圈和旋钮一样，所以你可以在不离开瞄准镜的情况下，做出精确的调节，纯粹是通过触击的感觉。

但问题是：在大多数情况下，**不用管这些旋钮**，特别是风偏旋钮。通过修正你的分划板来进行手动补偿，而不是忙乱地使用旋钮，并为每次射击重新调整瞄准镜。

修正分划板

进入战场之前，你要将步枪“归零”，这意味着你根据步枪特性、弹药特定射程（比如说 91.4 米）完美地设置了瞄准镜。有了一支正确归零的步枪，如果你在 275 米外瞄准目标，你就可以动手了。

如果目标距离更远，或者，同理，更近呢？同时是否考虑风的影响？

通常情况下，你需要修正分划板。

分划板是瞄准镜十字准线的高精度版本，用极其微小的测量单位进行标记，称为密位（Mil）点，垂直和水平地穿过视野，提供一个精确的衡量标准。密位代表毫弧度，即千分之一弧度，是一种角度的度量单位。（你可能想到了**度**；不是一回事，但是在概念上十分接近。）

大多数情况下，进行射击前的瞄准调节时，你会在头脑中做调节，然后**向左或向右修正**特定数量的密位来补偿风偏，**向后**（射程更远）或**向前**（射程更近）修正特定数量的密位来补偿射击仰角。举个例子，如你“向右调节 1.5 个密位以补偿风偏”，这意味着你将膛线稍微向左移动，这样你瞄准的点就不会出现在十字准线的正中心，而是在中心偏右 1.5 个密位的位置上。这正是贾森给杰西的 731.5 米射击的方向。

有时候你可能会调好射击仰角，并保持风偏。通常情况下，你甚至不会那样做，只需在分划板上做所有补偿。

在这一点上，你可能在想，为什么？如果一个狙击手的光学系统是如此精细校准的精密仪器，为什么不输入所有信息呢？为什么不采用激光测距仪测定目标的精确距离，尽力判断准确风速风向，然后简单地将所有数据输入你高大上的武器系统中，以实现完美（即完美的不完美）的射击？

如果狙击就是让你不计时间地准备一次完美的射击，然后完成那一次完美的射击，随后收拾东西回家，好吧，那可能奏效。

但现实并非如此。

杰西的第一次狙击堪称经典的一击毙命典范。但这并不是狙击的常态。事实上，大多数情况下不是这样的。如果你能够一枪命中，那当然极好。这使你成为一个专家级射手，但不一定是一位专家级狙击手。在现实战争中，往往是第二枪才会见分晓。

你在狙击手学校接收了大量的信息，但是不管你消化了多少或者在训练场上做了多么丰富全面的实践，永远都是不够的，因为学习与实践是不一样的。只有当你被扔进战争现实中，才会经历杀手学校的最后阶段。当你参与到战斗中，你的技能才会从**学到**升华成**理解**。这些技能会渗入骨髓，并最终变成本能。

当美国四分之三的海军陆战队队员进入巴格达之际，贾森和杰西的射击技能显然从**学到**升华成**理解**。

我不确定决策者对于美国军队到达巴格达之后的期待是什么，但我相信后来真正发生的一切很可能不是他们的期待。随着萨达姆政权的倒台，暴政的枷锁被打碎了，最初的欢呼雀跃消失了，该市随即陷入了暴乱。抢劫、混乱和随意的平民暴乱在全市蔓延开来。现在看来，那些“解放”后的混乱日子为随后几年的乱象埋下了伏笔。贾森和杰西所知道的是，一个乱成一锅粥的城市交到了他们的手上，他们需要竭尽全力维持秩序。几天之前，他们还是带领一场成功的军事行动的战士，现在是一座动荡不安的外国城市中的警察。

在萨达姆的雕像被推倒大约一周后的一天，他俩在伊拉克政府区的一幢十五层高的大楼屋顶上执勤。突然，他们注意到下面出现了一阵骚动。一个白痴手持一把 AK-47 步枪冲到街上，随意射击。该地区被挤得水泄不通。现场的人在劫难逃，他们不是美国士兵，而是在努力恢复正常生活的伊拉克普通民众。2003 年中期的伊拉克好像一切都很是“常态”。

那天贾森担任观察员。他测出那个家伙的距离是 164.6 米，将这一数据报给了杰西，杰西一枪就解决了那个家伙。一枪毙命。经典。

几周后，5 月 3 日，贾森和杰西再次执行安保巡逻，这次是在巴格达最高的建筑物之一的屋顶上，大约五十多层楼高。当时停电了，贾森清楚地记得，他们爬了 36 层楼梯，然后发现还要继续爬 17 层。带着全副装备、M40 狙击枪和弹药，跑上 50 层楼，胆小的人是做不到的。“所以这就是我们在几个月里，带着那些该死的专业射手蛋到处跑的原因。”他怒气冲冲地说。

此时，巴格达的混乱更加严重了。他们再次看到下面发生的一幕，这一次是一小群人手持 AK 冲锋枪朝四周疯狂扫射。身穿一套蓝色运动服的那个人看起来是头目。

贾森立刻明白发生了什么事情。他们可能跨越了大半个地球，从另一个世界来到这里，这里可能是世界上最古老的文化中心之一，与世界最新的文化中心不同。但是城市毕竟就是城市。贾森从小在街头长大，所以只要看到街头上的黑帮，他一眼就能认出头目来。这不是一个随机恐吓邻居的家伙，他也不是一个自由战士。他是一个流氓头子。如果不及时制止，就会有更多人死去。

这一次是杰西担任观察员，贾森负责狙击。杰西告诉他射程：407.8 米。贾森用瞄准镜锁定那个头目，开了一枪。

什么也没有发生。

他重新确定了一下自己的目标，又开了一枪。

什么也没有发生。

杰西有没有看到任何飞溅物，也就是说，子弹着地时溅起来的泥土或灰尘？他没有看到。他们不知道子弹飞到哪里去了。

贾森突然意识到，很可能是步枪归零偏离了。那天他们一直在跳进跳出两栖战车，刚刚跑了 50 层楼。这样很容易让枪械受到震动。他需要给步枪归零，需要在远离人群的地方设置。

他向杰西喊道：“我们到大楼的另一边去。给我找一个 407.8 米的目标。我要给枪归零。”

他们迅速跑到楼顶的另一边，杰西开始用激光测距仪帮他寻找目标，很快就找到了一个水塔，在他们下面大约 393 米的位置。“找到了！”他大声喊道，并用手指着那个水箱。

贾森瞄准水塔的中心，**砰**！开了一枪。砰砰砰！水塔顶端升起一阵灰尘。那是一个巨大的目标，他一直在瞄准中心，但是他几乎没有击中这该死东西的最顶端！

他盯着水塔看了一会儿。零度不可能差那么远。虽然407.8米是一个不算近的距离，但距离显然不足以让他的射击差得那么远。

然后他意识到：**角度**。“见鬼！”他低声咕哝道。

然后他想到了斯科特·麦克蒂格。

海军陆战队在加利福尼亚的海军陆战队山地作战训练中心有一个专门的高角度射击课程，其课程设置与多年后尼克·欧文在加利福尼亚参加的私人课程基本相同，但那是一个高级课程，贾森直到职业生涯后期才会经历。他们还有其他涉及这一主题的高级狙击手课程，但是贾森没有时间参加。伊拉克战争爆发后，海军陆战队需要狙击手，所以他就来了。这一刻，他坐在巴格达金融区中心的摩天大楼上，唯一一次听到有关高角度射击技术是在冲绳，那时他还是一个第三次参加教导团培训的专业射手。

在海军陆战队狙击排，担任负责人的资深枪手猎人被称为首席侦察员。首席侦察员负责全排宿营，安排谁去哪支部队，以及排里的所有训练。他会花费大量时间将自己所掌握的知识、信息传授给新队员，并将自己能够想到的新队员需要学习的东西悉数传授给他们。这正是贾森将来要做的工作，后来他所在的排在侯赛巴驻扎时，他将担任排里的首席侦察员。在冲绳县时，他们排的首席侦察员是斯科特·麦克蒂格。

麦克蒂格有一本关于高角度射击的手册，那是一本脏兮兮的书。在为期6个月的冲绳训练期间，他一度决定将这一射击技术融入他的课堂教学，他讲得并不是很深入，因为麦克蒂格自己也没有完全掌握，所以那些专业射手只是了解了一个大致的概念，并没有从实践角度获得真切的理解。但是贾森的艺术家头脑可以把整个场景想象成生动的3D效果图。他利用的是基本的三角函数：求出X，这个缺失的因素。只要他能把它想象出来，他就可以计算。因为这不是一道抽象的数学题，它并不是简单的数字。那个在地上拿着AK–47的家伙会让更多人丧生。

贾森开始破解这道数学题。

他在大楼顶上，让我们把它的高度四舍五入到400码（约365.8米），而他的目标在地面上，距离大楼约为建筑物的一半，即200码（约182.9米）。

为简单起见，我们将楼高设为 4，大楼底部到目标的距离为 2。

从楼顶往下射到目标所在的水平面，就高度而言是 4。但是从贾森站立的地方水平向外到目标的位置，也就是说，因为贾森站在大楼底部的正上方，从大楼底部向外到目标的距离仅为 2，所以抛开他是如何向下射击的，射击距离只有 2，就像他站在大楼底部的地面一样。

明确这一点很重要，因为从大楼到目标的水平距离是受重力影响的子弹飞行距离，这是他需要在瞄准镜上修正的仰角。

但对于风偏，情况就不同了。因为从他所处的位置到地面上的目标，子弹飞行路径不是 2，而是 4，实际上还要稍远一些，因为他是沿着三角形的斜边进行射击的，所以大概是 4.46，而且从子弹飞出枪管那一刻起，风一直在推着它，走完一整段距离。这就是他必须减轻风的影响的距离。

换言之，从光学角度来说，他的目标大约在 446 码（407.8 米）之外，那就是他需要考虑风偏的距离。但是从弹道学上讲，他与目标之间是 200 码的距离，这是他的仰角值。

根据与目标的实际距离，他迅速将风偏设定为 446 码，并在 200 码处——他测量的从建筑物到目标的距离——计算出仰角（补偿重力的数值）。

当我只说“他快速设置了风偏”时，那是一个过度简化的说法。记住，他们的 M40A1 狙击枪配备了翁厄特尔瞄准镜。翁厄特尔是当时（20 世纪 60 年代）最先进的瞄准镜……这基本上是卡罗斯 · 海斯卡克在越战时期使用的瞄准镜，而海军陆战队在逐步淘汰该款产品（该产品的制造商于 2009 年歇业），以更先进的施密特 · 本德瞄准镜取代它。施密特 · 本德是非常体面的装备，但那是几年后的事情。他们当下使用的依然是翁厄特尔。正如贾森所说：“那是最古老、最粗暴的瞄准镜，需要做大量的肯塔基风偏修正。”

肯塔基风偏修正意味着凭经验猜测。

“我的射击没有一次是特别出彩的。”贾森说，“因为这不是它的意义所在。一击毙命的理念，有一种伟大的神秘感，但一击毙命非常困难，也非常罕见，通常可遇不可求。我们还是说一说现实吧。请告诉我，你第一枪失手后会发生什么，让我知道接下来你会怎么做。因为这是成为一名狙击手的意义所在。在现实战争中，这也是我们真正要做的事情。”

狙击是在压力下解决问题。当目标正在快速脱离你的射击范围，你根本没有时间坐下来调整风偏，你会怎么做？你必须熟悉分划板，以便将战场上发生的一切迅速转化成瞄准镜上的密位点。

换句话说，就是实时根据情况调整，并使其发挥作用。

肯塔基风偏修正。

他又射了几枪，足以在水塔上打出几个洞来。当他看到一股水柱从水塔中间的一处弹孔喷射而出时，他知道自己可以行动了。

“好了，”他对杰西说，“行动。”

他们快速返回大楼顶端的另一边，果然，那个身着运动服的暴徒还在那里，用手中的AK步枪恐吓周围的人，对着人群大喊大叫，并向附近居民扫射。

AK步枪并不是一支非常精准的枪，但是全自动射击速度达到每分钟100发，几乎每秒2发。那是很大的杀伤力，会造成严重的悲剧和大量死亡。

贾森瞄准他，立刻扣动了扳机。

那个家伙像断了线的木偶人一样倒在了地上。

就像几周前在贾斯尔迪亚拉的第一次射杀一样，接下来发生的事情有些出乎意料，以至于贾森几乎不相信他的眼睛居然能为他提供如此精确的信息。那个家伙刚倒下去之后，马上坐了起来。

贾森心里道，**见鬼，这到底是怎么回事？**他知道自己刚刚击中了他。他看到了效果，看到那家伙倒在了地上，还看到鲜血从他背部肾脏周围涌出。为什么他又坐起来了呢？他是**怎么**坐起来的？

好莱坞又一次为你准备了完美的电影死亡，也就是你击中目标，目标会立刻倒在地上并死去，但实际情况并不总是这样。死亡是一个奇怪的角色。它不像你经常在电影（甚至是“暴力”电影）或电视节目中看到的那样驯服，或者可预测，或者很平静。

死亡有其自己的规则。死亡是狂野的。

因此，那个家伙在肾脏受到7.62毫米子弹的致命伤害之后，再次坐起来，然后，在贾森的注视下，他又轻轻地躺下来，双腿交叉，然后双手交叉放在胸前，像木乃伊一样，悄悄死去。

“这是最疯狂的事情。”贾森摇摇头，回忆道，“在我击中那一刻，他就走向死亡了。但他不会马上死掉，他花了一些时间准备去死。**然后**，他就死了。”

当然，严格来说，你**没有**必要将所有计算都在脑海中进行一遍。毕竟，这是 21 世纪。如今所有的狙击手培训科目都会教授学员如何使用狙击软件。正如苹果广告以前经常所说："我们有应用程序。"

尽管如此，任何真正了解某一门艺术的人都知道，只有经历了全身心的实践操作、亲身领悟，你才能真正掌握。只会纸上谈兵，不会有大的作为。

尼克 · 欧文并不热衷于弹道学计算器。"我遇见过将掌握这种计算设备视为其生命中唯一使命的神枪手，"他评论道，"这在竞技射击中可能有用，但我不希望他们在战场上为我在后面警戒。"

他以偶像卡洛斯 · 海斯卡克为例，指出"白羽"和其他像他一样的人都是利用基础数学做计算的。

"基础数学没有让他们失望过，"他说，"也从来没有让我失望过，当然也不会让其他人失望。如果你依赖计算器，电池突然耗尽了，你该怎么办？"

在阿富汗南部城市马尔贾部署期间，尼克就遇到了一个特别的弹道学挑战，从而有机会接触了基础数学。

有一天，他俯卧在地上执行警戒任务，突然发现前面很远的一处角落出现了一名武装分子，手里扛着一挺机枪。尼克估算出那家伙的距离是大约 457.2 米，觉得应该可以轻而易举解决掉他。

尼克经常将"风骚的戴安娜"的归零设置为 274.3 米，这是他日常狙杀的平均射程。如果狙击目标在 274.3 米以内，他只需要将枪管前压一下即可；如果狙击目标在 274.3 米之外，他就需要将枪口抬起来一些。

他把那个男人放进他的瞄准镜，向前推进了 182.9 米，这意味着他将枪管稍微抬高了一点，所以目标在分划板上高了 2 个密位。

他扣动了扳机。

打偏了，偏得不是一点点。尼克看到地面溅起的尘土，吃惊地发现，子弹偏低了 2 个密位，还偏左了 1 个密位。他扫视了一下该区域，试图寻找原因，经过观察，他发现该地的城市地形并不平坦；那名武装分子站在地势更高的地方，因此，仰角差影响了尼克对距离的感知，使那个家伙看起来比实际距离更近一些。

那个家伙距离他不到 457.2 米，但射程差不多有 804.6 米，或者更远，还有明显的风。

杰克·尼克劳斯，可以说是有史以来最伟大的高尔夫球手。他曾经说，打球的 90% 是准备，而最后的 10% 是真正的出手。射击也是如此：10% 是执行，用子弹作外科医生。其余时间，即 90%，都是在勘察现场，进行计算和做计划。

换句话说，对尼克来说，射击与国际象棋很相似。

他需要做的第一件事是求出目标的射程，这样就可以在瞄准镜上找到他，或者知道他需要将枪推进多少。

尼克喜欢用米作为计量单位，40 英寸，大约是 1 米，是从腹股沟到头顶的标准距离。要将英寸转化成毫米，你可以乘以 25.4；40×25.4，得出的数字是 1016。然后用这个数字除以这个人在你的瞄准镜上的高度（从腹股沟到头顶）即可。比如说，他的腹股沟到头顶的高度在分划板上显示为 2 密位高，你用 1016 除以 2 就可以得到 508。这就是你的射程，以米为单位。

一个老派的游骑兵曾经教他如何简化这一算法。“你们这些家伙想在这方面做得快吗？”他说，“简化。”

首先，在纸上做那些数学题是不切实际的。狙击手 99% 的时间都是在夜间行动。此外，谁会有时间掏出纸笔呢？

老游骑兵教他通过四舍五入来简化计算。

他们会将 1016 四舍五入成 1000，并将其作为高度常数。如果一个家伙在尼克的瞄准镜上的显示 1 密位高，就知道目标在 1000 米外；如果该目标有 2 密位高，那么他在 500 米处。他实际上可能在 508 米之外，但是这足够接近了。你可能不会击中他的胸部，也就是你瞄准的地方，但你会击中他的腹部或胸骨。在此，你无须关心技巧，你只需将他放倒。

他们对头部的宽度和高度也有公式：500、200；1000、500、200，这就是他们的 3 个常数。

当然，尼克并没有坐在那里，拿着纸和笔，在这一刻完成所有的数学运算。这样的计算他做过数千次，数万次。就像音乐会上的钢琴演奏家，他的手指无须思考就知道该往哪里按；或者像大联盟上的强击手，会自动调整他的挥杆动作，以配合他对即将到来的投球速度的即时判断。在每一个射程、每一个风向条件、每一个角度，他接受了详尽的训练，直到他能记住与这个球相似的击球动作的程度，并且可以自信地说，“对，我完全知道该怎么做。”

尼克意识到，风也骗了他。在他与目标之间有一条穿城而过的小溪流。溪流方向从左流向右，但是子弹击中目标左侧 1 个密位处的事实告诉他，风是从右向左吹的。

他将枪口向右推进 1 个密位，然后向上调整了 2 个密位 …… 还再稍微高一点。

他扣动了扳机。

与此同时，被狙击的武装分子看到尼克的第一颗子弹击中他附近的地面。就在尼克观察那一小片泥土飞溅，并分析它对他的后续射击有什么影响时，那个家伙也在盯着飞溅的尘土，并猜测它对自己的影响。他抬头朝尼克的方向看了过来，眯缝着眼睛，毫无疑问，他想看看是否能够找到这一枪的出处。这对他来说是一个致命的误判，因为他根本没有时间来确定枪声来自何处。当他抬起头向远处张望时，尼克的第二发 7.62 毫米子弹已经朝他的方向飞了一半距离。

就在子弹飞到约 804 米处的瞬间，尼克看到子弹尾部的闪光。**糟糕**，他心想，**完了**。他可以清晰地看出子弹的飞行路径，根据路径，子弹将会稍微向右偏离目标。他的射击又要打偏了。

然而，在最后几分之一秒，就像帆船在行驶到开阔水域时展开风帆一样，子弹赶上了从右向左的风，瞬间就击中了目标。

那个家伙倒在地上，在倒地之前就死了。他并没有坐起来，也没有交叉双腿，或者点一根烟。

这种简化计算一个很好的例子，发生在 2004 年贾森在伊拉克西部部署期间。一天晚上，他和狙击小组前往市区一处安静的观察站执勤，突然听到一声巨大的爆炸声。他们在这里部署已有几周，还是第一次听到爆炸声（那时候，简易爆炸装置还没有那么普遍）。

他们跑下楼，冲到街道上，查看发生了什么事情。就在贾森循着爆炸声的方向移动时，他看到一辆汽车正在街上狂奔。

贾森端起狙击枪，透过瞄准镜进行观察，发现车里坐着一个平民，他开着车径直朝他们快速驶过来。毋庸置疑，这家伙正在逃离爆炸现场。城市里有宵禁，所以现在街道上应该**不会有人**，更不用说从爆炸现场快速离开的人。

很快，那家伙的车子就从他们身边飞驰而过。第二支狙击小组驻扎在路德另一头，贾森用无线电呼叫他们：“塞拉 4 号！塞拉 4 号！塞拉 3 号呼叫！我发现一个小丑开着车向你们冲过去了。我要求你们立刻设立一个车辆检查站”，这意味着他们将截停汽车并检查那个家伙的情况。

“收到！”另一小组回道。贾森站在街道中间，望着那辆汽车在前面大约 182.9 米处翻过一处小坡道。

几秒钟后，他听到另一组的人通过无线电大声呼叫：“嗨，伙计，我们刚刚试图拦截他，但他现在又回头朝你们驶过去了！”

很明显，那个家伙发现了另一组狙击手，迅速掉头，朝贾森驶了过来。他第一次经过这里时没有注意到贾森，不知道他在那里。他没有意识到自己在跟海军陆战队狙击手玩老鹰捉小鸡的游戏。

贾森举起步枪，将枪托顶在肩膀上，等待着，像西部警察一样站在街道边缘，只不过他手里的不是六发式左轮手枪，而是一支长 1.1 米、有效射程 800 米的手动栓式 M40 狙击枪。

来吧，贾森心里说，**祝我今天好运吧。**

汽车出现在前面的小坡道上，开始向他呼啸而来。

贾森朝汽车的引擎盖开了一枪，似乎在发出一个非常明确的信号：“我建议你停车。”

那个家伙并没有停车。事实上，贾森听到发动机随着那家伙的加速开始嘶吼。

贾森将 M40 狙击枪的枪栓拉了回来，就在他将第二颗子弹上膛之际，那家伙从他身边飞驰而过。他迅速转过身，努力追踪那家伙，并将步枪转向那家伙。

就在汽车转向另一个方向之际，他扣动了扳机。

两个观察员站在他左右两边，拿着 M4 枪，也都开了火，这时汽车从他们三人身边飞速驶过。

那辆汽车继续冲过两三个街区之后，突然减速，滑行到路边停了下来。

“太好了，”贾森心想，**我们有人击中了这个混蛋！**

当他们冲向汽车时，一个男人打开了驾驶室的门，举着双手走了出来。

“不要开枪！”他说，“求你们了，不要开枪！”然后走到马路边，坐在那里，双手依然举在空中。

贾森和其他人仍在一个街区之外，他开始朝他们大声喊叫：“不要再开枪了！不要开枪了！”他说着标准的英语。他们终于走到他身边，用枪指着他，在他前面停下来。

他慢慢放下双手，点了一支烟，然后开始说话。

“我很抱歉！我很抱歉！我什么都没做，我很抱歉！我有女儿。我有女儿。求求你们，不要杀我。我有两个女儿。”他看起来非常真诚。

该死，贾森心想，**我们竟然想对这个家伙无缘无故地下死手。我们应当向他澄清一下误解。**

至少他们还没有真的杀死他。

贾森很恼火。刚刚发生了爆炸事件，所以他们的肾上腺素一直在燃烧。这个家伙为什么不停车？他到底在干什么？

就在此时，那个人指着自己的腋下说：“我中枪了，我中枪了！求求你们，送我去医院吧。我中枪了！”

贾森看了看，果然，他的身体一侧在流血。其中拿 M4 枪的人肯定是击中了他。

他们走过去检查他的汽车，在后备厢盖上发现一个弹孔，子弹直接穿过后备厢进入车内，击穿后排座椅，并打穿司机座椅，击中了他的肩膀。他们可以看到坐垫被击穿了。这是一颗 7.62 毫米子弹的弹孔，后来医院取出弹头后证实了这一点。

那是贾森的子弹。

他们打开后备厢时，发现一大堆手机零件、SIM 卡、剪线钳和电工胶带。他就是引爆简易爆炸装置的人。他们后来还发现，他以前曾被美军以参与颠覆活动逮捕过，但最后释放了。

“好吧，混蛋，”贾森说，“你现在可以结束你那可怜兮兮的表演了。”

经过短暂的住院治疗之后，那个家伙被送进了关塔那摩监狱。

他没有想到自己居然可以用简化算法击中那家伙。

这纯粹是靠本能和肌肉记忆做到的。

正如贾森所说：“我的射击没有一次特别出彩。”也许是这样，但这一次相当精彩。

2009年夏末，亚历克斯·莫里森在坎大哈以北的一个地区，也打出非常精彩的一枪。他和几十名海豹队员与美国禁毒署一个海外部署咨询和支援小组在那里执勤。禁毒署海外咨询与支援小组通常由退役军人组成，其中许多人是前海豹队员，他们的训练及装备与海豹排没有区别，因为他们的任务也都是极其危险的。他们与亚历克斯及其他海豹队员在那里进行了一次典型的破坏行动：夺取一处已知的敌人营地，并在那里蹲守一天，看看你能造成多大破坏，以及截断塔利班多少经济流量。

他们在破晓前渗入。他们拿下两个并排的大院，就在河边，旁边是一处大的空地。从落地的那一刻起，他们就遭到了零星的枪击，到中午时，敌人开始从四面八方向他们开火。

这次行动中亚历克斯没有携带狙击枪；相反，他携带的是一支马克17，一款新型突击步枪，又名为重型SCAR。SCAR意为“特种作战部队战斗突击步枪”，而“重型”则指该款步枪配备的是7.62毫米子弹，非轻型SCAR所使用的5.56毫米子弹。亚历克斯使用的是一种特制实心子弹，用于穿透像窗户和墙壁等表面。

海豹突击队狙击手在阿富汗不经常使用SR狙击枪，因为在阿富汗的行动基本上都是远程射击，他们更喜欢这款点30口径步枪的攻击力。通常情况下，一个狙击手会携带点30口径步枪，每个人都会轮流使用和更换那支枪。在得到第一批重型SCAR之后，所有狙击手都将SR-25狙击枪上的夜视瞄准镜拆下来，装到重型SCAR上。装备这款步枪之后，射杀距离可以达到731.5米。

他们的ISR（情报、监视与侦察，来自侦察机、掠食者无人机以及其他信源）告诉他们，附近有一辆面包车，接上几个武装分子之后，绕着美国人转了一大圈，然后又将武装分子放了下来。

这辆面包车在重新部署塔利班武装力量，企图保持最大战术优势。在大多数情况下，他们都有一个关键要害，只要解决掉这个关键点，其他的点都会不攻自破。伐木工人都明白这一点：河道出现原木堵塞时，通常由于某根原木引起，一旦将这根原木抽走，其余的原木就会顺水而下；他们称这根原木为关键原木。

这辆面包车就是一根关键原木，亚历克斯想要拔掉它。

通话器中传来消息。“面包车离开了……”几分钟后，“好了，面包车又回来了。”

通过两栋建筑物之间的小巷，他瞥见一辆白色面包车停在那里。面包车就在他的北面，距离大约 228 米，位置与他垂直，所以他看到的是乘客的侧身。

他对着通话器说：“嗨，你们看到那辆面包车了吗？”

通话器传来应答：“是的，就在你的正北方，大约 228 米。”

知道了。他将瞄准镜对准那名乘客的肩膀，扣动了扳机。砰！他看到子弹击中了面包车的侧面。

他通过瞄准镜观察时，看到一个奇怪的场景。起初，那个乘客开始抽搐，瞬间后，司机也俯卧到方向盘上，之后就停止了抽搐。

两个人都不动了。

亚历克斯抽走了这根关键原木，他一枪干掉了两个人。

有时候，狙击手需要做的关键计算与射击本身的机械性无关，而是与射击的时机以及是否扣动扳机的决定有关。正如尼克·欧文在马尔贾的一天所经历的那样：804.6 米狙杀。

要想成为游骑兵狙击手，你必须做几年真正的游骑兵，主要包括破门、入室搜查、近距离巷战，诸如此类的任务。

现在，尼克是一个狙击手，所以他在努力提高自己的射程。他的平均射程大约是 274.3 米，这个距离不是非常远，但也算不上近距离。然而，在这一天，他发现自己处于一个异常近距离的情况。

那天他和排里的人一起执行任务，一个家伙朝他们走来，非常慢，非常刻意，做着“我要用自杀背心炸死你们”的动作。尼克亲眼看过自杀式炸弹袭击者像这样把自己炸死的经历，至少有五六次。他知道他看到了什么。

其他人大声警告让那个人停下来，但他继续向他们靠近。

尼克让其他成员继续前进，继续执行任务，而他和观察员则留在原地盯着那个家伙。在其他成员离开现场后，他们依然留在原地，直到他们走出 90 米的距离之后，观察员后退了几米。

现在只剩下尼克与那个穿背心的家伙，进行一对一的谈话。

尼克所在的部队当天晚上遭遇了近十次战斗。坦率地说，他厌烦了被敌人堵截伏击，对这个家伙也没有兴趣。他打开无线电开始呼叫指挥中心。

在这次部署期间，尼克大多数射击行动，他都懒得呼叫指挥中心，因为他根本不需要。对于游骑兵狙击手来说，交战规则相当宽松，至少在这种情况下是这样。如果这个家伙手持武器，尼克刻意自主决断。然而，这个家伙没有武器。现场的每一个人都很清楚，这个家伙试图对他们造成严重的身体伤害。用自杀式背心把他们全部炸死，似乎够得上“造成严重身体伤害”。但事实是看不见他的武器。

“有一个家伙正在向我靠近，距离我 27.4 米，无视停止的命令，看起来像个自杀式炸弹背心袭击者。请求允许击毙。”

“收到，”通话器中回应道，“干掉他。”

尼克继续用普什图语向那个家伙喊话，但那个家伙只是继续慢慢地靠近，目光盯着尼克，似乎在说“该死的，我要杀死你”。

尼克用步枪上的红色激光照射他的眼睛，他似乎不为所动。

尼克又将激光点移到他的胸口，喊道：“伙计，我要开枪了。”不管这名男子是否懂英语，但是他不可能不懂尼克的大概意思，特别是在胸前的红点和 23 米外的陆军游骑兵用步枪指着他的情况下。

尼克决定，如果他能够说服这个人停止靠近，他就不会开枪。如果他和观察员能够让这个人举起双手保持可见；如果他能够让这个人伸开双臂，趴在地上，他们就可以抓捕他并给他打上标记。

他就这样一直走过来。

嘿，伙计，尼克想，**我真的不想被炸死**。尼克又用普什图语向他发出了几次禁止前行的警告。

他继续靠近。

“收到。”尼克说。他认为 6 米就是他希望的最接近的距离。“当时我很年轻，也很自负，”他后来回忆道，“我认为我可以在 6 米外的爆炸中幸存。当然，我可能无法做到。”

当那个家伙走到 6 米处时，尼克一枪正中他的胸膛，那个家伙跌坐在原地，没有机会引爆炸弹背心。

这是尼克经历的最近距离的一次狙击。

根本不需要任何计算。

第三部分 侦察

你将被要求渗透到敌后，在不被发现的情况下穿过无法攻克的领土，深入他们的营地，深入他们的头脑，并活着将你的所见、所闻、所思带回来。

你要在别人看不到的地方看到敌人，在别人不知道的时候听到敌人的声音，甚至在敌人自己明白之前就了解敌人的下一步行动；在敌人内部制造混乱和恐惧，同时为自己的部队提供关键的情报。而你的情况要求你必须隐身，行踪不定，并具有杀伤力。

你会发现自己处于这样的境地：你没有完成任务所需的工具，没有对事业成功至关重要的资源，但是仍会被期望适应、调整、创造、生存，并且凯旋……

第 9 章 欢迎来到丛林

没有任何作战计划，在与敌人遭遇后还有效。

——赫尔穆特·卡尔·贝恩哈特·冯·毛奇，德国陆军元帅

“3 分钟后着陆！”当罗伯·佛朗乘坐的支奴干直升机接近降落点时，坐在前门的机枪手突然打开机门，并将大枪伸到机身外。坐在机枪手的旁边，罗伯有足够的时间思考，**他到底在射击什么？**这时，他看到一串曳光弹直接向他们飞来，并从机身旁飞过。

在机枪子弹中，每个第五颗子弹都是一颗特殊的子弹，它含有一种照明剂，在发射时，会发出明亮的光，有的是红色，有的是绿色，照亮枪手的射击路线，帮助他锁定自己的目标。这就是罗伯现在看到的情况。

这是在交火，罗伯心想。**我们受到了攻击。战斗打响了，就在此时。**这是他第一次遭遇敌人的实弹射击。

他们甚至还没有着陆，就出现了状况。

当前门射手的 M240 子弹射入黑暗中时，罗伯感到一股肾上腺素在身体内涌动。他感到自己握紧了那把大号的点 50 口径步枪——一种徒劳但不可抗拒的姿势。这是一种激动与沮丧的奇怪组合，就像那种令人发狂的游戏等待时间。他们正在遭受攻击。他们被枪击了，而他除了抓紧尼龙网和等待，什么也做不了。他最想从飞机上下来，到地面上，那样他还可以做一些事情。

他感觉到直升机向右急剧倾斜。当然，直升机一定是离开了，前往另一个降落点。但没过几分钟，他就意识到，这不是正在发生的事情。飞机没有飞向备用降落点。他们似乎在向北飞行，朝着他们来时的方向返回。

等等 —— 行动**被取消了？**

刚一返回巴格拉姆空军基地，他们就得到了所发生的最新消息。整个空降编队遭受了比预期更严重的敌人火力。黎明前出发的 8 架满载直升机中，大多数都掉头了。然而，有几架确实着陆了。其中一架飞机搭载着第 63A 组，另一支加拿大分队。

他们的人在那边的地面上，而他们却返回基地了。

第 63B 组的人极度不安。“这是**废话！**”罗伯告诉巴格拉姆基地的地勤人员。

“给我们安排一架飞机，”蒂姆补充道，“我们要回到那里，**现在！**”将战友们抛弃在阿富汗山区，而他们却心安理得地坐在基地？这是不可想象的行为，这样的情况也没有发生。加拿大人可能很有礼貌，但是如果情况需要，罗伯和队友可以像任何美国水手一样骂人。

现在的情况就需要。

就这样持续了几小时，后来他们重新登上直升机，向南飞去，准备与战争会面。

当他们再次登上直升机时，一名年轻的三角洲狙击手也爬进了机舱。他们早些时候在巴格拉姆的跑道上见过面，当时他们在汇报完情况后围坐在一起，罗伯注意到他带着一支 SR–25 狙击枪。他们曾就不同狙击枪的优点进行过交流。现在，他来到这里，带着 SR，与罗伯乘坐同一架飞机，前往沙伊库特谷。

他们开始讨论即将到达的目的地。三角洲的一些人去过那里，回来了，也在赶来。

“该死，伙计，”年轻的三角洲特种兵说，“我们要进入一个马蜂窝。”

战争是即兴创作。也许你希望它不该如此，而是每件事情应该按照计划进行。有时候会发生这种情况，但很少见。通常的情况是这样的：在开始发生的那一刻，事情就变得很糟糕了。这正是在“蟒蛇行动”中发生的事情。

行动计划是，在美军围剿坏人时，他们渗入，提供侦察，然后撤出来。行动指挥官仍然认为，敌人部队规模小，对既定的战斗准备不足，要么被歼灭，要么在短时间内主动投降。因此，狙击手的任务将是快进快出：前一天黎明前进入，第二天撤离。一天的行动，小菜一碟。

钱已打到你账上。允诺，允诺。

数小时前，他们在巴格拉姆收拾装备时，美国人告诉他们："伙计们，不要考虑带睡袋、火炉以及**古驰装备**。"**古驰装备**一词是指你个人购买的装备，添加到你部队提供的装备中。"我们只去24小时。"

在简报中，罗伯和队友们没有被告知这次任务要出去多久，也没有确切地告诉他们任务的具体内容。他们只知道行动涉及许多秘密，那里发生了大事。没有人需要告诉他们这些；他们可以感受到兴奋的嗡嗡声和啪啪声。现在，美国同事告诉他们，这是一次一进一出的行动。小事一桩。他们应当轻装简行，但这与训练背道而驰。在训练时，他们被告知，无论执行什么任务，他们至少携带72小时的补给。抱最好的希望，做最坏的打算。他们没有理会美国佬的建议，继续收拾行囊。

事实证明，即使是72小时的装备补给也是远远不够的。

2004年初，贾森·德尔加多走出运输机时，他发现自己身处……好吧，他不确定这到底是一个**什么**鬼地方。自从他和杰西·达文波特作为纵队的一部分，驶过该国心脏、推翻萨达姆政权以来，已经过去将近一年。**任务完成**。现在，他再次来到这里，这次是在该国西部，配合另一支部队——美国海军第七陆战团第三营L连，**如果**不完全是为了"维护和平"，至少是为了帮助**建立**和平。帮助这个国家重新站起来，赢得一些民心。

但是**这个**地方？他本来可以站在达拉斯的某个郊区。他是飞到了伊拉克，还是到了拉斯维加斯？漫步在基地，他看到夜总会、卡乐星汉堡店、汉堡王、必胜客、肯德基，以及影院。见鬼，这里还有肉桂卷店。

阿萨德空军基地位于巴格达和伊拉克西部边境之间，是美国在伊拉克西部最大的军事基地，安巴尔省相当于巴格达的绿区，是一个面积超过1554平方公里的进口西方设备的绿洲。

这种景象很不像伊拉克，贾森心想，**这是美国在伊拉克的一个泡沫**。

他在那里没待多久。美军第七陆战团第三营被告知，主要行动基地是西北大约 145 公里处一个名为加伊姆的小镇，距离伊叙边境只有 24 公里。

到达加伊姆后，他发现这里的环境相当舒适。美国人征用了一个主要的火车站作为军事基地，贾森的宿舍是配有床垫的双层床，有空调、自来水，以及其他便利设施。在前一年春天入侵伊拉克的混乱期间，有几次他们会连续 30 天无法洗澡。但那是一次入侵战争。他们现在处于占领／重建阶段，从各方面来看，这应该是一次更平静、更和平的部署。

他在期待一丝安慰。**钱已打到你账上。**

刚一到加伊姆军事基地，他就受命带着几名专业射手前往附近的边境城市侯赛巴，到西部前沿作战基地担任狙击排排长。他打理好装备，准备快速赶往那里。他希望那里能像加伊姆一样和平、一样美好。

很可惜事与愿违。

侯赛巴是一个占地 2.59 平方公里的时髦小镇，人口约为 10 万 —— 会让你想起宾夕法尼亚州的伊利，或密歇根州的弗林特，只是位于被入侵的伊拉克。该地位于叙利亚与伊拉克西部领土交接处，是犯罪活动的温床，长期以来，一直是该地区贩运非法货物的中心，包括在边境上来回运送武器（以及武装分子）。

第七陆战团第三营到达侯赛巴后，开始接管陆军第三步兵师的工作。第三步兵师不愿意将士兵派到大街上，以免受到伤害。他们会开着小型坦克和装甲悍马穿过市区，然后匆匆返回基地。这正是第七陆战团第三营营长马修·洛佩兹中校希望改变的事情。他想让士兵走上街头，在城市里开展巡逻。即将撤离的步兵第三师认为海军陆战队在街道上行走是疯狂的。对于洛佩兹中校来说，这是正确处理这件事的唯一方法：确保侯赛巴的好人知道谁是这里的主宰。龟缩在装甲车里巡逻不是海军陆战队的风格。展示：这才是海军陆战队的方式。

因此，海军陆战队走上了街头。整体而言，形势似乎还算平静。是的，这里和那里都有小规模的暴力事件，偶尔会有路边炸弹或不稳定的武装冲突。是的，每隔一段时间，就有人向海军陆战队营地发射迫击炮弹。但这一切似乎都是相当随机的，没有任何组织性。这就是他们在那里的原因，对吧？**展示武力。**

美军驻扎的侯赛巴营地位于该市西北角一小片梯形地块上的一处废弃建筑物中，紧靠着构成伊拉克和叙利亚边界的 45 米宽的荒凉无人区。这里没有自来水，没有供暖管道，没有城市服务，没有便利设施，什么都没有。更不可能有卡乐星汉堡店。

贾森和其他人走进这个地方，注意到里面闷热难当，正要问应该把装备藏在哪里，他们就被叫了起来。

“德尔加多，让你的人准备好，30分钟后出发。”

就这样，他们在新家安顿下来了。不仅没有藏好装备，甚至都没有人告诉他们应该藏在哪里。他们在原地放下所有东西，然后拿起武器和各种装备，准备离开营地，向东进入侯赛巴市区，执行在这里的第一次任务。

这应该是一个常规的监听和观察站，监视侯赛巴警察局，报告任何可疑的情况。这只是为了让他们感受一下这个地方。一个安静的夜晚，除了单调的每小时的无线电报到，什么都没有。

允诺，允诺。

2009年，当尼克·欧文登上C–17运输机，前往阿富汗南部，这将是最后一次部署，他心中有两件事。一件是他期待看到的情况。在3年多的时间里，作为一个游骑兵，经历多次部署，在过去七八个月里，他刚刚接受了高级狙击手培训。他曾破门而入，用机枪扫射，参与了大量快速而激烈的交火。他期望在黑暗中缓慢而安静地趴下，进行追踪。他想出去执行一个持续数小时的任务，不被发现，默默锁定猎物，他想进行远程射击。

他希望亲历一些卡罗斯·海斯卡克执行的那种任务。

然后是他预料到的，那就是在接下来的几个月里，他被闷得发慌。

在本宁堡时，刚刚从阿富汗换防回来的游骑兵告诉尼克和他们排的其他人，他们要做好无所事事地度过部署期的心理准备。来自坎大哈的报告显示，那里的情况非常平静。“伙计，你们最好带上游戏机。”他不止一次听到这样的建议。一些战友在出发前下载了最喜爱的电影视频。他们确信，将会有大把时间追剧。

他在阿富汗部署过一次，在巴格拉姆和贾拉拉巴德。他们在那里的山上度过很多时间，为在战场上的其他特种行动部队提供支持；在冰冷刺骨的山上走来走去，很是辛苦。那里人烟稀少；他们只看过一栋房屋，数公里内没有其他东西。在尼克看来，这里简直就是阿富汗的阿巴拉契亚。他们会去袭击或抓捕高价值目标，随后回营。有几次交火，但在那次部署期间，遭到枪击是例外，而不是常规。

他到达了威尔逊前沿作战基地，就在坎大哈以西，距离赫尔曼德省大约一小时车程，他发现事情已经不同。首先，这里的温度要高得多，没有山村，这是一片由沙漠灌木丛和平坦的城镇组成的土地，还有罂粟田，**一望无垠的**罂粟田。

其他人开始打开游戏机、DVD 播放器、音乐及电影。尼克并没有这么做。他喜欢将屋子收拾得清爽简洁。他会选择读书，也有可能去靶场进行大量空弹射击。

欢迎来到无聊王国！

只是这种无聊只持续了不到 5 小时，尼克和观察员迈克·彭伯顿就接到了命令，去执行第一次任务，陷入了比尼克所经历的任何事情都要疯狂的行动节奏。

当有人问亚历克斯："你当初为什么会选择加入海豹突击队？"他会说出很多理由。"为了享受冒险的快感。"他会这样回答。对户外行动的激情。对旅行的热爱。如果与对方更加熟悉，他则会说，出于对被推入混乱和愤怒的战斗的渴望，在那里，他的内心可以得到考验。他希望知道他将如何支撑下去，当面对致命威胁时，他是否真的有能力，与战友并肩作战，而不动摇或屈服。

所有这些原因都是真实的，但却不是**最真实的**。

事实是，亚历克斯加入海豹突击队，是出于一种对猎杀其他男人的想法的病态迷恋。猎杀他们是光荣的。合法地猎杀他们，并找到一个公正的理由……但仍然是：猎杀他们。这就是他加入海豹突击队的原因。

不过，到目前为止，事情还没有如他所愿地发生。1987 年，他刚从高中毕业，在入伍申请表上签字时，世界还没有发生战争。3 年之后，萨达姆·侯赛因入侵科威特，他正在执行和平时期一次相当无聊的部署任务。仅仅几个月之后，他就被派到波斯湾，参加"沙漠风暴行动"，但从他的角度来看，并没有真正发生什么。那次行动主要是美国的炸弹空袭和伊拉克军队的抱头撤退。对于像亚历克斯这样的士兵来说，即使他们身在其中，也是坐在场边，"沙漠风暴"就像在观看一场宏大的电子游戏。

从科威特回国后，亚历克斯参加了狙击手学校培训，但没有通过侦察的考核，之后像其他海豹突击队队员一样淡然无味地度过了几年（训练，训练，然后是更加严苛的训练）。1994 年，他再次参加了培训。这次，他顺利通过了考核。亚历克斯现在正式成为一名海豹突击队狙击手，所以他对行动的渴望比以往更加迫切。

1994 年 10 月，萨达姆又一次挥舞着战刀，指挥军队向科威特开进，到达距其边境仅 24 公里的范围内。美国海军陆战队第 15 远征队一支两栖战备小组，由“的黎波里”号两栖攻击舰领导，被派遣执行一项正式命名为“警惕勇士”的行动，但亚历克斯和队友们认为，这个行动应该叫“撤退”行动。

萨达姆撤退了。

就在“的黎波里”号两栖战备小组回国的途中，与另一支前往波斯湾的两栖战备小组相遇。第二个两栖战备小组由“埃塞克斯”号两栖攻击舰领导，包括海军陆战队第 13 远征队的战斗单元，正在执行一项完全不同的任务。对于他们面临的复杂、微妙且潜在不稳定的任务，该行动的海军陆战队／海军联合司令部派遣海豹突击队一个排加入海军陆战队，他们知道海豹突击队有一种独特的能力——拥有点 50 口径狙击枪，能够在需要时对目标实施高精度外科手术式打击。

亚历克斯是排里的两名狙击手之一。

罗伯·佛朗所在的狙击小组第二次乘坐支努干运输机成功到达着陆点，没有再遇到任何抵抗。直升机刚一着陆，他们就跳出飞机，径直向南边飞奔而去，爬到山谷西侧的山腰上。另一队，第 63A 组，在夜色掩护下已经按计划进入。罗伯的狙击小组就没有这样的幸运了；漫长的延缓意味着当他们向高处进发时，天已经亮了。

沙伊库特谷从西南向东北呈对角线延伸，长约 8 公里，宽约 4 公里，东部山脊由一系列高耸的山脉构成，西部由一条称为鲸鱼的长 1600 米的险峻山脊构成。罗伯乘坐的直升机从北边进入，从鲸鱼的左边经过，把他们扔到东部山脉的一处山脚下，位于山谷大约四分之三处。他们的计划是立即前往最南端的塔奎克尔山，这座海拔近 3200 米的山也是该山脉最高的峰，他们开始向据推测是在那里被击落的支努干直升机的坠落现场前进。

任务是：确保坠机现场安全，以便救援行动能够继续进行。

一下飞机后，他们就试图与第 63A 组通话，但是无法接通。他们不知道同胞们在哪里，或者在做什么。第 63A 组也在前往目的地的路上。

罗伯和两名队友开始进入山谷，朝南边向上前进。沙伊库特谷底已经高出海拔约 2400 米，但是塔奎克尔山最高点在他们头顶又高出了 800 米，他们要继续水平行走 1.6 公里。

然而，半路上，通话器接到命令。计划改变了。加拿大人无须继续向南攀登塔奎克尔山，而是保持当前的纬度向前方的高地前进，他们将在那里为美军第十山地师的一个旅提供支持，该部队正从南端涌入山谷。

他们并没有被确认告知计划被取消的原因，但是这种突然的改变让罗伯怀疑发生了两件事之一：要么是另一支行动组锁定了他们要去的降落点；要么是太晚了，任何人都无法进行任何救援。但这都是猜测。命令就是命令，他们有任务要执行。

当他们爬上斜坡时，蒂姆接到所属美国侦察排排长贾斯汀·欧维巴中尉的通话。欧维巴说，他们所在的区域有一辆丰田皮卡车，问他们是否可以看得到这辆汽车。

他们仔细观察了那个地区。果然，在 800 米外找到了一辆丰田皮卡。他们通过无线电回复："是的，我们看到了。"

"你们能不能摧毁这辆车？"

车一动不动。事实上，车里没有人，只是停在那里。中尉没有说为什么让罗伯小组摧毁这辆汽车。他们只是接到了摧毁命令。他们认为，要么这辆车构成某种威胁；要么他们只是想在无线频道中制造一些声音，让大家知道山谷中是有人存在的。

罗伯小组接到这个任务也是合乎逻辑之选，主要是因为他随身携带的"雷霆之杖"。

操控点 50 口径狙击枪需要特殊技巧，甚至还需特殊气质。许多非常出色的狙击手并不是点 50 口径狙击枪高手，要么是因为用着不随手，要么是因为没有掌握如何减少和吸收它那巨大的后坐力。如果你没有掌握正确的使用技巧，它就是一款非常冷酷的武器。这往往是一件非此即彼的事情：你要么钟情于点 50 口径狙击枪，要么就根本不喜欢，不喜欢者占大多数。

罗伯2001年年底从狙击手学校毕业之后，加拿大武装部队刚刚收到一批由麦克米伦制造的TAC−50狙击枪作为试购产品。他带着它到射击场试用，结果打了第一枪就喜欢上它了。

有一天，他们用标准步枪对着一个距离180米的钢铁靶子射击。只是为了好玩，他抓起TAC−50狙击枪朝着靶子开了一枪。这一枪不仅正中目标，而且击穿了靶子。这可是一个重达近百公斤的钢板。

现在，他才第一次找到在实战中测试这款武器性能的机会。

他打开步枪，将步枪双脚架牢牢地安放在布满灰尘和颗粒的硬石上，然后趴在枪后，左脸颊贴在枪托上，用肩膀顶住枪托，瞄准目标。扣动扳机。

轰隆！

他一枪打中了整个发动机组。

这是他们参加“蟒蛇行动”的第一枪，也是罗伯在战争中的第一枪。这也是他第一次一枪命中，如果你这么想的话也可以：他们在阿富汗的山坡上留下一辆报废的丰田车。

直到很久之后他才知道，这一枪确实产生了巨大的声响。美国的信号拦截技术人员报告说，他们在罗伯用枪击中丰田车后，立刻开始接收到一阵回荡的声响。TAC−50的轰鸣同时也向敌人泄露了他们的位置。用不了多久，他们就会遭到敌人的攻击。

他们继续前进，边走边爬。过了一会儿，蒂姆停了下来，向上指着南方，然后说：“嘿，我可以看到那边山脊上有一些人。”

就在蒂姆通过无线电呼叫欧维巴中尉之际，罗伯拿出一个望远镜，开始扫描山顶附近的山脊。

“长官，”蒂姆说，“我们可能看到了友军。”他们知道一批海豹突击队侦察员几天前到过该地区的某个地方，充当一个关键的侦察阵地，也许有几个人还在那里。

当他们继续通过望远镜扫描该区域时，罗伯发现一个人蹲在远处的山脊线上。他只能看到那个人胸部以上的部分，罗伯不能确定他是哪个师的，但他显然是一个美国人：他能看清楚他的上衣是明确无误的美国作战服，头盔上的“犀牛角”——头顶夜视支架，他还拿着M4。

罗伯告诉蒂姆：“是的，我们在这个地方肯定有一个友军。”他给了那个人的坐标。

蒂姆通过无线电转达了这一信息，然后将欧维巴的反馈信息告诉罗伯："不可能。我们在该地区没有友军。"

罗伯说："不，我们有，我正在看着他们。无线电回话。"他们就这样来回往复地沟通了一会儿。随后，罗伯继续观察拿着 M4 的人，那个人突然站了起来，罗伯发现，在美军作战服上衣下，他穿着一件长长的阿富汗罩袍。

在一瞬间，罗伯第一次明白了他所看到的东西。

那不是**他的**作战服上衣。那不是**他的**步枪。那不是**他的**头盔。这些家伙杀害了我们的一个人 —— 一个海豹队员，也可能是一个游骑兵，罗伯无法确定遇害的来自哪个部队，并拿走了他的衣服和武器。

一股冰冷的愤怒流遍了罗伯的身体。就在那一刻，一切都变得像鲜血一样真实。

那个人渣正在山脊上来回晃荡，他心想，**他把我们队友的一件东西当作该死的战利品来穿。**

他现在彻底明白为什么他们前往塔奎克尔坠机地点的救援任务被取消了，因为救援太晚了，战友们已经阵亡。

事实上，美军尝试过一次救援：一架满载游骑兵的支奴干直升机（我和海豹突击队队友们坐在同一架直升机上，当时那些游骑兵受命接替我们，我们被赶下飞机）飞到塔奎克尔山顶，但也被击落了。这次尼尔·罗伯茨死了，现在其他人也死了。指挥系统将花一整天时间来想办法，如何开展另一次救援行动，以拯救第一次救援行动。

但是罗伯对此一无所知。他只知道救援行动肯定出了问题，那个站在远处山脊线上的家伙杀害了我们的一个人，现在正穿着他的衣服到处招摇。

罗伯内心深处的某些东西被点燃了。就是这么简单：他要干掉那些家伙。他不在乎付出什么代价，也不在乎他可能要牺牲什么。如果要用他的生命来做这件事，那就是他要做的。在这一点上，他们一直在遵循训练，服从命令，做他们被教育要做的事情。这一直是一份工作，我找不到比工作更好的词。现在起不是了。从那一刻起，它变得非常个人化了。

他盯着瞄准镜里的那个身影，心里暗道，**你死定了。**

贾森和小组开进侯赛巴之后，他们第一次参观了这个在未来几个月作为家的地方。

侯赛巴是一个相当规则的网格布局，面积约 2.59 平方公里，以大型道路为界。东部和西部南北走向的街道被称为东端路和西端路；南部边缘以一条称为火车路的道路为界，因为伊拉克共和国的铁路在城市南部数十米外运行。现在，他们正沿着城市北部的主街道行驶，美国人称之为市场街。

这里是警察局的所在地。他们的任务：观察警察局周围情况，报告那里的任何可疑活动。

在快速了解该镇的情况后，他们决定将观察点设在复兴党总部大楼内，自从萨达姆垮台后，该大楼就被废弃了。大楼不仅是镇里最高的建筑物之一，而且恰好坐落在市场街南侧，与警察局隔街相对。堪称完美。

他们跟随联合反装甲小组插入该地区。联合反装甲小组是一种履带式炮兵建制，五六人到十几人集中在几辆车上，配备机枪和重火炮，诸如榴弹发射器和陶式反坦克导弹等。贾森和小组随联合反装甲小组穿过市场街，来到靠近城市东北角，距复兴党大楼两个街区的地方，下了车，以便可以悄悄地潜入该大楼。他们有 5 个人：贾森，他小组里的 2 名专业射手乔希 · 马维卡和布兰登 · 德尔菲奥伦蒂诺，以及 2 名提供安全保障的步兵。

他们蹑手蹑脚穿过一条条小巷，直到复兴党大楼，然后轻轻破门进入大楼，溜到三楼。他们在朝北的窗边设置了隐蔽观察点，在那里可以清楚看到街对面的警察局。

进入大楼后的第一件事情就是，进行无线电信号搜查。

什么都没有发现。

他们的无线电通信工作方式是使用**跳频**，一种在广播过程中快速跳过不同频率的技术。如果有人监听，他们在任何特定频率上听到的都是一个哔哔声。要想听到完整的通信内容，唯一的办法是他们拥有产生跳频模式的算法。

不知何故，在从侯赛巴前往城镇相对平静的 15 分钟车程中，他们携带的两部多波段组内 / 组间无线电台都失去了作用。

糟糕，贾森心中暗道。他让德尔菲奥伦蒂诺拿着无线电到处转动搜索，他和马维卡则开始观察警察局周边情况，并对这些情况进行评估。狙击手的大量时间就是在做他们正在做的事情：观察、画草图、记录。

时间一分一秒地过去了。

他们观察着。

他们画着草图。

他们记录着。

突然，一切都乱了套。

他们在那里待了不到一小时，就听到机枪扫射声，他们无法立即分辨出枪声来自哪个方向。子弹开始打在他们坐在那里向外看的窗户上。有些子弹则直接射入房间，落在地板上。他们都扑倒在地上。贾森边卧倒边说："趴下。"

"不可能！"贾森喊道，"他们是怎么发现我们的？"子弹到处乱飞，击打着房间内稀疏的装饰品。

紧接着，他们又听到另一个声音，类似，但略有不同。声音更大。这是另一挺机枪在射击，但这挺机枪距离他们更近。从声音上可知，他们正受到各种机枪的攻击，也许枪手就在几个街区之外，而他们自己的一个家伙就在大楼外面，为他们提供火力掩护。

太好了！贾森心想，骑兵前来救援了。

他们开始寻找可以窥视的裂缝。看清楚外面的情况后，才意识到事情不是他们刚刚想的那样。近在咫尺的枪声根本不是针对他们的。枪声来自警察局房顶的一名机枪手，只是他在朝北射击，离他们**很远**。

他们越过机枪手，向北边望去，看到远处田地上有一串枪口的闪光。那些枪声并不是针对他们的。不管枪手是谁——萨达姆的追随者、扎卡维的童子军，或者一些与当地人有仇的有组织的犯罪分子——他们正在向警察局开枪，贾森他们所在的房间只是偶尔被远处的子弹或者溅起来的飞弹击中。

好吧，好消息是，没有人向他们开火，他们没有被发现。坏消息是，大量来自机枪扫射的流弹仍在向他们所在的房间里喷射。

他们还是无法搜到无线电信号，这意味着无法获悉外面究竟发生了什么。贾森发出信号，开始撤离。

撤离计划是与联合反装甲小组一起返回，联合反装甲小组的反应时间为3—4 分钟。这意味着，如果他们陷入困境，他们清楚，在获得安全护送离开那里之前，他们至少需要坚持 4 分钟。这也是一个非通信计划：他们不是用无线电呼救（无线电仍然无法使用），而是用一个红星簇发出撤离信号。这是一小铝管，里面有一个微型火箭推进包，可以发射到数百米的高空，然后迸发出一个发光的五角星。

他抓起铝管，跑到远离炮火的后窗边，把装置摔在窗台上，以启动发射装置。它一发射，就砸在了窗台边缘上。在匆忙中，贾森忽略了正确握住发射器（手朝下，这样就可以立即将发射器转过来，朝向天空），他差一点将这鬼东西直接发射到房间里。幸运的是，他还是努力将发射器翻转过来，向上对准了外面。几秒钟后，联合反装甲小组将看到贾森发出的信号照亮这座混乱的城市夜空。

至少他们希望如此。发生了这么多枪战，他们不能假设有人会注意到他们发出的“带我们离开”的焰火表演。考虑到可能需要设法通过自救和躲避的方法逃离城镇，并返回前线作战基地，他们开始迅速收拾装备。

然而，接下来的情况变得更糟了。现在他们又听到另一挺机枪的声音，加入混杂的哒—哒—哒—哒—哒—哒的枪声中，而且离他们所坐的地方越来越近了。贾森跑到不同的窗户前，在他能看到的地方向外面偷看。当他跑到楼房东面时，他发现有一个车队从东面开过来，加入了这场派对。不是从西面过来的，侯赛巴营地就在那边。这些家伙，无论他们是谁，就像好莱坞大片中的情节一样，在街道上狂奔，从市场街东部延伸的玉石路过来。一定是从加伊姆镇前线作战基地过来营救他们的部队。他们是来营救贾森以及队友的。

贾森冲到前面的窗边，看到车队中的一辆车径直停在复兴党大楼前。其他几辆车开过去，停在隔壁建筑物前，西边是一座清真寺。海军陆战队队员从车上鱼贯而出，部署安全小组，并迅速排成一排。贾森认出了他们：他们是海军陆战队侦察队，基本上是海军陆战队版的海豹突击队或者三角洲突击队。

“嗨，伙计们，”贾森回头向屋里喊道，“他们不是联合反装甲小组，是侦察队来救我们出去！”

贾森知道，你不能随便从门口跳出来面对他们。那样太容易被射杀。他启动了预先协调好的信号，以确保友军的火力没有被引向他们的方向，然后向窗外大喊：“友军！友军！”

站在楼前警戒的侦察队队员抬起头，看到了贾森，大声喊道：“友军？你是美国人？”

“是的，”贾森大声回道，“美国人！我们马上下来。我们的通信失联了。”

那个家伙大声回道：“快点下来。酷毙了！”

他们抓起装备，迅速冲下几层楼。来到海军陆战队侦察队队员面前，贾森说：“什么情况，兄弟？你们怎么跑到这里来了？”

那人回道：“我们是来接一个狙击小组的。”

贾森说：“是的，就是我们。”

他说：“等等，那是**你们**？”

贾森说：“是的，伙计，就是我们。你们找到我们了。”

“哦，该死！”那名陆战队员说，“我们以为你们在**那栋楼**里。”他指了一下那座清真寺。

“不，”贾森说，“我们就在这栋楼里。”他用拇指指了一下身后。

“那么，**那栋**建筑是什么？”

贾森回道：“伙计，那是一座清真寺。”

“哦，该死，”那人又说，“好吧，我们要告诉中尉，免得——”

嘣！嘣！嘣！

一连串的爆炸声响起。一瞬间，一辆卡车从街上冲过来，把清真寺的前墙撞倒了一大块，才猛地停了下来。海军陆战队拿着破门器和闪光弹从车上跳下来，开始逐个房间搜查，破坏了所有门上的锁。另一群人排成一列紧跟在他们身后。

那个年轻的陆战队员走到中尉前面报告道：“报告长官，这些人是狙击手。”

中尉很兴奋，以至于没有完全领会他说的话。“狙击手？好啊，请入列。”

那个年轻的海军陆战队队员对中尉说：“不，长官，**他们是**狙击手！我们前来接应的狙击手！”

中尉回头看了他一眼，最后总算明白了。他看着贾森和其他狙击手。“你们不在那里面？”

贾森说：“是的，长官，我们就在这里。”

“好吧，那究竟谁在那**里面**？”

“没有人，长官。”

年轻的海军陆战队队员补充道：“那是一座清真寺，长官。”

“哦，该死！”中尉说道。他看了看被破坏的现场，然后说，更像在自言自语："他们明天早晨肯定会生气的。"

他给加伊姆基地打电话，报告已经接到狙击小组，然后发出收兵和撤离的信号。其他人像瀑布一样涌出清真寺，在贾森看来，不到一秒，他们全都上了车。贾森和其他人也跳了上去，海军陆战队的车队载着狙击小组向西出发，直奔侯赛巴营地。

这时，他们看到，在他们前面的街道上，一支卡车队朝他们开过来，卡车后边架着枪炮。他们看起来像是伊拉克民防团，这是一支由伊拉克临时政府创建的本土武装安全部队，帮助维持社会秩序。等等，他们不是来**攻击**海军陆战队的，是不是？他们是站在我们这边的，或者应该是。但这很难确定。伊拉克的武装力量正在形成派别，并分裂成各种不同的联盟，其分裂速度比美国人所能掌握的还要快。很难确定谁是谁，以及谁值得信任。

随着两支车队的距离越来越近，贾森注意到，另一辆皮卡从一条小街上开过来，在伊拉克民防部团车队前面加入了车队。

"我们前面远处发现了汽车灯光，"一名海军陆战队队员喊道，"那是什么？"

贾森和队友拿出望远镜，向街道上望去。

那辆该死的卡车上加装了一挺德什卡，德什卡是苏联制造的重型防空机枪。如果你看到一挺德什卡朝你开过来，可以肯定，它后面的人不是你的同路人，而这辆卡车正在快速地驶来。

他们传达了这一信息。海军陆战队队员开始向德什卡皮卡开火，直到那辆车撞到路堤并翻倒在地上。几秒钟后，他们的车队经过这辆皮卡，踏上了返回营地的道路。

欢迎来到侯赛巴，贾森，贾森心里暗道。这是他亲历的最诡异的一次撤退。

他们在市场街向西行驶的时候，贾森想到了阿萨德，几天前他还在那里。与巴格达绿区一样，阿萨德很可能是美国人希望成为伊拉克新现实的地方：一个西方式民主，每个街角都有星巴克和肉桂卷。做梦吧。阿萨德是有些人对伊拉克的幻想。

侯赛巴却是伊拉克的现实。

到达赫尔曼德省的第一个晚上，尼克·欧文和观察员迈克·彭伯顿受命为 C 连第一排提供安全警戒，他们准备抓捕一个自杀式炸弹背心的制造者。这是一项相当常规的任务，非常简单，将他绳之以法，与他们在阿富汗北部执行的任务类似。

到达现场几分钟之后，突击队就捕获了高价值目标，就在他们等待尽快撤离时，尼克和迈克发现距离他们的临时藏身点大约 365 米远的地方，三个手持 AK–47 的人正在悄悄地向美军小队靠近。两个人默默地瞄准他们，深呼一口气，扣动了扳机。尼克干掉一个，迈克击毙了第二个。第三个开始逃跑，但是正如经典的狙击手谚语所说："千万别费劲跑，你只会累死。"尼克看着他跑了一两秒，然后一枪结果了他的性命。两人在 30 秒内击毙了三个人。

令人兴奋的第一夜，只是任务结束得太快了，尼克不无遗憾地想。他确信，这将是他们在几周内，甚至是整个部署期间唯一的行动。无聊王国，难道不是吗？

但第二天夜晚他们又被派出去了。再一次，突击队很快就抓到了目标。又一次，尼克和迈克发现了直接威胁，他们这一次通过树冠瞥见了一个孤独的身影，他拿着一颗俄制手榴弹朝一个武装小组冲过去。尼克的第一枪没有打中；迈克的子弹击中树枝后也打偏了；尼克的第二枪正中那家伙的背部，被打出胸腔的心脏还在汩汩地流血。

两个晚上，两次任务。这 …… 会不会就是他们近期的所有行动呢？

显然不是，因为仅仅几天之后，他们又被叫出去了，这一次情况稍微有一点复杂。

在前往目的地途中，他们遭到了伏击，4 名武装分子在大约 137 米处的屋顶上将他们压制在一个小山村里。利用屋顶边缘作为掩护，枪手们从屋脊上探头窥测，正好可以勘察现场并多开几枪。当尼克瞄准时，他发现一个有趣的现象：当他用红外线照射他们的眼睛时，他们的眼睛发出明亮的白光。他心想，**嘿，他们排列得还真整齐**。紧接着，他开始朝他们射击。砰、砰、砰，像校场上的靶子一样，前三个人相继倒下。第四个试图爬走，但并没有走远。

他们接近目标（仍有几公里之遥）时，遭遇了更多的武装分子。头顶上的 AC–130 武装直升机传来情报，主要目标的一小群人离开了建筑物，跑进一个森林地带，距离他们现在的位置大约 365 米。可以清晰地听到武装分子的骚动声，所以决定除掉他们。与狙击手随行的还有一个小组，加上战地犬布鲁诺，以及驯导员，他们希望潜入那片区域，逮捕或击毙那些家伙。

在其他人员继续向前靠近时，尼克和迈克在距离森林线约 90 米的一处灌溉堤坝上停下来，建立观察点。他们趴在堤坝上，将枪架在堤坝顶端，通过夜视仪观察小组的进展。

尼克打开红外线，开始用激光在树林里搜寻。起初，他并没有发现什么异常情况。后来他发现了一些奇怪的东西：他注意到一些小白点出现在视野中，很快消失了，一会儿又重新出现。他是不是发现了什么？阿富汗有萤火虫吗？尼克不确定。

后来他意识到看到了什么：那是潜伏在森林里的枪手的眼睛，正好与美国人面对面，他们在眨眼睛。

当时小组距离森林线可能只有 7 米的距离，还在快速向那些家伙靠近。

尼克接通了无线电。“嗨，你们能看见他们吗？”

“在哪里？”他们回道。

“你前面就有一个，伙计！就在你 12 点钟方向，距离你 6 米。”

“我什么都看不见啊。”

小组中没有人能够看到任何东西，而他们即将走到枪手面前。尼克不能向武装分子开枪，因为他的人将被夹在中间。他再次用无线电告诉他们停止前进。就在他们僵在原地，小心翼翼地单膝跪地时，尼克的十字准线上出现了一双闪烁的眼睛。他打开了机枪保险。

“嘿，”尼克告诉其中一名队员，“听着，我要干掉一个家伙，但是我的子弹必须从你的肩膀上方穿过，你必须保持非常非常稳定。”

“收到，”那名队员回道。跪在地上的游骑兵保持得非常稳定。

尼克的手指紧紧地扣住扳机，就在他准备射击之际，对面那个家伙动了一下。尼克看到一束长长的闪光和火花，他只来得及想，该死，**那是一挺机枪**，这时一阵枪声从树丛中射出。

小组所有成员迅速趴到地上，但是一个游骑兵卧倒时，头盔上中了一枪。另一个人的夜视镜也被击中，瞬间碎成了渣。

尼克立刻开始火力压制。

游骑兵的战地犬布鲁诺，冲向枪手，它的肋骨中了一枪，但仍继续前进，在树林中追上了敌人，开始疯狂地撕咬。

尼克发现一个目标，直接一枪爆头，紧接着又干掉了第二个。

分队长站起来拉拽一名受伤的士兵。在拖动的同时，他也尽量压低自己的身体，收回后腿时，他就将前腿远远地伸出去，足有半步远。尼克看着他时，瞥见有一组闪烁的白点出现在分队长的两腿之间，大概在他身后 6 米处。

那个家伙离他大约有一个足球场的距离。

尼克仔细地瞄准。

在 90 米的距离上，尼克的子弹将在十分之一秒以下的时间内穿过分队长两腿之间的位置。

对他朋友的腿来说，速度太快了，根本无法改变姿势。

应该没有问题，尼克心想，**我真的希望不要打掉他的蛋蛋。**

他扣动了扳机。

子弹基本上是直线飞行——在短短的 90 米内没有弧度可言——在分队长的两腿之间呼啸而过，但没有碰到他，又前进了 18 米，子弹击中了目标。

那个家伙的头被打爆了，完全从脖颈上脱落了。

值得庆幸的是，敌人没有夜视仪，在黑暗中他们的能见度不高，即便在 7 米远处。游骑兵设法将两名受伤的士兵从森林线上拽回来。

尼克很高兴他没有把那个可怜的家伙的蛋蛋打掉。

就在尼克继续努力在森林中搜寻目标时，一个游骑兵请求空中支援。226.8 公斤的炸弹对他们来说距离太近了，所以他们选择调用 105 毫米榴弹炮。即便使用 105 毫米榴弹炮，他们仍然在最小安全距离内。

第一轮榴弹炮攻击偏离了方向。

尼克向话务员提供了更精确的坐标，话务员将信息转发给榴弹炮手。有那么一会儿，他们周围的地面在巨大的爆炸作用下变成了果冻。

待地面恢复平静，他们立刻起身，继续向森林线前进。地面上四处散落着被炸断的手指、屁股，大腿，以及脸。他们捡起尸体碎片并将它们拼起来，想看看谁是谁。但是现场的情况太乱了，他们根本无法确定到底有多少具尸体。

游骑兵小组没有人死亡，头盔上中枪的两人只是受了点伤，布鲁诺在驯导员把它的肋骨包扎好并做了一些医疗护理后，也没有什么大碍。他们继续完成剩下的任务，历时 4 个多小时。主要目标已经确定，也就是说，装袋并贴上了标签。

尼克在之前的部署中从来没有遇到过这样的情况。在伊拉克，他也亲历过高强度的特别行动。不过，那里的交火大多是单边的。通常情况下，他们会让目标措手不及，拥有出其不意的优势和压倒性的优势。一般来说，这更像特警队的突袭，而不是阵地遭遇战。

但是这次呢？简直太疯狂了。似乎不管在哪里，都有塔利班拿着武器对付他们。他们不断遭到敌人袭扰，有时候要跟那些家伙交火一段时间之后，游骑兵才能重新获得火力优势。

这种情况一直持续到现在。他们夜复一夜地出去执行任务，有时候一晚需要执行多项任务，然后休息一两天，也许三天，然后再回来执行任务，他们走遍了整个赫尔曼德省，东西南北，追捕高价值目标。在一次行动中，尼克和迈克在一个晚上击毙了五六个塔利班指挥官。

如果这不完全是他梦寐以求的卡罗斯·海斯卡克式的战斗，那肯定是比尼克以前见过的更多、更疯狂的行动。

从1994年12月至1995年2月的3个月里，作为埃塞克斯水陆两栖战斗群的一部分，亚历克斯·莫里森所在的排乘坐两栖战舰在波斯湾无所事事地漂荡。他们百无聊赖；实际上一直如此。作为水陆两栖战斗群的一部分，就像一整周都在播放马拉松的美国有线电视C-SPAN一样无聊。

尽管如此，每次只要有机会，每次只要他们进入港口并有机会下船，无论时间长短，亚历克斯和排里的另一名狙击手都会离舰上岸，寻找一个可以练习的地方。他们想把射击技能磨炼到极致，因为随时都有可能受命执行任务，至少他们是这么认为的。实际上并没有被告知任何关于他们在那里的原因，在波斯湾连续数周漂荡的确切意义。但是不需要被告知；他们可以把这些事情联系起来。

索马里已经变成一个风暴眼。1993年10月，“无望行动”开始后不到一年，一切都在一场战斗中化为乌有，18名特种作战部队士兵死亡，美国深受其害。在摩加迪沙之战结束几周内，美国已将整个行动洗白，并将其移交给联合国，联合国在经过一年的努力后也放弃了该地。停止支援的决定已经对外宣布。所有人都知道美国人将不得不领导最后的疏散行动。这就是亚历克斯和队友们在那里的原因。

现在，舰船停泊在距离索马里南部海岸 6 公里处的地方，所有人都获悉相关信息，准备随时出发。

他们知道“联合盾牌行动”（一个爱开玩笑的人称之为“放弃希望行动”）应是一次和平撤退。他们也知道这是一个非常古怪的社区。当地人不做任何反应就让我们离开基本上是不可能的。

在过去几天里，亚历克斯和海豹突击队战友一直在忙着做水文测量，这是向第二次世界大战时期的一种回归，当时水下爆破队（海豹突击队的前身）潜水到海岸附近，收集尽可能多的数据，并将数据标注在手绘地图上，供登陆人员在登陆时使用；或者炸毁一切他们认为有必要破除的东西。水文测量是一个严格、耗时且乏味的过程。在基础水下爆破 / 海豹课程中，为了消耗我们的精力，教官们经常要求我们这样做。亚历克斯在睡梦中都可以完成这些工作（实际上这是基础水下爆破 / 海豹课程中所有人真实的感受）。

但是水文测量现在已经结束；在波斯湾漂流的几个月已经结束；多年的训练也已经结束。

追捕的时间到了。

你是我的枪下之鬼！通过瞄准镜，罗伯注视着那个穿戴着被杀美国人的战斗服和头盔的塔利班武装分子，心中暗想。

但这是不可能的，至少当时不可能，在这种情况下不可能。尽管通过瞄准镜，罗伯可以清楚地看到那些塔利班武装分子，但他们都远在射程之外。更重要的是，他们站在海拔 3000 米的高度，而罗伯和伙计们所处的海拔高度不到 2400 米，因此除了射程不够外，他们之间还存在着相当大的高度差。根本不可能与他们发生交火，他也不可能朝他们迫近，尽管他有这样的冲动。

第 63B 组仍有一项任务要完成。他们必须就位，以便为进入山谷的人提供掩护。

这就是纪律。

他们将信息报告给了指挥部的欧维巴中尉，并说明情况，然后继续前进。但是罗伯永远不会忘记他所看到的一切。

很快，黄昏开始降临。他们已经抵达半山腰，那样的高度可以被视为高地。他们将在这里设立观察点。在美国侦察排开始挖散兵坑、填饱肚子、更换袜子、准备迎接夜晚降临之际，几名加拿大士兵为之提供安全警戒。

他们开始了例行工作。

首先，他们找到一处可以提供最大视野，同时也能提供最大天然掩护的地方。他们在地面上找到一处足够宽的小洼地，完全满足需求。

打开大枪的双脚架，把它安放在一个平坦的地方，蒂姆爬到步枪后面（在整个蟒蛇行动期间，他和罗伯相互交换射手和观察员的角色），拿出弹药。与此同时，罗伯拿出测距仪开始绘制测距卡，也就是一张详细的射击区域图。他快速勾画出山谷地形草图，然后有条不紊地识别出下面山谷中每一个重要的视觉元素，这样，一旦突然发现目标，他们就会有现成的参考点，计算出所有的距离。

12 点钟方向是一处大型泥地，距离 1800 米。

巨大的悬崖基底，距离 2200 米。

他快速勾画着；所剩光线不多，不会持续太久。

嗒—嗒—嗒—嗒—嗒—嗒—嗒—嗒—嗒!

突然，他们遭到了机枪的火力攻击。

每个人都仓促应对。

罗伯意识到，这些人很可能在他向丰田皮卡开出第一枪那一刻起，就盯上了他们，一路跟踪到这里。虽然美国人和加拿大人此时已经在山上相当远的地方，但其他人仍占据着高地，因此他们一直拖到黄昏时分才向他们开火。这是典型的军事行动：等待夜幕降临。

听声音像是德什卡重机枪。这些家伙在这里不应该有德什卡机枪。这绝对是意料之外的。他们本应在那里防止坏人逃跑，但看起来这些坏人根本没有逃跑的意思。现在美国人和加拿大人受到机枪的猛烈攻击。所有人四散奔逃，争相躲避。

蒂姆和罗伯相互大声问对方："你看到火力来自哪里了吗？"他们都在扫描山谷，寻找火力点，罗伯用望远镜，而蒂姆则通过步枪上的光学仪器。

蒂姆突然大声喊道："我找到一个人！我找到了一个人！"

一个枪手躲在一块波纹钢后面。他们对他进行了测距：不到 1500 米。蒂姆锁定对方并扣动了扳机。

砰！

霍纳迪 BMG 点 50 口径子弹击中了那家伙，把他像布娃娃一样向后抛去。从 1500 米处，一枪毙命，不错。但这并不是那个喷吐重机枪火力的家伙。加拿大人和美国人仍在遭受直接攻击。

然后迫击炮开始发射。

等等，**什么？**迫击炮**绝对**不是蟒蛇行动策划者所期待的东西，但它们还是出现了。

最初的几枚火箭弹呼啸而来，在狙击手前面几米处击中地面。他们甚至可以听到火箭弹在飞行中尾翼旋转的声音。

罗伯和蒂姆赶紧躲到几块小石头后面，这些石头几乎不足以为一只鼹鼠提供掩护，但这是他们的全部。**你们知道吗？**罗伯心想，**也许我们**应该**携带头盔和防弹背心**。就在这时，又一枚火箭弹击中了地面，这次是在他们身后。

这是他们在战场上学到的关于迫击炮的知识：如果有一枚炮弹落在你前面，下一枚落在你后面，那意味着敌人已经锁定你的位置，第三枚将会**落在**你身上。

谁都不愿意说的事情是：他们都清楚自己的位置被锁定了。他们迅速跳起来，抓起装备，飞速离开那里。几秒钟后，他们刚刚撤离的阵地被一枚迫击炮弹炸成了废墟。

他们向美国人挖的战壕推进，蒂姆拿着点 50 枪，罗伯拿着望远镜。侦察员放下背包，只拿了日用背包、M4 步枪，以及弹药，然后开始忙碌。当两名狙击手回到山上后，罗伯与一名热心的美国年轻狙击手面对面，他在他们离开巴格拉姆之前见过面。非常棒的一个小伙子，新科狙击手，很想参加此次行动。他拿着一把 M40 步枪，这款枪很不错，但在他要射击的距离上没什么帮助。他看了罗伯一眼，将自己手里的步枪塞到他的手里，随后又递给他一些弹药。

“这个，”他说，“你用着比我更合适。”

罗伯看着他，心里暗道，**为什么不呢？**这小孩还会有 M4 的。“当然可以，”罗伯说，“谢谢。”接过子弹装进口袋，罗伯抓起狙击枪，然后躲在掩体后。

在猛烈的直接火力下，他们一直待在那个位置，直到天完全黑下来。一旦安静下来，他们再一次将点50枪架在一处监视点上，讨论接下来该怎么做。

他们不能再回到刚刚遭袭的地方。敌人知道那个位置；那里已经不安全了。不过，很多装备还留在那里，他们不愿意就这样轻易放弃。袭击发生时，有一些美国人正在换袜子，所以武器也丢在了那里。他们想要潜回去，抢回自己的东西。

加拿大人有一个优势：他们有夜视镜。外面的塔利班分子，或者不管来自哪个鬼地方的人，估计都没有。

蒂姆和罗伯开始轮流带领小组回到被迫击炮炸毁的阵地。他们希望在夜视镜的帮助下，利用夜色的掩护拿回自己的装备，一个人带着小组回去时，另一个人就会抓紧时间休息。他们整晚都在这样做，直到天亮才离开这个位置。

有一件事情很清楚：这不会是一次24小时的行动。

事实是，他们在一周多时间内，都无法走出沙伊库特的荒野。

第 10 章　**走出安全区**

多听专家的意见。他们会告诉你什么不能做，为什么不能做。然后，做到这一点。

——罗伯特·海因莱因

有任务，有计划，然后是实际发生的事情。没有什么是按计划进行的，**从来没有**。这是战斗的第一条规则。这意味着简单的反应鲜有成为有效战术的。有效的特种作战的本质在于反应和适应的能力，是即时的创造力和创新性。换言之，就是要跳出框框思考和执行。根据定义，正如我之前所说，我们的存在就是在采取强硬行动时发挥作用。

亚历克斯·莫里森、罗伯·佛朗、贾森·德尔加多，以及尼克·欧文都将亲自上阵。

亚历克斯正在思考关于死亡和水的问题，因为他感觉他们的气垫船在索马里海岸数公里外的午夜非洲大海中翻腾晃动。

他想到部署在他周围数公里范围内的部队，想象着这一切将如何发展。登陆部队包括约 1800 名海军陆战队队员，一个 350 人的意大利海军特战营，以及少量的“支援部队”，像亚历克斯和其他海豹突击队员一样挤在这样的铁罐子里。

他环顾四周，在黑暗中大睁着眼睛。他们大约有 40 人，很可能都在进行着与他相同的思考。执行任务，筛选变量，评估意外情况，权衡无法不确定因素。

大约一半的登陆部队正在向摩加迪沙港口新港（在海岸线两三公里处）进发。他们乘坐大型登陆舰。还有数百人乘坐两栖突击车，海军陆战队在格林纳达和“沙漠风暴行动”中使用过这种战车，性能很好。还有一些人乘坐运输直升机飞过来。但亚历克斯和小组却没有。他们是以真正的海豹突击队的方式进去的：乘坐两栖气垫船，基本上是一个超大的冲锋舟筏子，配备了一堆怪物似的窗扇。你根本无法走到气垫船的甲板上；如果你想尝试，你将会被气垫船螺旋桨吹走。因此这就是一种军用集装箱。

计划很直接，甚至可以说很简单。在将近 3 万人的联合国部队中，只有不到十分之一的人留下来，其中大部分是来自孟加拉国和巴基斯坦军队，以及各种行政和联合国总部工作人员，他们都住在机场附近以及新港。登陆部队即将上岸，在机场主跑道和海洋之间，建立一条与海岸线平行的狭窄安全通道，从机场一直到港口。在那里，他们将监督 2500 多名联合国特派人员撤到警戒线内，然后撤到船只上。一旦任务完成，他们将撤到沙滩上，再乘坐气垫船，回到海上。

从亚历克斯的专业角度看，这是一次典型的海豹突击队行动：从海上进入，由海上支援，再撤回海上。

在漆黑的夜中，亚历克斯想到他们收到的简报，包括简报中所说的以及从所说的推断出的内容。

他们显然被夹在两条相互矛盾的命令之间，反映了最高指挥层的两种偏执理念。一方面，华盛顿的人害怕此次行动会点燃另一个火药桶，就像 16 个月前的摩加迪沙之战。的确，当地军阀已承诺对撤退行动采取不干涉政策，但是你不能相信那个混蛋艾迪德。如果发生任何暴力事件，必须不惜一切代价加以控制。

另一方面，指挥部对于致命武器的使用也是不无忌惮。“黑鹰坠落”事件的灾难使美国政策制定者感到非常恐慌，以至于使得整个美军在前一年夏天的卢旺达种族灭绝事件中袖手旁观。在简报中，他们目前极端保守的交战规则已被灌输给士兵。“如果你们搞砸了，”简报补充道，“他们将会被起诉。”好家伙。

“无望行动”让我们的军事指挥官变得噤若寒蝉。

噤若寒蝉。哈哈。这是一个正确的术语，毋庸置疑。为了让大家明白这一点，一些海军陆战队队员配备了各种“非致命技术”——辣椒喷雾、闪光弹，以及发射黏性泡沫代替真正子弹的枪支，“作为口头警告与致命武器之间的过渡”，官方如是解释。

颠簸与晃动减慢，随后停止了，亚历克斯可以感觉到船在浅滩上滑行，然后颠簸着停下来。他们到达绿滩：索马里的土地。他抓起点50口径“野兽”，站了起来。

如果情况变得糟糕，他肯定不会用泡沫或者辣椒喷雾。

罗伯和蒂姆在度过到达沙伊库特谷的第一晚后，3月5日的黎明到来了，他们有一个问题要解决。第十山地师被机枪和迫击炮火力压制，需要援助。事情不应该是这样的；联军应该是围攻敌人，而不是相反。但事情就是这样。

这给罗伯和蒂姆提出了一个明确的任务：干掉这些家伙。他们需要尽其所能地解决掉困住美国军队的迫击炮和机枪。但这带来一个战术难题：他们处于劣势。前一天，他们设法爬到了山腰，但是还不够高。在离谷底这么近的地方，他们在某种程度上被包围了。他们需要一个最基本、历来收到尊重的军事优势：高地。

他们受命进入了一个区域，应该在这个区域行动，一组坐标定义了这个“安全区”。他们不能超出这一坐标范围。但如果待在“安全区”内，就不能做他们需要做的事。他们需要走出“安全区”，获取制高点，这样才能下一场激烈的铅弹风暴，赶走那些牵制他们部队的武装分子。要做到这一点，必须爬到更高的地方。

问题是，根据空军的说法，任何在“安全区”外的事物都会被视为敌人。如果他们去那里，就会有被自己人射击的风险。这种风险是真实存在的。（事实上，尽管罗伯和蒂姆当时并不知道，“蟒蛇行动”在两天前发动了一起致命的误炸事件，当时美军一架AC-130错误地向一支由四辆车组成的美国—阿富汗联合车队开火，导致车队指挥官死亡，其他不少人受伤。当他们把那些倒霉蛋送到急诊室时，我也在现场。）

这是一个两难的选择：为了完成任务，他们需要一些高度，但是如果在“安全区”范围外向山上移动，他们自己就成了目标。

罗伯和蒂姆相互看了看，耸了耸肩。

“我们可以死在这里，海拔 2430 米，”蒂姆说，“或者我们可以死在海拔 3000 米的高处。对吗？”

罗伯回想起前一天的感觉，盯着那个身穿美军战斗服的塔利班分子，意识到他宁愿死在山顶制高点，也不愿坐在“安全区”内，看着他们的人被压制、被枪击。如果他们被射杀，那就被射杀吧，至少他们会有所作为。

“行动吧！”他回道。

他们没有同任何人商量，也没有报告上级，更没有带任何人为其提供安全掩护。就这样出发了，两个人，开始向山上走去。

在向山上推进时，他们遇到一支躲避在山腰深处的美军部队。“嗨，你们要去哪里？”美军问他们，“你们不知道正在走出安全区吗？”

“知道。”蒂姆边走边朝他们点了点头，“我们知道。”

“你们简直是疯了！”美军士兵说，“你们上去那里，会被炸死。”

“别担心，没事的，”罗伯说，“我们明白。”

把美国人抛在后面，他们继续前进。

他们花了一些时间才抵达预定地点。一路上都有零星的飘雪。到达海拔 2743 米高度时，地面已被积雪覆盖了。地面上的雪意味着能够发现脚印，果然，在推进到海拔 2743 米后的几分钟内，他们发现了几组脚印。在这个高度上，不可能有友军的脚印，至少现在不会有。除了他俩，没有其他人，而且这些脚印是新的。

罗伯感到自己的皮肤发麻。这里是他们前一天发现有人活动的地方，他在那里看到那个塔利班分子，穿着美军战斗服。他们现在正好站在敌人站过的地方。

罗伯和蒂姆不约而同地看了看对方。

毫无疑问，我们钻进了马蜂窝，罗伯心里暗道。

到达侯赛巴大约一周后，贾森·德尔加多的小组接到一个任务，前往一个被称为 440 的地区进行侦察。

440 地区是侯赛巴版的高档封闭社区：一个大型的、方方正正的房屋群，四周有围栏封闭，坐落在城市西南角，距离叙利亚边境仅一箭之遥。居住在这里的人都是萨达姆的忠实信徒，是复兴党人，他们的忠诚得到了回报，有了相对舒适的生活环境。对联军指挥部而言，复兴党人仍然被认为是抵抗力量的核心，是萨达姆的继任者，是侯赛巴可能发生的任何煽动活动的主要嫌疑人。狙击手受命前往该地区观察，看是否能发现任何可疑活动。

贾森不希望有任何车辆出现，所以他决定带领小组徒步前往那里，其中包括马维卡、德尔菲奥伦蒂诺，以及驻扎在那里的另一小组的 4 名狙击手。侯赛巴营地只有一个出入口，面对市区，贾森不想从这里出发。他不希望该市的任何人知道他和他的人离开了营地。他让人在营房后给他们开了一个口，正好可以让他们 7 个人钻出去，就这样他们从后面离开了前线作战基地。

他不信任侯赛巴，不是因为某一件事情。这只是他第二次或第三次到这里执行任务，他和小组刚刚对这个地方有了感觉，到目前为止，他们并不喜欢自己的这种感觉。

尽管贾森在侯赛巴的第一个晚上就发生了离奇的警察局枪战，但他一开始对他和队友在那里能够完成任务感到乐观。根据高层决策者的指示，更大的任务是帮助后萨达姆时代的伊拉克实现和平与稳定。他们愿意，可以这么说；在贾森更务实的观点中，他们来这里是为了带来法律和秩序。没过多久，他就弄清了这是一个什么地方。在那次疯狂的交火后，当他们乘坐海军陆战队侦察队的车返回基地的第一个晚上，他就明白了所处的环境。

这就是**狂野西部**，他心想，**而我们就是镇上的新治安官。**

“听着，伙计们，”第二天他告诉狙击手，“一旦我们开始封锁这个地方，这种情况就会慢慢减少的。我们到市区去，让他们知道这里有海军陆战队。一旦我们展示几次肌肉，让他们知道我们不是在开玩笑，这些家伙就会退缩。”

这是他的心里话，或者至少，他是这样告诉自己的。但街上的现实似乎是一种完全不同的情况。直觉告诉他，这里发生的事情将比任何人看到或谈论的都多。

从营地后面悄悄溜出来之后，他和狙击小组开始步行，向西南方移动，离开作战前线基地，向 440 地区的后面，即叙利亚边境一侧推进。需要在空旷的沙漠中行进约 1.6 公里，但他们早就习惯了在沙漠中行走。

在接近440地区时，经过一个很深的矿区，有人开采石英或其他东西。这时已近黄昏，没有人工作；机器静悄悄地摆在那里，一片荒芜。7个人停留了一下，欣赏着这个场景；矿区很大，就像巨石文化时期的场景。

突然，听到了枪声。声音来自边境的更远处，远离城市。他们立刻进入桩体，向西南方的混乱点跑去。跑了1.6公里多，贾森估计有4公里，他们才看到远处有什么事情发生。

他们蹲下来，拿出望远镜。

贾森看到一个伊拉克边境棚屋，一间还没有移动厕所大的水泥房子。

该地区只有一处正式的边境口岸，在侯赛巴营地后面。但边界本身除了护堤和空旷的沙漠外，什么都没有；没有铁丝网，没有防护栏，没有任何东西，真的。甚至连确切的边界线本身的精确划定也是一个争论不休的问题。为了安全起见，边境沿线修建了一系列小棚屋，基本上不过是观察哨。任何人都可以偷偷通过，几乎任何地方都可以。

一个可怜的家伙坐在小观察哨的一侧，面对东北方的贾森及其小组队，两腿中间的地上放着一把AK–47，头靠在上面，来回摇晃着，好像无法相信发生在他身上的事情。他的小棚屋被炸毁了，水泥碎片四处纷飞，尘土飞扬。这该死的小棚屋被机枪扫射得荡然无存。

狙击手们顺着枪声的方向远距离扫描，试图找出枪声的来源。在那个边防军很远的地方，是一个五人小队，中间那个家伙蹲在一挺卡拉什尼科夫轻机枪后，就像用那个可怜的边防军做靶子练习一样，向他扫射。

贾森通过无线电向战术作战中心的值班指挥官报告："这里是塞拉3号，我们发现一支由5个黑衣人组成的小组，带着一挺卡拉什尼科夫轻机枪，看起来像是一支机枪队，他们正在折磨一个伊拉克的边境士兵。"

狙击手的交战规则与前线步兵连不同，因为他们可以亲眼看到发生了什么。通常情况下，他们被允许自己做出决定，并进行射击。不过，此时他们并不处于战斗状态。这毕竟是占领阶段，或者说维和阶段，或者任何一个正确的术语。他们应该在开枪之前报告一下。

另一端的指挥官问道："他们在向一个伊拉克人开枪，他是一个边防军？"

"是的，长官！"贾森报告。他们不知道自己的准确位置；没有地标，附近除了空旷的沙漠和那个小水泥棚屋，什么都没有。他向指挥官报告了他们的

GPS 坐标，并请求允许他们除掉目标。

“这就是我们来这里的目的，”指挥官回道，“帮助那个可怜的家伙。”

“收到！”贾森说。这就是他想要听到的。

布兰登·德尔菲奥伦蒂诺担任贾森的观察员，他报出了距离：928 米。

928 米。将近 1 公里。

贾森带着 M40A3 狙击枪，但这已超出了 M40A3 的最大有效射程。更糟糕的是，在空旷的沙漠中，很难确定风力风向等因素，因为没有视觉参照物。没有摆动的树叶或者摇摆的小草，更不用说挂着的衣服和窗帘了，这些都曾帮助他在巴格达市中心那栋建筑物的屋顶上射击时判断风向。

他瞄准那个卡拉什尼科夫轻机枪射手，将仰角调到最大，简单地做了一下狙击手祈祷，然后扣动了扳机。

什么也没发生。没有击中，没有扬尘，没有飞溅物。什么都没有。

他再次复位枪栓，打了第二枪。

什么也没有发生。

“伙计们，你们看到什么了吗？”他问道。没有人看到。

他让 6 名队员全都趴在地上，拿着望远镜，有的在右边，有的在左边，就像在县城集市上射击场上排队一样（或者在狙击手学校的靶场上）。6 个人全都训练有素，都在努力解决这个问题。贾森的子弹到底去哪儿了？没有人能够发现任何线索。

第三轮之后，贾森说：“好了，停下来。这样不行。”他想了一下，然后说：“给我找一个目标，我给步枪归零。”

其他人开始用望远镜扫视整个地平线，直到有人说：“我看到一处护堤！”

他们向他所指的方向看去。它就在那里，几乎都看不清，因为它与沙漠完美地融为一体，但它就在那里。

“好，”贾森说，“我看到河堤了。给我指点东西。”

“好的，”德尔菲奥伦蒂诺说，“在护堤左侧边坡约四指处，你看到它隆起的地方了吗？再过去三指，有一块巨石。你看到那块巨石了吗？”

贾森看到了石头。“是的，收到。我看到那块巨石了。”

“射击。”德尔菲奥伦蒂诺说。

砰……火星四溅。他可以看到一大片尘土升腾起来，远在他射击目标的右边。完美。现在，他的狙击枪瞄准镜的分划板上有了一个参考点。他没有浪费任何时间。

他回身朝向那5个人，又压上一颗子弹，并在瞄准镜中使用完全相同的参考点，即尼克·欧文所称的“剪切粘贴法”，他扣动扳机，并没有刻意瞄准中间那个家伙。距离如此之远，他只是尽力瞄准这群人的中间，即中心点，以确定他击中其中一个人的机会很大。

M40A3的子弹枪口速度是777米／秒，从出膛到击中928米处的目标需要一秒多时间。

砰！子弹冲出枪管，向那群人飞过——305米，610米……机枪后的人向后翻了过去。

贾森盯着瞄准镜，几乎不敢相信他所看到的一切。他直接击中了机枪后的那个家伙。

其他4个人四散奔逃，躲进附近一个A型水泥结构下。贾森和队员们跳了起来，在空中挥舞着拳头。这是狙击手的达阵舞。然后他们开始收拾东西，准备离开这个地方。其他4个袭击者都藏了起来，他们在这里也无能为力。他们觉得应该报告一下情况，然后上路，回到440地区，执行今天的任务。

就在此时，4个人中的1个决定从A型结构下偷偷溜出来，回到他死去的同伙躺着的地方。他蹑手蹑脚地走到机枪手的尸体边，俯身在机枪上。

“该死的！”贾森低声说，“这家伙太蠢了！”

贾森不确定这个家伙是要抓住同伙的尸体，将他拖回去，还是要把尸体拉开，以便他自己拿起卡拉什尼科夫轻机枪再次射击。他只知道，这家伙现在在机枪上，他必须死。他们亲眼看见这5个小丑在折磨那个可怜的边防军。他们决不允许这样的事情继续。

因为这个家伙正在他死去的同伙刚刚所在的位置，贾森无须做任何新的调整。他已经把枪调试得很完美。用瞄准镜精准地对准了那个人，清楚地知道他的参考点在分划板上的位置。

他又一次扣动了扳机。

2号混蛋跌落在地。

狙击手们又一次跳起了胜利之舞。

贾森的一名狙击手现在趴在步枪后看了一眼，想看看是否有第三个蠢蛋愿意试一试，但就在这时，无线电收到立刻返回营地的命令。马上。

营长洛佩兹中校在那里，想和贾森谈谈。

贾森有麻烦了。

与贾森·德尔加多一样，尼克·欧文的最后一次海外部署将是他第一次担任领导职务。作为一名新晋E5级别（中士）和狙击小组组长，他将有级别和责任来规划一些任务。他希望利用这赋予他的权限来实现他对狙击手的理念，哪怕这意味着篡改（或打破）一点规则。尼克内心依然住着那个9岁的小男孩：穿着用妈妈的纱线做成的吉利服，用点22射击。他希望有机会跳出界限，开创一个新领域，像卡洛斯·海斯卡克一样追踪猎物。

他希望走出安全区。

“嗨，伙计，”第一次到达阿富汗之后，他告诉迈克，“这是我最后一次部署。我希望我们做一些很酷的事情，做我们自己的事情，如果有任何麻烦，我会为此承担责任。”

那天是7月2日，也就是在赫尔曼德省经历长达3个月的疯狂行动之后，终于有机会这样做了。就在这一天，为了铲除当地的塔利班武装，美军发起了“弯刀行动”和“坚决之夏”攻势，将数千名海军陆战队队员投送到赫尔曼德省中部。这些行动对尼克所在C连的游骑兵没有产生任何直接影响。但也是在这一天，尼克被一个长相邋遢、留着山地人胡须、非常需要洗澡的人找上了。

如果是在国内，尼克很可能会把这个家伙当成一个无家可归的人，一心想要讨生活。但这不是一个被遗弃的人，而是游骑兵团侦察师的一个四人小组的成员，这是一个由侦察员组成的特殊部队。

这些人很有传奇色彩。他们独自行动，经常深入敌后，长时间开展自己都不知道是什么的行动。他们执行的是特种行动中的特种行动。

他们在寻找一个优秀狙击手。

他们正在追捕一名特殊的高价值目标——恐怖分子高层一个相当高级别的领导者。他们监视他有一段时间，也有好几次发现了他，有一次接近到足以看到他上了一辆车，但他们没有狙击手。他们没有保证在10个足球场的距离上一击必杀的技能，这种射击必须有百分之百的把握，否则，错过了，就会把这个家伙吓得躲得远远的。

他们需要一个狙击手，如果需要的话，他能够打出这样的疯狂远射。

“听着，”邋遢的胡须男跟尼克说，“你能击中一个在900米或者更远处移动的汽车里的人吗？”

“用点30口径狙击枪，如果他面向我而来，”尼克回道，“我可能有机会打中，但不要引用我的话。”

点30口径狙击枪子弹里装的火药明显更多，比尼克心爱的SR-25狙击枪射击的点308子弹威力更大。事实上，迈克携带了一支手动栓式点30口径狙击枪，而尼克对这款枪也相当熟悉。但是他觉得，如果事情到了这一步，他和“风骚的戴安娜”可以处理任何他们需要处理的问题。

“好吧。”邋遢的胡须男说道，原来他的名字叫德里克。

“我们希望你和我们一起参加此次行动。”他将尼克带到帐篷里，向他展示一些地图，描述了他们将开展行动的地形类型，向他做了快速的任务简报。

尼克感到很兴奋。这是一次典型的狙击任务，正是他一直梦想的行动。他和迈克要在敌后花上几天，追踪那个家伙，并希望能打出一个完美的击毙。尼克向迈克说明了情况，获得了第一排排长的许可。经过几天的打包和准备，他们准备出发。

最终计划是这样的：他们将去追捕这个高价值目标，一旦发现他的踪迹，会呼叫附近任何一个战斗排来支援，就像一个警察在进入犯罪现场之前会呼叫后援。

不过，首先他们要在一个小的海军陆战队前哨站停留，看看他们可能掌握的该地区的相关情报。

登上一架支努干运输机，只有他们6个：尼克、迈克，以及4名侦察员。他们向西飞行了约一小时，深入赫尔曼德省：罂粟之都、海洛因中心、塔利班的心脏。尼克通过直升机舷窗向外张望，看到一片高高的草，然后是荒芜的沙漠地带，其间横亘着巨大的沙丘，然后是蔓延分布的阿富汗式半城市化景象。到达目的地并开始接近时，尼克扫视了下面的地形，试图寻找建筑物的迹象。除了广袤的沙漠和少量草地外，他什么也没有看见。那些海军陆战队队员都在哪里？

就在他们下飞机时，他发现地面上有一系列小弹坑。

他想知道，他们是否在这里遭受过迫击炮的袭击？走近之后，他才发现里面有人在睡觉。一个海军陆战队队员出来迎接他们，他穿着内衣和拖鞋，抽着雪茄。尼克当场决定，他再也不抱怨威尔逊前线作战基地的空调温度太低，或者不够低，或者食物不够热。

伙计，他心里暗道，我们终于走出了那个该死的安全区。

在院子后面，他发现了一种由 550 伞绳制成的临时吊床，这种略带弹性的编制尼龙通用降落伞绳在军队中很常见。“我请求睡那张，”他说，“那就是我晚上睡觉的地方。”

但是那天晚上他们并没有睡觉。首先，他们建立了通信，包括卫星广播以及侦察队带来的其他神秘设备，之后花了数小时检测和跟踪情报。然后反复制订计划。尼克用了数小时研究地图和图表，规划了整个行动，考虑了应急措施和备用方案。他就像在下国际象棋：看着棋盘，脑海中设计出不同的战术，对手可能做什么。他整晚都在“下棋”，直到第二天。

实际上，接下来好几天他都没有睡觉。

摩加迪沙机场背靠大海，其主跑道从西南到东北斜向延伸，与海岸线大致平行。就在跑道中间正下方，时间和大自然在那里蚀刻出一个扇贝形豁口，形成了一个天然的小海港。绿滩，因其丰富的绿色热带沙地而得名，将是他们登陆和撤离的基地。

当天早些时候，海港附近有许多枪声；就在前一天，这里发生了一连串激烈的部族冲突。摩加迪沙版的“哈特菲尔德和麦考伊宿怨”，只是还动用了重炮。不过，现在的环境看起来完全无害。他们可以看到天空中的曳光弹，但那是在远处，在城市西部边缘的某处或者更远的地方。是谁在开火？又是针对谁？他们不知道。机场仍然控制在联合国部队手中，一切平静得不能再平静。

数百名海军陆战队队员开始工作，沿着 4 公里的滩头线建立了防线。第一批有近 800 人上岸，其中有一半人是乘坐两栖攻击车到达绿滩的。

海豹突击队分成两组，前往各自的预定位置。通常情况下，两名狙击手会在一起行动，即典型的射手 — 观察员组合模式，但在这次行动中，他们要分头行动，以便从两个位置为机场提供安全警戒。亚历克斯和其他 6 个人一组，包括领导士官和主管士兵、一名通信兵、一名医护兵，以及两名安全保障人员，将在西南方就位。另一个狙击手将和小组在跑道东北角的山坡上部署，距离亚历克斯大约 2.4 公里，在行动结束之前，亚历克斯不会再看到他们。

亚历克斯和小组向西南方巡逻到一个地点，他们通过研究卫星图像确定的地点，该地点将使他们清楚地看到主跑道的南半段和机场下半区的所有建筑物。到达选定的作为行动基地的一处坚固的水泥掩体后，他们爬进掩体架设装备。亚历克斯拿出 M88 点 50 口径狙击枪，小心翼翼地将枪管从掩体墙壁上的缝隙中滑出，却发现瞄准镜只能看到该死的水泥墙内部。

该死！

墙上的缝隙只能容得下枪管，只有枪管。瞄准镜进不去。卫星图像没有告诉他们这一点。计划到此为止。

是时候跳出安全区了。

亚历克斯站起来，收拾好装备，爬出掩体，并爬上掩体顶部。看起来他要在星空下"隐藏"了。

在掩体顶部的围墙上，他们用沙袋垒起一个小型战斗阵地，一次最多可以容纳 4 个人。其他人可以待在掩体里，并随时与上面的人交换位置。整个任务期间，亚历克斯将一直待在上面。

他摆好自己的物资，整理好自己的位置。对该地区的快速勘察告诉他，他携带的点 762 口径步枪根本派不上用场。任何敌对行动，如果发生的话，几乎可以肯定是来自跑道的另一端，即靠近市区的一侧。除非他要射杀的人真的穿过跑道直奔他们而来（不太可能），否则，他能期待的最近射击距离至少是 450 米，甚至更远。。

亚历克斯将点 762 步枪放到一边，又将他的"野兽"架到沙袋上。

等待。

在沙伊库特谷的高海拔雪地上，罗伯和蒂姆找到一处很好的位置建立阵地。就在蒂姆开始勘察下面的谷底，并绘制他的测距卡时，罗伯将点 50 口径大枪的双脚架插在雪地上。今天，罗伯将使用点 50，而蒂姆则蜷缩在右边，担任观察员。（尽管天生就是右撇子，但罗伯很早就训练自己用两只手都能打得很好，而且他更喜欢用左手操控长管步枪，这使得右前方自然成为观察员的位置。）

他们立刻意识到，这个决定是正确的。他们的位置为其提供了一个绝佳的视野，从那里可以一览无余看到下面整个山脉。用肉眼观察山谷周围，那里的每样东西看起来都很安静。没有运动，没有生命的迹象。但当他们用望远镜观察时，开始发现到处都有动静。应该不需要太长时间，就可以识别出让美国人被压制的迫击炮和机枪的掩体。

没有等待太久。在大约 1700 米处，他们发现一个戴着头巾的人，拿着一支 AK 步枪，背对着他们向一处泥屋走去。这不是机枪掩体，但肯定是一个地方士兵，如果不除掉他，他的存在可能意味着美国人的死亡。

蒂姆给他提供了仰角和风偏。罗伯观察了一会儿，以确保他能正确地追踪这个人的前进方向。没有什么可追踪的：他基本上沿直线向前行走，这意味着罗伯不需要水平运动来追踪目标。实际上，他是一个固定目标。

砰！

没有什么比点 50 口径子弹爆炸的声音更让人兴奋。

即使响声巨大的点 300 温彻斯特 · 马格南弹都望尘莫及。它听起来就像从天而降的雷鸣般响亮。在某种程度上，它的确如此。

这颗子弹以 805 米 / 秒的速度向谷底飞去，到达那个家伙的位置不到 1 秒钟。

没有击中目标，子弹从该男子右侧数米处飞过，落在男子前方数米的地方。

罗伯下意识地在脑海中做记录（微风从左边吹来）时，他通过瞄准镜观察这个人，他简直不敢相信自己的眼睛。如果是罗伯走在路上，突然看到一颗高速子弹打进前面数米外的地上，他知道该怎么做。他肯定会发疯地奔跑，潜入掩体。但这个家伙却没有。这个人停下脚步，转过身，好像在空中挥舞手臂（**那**是什么意思），然后又转过身，继续朝同一个方向走去。

以同样的速度。

没有趴下来躲避，没有拔腿狂奔。什么都没有。很明显，他看到了罗伯的子弹在地上溅起的尘土。

罗伯很困惑。这个家伙是彻彻底底的白痴，还是完全无所畏惧？或者他真的相信：唉，如果这就是他死的时候，如果这是上天的安排，那就这样吧。罗伯并不清楚，他也不关心。

他以练习过的1—2—3方式操作枪栓装置：向上并向后，退出废弹壳；向前并向下，猛推新弹壳上膛；快速调整风偏，打出第二颗子弹。

第二枪直接命中那个家伙的后背。

这是罗伯第一次杀人；当然肯定不会是最后一次。

在当天剩下的时间里，两个人继续寻找、瞄准并狙杀目标，包括困住美军第十山地师的迫击炮掩体。

夜幕降临，他们又向安全区返回。他们下山时，见到上山时遇到的那支美国队伍，那几个曾告诉他们上山是疯了的家伙走过来说："嗨，谢谢你们，伙计！"显然，关于加拿大人在山上奔忙以及如何消灭压制第十山地师的迫击炮阵地的消息已经传开了。有几个美军人开始给他们鼓掌。

对罗伯和蒂姆来说，这一天感觉过得很好。

第二天早上，他们离开安全区，又爬上了山，花了一天时间，除掉了他们能找到的任何目标。又一次看着雪盖蔓延开来，在大约2743米的地方变成一块完整的地毯。再次有了那种刺骨的感觉，这种感觉超出了稀薄的空气和严酷的温度的影响。然而，这一次，他们所做事情的风险性以一种字面上的、绝度不舒服的方式击中了内心。

他们刚刚走出安全区，架起长枪，开始对山谷进行观察，这时都听到一声响亮、刺耳的**咔嚓声**，就像有什么东西在两人之间破碎了。

瞬间，两人都趴到地上。尽管两人以前没有听过这种声音，至少没有那么近距离听到过，但他们知道那是什么。那是一颗高速子弹冲破音障时发出的声音。

一颗子弹。毫无疑问，这是一颗狙击子弹。它直接从他们中间穿过，离两个人都只有数厘米远。一名美国狙击手发现了他们，将他们当作敌人武装人员，以近乎致命的精确度向他们开了一枪。

误会。

蒂姆打开无线电大声喊叫："停止射击！停止射击！"

一旦他们确定不再有联军的炮弹向他们袭来，即开始处理手头的工作。

尽管在前一天端掉了那个特别麻烦的迫击炮掩体，但外面还有很多这样的工事，而且他们似乎有无穷无尽的迫击炮弹供应。

两个狙击手注意到在谷底一个干涸的河床上，两三个家伙在那里来回穿越山谷，从鲸鱼附近一直走到塔奎克尔下面一处名为金吉尔山口的地方。几头驴走在他们中间，背上驮着一些大箱子。无须任何内部情报，他们都能猜出箱子里装的是什么。也就是说，那些迫击炮小组就是这样得到新的迫击炮弹的补给。

蒂姆瞄准其中一个赶驴人。砰！又是一道从天而降的霹雳。那个家伙倒在地上。

驴子运输队停了下来，试图弄清楚枪声的确切来源，但狙击小组的位置太远，他们无法确定。他们开始继续前进。不久，罗伯和蒂姆又锁定了第二个目标。砰！

这些人现在感到很困惑。他们失去了两个同伴，不知道枪声来自哪里。他们先是跪在地上，随后又趴在地上，开始爬行通过河床。毫无疑问，他们认为这将使他们完全脱离隐形刺客的火力攻击。只要他们匍匐前行，就不会成为任何类型的目标，是这样吗？但那是假设子弹是从他们所在的同一高度射来。子弹当然不是水平射过来。罗伯和蒂姆站得很高，可以俯视他们。事实上，当这些人开始爬行时，他们使自己变成更容易的目标，而不是更难击中的目标。

不久之后，罗伯和蒂姆积累了相当可观的尸体数量。但是驴子并没有停下脚步，它们不知走了多少次，似乎并不担心人类饲养员现在就躺在它们周围。罗伯和蒂姆击毙最后一个人时，驴子走出了射程，驮着迫击炮弹补给去了要去的地方。

当驴子最终与新的饲养员再次出现时，罗伯和蒂姆也把他们干掉了。最后，他们不得不干掉那些驴子。

第二天天黑之前，他们彻底切断了那条补给线。

这也是一件好事，因为现在他们面临一个新的、完全不同的问题。

三天前，在巴格拉姆登上支努干运输机时，罗伯携带了点50狙击枪，其可拆卸弹夹有5颗子弹。除了C8攻击步枪、勃朗宁9毫米手枪以及其他装备外，他还携带了额外的无线电电池和20颗点50口径子弹。蒂姆只携带了无线电，除了C8攻击步枪和勃朗宁9毫米手枪外，他还携带了90颗点50口径子弹。他们小组的第三名成员负责安全，他携带了一支装配203榴弹发射器的C7突击步枪，以及30枚榴弹和额外的C7步枪、C8步枪子弹，但是没有携带点50口径子弹。

这意味着他们出发时总共带了115颗长枪子弹，现在打完了所有子弹。

他们在72小时内所做的准备是没有问题。但是72小时过去了，任务没有结束。

而弹药刚刚耗尽。

贾森·德尔加多和狙击小组从流产的440地区任务中返回基地后，得知他遇到了大麻烦，好吧。这对他来说没有任何意义。海军陆战队狙击排的领导层如下：第一负责人是排长，通常是一名情报官；第二负责人是副排长；然后是首席侦察员，由排内提名，通常是排内最资深的高级枪手猎人。在侯赛巴营地，贾森既是副排长，**又是**首席侦察员。排长道格·弗兰奇中尉是一个可靠的人，他信任贾森，给予他相当大的自由度。

那么，为什么他现在被召回营地接受训斥呢？

在某种程度上，贾森甚至不应该来那里。自从他所在的陆战营于2003年拿下巴格达后，他的服役期就结束了。他本应回到布鲁克林，获得媒体研究学位，作为艺术家和电影制作人发挥自己的力量。那么为什么他被叫到一个营长面前，因为他在侯赛巴开枪杀人？

我们现在很难完全理解2003年的总体心态，但在当时，攻占伊拉克对很多人似乎已大功告成。"震慑行动"和挺进巴格达取得巨大成功。萨达姆被赶走了。伊拉克善良的人民获得了自由。我们赢了，不是吗？就美国高层而言，现在是一个从成功的战役到优雅、逐步撤军的问题。

不客气，伊拉克，这是人们的普遍感觉。

所以贾森从那次海外部署中回国后，他并没有坚定的计划重新投入战争。此外，他很想离开那个排。尽管他很喜欢海军陆战队，但是第一次部署期间的排长绝对是一个糟糕的人。那家伙非常虚弱，连3.2公里都跑不了。在清晨的体能训练中，他让士兵去体育馆打篮球。这里有一排被折磨了两年的人，他们为现实的战争做着准备，每天早上都要跑8公里、10公里或11公里，而现在这个家伙却让他们一起**打篮球**？

营里的其他领导，从麦考伊中校到副排长，都很出色。但是，一个糟糕的排长可以毁掉一个出色的排，而这正是这个排长所做的。

所以贾森和伙伴们开始反抗。作为一种反抗，返回美国后，他们中的18

人都离开了原部队，并被调到第七陆战团第三营，打算将那里作为结束服役回家的一个过渡。但是事与愿违。进入第七陆战团第三营后，他们发现该营狙击排居然连一个高级枪手猎人（认证的侦察员 / 狙击手）都没有。这是一个由专业射手组成的狙击排，在不到一个月的时间内就要被部署到伊拉克。这些可怜的家伙根本没有生还的机会，即将进入绞肉机。

贾森不能让这种事情发生。

他和第一排的两个伙伴史蒂夫·雷诺兹及射击搭档杰西·达文波特商量，三人决定留下来帮助这些人，所以三个人又回到了伊拉克，史蒂夫在加伊姆带着一个小组，杰西在附近另一地方工作，而贾森在侯赛巴管理这个排。

就领导力而言，他感觉他这次是中了彩票。

道格·弗兰奇是那种非常罕见的领导者，他不仅知道自己懂什么，还清楚自己不懂什么。他把重点放在情报上，在所有狙击问题上，他都听从贾森的意见。“让我做营里需要我做的事情，也就是做一个情报官，”他告诉贾森，“你把任务告诉我，如果我有问题，我会知会你。”

L 连连长理查德·甘农上尉是一个非常务实的人，对普通的海军陆战队队员很关心。

贾森从未见过一个海军陆战队军官如此受部队的爱戴，更不用说一个连长了。每当甘农下达任务时，贾森都会坐下来静静聆听，因为听一个如此清楚知道自己在说什么的人说话，是一种纯粹的乐趣。同时甘农还是知道如何倾听手下的领导者。与弗兰奇中尉一样，他尊重狙击手，鼓励贾森提出自己的任务计划。

甘农上尉的副手多米尼克·尼尔中尉，是另一位出色的领导者，他心直口快，也很受手下拥护。

但是贾森不是来见弗兰奇中尉或者尼尔中尉，也不是甘农上尉。他是来见这个人本人的，而这个人现在很不开心。

贾森和其他队员返回营地后，洛佩兹中校正跷着二郎腿等着他，手指放在嘴唇上，俨然一副要对他进行严厉鞭挞的权威形象。

“你知道你刚刚干了什么吗，中士？”他说。

“是的，”贾森说，“我们刚刚解救了一个可怜的边防军。”

洛佩兹中校用尖刻的眼神钻研着贾森。“你知道你跨境射杀了叙利亚境内的两个家伙，对吧？”

啊。原来是这样。难怪他被从任务中召回。贾森不按套路出牌。他的步枪在他们所驻国家的边境外开了一枪，而且是致命一击。

但是贾森并没有轻易被吓到，**我没有做错什么**，他心想。

“是这样的”，他说，“他们在向他开枪，他们都身穿黑色罩袍。我不知道为什么叙利亚要与伊拉克开战，而我们就在这里，长官。我并不知道他们是在边界内还是边界外。我只知道他们正在向那个可怜的家伙射击。我不知道我还能告诉你什么。”

他想了想，但没有说出来，此外，**我先通过无线电做了请示，如果有人为此承担责任的话，那应该是跟我通话的官员。**

正是这个原因解了围。在贾森提供了坐标后，值班人员的工作就是绘制出那个位置，但他没有这样做，而是立即予以赞同。洛佩兹中校似乎很不满意，但他并不能把贾森怎么样。如果一定有人为此负责，那就是下令开枪的官员，而不是贾森。

让贾森恼火的是，问话的内容不是“嗨，贾森，你是我前线上的人，告诉我那边发生了什么”，就像道格·弗兰奇或甘农上尉那样。他们的语气很可能会是“你知道你做了什么吗？好吧，我们将展开调查”。

这是贾森第一次因为开枪遭到调查，但肯定不是最后一次。事实上，在接下来的6周里，这种情况会一次又一次发生，因为他不断看到麻烦，采取他认为适当的行动，然后被严厉斥责。

贾森已经跳出安全区，至少现在，他是孤独的。

在赫尔曼德省偏远的海军前哨的第二个晚上，尼克·欧文和观察员迈克外出执行任务。他们要在不携带任何通信工具的情况下追踪猎物。

步行出发，只有5个人：尼克、迈克、1名侦察员，以及2名海军陆战队侦察狙击手，他们比客人更了解那里的地势。花了数小时才到达预定村庄。路程不是很远，只是行进速度很慢。

进入一个人口较多的地区后，速度减慢到犹如缓慢的爬行。他们有夜视镜，而当地人没有，但那天恰好是一个月圆之夜，这使得他们的视觉优势大打折扣。虽然已过午夜时分，他们仍时不时地看到流浪者，这就意味着，他们可能会被发现，不得不利用阴影做掩护。

这是尼克在行动时的主要工作：确保每个人处在阴影之中。

这就是当忍者的感受，尼克心中暗道，他强忍着不让自己笑出声。

在狙击手学校期间，尼克参加过一个名为“趣味跟踪”的训练，它不分等级，也不需要通过考核。理念类似拓展练习，看看你能做什么，探索残酷的外部极限。如果你不愿意，可以不用携带步枪。你可以穿上你想穿的衣服。有一些学员穿着明黄色的衣服，只是想看看他们是否能做到这一点，而且不被人发现。

尼克和一个叫克里斯的人搭伴。他们穿着 T 恤衫、牛仔裤，头戴棒球帽，拿着狙击步枪去追踪。

带着高倍望远镜的教官，也就是对手，是一个来自海军陆战队特别行动训练组的老派狙击手，他的发现能力简直是超自然的。每个人都讨厌这个家伙。尼克曾看到他叫出一个狙击小组在 900 米外追踪他，不用望远镜。“我看到他的左肩了！”他喊道。没有错，巡视员走到他指示的地方，正好碰到那家伙的左肩。900 米开外的距离，没有望远镜，只用肉眼，每个追踪者还穿着吉利服。

所以尼克和克里斯穿着 T 恤和牛仔裤去对付这个家伙。他们出发了，一点一点移动，像孪蛇一样慢慢吃掉米数。当他们到达最终射击点时，这一事实被转达给了观察点。

“赞扬一下这些家伙，”老枪手猎人说，“因为我什么都没有看到。”

在尼克参加过的所有狙击手培训中，每一个课程、每一个阶段，他从未被发现过；一次都没有。

现在这种技能终于有了用武之地。

一旦到达小村庄的外围，他们就开始向尼克确定好的地点进发，该位置可以为他们提供最佳的视觉和战术优势。

在尼克的游骑兵生涯中，到目前为止，他所做的每一件事，即便是在赫尔曼德省，节奏都是非常快的。冲进一个目标，搞定某个家伙和／或击毁某件事物，然后撤离。今晚没有奔跑，没有射击，没有暴乱或混乱。今夜的成功是以厘米和漫长的分钟来计算的，一秒一秒渗透过去，让人神经紧张。这是一个从士兵到间谍的完全转变。他们蹑手蹑脚前行数米，就停一下，听一下。他是否听到有人在移动吗？他是否闻到其他人的气味？他们又开始移动，速度慢得令人难以置信。

尼克找到那个地方，摸到了门，找到门锁。小心翼翼撬开锁，打开门，悄无声息溜进去。

“真是太可怕了，”尼克说，“我们以身犯险，完全孤立无援地身处村庄中心。太疯狂了。我们端着步枪在别人的房间里偷偷摸摸地搜寻。”

他们整晚待在那里，等待目标进入该区域。没有人说话超过一两句耳语。最终，几束光线悄悄从村头照射过来，太阳默默升起来了。如果目标出现，尼克就会开枪射击，他们已无法忍受，需要立即离开那里。

目标并没有出现。

随着太阳的继续攀升，他们溜出房间，离开村庄，回到海军陆战队的前哨，以获取新的情报并制定新的行动方案。

当天晚些时候（7 月 8 日星期三），该小组从一群海军陆战队队员那里得到情报，他们离前哨大约半小时车程，很显然那里发生了很多事情。情报显示，高价值目标可能正朝着那个方向前进。需要到那里亲自看一下。

他们乘坐两栖车，沿着一条小路（“叫泥土路可能更确切。”尼克说）颠簸着穿过沙漠灌木丛。在前进过程中，尼克发现沿路有许多红色小标记，于是向海军陆战队队员询问。

“哦，那些是地雷，”他说，“我们必须走在这些标记内。”他咧着嘴笑着说：“否则，就完蛋了！”

“等一下，”尼克说，“所以说如果我们触雷，我们也不能离开小路？我们只能待在原地？”

那名陆战队队员摇摇头：“不能向左，不能向右，不能有丝毫偏差。”

废话，兄弟，尼克心想。他确信他宁愿冒着被地雷炸死的危险，也不愿坐在这移动的棺材里被炸死。

在光天化日之下赶路是件好事，因为这样可以让驾驶员看到红色标记，但也是件坏事，因为所有住在他们穿越地区的人都能清楚看到他们。尼克原以为，在他们经过时，一些当地人会向他们挥手，然后在背后向他们放冷枪。他在伊拉克见过这种情况。

这样的事情并没有发生。经过一阵紧张但不平静的旅程，他们到达了目的地：一个废弃的校舍，实际上不过是混凝土和土坯的裸露框架。迎接他们的海军陆战队队员在这个肮脏的、被汗水浸透的地方住了六七个月。其厕所是一个纸板箱，他们会使用一段时间，然后浇上柴油点燃，接着再找一个纸板箱。

如果说他们刚离开的地方是一个偏远的哨所，这个地方则更加艰苦。

“伙计，”尼克说，“你们在这里是怎么**生活**的？”他们有一部卫星电话，也许一个月左右用来偷偷地给家里通个电话。在威尔逊前线作战基地，尼克习惯于每天至少与家人通话一次。

迎接他们的是基地指挥官，他说，在过去几个月里，他们每天都遭到攻击。每天早上都在同一时间，5 点左右，就在太阳升起之前。

侦察队组长看着尼克和迈克，问道：“你们想帮他吗？”

尼克和迈克的交战规则与海军陆战队不同。海军陆战队必须等到他们遭遇攻击之后才能还手。如果游骑兵狙击手感觉受到威胁，如果感到其他人受到威胁，或者如果对方有枪，他们就可以开枪。尼克要是看到一个拿着 AK–47 的人，就会自动获准开枪。所有这些，加上作为狙击手接受的训练，使之在这种情况下处于明显优势。这不是他们的任务，但是，他们在这里，不是吗?

“该死的！”尼克说。

他用无线电向指挥系统报告了这个想法，他们最初持怀疑态度，但最终还是同意了。（尼克承认，如果他们说不，他很可能会说“去他的，我们没有听到这部分”，然后该干吗干吗。）

在查看了地图，确定出建立藏身之处的最佳地点后，他们准备好吉利服和装备，抓起一份军用份饭以及几瓶水，一边忙碌一边等待太阳落到地平线以下。

此时，他们连续三天没有合过眼了。

第11章 漫漫长夜

独自在黑暗中，唯有思绪乱飞。时间漫长如刀割。

——瑞德（摩根·弗里曼饰演），《肖申克的救赎》

在赫尔曼·黑塞的经典小说《悉达多》中，主人公被问到他可以奉献什么，因为他不名一文。他回答道：“我可以思考，我可以等待，我可以禁食。”他后来又强化了这个观点：“聪明是好，有耐心更佳。”悉达多的性格，意味着他能够成为理想的精神追求者的典范。

如果你问我，我会说，他也可以成为一名恐怖的狙击手。

在那些令人叹为观止的远程射击、高角度射击、腿间射击，以及胯下射击中，我们很容易忘记，狙击手最关键的技能根本不涉及射击。（一言以蔽之，**狙击手首先而且永远是一种情报资产。**）监视、常规侦察、详细描述、长时间深入敌后、拍照绘图、收集信息、深入无人之境观察并看到别人看不到的东西，这就是狙击手对战争贡献的基础。绝对的战士、毋庸置疑的刺客、**本质上的间谍**。

这样说吧，狙击手需要能够像狮子一样战斗，像蛇一样攻击，但更关键的是，他必须有能力像鹰一样等待、瞭望并观察。

亚历克斯和队友等待了数小时，他在水泥掩体上不时或坐或躺，其他人则轮流替换休息。每隔一段时间，又有几辆两栖突击车从索马里的海浪中出现，几十名海军陆战队队员下来，与其他人一起，在堡垒上执勤。

6 点 9 分，一束微弱的阳光在亚历克斯背后的印度洋上空出现。他转身看了看。6.5 公里外，航空母舰等在海面上，航母后面什么也看不见。

他回头看了几次，什么也没发生。

到 8 点时，最后几波登陆部队已经上岸。

8 点 30 分，驻扎在新港东北数公里处的联合国部队开始撤退。连续数小时，孟加拉国军队及其装备被源源不断装上联合国部队为此承包的船队，并被摆渡到海上。他们共有 1000 多人，还有大量的汽车、武器（大多数是从美国借来的），以及其他装备。

花了整整一天的时间。

与此同时，在西南方向 4 公里处，亚历克斯一直在等待，并密切观察着。

北方的行动是最容易的部分。棘手的部分将在第二天到来，届时巴基斯坦人将开始从机场及其周围撤离。一旦联合国最后一支部队放弃目前的阵地，进入登陆部队狭窄的海岸线，将会发生什么样的情况？

随着时间推移，太阳慢慢升起。

他们几乎坐在赤道上，时值一年中最热的时候。（索马里的最高气温在 4 月。）不过，在海岸线上，气温有所缓解，炎热的天气也不是很糟糕。但是，苍蝇：苍蝇很可怕。黑色的大家伙，犹如秃鹰一样具有攻击性。你可将它们赶走，但几秒钟后又会回到你身边。

你能用点 50 口径子弹打死一只苍蝇吗？

即便你能，其他苍蝇会听从暗示离开吗？

这是个问题，一个大问题。

时间一分一秒过去，什么事情也没有发生。

最后，在 18 点 13 分，橙色的夕阳滑落于西边的地平线：摩加迪沙的天际线，就像它一样，被国内无政府状态的破坏撕成了碎片。

黄昏的到来标志着一种转变：苍蝇离开了，但是蚊子上岗了。如果说有一件事比非洲的苍蝇更糟糕，那就是非洲的蚊子。

接下来，将会是一个漫漫长夜。

在沙伊库特谷的第三天结束时，罗伯和蒂姆的点 50 口径子弹用完了。现在他们再待在上面的瞭望处已经没有意义，所以退回到美国侦察队的阵地，至少暂时要留在那里。

侦察员挖了一些散兵坑，建立了指挥所，有点像一个临时的管理区，他们可以在那里进行合理的安全行动。

问题是，如何行动，做什么？在这一点上，点 50 口径狙击枪除了负重外没有任何用。他们无法使用其他武器干掉想要清除的目标。用点 308 口径狙击枪，就像美军狙击手送给罗伯的那款，他们可以对 1000 米，或者更远点的目标予以有效清除。但是这里的目标都远远超出这个范围，他们都在两三千米，甚至 4000 米外的地方。他们到底能做什么呢？

后来他们意识到，也许他们可以做些什么。他们毕竟是狙击手。不能狙击目标，但是可以追踪。除了刘波尔德瞄准镜，他们还有一测距仪，其中内置了一些技术，可以做一些相当惊人的事情。

徕卡 Vectronix 激光测距仪可以让你以极高的精确度测量两个定位点之间的距离。首先，用激光锁定目标，然后进行探测射击（纯粹是为了测量位置而进行的射击，就像贾森·德尔加多在巴格达市中心大楼顶上所做的那样），或者将视线移动到相对靠近目标的某个地方，例如，飞机刚刚投下物资的地方。用激光锁定那个参考点，然后点击并拖动到目标上，就像你在计算机屏幕上用鼠标点击拖动一样，然后就可以了。Vectronix 激光测距仪会给出两点之间的确切距离。

Vectronix 激光测距仪在当时是相当新的技术，没有多少人拥有它。罗伯和蒂姆意识到，他们可能是此地唯一拥有这种光学仪器的人。这意味着他们处于一个独特的位置，可以在极远的距离上精确确定多个目标，例如机枪阵地、迫击炮队，甚至榴弹炮发射点，以及其他目标，而且徕卡激光测距仪的有效测距距离是 5 公里。换句话说，如果需要的话，它可以明确指出沙伊库特谷一侧和鲸鱼一侧的目标。

当然，由于没有了点 50 口径子弹，他们也不能射杀那些目标，不能用自己的枪，但是可以为空中的枪充当眼睛。

与大多数其他常规资源一样，在“蟒蛇行动”初期，空中支援严重不足，但最初的两天让联军指挥官意识到，严重低估了他们的部队将遭遇的阻力。很快，大量的空中力量加入进来，包括美国空军 A−10 雷电（疣猪）攻击机、海军陆战队 AH−1 眼镜蛇武装直升机，以及第 101 空降师的十余架阿帕奇武装直升机。

罗伯和蒂姆所属的美军侦察队在临时管理区建立了一个地空信道。这意味着罗伯和蒂姆可以用激光测距仪锁定目标，并将精确的坐标反馈给空中的部队，从而持续向敌人倾泻死亡。

他们还与下坡处的几个美军迫击炮小组进行了交流，他们配备了 81 毫米迫击炮和 120 毫米迫击炮。

他们开始搜索。侦察队让他们与地对空负责人直接联系。通过 B52 轰炸机、阿帕奇、眼镜蛇、F−16 等所有能利用的航空器空袭，他们对能看到的每一个目标进行间接攻击。他们锁定了许多进出工事的武装分子、把他们从一个阵地运送到另一个阵地的车辆，以及以前他们打击不到的迫击炮阵地和机枪掩体等，由于距离太远，即便用点 50 口径步枪也打不到。

他们成了两个孤独的狙击手，挥舞着由整个美军空中力量组成的“狙击枪”。

有一次，他们确定了山谷对面的一处迫击炮阵地，在鲸鱼一侧的悬崖边上，位置很高，距离将近 4.5 公里，这是他们所确定的距离最远的迫击炮阵地。如果不亲自下到山谷里，直接穿过敌控区，是不可能接近那个目标的。现在，他们叫来一架眼镜蛇攻击直升机，飞过去，投下了携带的所有炸弹。

看着这些攻击直升机倾斜而下的破坏，他们可以看到这个地方被完全摧毁。表面看很明显，没有一个活口。

随后，用瞄准镜扫描该地区时，他们看到了移动。

“该死，”罗伯低声咕哝。“那些家伙还在里面。”

他们遭到眼镜蛇攻击直升机的重型机枪扫射，以及地狱火导弹轰炸，但他们仍然在那里。罗伯和蒂姆无法判断那里有什么样的洞穴，或者可能有多深；整个山谷，像东部阿富汗山区的大多数据点一样，遍布着洞穴和隧道形成的网络。不过，这些人可能还活着，这似乎超出了生理极限。

然而，他们的确还活着。

现在，罗伯叫来一架 B−52 轰炸机，这是他第一次呼叫这种机型。很快，他们看到天空中划过一道明显的蒸汽痕迹，片刻之后，一枚 226.8 公斤的炸弹带着巨大的轰鸣声和冲击波砸向山谷，他们可以清楚听到并感知到。

硝烟散尽，他们又继续对该地区进行观察。

“嗨，等一等，”罗伯说，“我们看到这个该死的家伙，**还在动**。”

那人慢慢地把什么东西推到一边，一张大毯子或一块木头，或其他覆盖物，然后站起身，从位置上抛开，很可能撤回隧道里了。

很少有人在B–52轰炸后还能站起来，拍拍身上的灰尘，然后跑开。但是这个家伙呢？他们认为他很可能安全离开了那里，改天继续抵抗。阿富汗人有这样做的诀窍，苏联人在20世纪80年代就认识到了这一点，而美国人才刚刚开始亲身体验。

连续数小时，罗伯和蒂姆坐在山脊线上，瞄准、点击并拖动、呼叫……瞄准、点击并拖动、呼叫。在当天剩下的时间里，他们继续识别远处的目标，并呼叫空中支援，第二天亦然。

罗伯认为，他和蒂姆在那两天里花在搜索目标并呼叫打击上的时间，对敌人的影响甚至超过了他们在沙伊库特谷期间所做的所有射击，包括在此之前和之后。当然他们也清除了**很多**目标。

到达侯赛巴后不久，贾森就发现了他们部队巡逻的局限性。

海军陆战队队员徒步穿越城市，这比之前那种走马观花式的驾车巡逻有了很大进步。从陆军第三步兵师接管该地区后，海军陆战队实施了宵禁，这也有很大帮助。根据定义，如果有人在晚上上街，他们很有可能不是好东西，被盘问或者可能被拘留也就在情理之中了。

但这是一个大城市，有很多东西需要监视。贾森觉得，正常的巡逻无法了解真实的情况。他们需要开展一些扩展性城市隐蔽行动，插入这座城市的组织深处。

他很快发现，这可能需要精心计划和官僚运作。例如，海军陆战队被要求在一些巡逻中带上伊拉克警察和民防团的人（“政治”）。贾森不知道他们能否信任这些家伙，不过他很怀疑，而且很小心，不与他们分享太多信息。他会带着他们，与他们相处得很好，但也在仔细观察。不久他注意到，在某些联合巡逻中，伊拉克人会在某个时候悄悄地溜到巡逻队后面。他还注意到，在这些巡逻中，会发生不好的事情，例如武装对抗或者袭击，或者遭遇路边炸弹。

（“真是巧。”）

尽管他是狙击排排长，尽管还有诸如弗兰奇、尼尔和甘农这样卓越的指挥官，贾森经常发现自己对那些在他看来毫无疑义的任务感到不满。

海军陆战队在侯赛巴的主要任务之一是协助守卫边境，防止非法物资流入伊拉克，其中包括与伊拉克边境巡逻队合作，指导他们如何使用犬只，如何搜查车辆，以及其他边防警务活动，但这感觉有点像用笸箩来拯救一艘正在下沉的船。边境本身漏洞百出，而城市的民事权力机构被腐败侵蚀，所以任何真正的执法尝试都注定要失败。

一天晚上，贾森和队员隐藏在杏树林里，试图抓捕偷运羊奶越境的不法分子。他确信，这无疑是应某个伊拉克官员的要求，美国人正竭力配合他们（“更多的政治”）。在贾森看来，这是对时间和人力资源的极大浪费。在拥有 10 万人口、犯罪猖獗、叛乱不断的侯赛巴，他们是唯一的狙击手，而他们却埋伏在那里，等待执行一次拦截羊奶的行动?

但他还是去了。他知道他必须选择他的战斗。他可以默默接受更多无意义的任务，如果这意味着他有自由去执行更重要的任务。

而这些任务揭示了一个发人深省的画面。

有一天，在伊拉克边防军和叙利亚枪手的事件发生后不久，贾森得到一些有用的情报，据悉某个居民区可能有一些可疑的活动。当天晚上，贾森带着一队人马出去侦察。

这不是传统的两人行动，即射手／观察员行动。必须有人负责望远镜；有人负责无线电；他们还需要两个人负责安全，这两人将与他们要接管的房屋的家人待在一起。由于他们计划外出 24 小时以上时间，他们需要足够的人员轮流执行任务，同时让每个队员有机会享受数小时的休息时间。所以他们组成一个四人狙击小组，再加上两名负责安全的步兵士兵，总共有 6 人。

他们在凌晨 3 点潜入，这时城里的大多数人都在睡觉。他们悄悄地穿过街道，躲在阴影里，就像 5 年后尼克·欧文和迈克及其侦察队在赫尔曼德省所做的那样。

在一些夜间行动中，有些队员将自己裹在塑料垃圾袋里，然后躲在垃圾堆里一整夜，看看是否有人想把简易爆炸装置放在垃圾堆里、纸袋里或狗的尸体中，他们有时会这样做。但今晚不需要那样做。今晚他们接管了住宅区的一户人家，他们要在那里进行监视。

他们到达了所选择的藏身之处。房子周围有 1.8 米高的墙，是这个社区典型的建筑，由一扇简单的铁门锁闭。攀爬并不难，但这并不现实，因为他们一爬上去就会有响动，把人吵醒。还有狗，如果他家有的话。所以他们从水泥墙最坚固的地方爬过去。

现在要进入了。他们不可能敲门。采用刚想出来的策略，他们找到安装空调的房间窗户，然后用手枪轻轻敲打玻璃。经验告诉他们，全家人应住在这个房间，总会有人到窗前，看看是谁在敲窗户。

有人来看了。贾森用眼神跟对方交流了一下，让他们把窗户打开一条缝，然后轻轻地说："请打开门。"

他们快速绕到前门，悄无声息地进了房间。由于这家人全都睡在一个房间里，贾森让他们继续待在那里。有时他们会带一个翻译，但是今晚没有。贾森拿起房间里的一部电话，拨打了一个当地号码。

在营地，他们那套后勤办公室的电话响了。这间办公室由狙击手、警犬训练员以及人工情报开发组共用。人工情报开发组保留了一部固定电话，这样，如果城里的人想给他们提供情报，就可以拿起电话跟他们联系。

"嗨，我是贾森，你好！"在电话另一端接通之后，贾森说，"听着，让翻译接电话，让他告诉这些人接下来该怎么做。"

当贾森把电话递给暂时被囚禁的父亲手里时，电话另一端的翻译接通了电话。这位父亲对着话筒说了几句话，听了一会儿，翻译告诉他，他们是安全的，接下来会发生什么事情，狙击手在场时该做什么、不该做什么，以及其他指示，所有这些对翻译来说早已烂熟于胸，即便在睡梦中都可以一字不差说出来。然后父亲开始说话了。贾森对阿拉伯语的掌握有限，无法听懂大部分话，但他听懂了大意。这个人正在提供情报，一些有用的东西。他们提供的情报通常很有用。6 个全副武装的海军陆战队队员站在卧室中间，还真有点吓人。

狙击手都戴上头巾，并穿上迪什达沙长袍，这样，即便有人从窗前经过，碰巧看到他们，也不会起疑心的。

在两个步兵看着这一家人时，贾森和狙击手开始在房间里寻找一个有利位置。他们一边走，一边拔掉电话插头，并把找到的电话收集起来，这样就不会有人试图偷偷摸摸地把电话插上，给他人打电话。二楼的一个房间提供了最好的观察点；他们拉上窗帘，只通过一个缝隙向外观察。

这里将是他们接下来 24 小时的城市藏身处和观察点。有时他们会这样观察 48 小时，甚至 72 小时，但这次他们计划在一天内完成任务。在这里，他们可以观察周围发生的一切。他们将拍照、绘制草图，并详细记录观察结果。

邻近建筑物里的人都不知道他们的存在，所以邻居们都会像往常一样过日子。如果有人来敲门，他们会任其随便敲。如果有人坚持敲，不自行离开，贾森最终会打开门，把他扣住。**恭喜你，你的晚餐要推迟了**。但是这次没有发生这样的事，他们并没有人打扰。

然后他们开始观察。整晚都在那里观察。黎明来临时，他们仍然留在那里。

几小时后，他们看到自己的一个徒步巡逻队经过。海军陆战队沿着街道移动，走到一个拐角处。在他们消失的那一刻，贾森注意到，一个小男孩从附近的房子里走出来，跑上一个小山坡，开始拍打他的腿。随后他跑下来，回到房子里。“这到底是什么意思？”他自言自语道。然后他意识到：那支巡逻队有 6 名队员。

小男孩在自己的腿上拍打了 6 次。

明白了。那孩子刚刚数了巡逻队有多少队员，并将其传达给城市里其他地方的人。有人在利用这孩子收集情报。

大约一周后，他再次发现这种情况，一再发生。有时一个孩子会跳起来，伸出手指，明显在数数，不仅仅是部队的人数。有时是关于巡逻队的移动方向或武器装备，或者是否有军官随行等。不管谁是这次行动的幕后黑手，他们都在侦察并收集关于美国人如何行动的各种信息。

贾森注意到，这些家伙也在利用女人作为战术棋子。例如，蹲守武器库的任务显然被委派给了社区里的妇女。

有一天，贾森观察到一支海军陆战队接近一栋房子，他们报告称看到有一批武器被卸下。当海军陆战队走近时，一个女人跑出来，对他们大声吼叫，试图抓住他们，撕扯他们。这几乎就像她试图挑衅他们一样。起初，贾森不明白她到底在做什么，也不知道她为什么要这样做。随后他明白了。**她试图**激怒他们，让他们殴打她，或者做出更糟的举动。那些背后的主使，那些给她和其他人下命令的人，**想让**美国人伤害他们，甚至杀死他们。这将使美国人看起来很坏，反过来使美国人更容易成为被激怒的民众的目标。

当然，他们的阴谋并未得逞。海军陆战队不打算伤害或者杀死手无寸铁的平民。但如果是武装的敌人呢？不成问题。贾森完全做好了枪击或者射杀这些家伙的准备。

他确实这么做了。这也是他不断陷入麻烦的原因。

随着午后的阴影逐渐消融在黄昏中，尼克·欧文和迈克·彭伯顿徒步前往将整夜藏身的地点，以等待预期针对海军陆战队发动的清晨袭击。

他们6个人排成一列走了出来：尼克和迈克；侦察队的通信员芬尼根；加上两名海军陆战队狙击手和一名机枪手，所有人都身着吉利服。不一会儿，他们已将海军陆战队的安全区抛在了身后。现在只有他们6个人，在敌人的地盘上。

一行人到达了一个小村庄外围，距离海军陆战队营地大约2.4公里，此时夜幕刚刚降临。从这一刻起，他们开始非常缓慢地推进。

到达一块大约910米长的开阔地带后，他们停了下来。在他们九点钟方向，有一块1600米长的开阔地带，通往一条小溪。正前方是另一个村庄，这里是当地塔利班成员居住的地方。清晨袭击将从这里发起，尼克计划在攻击开始前，对这些家伙进行监视。

这时天已经黑了，但月亮依然很圆。他们按照海军陆战队队员指示的方向，以极其缓慢的速度前进。过了一会儿，其中一名陆战队员用低得几乎听不见的声音说："伙计们，这就是你们想去的地方。"

他们来到一个建造良好的小泥屋前，四周是当地典型的高大泥土围墙，中间有一扇上锁的蓝色金属门。它看起来被废弃了，但也可能有人居住。他们无从得知。尼克让通信员芬尼根先上去，因为他带着M4，这种武器比"风骚的戴安娜"或迈克的点30大口径手动栓式步枪更适合快速反应的更换枪管的情况，如果发生这种情况。尼克紧随其后，迈克断后。他们聚在大门口。

与此同时，陆战队员返回开阔地带，回到一处伪装得很好的藏身处。在此前的侦察过程中，他们在那里建立了这个隐蔽点，他们准备爬进去，等待夜晚的到来。

芬尼根推了一下门，打开一个轻柔的缺口，没有闪光的砰砰声，没有奔跑，没有声音。如果有人在里面，他们将不得不把他们捆绑起来，一直到行动结束。

没有人。他慢慢把门推开。尼克紧随其后进入院子。进门后，他们开始检查这个地方。

右边是一个户外厨房，上面装了吊顶。左边是真正的生活区。前面是一个小院子，有火炉、柴火堆、晾晒的衣服，以及其他活跃的家庭生活迹象。但是没有人。很棒。

尼克的第一想法是将观察点设立在厨房区域，利用厨房的小屋顶。他们在墙壁上打了一个小洞，这样就可以用望远镜或步枪瞄准镜对外观察。但是尼克不喜欢这个位置。此处不是他想要的有利位置，视野不够开阔。他就是感觉不合适。

他们继续向左移动。

“嗨，伙计，”尼克对迈克轻声说，“我们需要高点的位置。我想找一个视野开阔的地方，能看清 1.6 公里以外的地方。”如有需要，迈克可以进行 1200 米或者更远的射击。尼克曾见过他的射击技术。尼克用那支枪打出的最远距离是 1645 米，但那是在一个非常高的高度上，而且是一个钢靶。

他们继续向前移动，进入更高的第二层复式结构，确定他们的位置，并建立了隐蔽狙击点和观察点。

他们用无线电通知海军陆战队，告诉他们已经准备妥当，可以开始行动。那两名海军陆战队队员刚刚到达隐蔽点，告诉尼克他们的准确位置。尼克向左边望去，正对着隐蔽点，但是没有看到他们。尼克与他们核对了位置，以确保他没有弄错。

“是的，”他们回答，“我们就在这里。我们可以看到你们。”

尼克正盯着他们，却什么也看不见。

“老兄，”他说，“你们太厉害了！”

他们蜷缩着身子开始等待。不动。不说话。现在是晚上 9 点到 10 点之间。漫漫长夜，他们要一直等到天亮。

尼克注意到，左边似乎有一堆衣服。他想把这堆衣服推到一边，但后来想想还是算了。他决定，不动任何东西，也不想做任何可能看起来与平时不一致的事情，他们不希望留下任何痕迹，让一切都保持原样。

他让迈克小憩一小时。芬尼根在他们位置的下方，背靠着墙壁。他的任务是确保没有人从前门进入。他只是拿着步枪坐在那里。尼克不知道接下来的几小时该想些什么东西。

我以为狙击手隐蔽点会很酷酷，他心里想，**简直无聊至极**。

尼克想到了他在电影中看到的所有监视行动。它们似乎都有某种有趣的对话。这里没有对话，只有他自己脑海里的自言自语，他感到厌烦了。

他吃了点东西，试图清空思想，但很快发现它又填满了。

几小时后，他想，**去死吧，老兄，我要抽支烟**。他带了一包低劣的阿富汗香烟。他趴下身子，在头顶上盖了一块头巾，这样外面的人就不会看到火光在闪动。一旦香烟被点燃，他就把燃烧的一端盖住。他知道，你可以在1.6公里外看到香烟桃红色的微光。在这种情况下，如果他是那个看到小红点的人，他会直接瞄准并开枪。很有可能，他会打中那家伙的脸。毕竟，这就是“一根火柴点三根烟不吉利”迷信的由来。

这不仅仅是一个迷信。第一个人：射程。第二个人：风偏。第三个人：砰！

盖住烟头，他吸了一口，然后向下呼出烟雾，并将烟雾吹到屋顶上，这样烟雾就会散开，被屋顶上的污垢和垃圾吸收。这烟吸起来就像纸板。这是他抽过的最令人恶心的香烟。

不到半小时，他就抽完了整包狗屎烟。

他现在无事可做。

他叫醒迈克，告诉他，他们需要确定目标，让大脑动起来。

他们开始绘制出风的运动模式。借助夜视仪，观察草尖和树上摇曳的树叶。他们知道，有一股非常轻微的风从小溪边吹过来，而且知道，微风正在向他们的位置吹过来。很好：风向从左向右，风速微弱。偶尔会有变化，但他们至少知道它的一般速度，大约是每小时4.8—8公里。他们记录了下来。

然后开始绘制目标位置和他们可能出现的方位。**如果我是一个坏人，我会从哪里出现？**仔细观察每一个地方，在大脑中标记，然后在纸上标记。他们设定了尼克负责的区域，以及迈克负责的区域。“如果从这里到这里发生任何事情，由你应对，而从这里开始的任何事情，都归我应对。”

接下来他开始用步枪瞄准镜测量潜在目标的距离。他知道阿富汗门洞的平均大小、汽车轮胎的平均大小，有了这些以及其他一些可靠的参考数据，他就可以算出相当精确的距离。

他们与那边建筑物之间的距离是 658.4 米；与另一边建筑物之间的距离是 662.9 米，而且完全覆盖在他的枪口之下。

在他的区域有 20—25 栋建筑物；迈克的区域可能有 10 栋，主要是开阔地带。尼克想，**如果我是坏人，我会把我们带到这个开阔地带，到我们前面的九点钟方向。**他笑了笑。如果那样的话，迈克就会把那些目标都放倒。

开始研究国际象棋策略。

尼克不再感到无聊了。

午夜时分，摩加迪沙海滩“联合盾牌行动”中最棘手的部分开始了。孟加拉国部队向北撤离索马里海港，那么联合国特遣队的另一半，即占领机场的那一半，也是时候收拾行李离开了。

亚历克斯和小组在原地值守了大约 24 小时，但是接下来的 24 小时可能不会这么平静了。天空没有月亮，黑得伸手不见五指，完全没有环境光，使得海豹突击队的夜视装备毫无用处。无论外面发生什么事情，他将不得不依靠海军陆战队用照明弹或者其他聚光灯创造的亮光。

巴基斯坦军队现在开始了一个被称为“越线换防”的机动，这个术语是指一支战斗部队穿过另一支战斗部队阵地的行动。在这种情况下，1000 多个巴基斯坦士兵和行政人员，加上所有装备，将从机场地面（安全区外）撤往海滩（安全区内），在那里，他们将跋涉到海港，开始卸下车辆、弹药的漫长过程，并为登船做好准备，这个过程本身将需要近 24 小时。

在任何情况下，越线换防都是一项复杂而微妙的行动。这些人是在最黑暗的夜间进行的，而且有多个国家的部队，这都是最复杂的因素。这次行动不仅涉及 1000 多人的部队，还有 70 辆坦克和装甲运兵车。这是非常复杂的，需要大规模的协调。海军陆战队有得忙了。

整个晚上，撤离行动都在进行，人们从各个建筑物中鱼贯而出，登上车辆，驶向新港并登上船只。在照明不足的情况下，亚历克斯看到整个机场大楼的人员逐渐撤离。

清晨6点，随着最后一批人员撤离阵地，向东北开进并加入撤退队伍，坦克开动起来，在警戒塔和机场周边其他有人值守的位置担负起安保任务。最后撤离的是几十名联合国文职人员和十几名后勤人员。

9分钟之后，印度洋边缘出现一缕阳光。在清晨朦胧的微光中，坦克也开始撤退，从西南向东北挺进海港，一边行进，一边保持戒备状态。

到6点30分，一切都结束了。

自联合国部队首次登陆，在全世界范围内大张旗鼓地开始“重拾希望行动”的26个月后，整个为期两年的努力打包回家了。机场现在已被荒废了。只剩下数平方公里的废弃沙滩、停机坪和空荡荡的建筑物……

现在，这里又将成为争夺的热土。

每天晚上，当夜幕淹没了白天的战火，沙伊库特谷的气温开始骤降时，与罗伯和蒂姆一起进入山谷的队友就会将注意力转向另一个完全不同的问题：生存。

沙伊库特谷的晚上很奇特。对于驻扎在山一侧的人来说，这是休息时间，因为火力攻击和迫击炮攻击之类的会在晚上停止。但对头顶上的AC-130“幽灵”来说，夜晚是工作时间，士兵们的任何睡眠都是在空袭的背景隆隆声和轰鸣声中进行的。

当然，他们还必须24小时保持稳定的安全。一天晚上，一名塔利班分子径直走进他们的阵地，显然不是有意为之。糟糕。他们悄悄地把他装进袋子并贴上标签。白天少了一个要射杀的人，当然也少了一个向他们开枪的人。

但总体而言，在夜间威胁他们的不是敌军，而是各种因素。不是躲在大山里的人，而是大山本身。

这些家伙在登陆阿富汗时，身体状况非常好。在他们服役的空降部队，体能是一件大事。一次短跑就是8公里，早餐前快速跑16公里也是家常便饭。他们不断地跑步，同时还进行重量训练、游泳，以及其他各种体能训练。他们是一个身体健康的团队。

但是那些山峰确实让他们付出了代价。他们在山坡上爬上爬下，在那种松散的沙砾般的沙漠山地土壤上，可以让你的屁股在心脏狂跳中滑行。在山脊上走也很复杂。如果想向北移动1公里，以接近一个不同的目标区域，他们将不得不爬上爬下 5 公里、6 公里，甚至 7 公里，只是为了在这 1 公里的距离上重新定位。

然后是海拔高度，这使得事情变得更糟。在 2591 米的高度会对你的体能水平造成伤害。（寒冷和高海拔甚至使无线电电池电量减半。）这是美国人和加拿大人战斗过的最高海拔。

不过，最大的问题是寒冷。严酷的、无情的、刺骨的寒冷。这种寒冷让你无处遁形，通过任何可进入的渠道，悄悄地偷走你的生命。

在巴格拉姆，当他们被告知不要携带超过 24 小时的装备和补给时，罗伯已经提前打包好便携式燃气炉，一些备用煤气瓶，以及足够维持 72 小时的食物和水，还拿了一些防寒装备：手套、羊毛帽，以及围脖等诸如此类的东西。他的确没有携带睡袋，但带了一条游骑兵毯子，他在毯子上缝了一条拉链，如有必要，可以把它当作一个轻便的睡袋使用。一名美军参谋瞥了一下，说："告诉你，你用不上这东西。"他看了罗伯一眼，似乎在说，**你到底为什么要费力扛着这些不必要的垃圾？**

罗伯还是将毯子卷起来，塞进防水袋，并把它塞进手提箱顶部。蒂姆也是这样做的。几个美国人在嘲笑他们。"嗨，你们不是加拿大人吗？"换句话说，**什么，这点冷都怕吗？你们老家不是应该很冷吗？**

但是没有人对他们在那些山上面临的残酷的夜晚做好准备。在阿富汗山区，晚上的温度远远低于冰点，相当大的风寒将温度吹得更低。

罗伯和蒂姆会倒班，一个人趴在步枪和夜视镜上负责安全，另一个人则尽可能缩进拉上拉链的游骑兵毯子里，勉强睡一小时，然后交换位置。在一个特别寒冷的夜晚，他们挤在一起睡了几小时。

早晨，他们会看到美国人四五个人挤成一团，拼命保存一些体温。他们看到了体温过低的早期迹象，而且情况越来越严重。

这时，加拿大人顺利度过了他们准备的 72 小时，但美国人的情况很糟，他们只准备了 24 小时。在这 4 天里，美军有多次试图对他们提供补给，但到目前为止，事实证明太困难了，也太不安全了。直升机不断被敌人火力击中。在行动初期，美国人已经损失数架直升机和六七名士兵。指挥部现在对派遣更多飞机进入危险境地感到非常不安。

罗伯和蒂姆不仅耗尽了弹药，还耗尽了食物。罗伯想起他在华盛顿路易斯堡的侦察课程。**活鸡与生土豆。**此情此景，这听起来很不错。他瞥了一眼周围荒凉的阿富汗风景。他们还不如在月球上呢。这里没有鸡，也没有土豆。**除了我们，其他什么也没有。**

更糟糕的是，水也即将耗尽。他们知道，很快将会陷入困境。在第四天结束时，困难如期而至。此时，他们一整天滴水未进，可以感觉到脱水现象的出现。他们知道，美国人的情况更糟。

但罗伯有一个优势。

如果他听了别人的话，只准备24小时的给养，他就不会带任何不是短期任务绝对必要的东西。为什么要为他不需要的东西增加负重呢？但他没有听从。罗伯不是在城市里长大的，在城里，你只要走进街角的商店，就能得到任何你需要的东西。他知道什么是随机应变、打破常规，在荒野中生存。他就是在那里长大的。

他为了生存而打包了所需物品。

他携带了便携式燃气炉。

第五天早晨，在一个特别糟糕的夜晚后，罗伯和蒂姆收集了能找到的所有空的2升水瓶，带上一个小背包，开始爬山，离开安全区域，向雪线前进。很快，他们就到达了那里，就是几天前发现塔利班分子脚印的地方。

蒂姆提供安全警戒，罗伯架起小炉子，生起了火。他开始融化积雪，把空瓶子一个一个装满，并加入他们带来的碘片净化水。花了很长时间，才装满了所有瓶子。

他们开始返回山下。

一回到他们的临时大本营，罗伯就在背包里翻找。除了其他用品，他携还装了大量的果汁精。加拿大人喜欢把这种东西作为即时能量的紧急来源，其作用几乎就像咖啡因一样，只是对神经的刺激较小。它几乎不占任何空间，也不重。

他递给蒂姆几包果汁精，他俩开始将果汁精加到水瓶里，摇晃起来，然后四处传递。对于那些低体温症比较严重的人来说，罗伯用便携式炉子加热了果汁味的水。渐渐地，这些美军人的脸上开始有了一点颜色。

交火重新开始。罗伯和蒂姆回到测距仪前，继续测定目标位置，上报坐标，降下死亡之雨，直到长夜再次笼罩整个山区。

在沙伊库特谷的第六天清晨，终于有人成功将补给品投到了部队。在对这批物资进行分类时，罗伯和蒂姆发现，他们不仅获得了足够的食物和水来维持生活，而且还有他们急需的补充物资：大量的点 50 口径子弹。

他们为期两天的侦察使命结束了；他们重新开始狩猎。

是时候开始再次扣动扳机了。

从 2 月到 4 月中旬，侯赛巴的暴力程度随着城市的烘烤而不断加剧。营地遭到了随机的迫击炮袭击。路边炸弹四处爆炸，造成轻微破坏，但没有什么可辨识的规律。简易爆炸装置随时会爆炸，海军陆战队士兵时有受伤。他们会封锁该区域，带着防暴犬出去，试图嗅出炸弹来自哪里的蛛丝马迹。他们会走访当地民众，人工情报开发组利用其人工情报资源，但没有发现任何重要的东西。

各排的海军陆战队队员继续在街上巡逻，但能做的事情并不多。在某种程度上，这种情况让人奇怪地想起了越南战争，只是在这里，肇事者不是融入稻田村庄和热带荒野，而是溜进这个边境城镇的城市丛林。路边炸弹会爆炸，或者枪声响起，而肇事者在被确认之前，就消失在城市之中。他们知道有很多叛乱活动正在进行。他们只是不能**完全看到**。

除了贾森和他的小组，他们知道去哪里看，或者更具体地说，知道什么时候去看。巡逻队继续在白天进行巡逻。对于狙击手来说，大部分重要工作都是在夜里进行的。

他们连续在夜间工作了几周，掌握了大量关于该城市的运行规律以及许多幕后的事情。他们看到了武器如何被卡车运进运出，有人在一辆平板卡车的平板上明显架设了迫击炮，还有人埋设了简易爆炸装置。

与此同时，贾森不断地陷入麻烦。不是故意的，也不是因为任何态度问题或者不服从命令。好斗心理曾让他在第一次教导团时被踢了出去，但现在他没有这种心理。让他麻烦不断的原因是他向人开枪。

有的时候，比如贾森在那里的第一周，他们解救那个被围困的边防军时，他在开枪前通过无线电征求同意。但也有很多时候（比如那次令人惊叹的爆臀射击，阻止了炸弹制造者加速逃离简易爆炸装置），他只是没有时间汇报。而每一次，他都会遭到严厉斥责。又一次射击，又一次问询，当然又一次调查。

几周以来，贾森几乎认识了 L 连的每一个中尉，因为每个中尉都轮流担任调查官。这到了近乎可笑的地步。

只是这并不可笑。

对贾森来说，这一切只是在不断强化他的挫败感。对那些中尉来说，这些事情中的每一个都是一个“事件”，就像警察部门在调查一个开枪的警员。

他们把贾森的狙击小组看作警察，在一个秩序混乱的小镇上维持民众的秩序，只需要维护公民秩序。

贾森看到的是一个一触即发的战场。

贾森知道城市生活的一个基本事实：金钱驱动一切。在一个艰难挣扎的城市和社区，秩序被打破，出现了更多损人利己的文化，犯罪活动猖獗，腐败现象十分严重。贾森从小就看到了这一点。

“你们不能欺人太甚，”他如是说，“我是街头长大的，我可以**看到**发生了什么。我可以**闻到**坏东西，老兄。”

而他所闻到的坏东西展示了一种模式。这些人不是在走私羊奶，他们不是小规模的罪犯，也不是在做典型的边境城镇枪支走私。他们正在系统地转移大量的武器、毒品和金钱，成批的美元现金。贾森有生以来从未见过这么多钱。不仅有各种型号的自动武器，还有成吨的弹药：火箭筒、迫击炮弹、107 毫米火箭炮（一款流行的叛乱分子导弹，因为它很容易用简易发射管发射），以及更多其他武器。一个完整的武器库。

为什么？因为他们正在资助一场叛乱。他们在资助一场针对美国人及其盟友的战争。从侯赛巴出发，这些物资将沿着幼发拉底河贸易路线直达拉马迪和费卢杰。侯赛巴是金钱和弹药的门户，这些金钱和弹药被用来在伊拉克各地发动战争。

但贾森是唯一一个开枪的人，因为他和小组是侯赛巴唯一深入平民中间的人，每次躲藏几天，看到实际发生的情况。其他人都没有看到这种情况的发展。

一段时间之后，他开始觉得自己像“肮脏的哈里”：那个家伙经常在大街上收拾坏人，因此惹恼了警长。到了这个地步，他几乎开始质疑自己。对这些人，他是不是有点**太过**好斗？他的决定是不是错了？

他是否对他所看到的东西进行了过多的解读，而不是真实存在的东西？

与此同时，事情不断恶化。

4 月 8 日，L 连的一支巡逻队在 1 小时内，在市场街遭遇 3 次不同的路边炸弹爆炸，1 名海军陆战队士兵被炸身亡，另外 6 名受伤。

4 月 10 日，L 连一位中尉阿隆·奥特里，被简易爆炸装置的弹片击中下巴。当天晚上，另一名士兵的肩膀被简易爆炸装置的弹片炸伤。同一天，驻扎在加伊姆的姊妹连——K 连一名海军陆战队士兵遭到火箭弹袭击身亡。

第二天，4 月 11 日，又有 3 名海军陆战队士兵被简易爆炸装置的弹片炸伤。

4 月 4 日，暴力事件进一步加剧。

那天上午，一支海军陆战队小队在一栋破旧的三层建筑物屋顶上设立了巡逻哨，这是一家废弃的酒店，海军陆战队将其称为裂缝屋。就在他们站在楼顶上监视该地区时，一堆毫无异样的废品下，一颗 155 毫米炮弹发生了爆炸，一名士兵的脚和另一名士兵的脖子受伤。附近屋顶上的某人，无疑是在观察合适的时机，触发了爆炸，很可能是通过手机。爆炸引发了枪战，交火持续了近一小时。

一支狙击小组在城市东部边缘东北方向不到半公里的地方部署，听到爆炸声，他们通过光学仪器，想了解发生了什么事情。贾森的一名狙击手马特·汤普森，站起来，以更好地观察周围，就在这时，一声枪响。**咔嚓！**一颗高速子弹击中他的左大腿，并打穿了右大腿，然后射入手枪套。汤普森倒下了。不幸的是，马特是个左撇子。如果他是右撇子的话，他的手枪会挂在身体另一侧，很有可能会被子弹击中。击穿他两条腿的是一颗 7.62 毫米子弹。绝对是一个狙击手。**该死！**

有一阵子他能否挺过去很难说。汤普森的股动脉被击中，流血不止。他们将他安全送回基地，进行了医疗救护；他活了下来，但不得不被运回国。

就在这一切发生的同时，洛佩兹中校率领的车队在该市东北角的侯赛巴—卡拉比拉三角地带遭到伏击。洛佩兹的背部被擦伤，但他立即予以还击，打死了几名袭击者；他的翻译也受了伤，不得不被送去医院。其他一些人也受了重伤。应对这次袭击的一支小队在现场拦截了几辆车，在随后的混战中，为了保护两名队友，小队队长、准下士贾森·邓纳姆扑到一颗被引燃引线的手榴弹上。邓纳姆一周后因伤势过重死亡，因其英勇行为而被追授荣誉勋章，他是自越战以来第一个获得荣誉勋章的海军陆战队队员。

在一天之中，他们遭遇了多次战斗。

贾森对这些人的死亡感到难过。他也很生气，因为他损失了一名狙击手，而袭击他的那个混蛋显然是敌方的狙击手。

还有一件事。裂缝屋屋顶上的小组观察到，在几栋建筑之外的地方有人在向他们开火，他们都穿着同样的黑袍，头裹红白相间的包头。东北方向的狙击手小组也报告称，他们从不同方位遭到身穿相同的黑袍、头裹红白相间包头的人的攻击。

这听起来肯定不像是自发的城市暴力或随机攻击。他们的行动有一定的协调性，有一定目的性。他们似乎在试探美军的防线，对他们施加压力，看看他们到底如何反应。他们似乎在准备一场大行动。

赫尔曼德省的黎明终于到来，尼克·欧文坐在那里，耐心等待着。至少现在，漫漫长夜结束了。

就在这时，芬尼根通过无线电轻声呼叫他；他刚刚收到返回驻地的海军陆战队的消息。他们决定不再被动等待第二次早上的袭击。他们想向敌人发动进攻。他们正在赶来支援的路上。

太好了！这是尼克的第一想法。他们将面对更加激烈的接触。

同时，在尼克和小组在那里执行伏击任务的同一天，海军陆战队决定对敌人发起进攻似乎有点奇怪。尼克希望他们能够坚持一下，再等等。他已经可以看到村里的人开始准备的迹象。他可以看到他们的行动，能够感受到空气中的能量，就是那种不好的事即将发生的感觉。他知道，很快这些家伙现身的时刻就会来临，他和迈克将会对他们予以致命的打击。

两名狙击手振奋起来，准备就绪。尼克把望远镜架在“风骚的戴安娜”旁边，一切准备停当。

好吧，海军陆战队要来了。那就这样吧。尼克将为他们提供安全警戒。从所处高地上的有利位置，他可以看到海军陆战队无法看到的事物，并且处于一个很好的位置，可以在危险发生之前将其解决掉，或者在他自己无法处理时，向他们报告情况。

就在太阳开始从地平线上探出头，给他面前的景象染上灰暗的色彩时，他听到一队悍马车的接近。紧接着……

嗖！嗖！

有人向海军陆战队零星地射击。尼克听到他们在无线中询问："嗨，伙计，你们看到枪声来自哪里吗？"悍马车里的海军陆战队队员看不到敌人。躲在隐蔽点的海军陆战队狙击手看不见。尼克也看不见。

很快，尼克监视的区域开始热闹起来，人们匆匆忙忙地跑来跑去，显然在准备战斗。

尼克呼叫迈克："嗨，伙计，准备开始清除这些家伙。"但是他们还没有看到任何武器，所以都没有开枪。到目前为止，只是一群人在到处跑。

海军陆战队越来越近了。

尼克注意到他监视的区域有一个人很突出。这个家伙的行为方式让他觉得很可疑。

枪声大作。海军陆战队车队遭到了枪击。尼克听到点 50 枪手在还击。队友遭到了激烈对抗。

就在这时，尼克一直在观察的那个家伙躲到一个小房子的角落里。一会儿，他扛着一个火箭筒再次出现了。尼克稍稍向右瞥了一眼。一辆海军陆战队的悍马正在接近，在最多 50 米的距离内接近并经过那个家伙。对于火箭筒来说，这虽算不上近距离射击，但却非常接近。

他回头看了看那个人。果然，他单膝跪地，开始瞄准。他在角落里隐蔽得很好；悍马车驾驶员没有看到他。此外，悍马车正沉浸于交火中，主要与正面的目标交战。

根据漫漫长夜中的详细计算，尼克已经知道那个跪在地上的家伙的射程：679.4 米。他迅速将这个距离调整到瞄准镜上。

"注意那家伙。"他告诉迈克。

"盯住。"迈克做好了准备。

两人无须交流，至少不需要说句子。几个月来，他们像一个有机体一样行动，一两个字就能表达必要的意思。

盯住他。

收到。

迈克的职责是观察目标，确保尼克击中他，如果没有，就需要看清子弹具体落在什么位置。

尼克的职责是开枪。

砰！

这一枪击中了那人的上腹部。那家伙倒在地上，蜷缩起来，就像一把折叠椅倒了下来。

直到此时，敌人还没有遭受任何实质性伤亡。是的，他们每天早晨都在对海军陆战队营地发动袭击，但那是双方都在互相射击的战斗，但没有人真正击中任何人，只是一束束子弹在空中你来我往。（你可能会觉得不可思议，但这种情况在战争中经常发生。）

现在，这些人突然发现同伙就这样倒在地上，当场死亡。“风骚的戴安娜”装配了消音器，所以这一枪很安静，在混乱的枪战中可能听不到。

这把塔利班分子吓坏了。他们开始疯狂射击。一名塔利班分子有点肆无忌惮地站了起来，迈克用马格南的一次破坏性爆炸将他干掉。现在，一连串的子弹开始涌向尼克和迈克藏身的地方。尼克和迈克进行了还击，侦察员也加入进来，与海军陆战队一起作战。

弹幕并没有持续多久。几分钟后，塔利班分子收起同伙的尸体，匆忙撤退。尼克后来得知，自那场黎明前的小规模战斗之后，那支海军陆战队在那次部署的其余时间再也没有受到过攻击。不过，胜利是有代价的：在激烈交火中，海军陆战队也有一名士兵阵亡。

就在那时，他们接到海军陆战队基地其他侦察员的呼叫。第二排的游骑兵显然掌握了一些关于高价值目标现在去向的情报，正在赶往会合的路上。这意味着，一旦尼克和迈克能够从伏击中抽身，必须回去计划下一个任务：**真正的**任务，也就是他们最初来这里的原因。

回到海军陆战队基地后，发现有 4 辆卡车的人员和装备在等待他们。第二排已经到达。彩排结束，是时候计划和行动了。

当排里的人组织起来，准备在夜间出发时，尼克躺在他注意到的一块大小适中的石头旁。虽然不是什么枕头，但也只能这样了。他将头枕在石头上，伸开酸痛的四肢。他希望能快速地睡上一会儿。除了偶尔打个盹，他们连续 4 天没有睡觉了。一个漫漫长夜。

夜晚会变得更漫长。

第四部分 狙击

没有预警，没有演习，没有机会热身或准备。当这一刻到来时，在计算的瞬间，你将轻轻扣动手指，让一颗铜套铅弹以超音速离你而去，在多个足球场长度到1.6公里以上的距离上，经受风力、空气阻力、可变气压和不可预测的场地条件的破坏力，以致命的和可预测的精准度击中目标。

开第二枪将大大增加你被发现的概率，而你被发现很可能意味着你的毁灭，所以你要让第一枪发挥作用……

第12章 伏击

难知如阴，动如雷震。

——《孙子兵法》

摩加迪沙机场

1995年3月1日

最后一辆坦克在黎明时分轰隆隆开走了，它低沉的咔嗒声在停机坪上回荡。之后，四周陷入寂静。亚历克斯·莫里森和小组拭目以待。巴基斯坦一位高级官员曾预言，从这一刻起，只需一刻钟，抢劫就会开始。他错了。

抢劫发生在一个多小时后。

7点45分，亚历克斯发现，一个人从环绕跑道的围墙上短暂地探了一下头。几分钟后，他又瞥见一个。接着，更多的人每隔一两分钟就出现一次，睁大眼睛的索马里人的脸露出围墙，仔细观察地面，然后迅速缩回去。他几乎可以看到那些眼睛背后的想法。这个地方真的被腾空了吗？所有人真的都走了吗？

随后越来越多的人开始从围墙上滑下来。涓涓细流汇成了小溪，很快，机场里到处都是人，他们撕扯屋顶材料，偷窃饮用水、食物，以及任何可以扯起来并带走的东西。在这个贫穷的国家，能得到的任何东西都是有价值的。他们没有任何队形，没有任何军阀或有组织的派别的迹象。无论如何，现在还没有。

抢劫持续了一个多小时。

到了 9 点，随着掠夺的继续，军阀出现了。

起初只是一辆吉普车从西边驶来。它朝一个劫掠者聚集处开过去，穿过跑道到了西边，那里是机场塔台和主要建筑群的所在地，随后吉普车里的人开始向人群开枪——**砰！砰！砰！砰！砰！**平民四散逃跑。

然后，在西南方向大约一公里处，亚历克斯注意到，另一群索马里人占领了跑道南端的一个废弃营地，把所有东西都拆开了。

哦，天哪！军阀团伙 B。

10 点，一辆两吨半重的卡车出现在跑道上，卡车后面安装了一门四联防空炮，由一个坐在椅子上的大块头操控。卡车后跟着多辆小型丰田卡车，每辆卡车后面都装有 106 毫米无后坐力炮，然后是更多的吉普车，车上配有点 51 口径德什卡重机枪，还有大约 50 个徒步的人，在车辆旁边跑来跑去。整个车队正向被另一帮人占领的南端区域开进。

军阀团伙 B，遭遇军阀团伙 A。

当车队进入南端营地 90 米范围内时，突然遭到猛烈的炮火攻击，不是来自南部军阀团伙 B，而是来自他们上方，偏西的地方，来自跑道以外大山坡上的某个地方，那是一个完全被建筑物和狭窄小巷覆盖的拥挤城区。

搞什么鬼！亚历克斯想，民兵武装，还是军阀团伙 C？

车队调转车身，面向山坡进行还击，将无后坐力炮的炮弹倾泻到山坡上，四联防空炮向所有能看得见的建筑物开炮。随后，他们迅速调转方向，开始沿着跑道驶向北面的机场综合楼。

这真是太疯狂了。海豹突击队正在见证某种内战／帮派战争的枪战在面前上演。

不过，很明显，车队中的枪手在整个过程中都非常小心，无论是在沿着跑道呼啸而下，还是再次呼啸而上时，其武器都调整得远离联军。这场战斗没有一个针对亚历克斯和队友。无论如何，目前还没有。

但这种情况并没有持续多久。

沙伊库特谷

2002年3月9日

当一架美军直升机在第六天终于设法给沙伊库特谷里的人提供了补给时，对每个人来说都是一个巨大的安慰。食物、饮用水、其他重要物资，还有更多的弹药。加拿大人终于可以继续在那里要做的事情：追踪危险人物，除掉他们。

只是这些弹药并不是他们所期待的类型。

通过无线电，他们曾要求获得更多适配弹药：霍纳迪A-Max比赛级48.6克点50口径子弹。这是一种独特的、看起来非常有特色的子弹，它的多种颜色反映了其制造过程中使用的不同类型的金属。罗伯和蒂姆自然期望会得到更多相同的补给。

打开盒子后，他们吃惊不已，居然是一种纯色的、普通的铜套子弹。

该死！这不是适配弹药，不是他们训练用的弹药，不是他们习惯用的弹药。

你不能用任何可用的子弹装填你的长枪。这不是它的工作方式。每种子弹都有自己的规格、火药、压力和形状。它有自己的特点。这将转化为独特的性能曲线。而点50口径子弹的变异度可能是特别危险的。大部分军用点50口径子弹是为大型机枪制造的，这意味着它适用于常规射击，不需要十环的精准度。

见鬼。

他们不知道这些子弹会有什么作用。但是，嗨，这总归是弹药。管它呢，他们想。如果他们不得不使用，那就使用吧。他们有任务要完成，所以他们又开始了工作。

侯赛巴

2004年4月17日

贾森·德尔加多在4月17日早上醒来的第一个想法是：**该死！**他从小床上坐起来，转过身，把脚放到地板上，看着隔壁房间的马维卡和德尔菲奥伦蒂诺，他们坐在双层床上，用游戏机交战正酣。“你们这些家伙，白天的战斗还不能让你们尽兴啊？”他大声喊道。他们一边嘲笑他，一边继续射击。

贾森很沮丧，也很生气；更糟的是，他很担心。就在过去的几天里，他损失了一名狙击手汤普森；另一名海军陆战队士兵死亡。第三名被送回美国后处于昏迷状态。还有，简易爆炸装置弹片造成的伤害比平时要多得多，甚至对侯赛巴来说也是如此。在贾森来说，这不像是随机攻击。

他伸手抓起 M40 狙击枪，带着枪去了洗手间。刷牙、净面后，他向作战指挥中心走去，想看看今天的日程安排。是否有人想让手下执行临时任务？

没有。只是在侯赛巴另一天。

突然，基地里陷入一片混乱，数十人来回奔跑，似乎在为某种响应工作做准备。贾森只捕捉到谈话的片段。

“你们要去哪里？”

“嗨，你们在做什么？”

很显然，这个城市有事情发生了。很快，L 连的第三步兵排、一个武器排、一个侦察排和一个联合反装甲小组已经登车，并赶往市区。目前还不清楚发生了什么事，但可以感觉到是一起重大的事件。

一些情报开始不断汇入。

西北区发生了某种伏击事件。一个简易爆炸装置在镇上某处爆炸，炸死了 L 连武器排一个人，一个名叫加里 · 范 · 鲁文的年轻海军陆战队队员，他来自俄勒冈州克拉马斯福尔斯市。其他人也负了伤，该排现在正在奋力抵抗。这就是所有反应部队去那里的目的。战斗的重点已经转移到东北部，一群叛乱分子盘踞在被遗弃的复兴党总部大楼内。

哦，对了。复兴党大楼。贾森就是在那里度过了他在侯赛巴难忘的第一个夜晚。他知道那个地方。

零星的报告陆续传到作战指挥中心，贾森和狙击小组一直在那里待命。

8 点 30 分，甘农上尉通过无线电向尼尔中尉通报了情况。他们已成功将一些伤员送上了直升机撤离。街上的情况很混乱。

“我要关掉通话器一段时间，去了解局势发展。”他说，信号中断。

换句话说，他要亲自去那里看一看。

“典型的甘农上尉，”贾森说，“他是前线作战基地的**指挥官**，他的工作不是亲自到那里去应对这场小规模冲突，但他还是去了。”

这是尼尔中尉最后一次与这位朋友通话。

到达交火地点后，甘农上尉的反应小组一下车就遭到了敌人的伏击，一连串的火箭筒和小武器从复兴党大楼向他们喷射。一个名叫吉布森的海军陆战队队员试图冲进大楼，结果被击中。武器排的史密斯和瓦尔德斯冲过去，将他拖进大楼的院子里。在那里，他们遭遇了殊死搏斗。那是一场他们无法取胜的战斗。

甘农上尉紧随其后冲了进去。他们没有一个人活着走出来。

该死的复兴党总部。正如贾森和队员在第一个晚上了解到的那样，这个地方不仅是附近地区最大的建筑物，而且建得坚如堡垒。海军陆战队发射了数枚反坦克火箭，但是根本连个凹痕都没有留下，也无法撼动躲在里面的叛乱分子。他们甚至试图把叛乱分子熏出来，但是根本没有用。那些该死的很难缠。

但是海军陆战队并没有放弃，最终武力的展示占了上风。里面有 9 名叛乱分子；他们予以全歼，并最终找回 4 名阵亡队友的遗体：吉布森、史密斯、瓦尔德斯，以及 L 连连长理查德 · 甘农上尉。

甘农的朋友兼副手多米尼克 · 尼尔中尉，被擢升为上尉，这是自越南战争以来，第一次由一名海军陆战队队员因其连长战死而担任步兵连的指挥官。

这一天才刚刚开始。

赫尔曼德省

2009 年 7 月 9 日

尼克 · 欧文站起身，伸了伸懒腰，打了个哈欠。他低头看了看自己睡觉的地方：一片沙漠中的灌木丛，用一块小石头当枕头。这里不是希尔顿，总还是一个安身之处。他睡了多久？他瞥了一眼手表。两个多小时。真不可思议。鉴于他在过去 90 多个小时几乎没有合过眼，这并不能使他完全恢复元气，更像是给一个饥饿的人吃了一片牡蛎饼干。

他弯下腰，拿起他之前小心放在毯子上的“风骚的戴安娜”，走到正在玩扑克的海军陆战队队员身边。

“嗨，”其中一名队员说，“我们听说你们要去那里。那是一个偏远的鬼地方。”

确实是偏远的鬼地方。“弯刀行动”进行了整整一周，在这7天里，美军大量涌入赫尔曼德省，在塔利班中激起了相当多的抵抗行动，这可能就是为什么他们在追踪高价值目标过程中耗费如此大量的时间。那个家伙现在显然撤退到阿富汗腹地，据他们所知，游骑兵和美国任何其他部队都没有涉足过这个地区。

“注意那个车臣人。”另一个人提醒他。

一名海军陆战队队员解释说，车臣人是他们所谓的狙击手，他与该地区的叛乱分子合作。没有人知道他的名字，但根据他的名声，他可以被追溯到苏联占领时期。这意味着他在那里从事这一行当已有20多年。

“他很厉害，伙计，”那名队员补充道，“他杀了很多人。”

是啊，是啊，尼克心想，他们把这家伙说得像妖魔鬼怪。尼克知道这些故事是如何被夸大的，他清楚现在“车臣人”已经成为美军对“合格的外国士兵”的简称。不过，车臣士兵确实有当之无愧的声誉，他们纪律严明，训练有素。在“蟒蛇行动”期间，早在整个混乱局势开始之初，沙伊库特谷就有乌兹别克斯坦和车臣的战斗人员。

他心里暗暗记住，**注意车臣人，尼克**。

夜幕一降临，他们就开着极不舒服的水陆两用车出发了。尼克本可以大声呻吟，他习惯于乘坐直升机去执行任务。在飞机上他可以充分利用这段时间，但对这次行动来说，直升机是不可能的，因为直升机会引起太多的注意。在这样的闷罐车里，睡觉是不可能的。

第二排的人都很亢奋，尼克则不然。这时他精疲力竭，需要不断努力保持清醒和警惕。他发现自己甚至希望能遭遇枪击。他认为肾上腺素上涌会让他清醒过来。看了一眼迈克，他也有同样的感觉。4名侦察队员也是如此，而这些家伙习惯了一些相当崎岖的条件。

在行驶了大约一小时后，他们突然意外地停了下来。地形由质地紧密的岩砾沙漠变成了岩砾稀少且地面松软的沙质土壤。他望着窗外。汽车轮胎深深地陷进了沙坑。

他们被困住了。

该死！计划就此泡汤了。没有办法，只能下车徒步前进，他们只能如此。

还有数公里的路程，他们开始在沙地上艰难跋涉。

在许多残酷的体能训练中，海豹突击队的训练以穿着靴子在沙地上长跑而闻名。（世界上其他地方都知道南加州那个城市叫圣迭戈？对我们来说，它永远是**沙地**戈。）这正是尼克和小组现在正在做的事情：穿着皮靴，背着水陆两用车带来的所有装备，走了数公里。在尼克来说，这感觉就像在泥潭中行走，每一步都在吸吮着他们的腿，拉扯着他们的腿。

他伸手想抓水，发现他完全没有水了。

这种情况熟悉得让他有些害怕。

哦，是的。游骑兵学校。疲惫不堪。乔治·福尔曼。所以这就是为什么他们训练得那么辛苦，正是为了这个夜晚。

给我留一块烤牛排，乔治。

摩加迪沙机场

1995 年

随着不同军阀派别之间的交火逐渐平息，有些东西发生了变化。亚历克斯永远不会知道究竟是什么原因导致的。占据跑道南端的那群人是否认为美国人在支持那些拥有大型防空炮的人，还是他们就是反美？不管原因是什么，亚历克斯和其他人现在也开始遭到攻击。

起初，枪声零零星星。每隔 5 分钟左右，他们就会听到头顶有几声爆裂声，有人从南边向他们的方向开了几枪。这只是一种骚扰性的射击，真的，一点威胁也没有，但这肯定是针对他们的，射击的频次也在慢慢增加。

随后，情况变得有点复杂了。

他抬头看了看机场远处的山坡顶，远在 900 米之外，他发现一辆卡车沿着公路飞驰而过，其后有一门无后坐力炮。它在一些建筑群后面的小巷里飞奔，他没有看到它再次出现。他想知道它在那里做什么？

片刻后，他得到了答案。他看到一大股烟从那个地方升起，一瞬间，他就听到了那声明显的刺耳哨音。

炮弹来袭！

轰，炮弹落在他们前面的跑道上。虽然没有近到让人忧心的地步，但担心还是有的，谁也不喜欢106毫米的炮弹被射向他们的大方向上。

亚历克斯发现卡车正在向另一个地方移动，但它被看到的时间窗口太短了，无法对它进行良好的定位。几分钟后，他们再次发射。刺耳的哨音。这一次，炮弹落在海豹突击队身后的海里。

紧接着，从山坡上传来新一波零星的小型武器射击，与来自西南方向的射击汇合。

随后，他看到从山坡上向他们发射的火箭筒冒出一缕烟。这枚火箭弹也飞得很远，在海上爆炸了。

亚历克斯拿起望远镜，努力搜寻，竭力找出那些正在进行大规模射击的家伙。但这些人并不是随意扣动扳机的索马里人。他们很狡猾，受过训练。那里可以直接看到的窗口大约有150个，一个人从一个窗口探出头打一枪，或者发射一枚火箭弹，然后缩回去，转移到其他地方，再探出头，再开枪或者发射火箭弹，然后再转移。

这种猫捉老鼠的游戏持续了一小时，又一小时，接着又一小时，因为太阳已经爬到海豹突击队的背上。枪声仍然没有接近他们的掩体，不足以造成重大威胁，但是弹着点越来越近。

沙伊库特谷
2002年

罗伯和蒂姆抓起行动工具，包括未经测试的新弹药，开始再次攀登，这次大概要爬到海拔2682米的高度，到达安全区的上边缘。换句话说，足够高，以获得最大的射程，但不会被自己小组的任何狙击手射中。

又一次，他们开始布置位置：测距卡和目标参考点，打开双脚架，摆好长枪，拿出新弹药，完成整个步骤。

他们找到一个目标，设定好参数，扣动扳机。没有命中。不是差一点，是差了很多。

再射击一次。

他们很快意识到，他们不仅是偏离，而且是**远远偏离**。他们拥有的关于常用的点50口径子弹的所有弹道表、所有数据，只不过是一种模糊的估计。这是否是一种更轻的子弹，是否含有燃烧更快的推进剂，或在更大压力下装填的推进剂？对于这些，罗伯一无所知，但当他用新子弹打出第一枪的时候，他可以感觉它是不同的。它的**感觉**不同，后坐力也不同。

适应和调整。

从1500米弹道开始，他们一边射击，一边记录修正和调整参数。即使在与目标交火过程中，他们也在同时收集尽可能多的新弹道数据。

顺便提一下，自“蟒蛇行动”后的几年里，媒体广泛报道，加拿大狙击手部署时使用的是加拿大制造的弹药，而这种新子弹是美国制造的替代品，并有“美国弹药燃烧更充分”的说法，似乎这就是美国优越性的事实证明。当然，这完全是胡说八道。它们**都是**美国制造的。加拿大没有任何弹药制造商。（这说明：不要相信你读到的一切。）

不管是什么原因——推进剂、子弹形状或重量，或者两者兼而有之——他们利用新子弹获得了更远的射程。就性能而言，在1600米或1700米外射击，现在感觉就像在1500米外射击。

他们不断尝试，想看看新子弹还有什么特别之处。

根据制造商的说法，麦克米伦TAC-50最大有效射程是1800米。截至目前，他们发现可以超出这个距离。在霍纳迪子弹用完之前，已经打出2000米。现在发现，他们在2200米甚至更远的地方都能有效地对付目标。

他们远远超出了一个高度点，在此调节仰角都成了问题。没有标注这样数字的仰角旋钮。一旦突破了1800米（据说是这款步枪的极限），就只能靠试错了。他们不再是一枪击中目标。在某些情况下，他们需要开3枪、4枪，甚至5枪（这是狙击手通常不会做的事，但是这个高度，他们几乎不担心把自己的位置暴露给敌人）。但他们却**击中**了敌人。他们在闻所未闻的距离上消灭了目标。真是不可思议。

这样的极限射程，只有他们在尝试。大多数人配备的是7.62毫米和点223口径子弹，但是这些子弹的有效射程内确实没有目标。在临时管理区有一挺点50口径机枪，在他们到达的第二天，有人对目标进行了短暂射击，效果并不理想。除了空袭，这里并没有很多枪声。

然而，这两名加拿大狙击手却在那里将敌人打得落花流水，把子弹射向左、中、右……

砰！砰！砰！

过了一会儿，他们听到一个美军指挥官的声音从无线电中传来：“那两个家伙在上面究竟在做**什么**？他们在射击什么？”

罗伯和蒂姆处于一个监视位置，这意味着在某些情况下，他们直接从山下的友军头顶上射击。自然，这些人想知道，为什么在没有任何可见目标的情况下，子弹会从头上飞过。

罗伯回想起狙击手学校那些关于人眼如何观察的第一课：形状、对比度、光泽、天际线，以及其他因素。其中一个最大的因素是运动。人眼对运动非常敏感，特别是在其视野的外周。但在这样的距离，肉眼甚至不会发现运动，除非运动真的很明显，或者有光泽或闪光或其他东西吸引你的眼睛望向那个区域。这实在是太远了。

难怪指挥官想知道枪击事件是怎么回事。在他看来，外面没有任何可以射击的目标。

罗伯回复道：“长官，我们知道你看不到，但那个地方爬满了敌人的武装分子。你看不见他们，但我们可以，而且我们正在清除那些威胁。”

长官回道：“继续射击！”

他们知道在挑战极限。他们不知道的是，他们将要挑战之前从未挑战过的极限。

侯赛巴

2004年

贾森和小组不知道前复兴党总部大楼发生的事情的细节。因事件发展的混乱，信息到达指挥中心本身就需要一段时间，更不用说传达到部队了。但他们知道两件事：上尉被杀害了；局面已经失控。没有什么比指挥官的死亡更让人激愤的，特别是像理查德·甘农这样一位广受爱戴的指挥官。

他们登上瞭望塔。

侯赛巴营地有两座瞭望塔，一座在营地入口处，另一座是他们最近在后面边境口岸处建造的。贾森和狙击手抓起重武器，冲上面向市区的瞭望塔，开始搜寻任何令人担忧的因素。他们的第一想法是，营地本身可能会遭到有组织的冲击。

可爬到塔顶之后，他们意识到，这不是对营地的局部攻击，整个城市就像一长串被点燃的导火索。他们以为主要的行动是发生在市场街另一端的小规模冲突，在复兴党大楼附近，然而，当把瞄准镜转向东边的市区时，他们看到几乎所有地方都有穿黑袍的人，似乎在900米范围内的每个屋顶上都有挥舞着AK–47步枪和卡拉什尼科夫轻机枪的黑衣人。

“这边有人！”马维卡喊道。“这边也有一些家伙！”德尔菲奥伦蒂诺回应道，他在观察一个完全不同的方向。“这边有黑衣人！”“这边有黑衣人！”

有些人在屋顶上，有些人在窗户里。他们端着AK冲锋枪和俄制德拉古诺夫狙击枪跑过街道。简直太疯狂了！要发生大事，在规模和协调程度上，在侯赛巴以前从未有过。这不是街头的随机麻烦和地方性骚乱，也不是被激怒的萨达姆拥护者。这是一次全面的军事攻击。

这一切是有组织的。

这就是该死的**战争**。

瞭望塔只有三层楼高，就像城市中许多较高的建筑物一样，但它们为狙击手们提供了相当好的视野，可以看清侯赛巴东西走向的小巷。

他们开始确定目标、瞄准，然后扣动扳机，以实际的循环射速，也就是他们的武器能够发射的最大速度，将目标清除。

从瞭望塔所在的侯赛巴营地边缘到城市西部边缘大约有549米，这意味着，不管目标位于市区的哪个角落，他们都必须再增加549米的距离，以使子弹到达城市的边缘。很快，射击距离就达到了1097米、1189米，甚至更远。在一些射击中，为了补偿极端的距离，弹道是非常陡峭的弧形，以至于子弹会击中头顶的电线。

贾森开始使用的是M40，但很快就换成了特殊用途狙击枪。巴雷特M82是一个怪物，适配点50口径子弹，理论上有效射程超过1737米。

他们在1646米处发现一群武装分子，就在城市中心。在这个距离上，他们认为能做的就是让叛乱分子停止射击且不敢露头。特殊用途狙击枪装的是劳福斯子弹（含有爆炸和燃烧成分），这些子弹在这些人藏身的窗台或屋顶入口处爆炸，即便有些人保持低头也会被这些来自1646米开外的子弹杀死。

一名狙击手指着南方（他们的右侧）喊道：“一卡车的黑衣人，刚从440

号公路越过边界。”

贾森将特殊用途狙击枪转到右边，把它放在朝南的沙袋垛上（这东西净重 13.6 公斤，装上弹匣后更重），通过瞄准镜进行观察。那边，一辆蓝色卡车，车厢里挤满了手持 AK 冲锋枪的家伙。

贾森用狙击枪向他们射击。M82 狙击枪是一款枪机后坐式半自动步枪，可以以相当快的速度，一颗接一颗地击发点 50 口径子弹。劳福斯点 50 口径子弹能够摧毁一架小型飞机；它的爆燃性燃烧弹头能够点燃喷气燃料。它对人类目标并不温柔。贾森把他们的脑袋都从肩膀上取了下来，卡车笼罩在一片粉红色的血雾中。贾森的脑海中闪过一个奇怪的画面，一个园丁拿着除草机在一片草莓地里除草。

“嗨，狙击手！”

他低头一看，原来是他认识的中尉阿隆·奥特里，正抬头向他们挥手。

“跟我来！”

奥特里是一名野马军官，也就是说，他是一个从征募兵晋升的委任军官。野马军官往往在部队里特别受人尊重，奥特里也不例外。贾森知道他是一个可靠的人，是一个优秀的领导者。

在奥特里的身后是 L 连第二排，正准备出发，还有尼尔中尉带领的 K 连第一排。他们是留守基地的最后两个步兵排；其他人都被派往市区东北区，那里发生了袭击。

此时，指挥部已经了解正在发生的事件，并意识到正在应对一场全面的攻势。

在洛佩兹中校的指挥下，整个营的兵力都从加伊姆赶来，他们要求侯赛巴基地所有可用部队从西边攻击。

“所有可用的部队”，是指奥特里领导的 L 连第二排、尼尔领导的 K 连第一排，加上贾森和两名专业射手马维卡和德尔菲奥伦蒂诺。没有其他人了。

收到，贾森心想。

三名狙击手争先恐后地从瞭望塔上下来，与两个排的人一起出发。

赫尔曼德省
2009年

有一阵子，尼克走路的时候就睡着了。

过了一会儿，出现了更多的建筑物；他们经过一座水坝，发现自己正穿过一个看起来像小城市的城郊工业园区。从此刻起，他们必须保持安静并加倍小心。他们再次蹑手蹑脚地绕过墙角，在阴影的掩护下通过，他们一路向西，不断深入赫尔曼德省腹地。

最终，经过大约3小时的徒步，他们到达了离目标约1公里的地方，狙击手和侦察员计划在此与主力部队分开，并设立一个阻击阵地。

如果不是跟排里一起，而是单独行动，他们很可能会选择直接前往目标藏身的建筑物，然后在那里躺上一段时间，就像过去几天所做的那样，等待高价值目标走出来打电话或者做什么事情时，再予以击毙。他们清楚知道他在哪栋楼里。

但是他们和一个专门从事这种行动的排和突击队在一起时，等待数小时让这个家伙出现可能是没有意义的，也许吧。有很好的情报：他们清楚知道那栋楼里还有多少人跟他在一起，确切知道他的住处，知道如何把他拿下。因此，计划是破门者炸开大门，强行闯入，然后进行经典的抓捕行动。尼克的小组负责掩护和外围安全，防止任何人进出建筑物。

一切顺利，除了一件事。这本应是一次快进快出的行动，在夜色的掩护下完成。美军拥有夜视装备，而敌人可能没有，再加上出其不意的因素，这一行动将大获全胜。等到天亮时，他们早撤离了。

但是，事情并没有这样发展。水陆两用车陷入沙坑，他们不得不弃车徒步，时机被打乱了。他们不是在夜色的掩护下潜入，而是在太阳升起时到达。

这不是好事，尼克心里暗道。

欢迎来到丛林。

当主力部队向左朝南边的主要目标开进时，尼克的小组则转向右边，并朝西北方向走了一两百米，进入一片宽阔的空地，他们在那里可以清楚看到多个方向。

这时，他们身处空地中，太阳从地平线上探出头，所以他们已完全可见。

他们移动得非常缓慢，更加谨慎。

他们走到阻击位置，尼克站在一片开阔的空地上，注意到周围有许多小坑，就像过去在这个地方发射过迫击炮。其中一个坑特别大，可能有2米宽，约0.6米深。他看了看迈克，悄悄地说，“如果发生什么事，我们就躲进那个坑里。”

迈克向他竖起了大拇指。

他们又向前走了9—18米，然后趴在草地上，摆好了阵势。迈克在尼克的左侧，侦察队在右侧，趴在原地，准备随时随地提供安全警戒。

他们试了试无线电。尼克的坏了。迈克的也坏了。德里克的也是如此。三套装备全部报废。军队装备：当你需要的时候，它总会掉链子。

计划就是这样。

从趴着的地方，尼克可以看到前面的一个村子，西边大约274米的地方，在一条大致从北到南的主干道的另一边；北边是一个小城市的天际线，有相对较高的建筑物；在南边，第二排此刻正在缓慢爬上目标所在的住宅区。

“真主伟大；真主伟大……”

尼克听到清晨的祈祷声从田野上飘来。西边的小村庄正在醒来。

太阳完全超越了地平线。他们接近时拥有的微弱的半黑暗优势，完全消失殆尽。

该死，尼克心想，**这可不妙。**

摩加迪沙机场
1995年

大约下午1点，亚历克斯看到一小群人聚集在机场南端的营地。他发现有三个人扛着火箭筒，一个人拿着PKM机枪，这是一款弹带式重机枪。其他人都手持AK冲锋枪。他们开始巡逻，在不同建筑物之间走动。很明显，他们正在酝酿某种机动。

盘踞在跑道上，面对美国人，另一群人组成一个典型的C形战斗阵地，37米长的沙袋排成两条线，这是某种废弃的检查站，机场人员在撤离前使用过。

现在，这些全副武装的家伙走到C形阵地的中间，开始与那里的人交谈，向亚历克斯和他北边的其他美国人打手势，指指点点。这是一个令人不安的情况。他们不是蹲在900米开外的山坡上，而是站在机场跑道上，直接与亚历克斯的掩体持平，相距大约549米。他们仍然处于火箭筒有效射程的外围，但足够近，如果他们开始瞄准海豹突击队的方向，就会成为一个实实在在的威胁。

通过望远镜，亚历克斯把注意力集中在负责的人身上，这个人正在滔滔不绝讲话，指指点点。他穿着一件灰色的美军陆军衬衫。

战场上的讽刺。

就在此时，手势停止了。很明显，谈话时间结束，因为陆军衬衫先生扛起了火箭筒，直接瞄准了美国人，并开始调整瞄准器。

他正在对准他们的位置。

沙伊库特谷
2002年

在沙伊库特谷的第八天，罗伯·佛朗和蒂姆·麦克米金再次站在山谷的顶峰，向各个方向的目标射击。当天持枪的罗伯用TAC−50狙击枪的16倍瞄准镜扫描该地区；蒂姆则使用40倍的刘波尔德。（他们还携带了60倍的刘波尔德，但几乎用不上；40倍的放大倍数符合需求。）

他们发现山谷远处的运动，在西北方，朝着鲸鱼的方向。那是一个由泥屋组成的小院子，很像一个牧场，人们把驴子之类的东西放在那里。

几天前，他们耗尽弹药，正在给航空器提供坐标以进行空袭时，就注意到那片区域有相当多的运动，想把它清除。但是即便有弹药，他们也知道无法打到那里，哪怕使用点50口径子弹。他们曾经呼叫空袭该地区，但是没能完全清除。

现在发现一个三人小组正从小院里走出来，不完全是向他们的方向，而是与他们形成一个斜角。他们在外面走了很远，大约3公里。

停一停，想一想。

抛开射击不谈，仅仅是在这个范围内**看到**一个人，就是一个极大的成就。如果你曾经用望远镜去打猎或者观鸟，你就会知道在百十米，甚至数百米的距离上试图锁定一个物体是什么感觉。我们在这里讨论的可是**3.2公里**以外的目标。

三个人突然改变了行进方向，开始朝着加拿大人直接走过来。

“嗨，”蒂姆说，“他们有一个人拿着卡拉什尼科夫轻机枪。”果然，其中一人肩上背着一挺。继续观察，如果三人继续朝他们的方向走，最终可能会进入射程内，那样可能会把他们干掉。

但三个人很快再次改变了路线，现在走的是一条更斜的路，几乎与狙击手垂直。如果继续走这条路，他们就不会再接近了。

他们继续沿着那条路前行。

蒂姆用激光测距仪测了一下他们的距离，大约2430米。

那时候，两人偶尔会向该范围内的目标进行射击，远达2300米，甚至2400米。然而，在这些极端的射程内，他们所做的很多事都归结为所谓的骚扰性射击：射击的主要目的是震慑坏人，让他们离开那里。但在这样的距离上，要**真正**击中所瞄准的人？疯狂。太疯狂了。

大声说出来甚至没有必要，两人都心照不宣。

让我们把他送走吧。

侯赛巴

2004年

海军陆战队所有的快反装备都在城里，所以这支队伍步行出发，奥特里中尉带领L连第二排走在前面，K连第一排在不远处跟随，而贾森、马维卡和德尔菲奥伦蒂诺在后面，这样他们可以拥有最广阔的视野，并提供最有效的掩护。

队伍向西区进发，走了1.6公里，经过440号公里，来到火车路，在那里左转，开始沿着城市边缘向东前进。贾森认为他们是去为一些海军陆战队提供火力掩护。事实上，他还不知道，他们实际上要去突袭另一个据点，该据点被认定为城市西南边缘的一个主要麻烦点。

走了几百米之后，奥特里叫住贾森。

“贾森！”他喊道，“过来。”

贾森跑到他跟前。“什么指示，长官？”

奥特里指了指北边，在一两条街外的一栋公寓的楼顶上。“那是什么？在那里。屋顶上有人在挥动着该死的旗子？”

通过瞄准镜，贾森看到一个小孩子站在屋顶的水箱上，挥舞着一根棍子，上面绑着一个白色塑料袋。

他将看到的情况告诉了中尉。

奥特里中尉看着他说：“由你决定，中士。如果愿意，你可以击毙他，如果你认为那里发生了一些有趣的事情。”

贾森认为发生了一些有趣的事情，没错，他不喜欢这种感觉。他比其他人都清楚，这里的敌人利用孩子作为情报资源很普遍。同时，他还看到当地的孩子在训练信鸽时做了一些与这个孩子类似的事情。

尽管他有好战的名声，但事实是，贾森在开枪方面相当保守。他准备毫不犹豫地射杀，但只有他确信那是一个该杀的人。那个孩子看起来只有10岁左右，如果他真的是在逗一只小鸟呢？

“长官，”他说，“我觉得击毙他不太合适。现在我们继续前进吧。如果有事发生，我会干掉他。”

“好吧。”奥特里说。他回头看了一下身后的两个排，然后看了看北方的城市，又看了看贾森。“我不喜欢这样。”他低声咕哝了一句。他转过身，望着他们身后。在南边，一条长长的垃圾沟与伊拉克共和国铁路平行。那里看起来很糟糕。

奥特里中尉朝铁路的方向点点头，并喊道：“我命令所有人进入垃圾沟做掩护。我们将沿着沟渠进入市区。”

“收到。”贾森说。

他后来说，这是他亲历的最英明的战地决策。

所有人离开公路，走到轨道上，跨过铁路，然后跳进那条恶臭的垃圾沟。

在伊拉克炎热的天气里，空气中弥漫着污浊和浓烈的气味，只有那些在垃圾和污水中艰难前行的人发出的唰唰声和零星的嘀咕声打破了相对的寂静。“希望这一切是值得的。”“天哪，真够味。”

突然，天空放亮，子弹倾泻而下。

赫尔曼德省
2009年

就在那时，尼克听到小型发动机的噗噗声，他惊恐地看到，一个人骑着一辆小型轻便摩托车，沿着那条南北向的土路，朝着第二排和目标建筑物驶去。

糟糕！尼克现在面临着一个经典的两难困境，就像《孤独的幸存者》中执行任务的马库斯·鲁特埃勒和小组。他该怎么处理这个人？如果对他放任不管，他肯定会撞上正在向主要目标靠近的第二排。这可能会破坏整个行动。更糟的是，根据尼克的经验，他可能穿着自杀式炸弹背心，故意去那里把他们全部炸死。虽然这听起来有些危言耸听，但绝非不可能。这些人有一个非常有效的基层情报网络，很可能预先掌握了游骑兵的行踪。但是如果尼克采取任何行动阻止那个家伙或者迫使他离开那条道路，他就会暴露自己小组的位置。

冒着任务失败的风险；可能冒着危及大部队生命的风险；或者冒着危及自身生命的风险。

无须权衡。他需要阻止这家伙。

尼克举起步枪，将AN/PEQ-15可见红外线激光点对准那个家伙的脸。

那个摩托车手立刻注意到这个点，停了下来。他脸上闪过一丝惊恐的神情，片刻后，又转为类似厌恶的表情，似乎心里在想：“哦，该死，**你们**在这里？”

他在摩托车上站了一会儿，四处张望。很显然，他看不到尼克或者迈克；两人很好地把自己藏到了泥土里，被一丛丛的草遮住了。

尼克把激光点移到他的胸口。

那家伙看着胸前的红点，将摩托车慢慢地向后移动了一点，调转方向，开始向另一个方向开去，向西，朝着尼克看到的那个村庄驶去。

该死！尼克知道他要回去告诉全村人，美国人来了。但是他不能就这样射杀一个骑摩托车的人，即使是交战规则也没有这个空间。

没办法，他只能躺在那里静待时变。

他们躺在那里，等待着。

又过了10分钟，迈克提醒尼克注意。“伙计，”他低声说，并向小村庄的方向点了点头，“正在大集会。”

尼克爬过去，靠近迈克，循着他的视线看过去。他们看到八九个人围在一起，看起来是长老会，或者某种类似的战略会议。

那些人向他们的方向看来，就像那个骑摩托车的人所做的那样，似乎正试图看清楚他们的确切位置。看来还没有找到狙击手的位置，但他们看的方向几乎是正确的。他们重新聚到一起，然后分开，朝不同的方向走去，每个人都去了村子里各自的区域。**毫无疑问，他们要去拿武器，准备开战**，尼克心里暗道。

“伙计，”他轻声对迈克说，“我们要遭受攻击了。”

他回头看了看侦察队队长德里克，用眼神问他，**我可以开枪了吗？**德里克回看了一下，摇了摇头。

“嗨，伙计，”尼克悄悄地说，“这些人没有武器，但我知道他们在做什么，我们即将受到攻击。允许交战吗？”

“该死！”德里克说，显然很纠结，“不，伙计，你不能。”画外音不言而喻，但**我肯定希望你能**。

尼克说：“好吧，收到。但我们会受到攻击。”

德里克想了一会儿，说：“嗨，各位，我有一种非常不好的感觉。大家趴得越低越好。”

尼克和迈克已经尽可能地贴着地面，不能再低了。侦察员开始非常缓慢地趴在地上。

不到半分钟后，尼克听到一声枪响！很快，他们就被一片嘈杂的枪声所包围。

第13章 影响

经验告诉我，在战斗中，顽强抵抗的疣猪比野生瞪羚更好。

——理查德·马辛克，海豹突击队六队创始人

摩加迪沙机场
1995年

好吧，亚历克斯想，**正式开战**。陆军衬衫先生将火箭筒对准跑道，直接朝向他们。

亚历克斯将点50口径狙击枪架在沙袋上，观察员已在他左后方就位。坐在一个弹药箱上，“野兽”与肩膀同高，他原本希望在沙袋上切出一个缺口，这样他就能把枪直接放在墙壁上，获得坚实的支撑。现在，他不得不用肌肉来支撑它。这笨重的家伙净重11公斤（只比罗伯的大家伙TAC−50轻0.9公斤），几乎不可能完全稳住它。

这也是他第一次瞄准另一个即将扣动扳机的人，他的心脏怦怦直跳。

处于印度洋边缘，和缓的风持续地吹着。观察员测算，目标距离548.6米。亚历克斯将弹道调整好。

陆军衬衫先生把火箭筒向后翘起。交战规则很清楚：他们正在受到攻击，应当可以进行反击。但是每个人对那些该死的交战规则还是有些偏执。

“嗨，”亚历克斯向指挥官喊道，“准许应战？准许应战？”

“等一下，”指挥官大声回道，“我需要请示上级！”他接通了通信器，说了几句，然后告诉亚历克斯：“是的，伙计，如果他们准备射击，你就可以开火。”

亚历克斯在武装部队待了8年，但在此之前，事实上，从他记事开始，他就做过身处这种情境的梦。我不是指“梦想”，像野心或愿望一样。我的意思是他真正的**梦境**：躺在床上睡觉，有生动的体验，就像这里，就像现在，梦中身处一个有致命威胁的地方，面对敌人，而自己是一个有能力解决这个威胁的人。作为军队里的大咖猎手，他即将拿下自己的猎物。

然而，有时，这些梦会变成噩梦。在那些梦中，他看到自己没有射中。

他瞄准陆军衬衫先生。

这次射击，他不会打偏。

扣动扳机，他打出一颗子弹。**砰！**“野兽”Mk211子弹飞到了射程之外，点50子弹反冲击力将观察员手中的望远镜掀掉，几乎将他掀翻在地。幸好，还有一个队友与亚历克斯在一起，也在用望远镜观察。亚历克斯向他喊道：“我打中了吗？”

“没有，”那人回道，“你打偏了。”

沙伊库特谷
2002年

根据前两天的经验，罗伯和蒂姆现在有了一些像样的弹道数据，可以用新子弹进行极远距离的射击。不过，这次射击的距离远远超出步枪和瞄准镜的最大有效射程，他们不得不做一些严谨的临场发挥。罗伯后来说，2300米以上的射击有很多靠的是60%的技能和40%的运气，或者可能反过来。但要射出2430米？这似乎更像的是90%的技能，以及另外90%的运气。

若想剥丝抽茧地了解清楚，你会发现其复杂程度令人震惊。首先，当然是超远的距离问题，它如此遥远，不仅瞄准镜调节仰角的旋钮远远超过最大值，而且即使是他们前几天收集的弹道数据也只能提供有限的帮助。

其次，是严峻的角度问题。此时，他们在大约2743米的高度，而塔利班枪手小队在大约2438米的谷底行走，所以以相当陡峭的角度俯视他们，大约40度。即便他们在2430米这样的距离上有很好的弹道数据，对这次射击也不起作用：如果罗伯使用它，由于角度的原因，子弹会打偏。

从某种意义上说，这个角度实际上是一种帮助，因为它可以让罗伯比他和目标都在同一水平时射得更远一点。他是向下射击，子弹可以在其弹道上飞得更远；你可以说它实际上是在向目标下落。然而，与此同时（正如一年后贾森·德尔加多不得不在巴格达最高建筑物的顶部击毙一名疯狂的枪手一样），这又增加了一层复杂的因素。

再次，就是海拔高度的问题。空气比在正常的海拔高度上要稀薄得多。回到阿尔伯塔，在温赖特，几个月前他们在那里第一次训练了点50口径步枪技能，海拔高度略高于609米。这里的海拔是2743米。更稀薄的空气意味着更小的阻力，当子弹进入跨音速范围时，就意味着更大的稳定性。

在飞行过程中，狙击枪的子弹一开始会以超音速飞行，然后减慢到跨音速，也就是说，大约是音速。此时，其压力中心会向前移动，导致动态稳定性丧失。这可以使子弹像一个正在减速的陀螺一样摇晃，甚至开始翻滚。一旦进一步减慢到亚音速范围，它可以再次变得更加稳定，但跨音速阶段就是一个难题。更稀薄的空气在某种程度上减轻了这种影响，为更远、更精确的射击提供了良好的条件。

更稀薄的空气也意味着子弹在通过大气层时遇到的摩擦力更小，这使它飞得更远。与陡峭的角度一样，这实际上是另一个好处，但也是另一个复杂问题。海拔每上升300米，基本上就意味着一套全新的方程式。随着空气变稀薄，子弹初速度增加，这就提高了子弹的飞行速度和精准弧度。这是一个略微不同的飞行路径，但这种微小的差异足以让子弹完全偏离终端目标。

旋转飘移，在正常射程内是无关紧要的，在这个极端距离上却成为一个关键的畸变系数。当子弹飞行914米时，陀螺自旋将导致它在旋转方向（即顺时针方向）上略微飘移1角分。在914米处，1角分意味着25厘米。这一枪是这个距离的2.5倍以上，这意味着旋转飘移可能导致子弹向右偏移60多厘米。

然后是科里奥利效应，即子弹在飞行时，由于地球绕地轴自转，目标（以及地面上的所有物体）实际上在空间的位置发生了变化，从而产生了轻微的差异。科里奥利效应在两极的影响最大，而在赤道的影响最小；沙伊库特谷位于北纬34度线以南，与洛杉矶的情况大致相同。不属于赤道地区，但也不完全属于西伯利亚地带。科里奥利效应在正北或正南射击时最明显，在正东或正西射击时最小。罗伯主要是朝西边射击。作为一个复杂因素，科里奥利效应至少在这里不会有什么影响。

除了其他影响因素外，还有一个典型的狙击手克星：风。在罗伯和目标之间，风不是一股或两股，而是三股相互竞争的横风，每股风都会使子弹向不同的方向偏移。

同时，目标是移动的。子弹需要近4秒才能到达山谷另一边塔利班枪手附近。你可能对一个以飞快步速行走的人在4秒内能走多远没有概念。即便罗伯的瞄准是经过完美计算的，并修正了飞行过程中所有影响因素，使子弹准确地落在那个人所在的地方，但当它到达那里时，**他**已经不在那里了。

换言之，他必须严谨地设计他的瞄准，从而实现精确补偿：

· 子弹的落点距离大约2.4公里；
· 以大约40度的向下角度；
· 穿过前所未遇的稀薄空气；
· 伴随着旋转飘移带来的摇摆不定的影响；
· 通过三股独立、不同的横风的拖曳作用；
· 使用的弹药与他习惯用的不一样；
· 对于目标，即便通过瞄准镜，他也只能看到一个蝇屎斑；
· 不是目标当前所在的位置，而是在未来约4秒后的地方。

一句话，或者三个字：**火箭学**。

除了上述所有因素外，罗伯自己又加了一个，一个他知道应该对他有利的因素：太阳。

如果说阿富汗山区的夜晚是严寒的，那么白天会有相当的暖意。在高山沙漠地带，他们整天都在阳光直射下烘烤。这让罗伯想起了1999年他在澳大利亚参加比赛时，在胳膊脱臼前记住的那一点。

在开枪前，将子弹放在阳光下晒一会儿。

高科技与高感性的结合：把热回火的铜套子弹放在烈日下曝晒，他知道这会加热子弹的推进剂，从而使子弹能多飞出一小段距离，这可能正是他需要的那一段距离。

侯赛巴

2004 年

机枪和 AK 步枪的子弹从多个方向向海军陆战队倾泻而下，掠过他们几秒钟前刚刚跳进的垃圾沟的边缘，空气中瞬间充满了飞溅的土块和喷射的泥土。

所有人都愣住了。有 10 秒钟的时间，没有人动。对贾森 · 德尔加多和队友来说，时间好像过了 10 分钟，甚至 10 小时之久。没有人做任何事情，就连身上的肌肉也没有动一下，只是蹲在垃圾沟里，意识到他们走进了一个巨大的埋伏圈。

贾森立刻明白发生了什么。几周以来，叛乱分子一直在仔细跟踪他们的一举一动，了解他们的行动规律，收集情报，观察，并等待。这些暴力事件，就像 3 天前的小规模袭击一样，部分是为了消灭他们的一些关键人员。洛佩兹中校被击中，贾森的狙击手汤普森受伤，失去了行动能力。

但比起造成伤害，这些小规模冲突是进一步的情报行动：刺探、测试、衡量和观察美军的反应。

他们清楚地知道，会有某种部队出来冲击那个据点，而他们早已做好了伏击准备。

该死！贾森心想。那个拿着旗子的小孩一直在传递信号，没错。他在告诉行动人员，一大群多汁的海军陆战队队员正经过火车路，准备好了，可以大开杀戒。这些美国兵已成为砧板上的肉。如果不是陆战队员做了一件出乎伏击策划者意料的事情，很多人现在很可能已经阵亡。

他们跳进了那条恶臭的垃圾沟。

突然向沟渠移动，要么是阿隆 · 奥特里的一个出色战术，要么是对一个预感的直觉反应。也许兼而有之。这肯定是救了命。如果当时没有离开公路，跳进那条沟，他们现在可能还在火车路上，变成一堆碎肉。

与此同时，这条战壕也困住了他们。无论射手在哪里，似乎没有足够的角度直接射入沟内，但肯定是在蚕食沟渠的边缘，海军陆战队队员不得不把头低下。即便探出头勉强看一眼壕沟的边缘，也有可能是致命的危险。

他们要去的据点是一栋公寓楼，是五六栋此类建筑中最大的一栋，位于城市的南部边缘，沿着火车路向东走230米。海军陆战队编队推进了大约230米。

贾森听到有人喊了一声。队列前面的一名队员，靠近据点公寓楼，被来自据点建筑的一颗子弹击中。

很快，又一名队员被击中。糟糕，他们正在遭受伤亡。

他们坚持不了多久。

赫尔曼德省

2009年

巨大的噪音压得人喘不过气来。尼克·欧文无法判断子弹来自何方。子弹似乎从各个方向同时向他们袭来。尼克经历了数十次交火，但在所有部署中，他从未听到过如此密集的枪炮声。有机枪、AK–47、拉什尼科夫轻机枪、数门迫击炮，似乎将整个营的火力都压到了他们身上。

尼克和迈克都跳了起来。他们非常清楚该怎么做：拼命跑向几分钟前尼克确定的那处坑洞，迅速跳进去。地方当然不大，但他们还能怎么办呢？尼克比迈克早一秒到达那里，跳进坑里，迈克叠在他身上。侦察队队长德里克从另一个方向冲过来，跳到迈克的身上。其他侦察员把自己摔在了坑洞边的泥土上。

尼克评估了一下处境。

坑洞深约60厘米。他趴在底部，有两个人趴在他身上，但他还是可以稍微抬起头，正好可以看到探出坑洞的草被枪弹撕碎。泥土在离他的脸几厘米远的地方飞溅起来。

“伙计，”他必须大喊，才能在喧闹中被其他人听到，“我们会死在这里。这是事实。”

他和迈克的无线电依然无法使用，但德里克的居然（奇迹般地）恢复了部分功能。他呼叫主力部队，看能否为他们提供火力压制。

“对不起，伙计们，”另一端回复道，“我们现在也很糟糕。我们身陷重围。”

好吧。至少在目前，他们只能靠自己了。

在跳进坑洞和扭动身体躲避子弹过程中，他们把自己卷入了一个看起来像缠斗的奇怪游戏。尼克现在仰面躺在德里克的腿上，而迈克则趴在他身上。他又翻过身趴在地上，设法摆好“风骚的戴安娜”。他非常短暂地从坑洞边缘探出头，捕捉到北边大约 500 米处的一栋建筑物顶部有动静，然后赶紧缩了回去。

看起来像三个人，在那里做什么事情，像是在架设机枪。他需要看得更清楚一些。

他再次抬起头，从小散兵坑边缘探出头。就在此时，听到一声极其响亮的**啪**的一声，就在他左耳边。

他赶紧趴到地上，脸埋在土里。

就像那声脆响一样，那颗子弹一定是在他头顶上几厘米之内，而且那是一颗高速子弹。这一点毋庸置疑，没有别的东西能像狙击手的子弹一样，以那种直接的方式突破音障。

对方有一个狙击手吗？

非常非常小心，他开始抬起头，使眼睛能够再次从边缘上偷看，立即发生了同样的事情：**啪！**

该死的。

那个车臣人。

摩加迪沙机场
1995 年

射程外的陆军衬衫先生显然被亚历克斯的枪声吓了一跳，他的反应让他损失了宝贵的几秒钟。

“修正！”亚历克斯喊道，“给我修正！”他对身后拿着望远镜的人叫道，同时给“野兽”装弹。

拉出枪栓——

退出废弹壳——

滑入新子弹——

推上枪栓——

调整并准备射击——

感觉这要花上一小时。

陆军衬衫先生又扛起了火箭筒，再次准备发射。

拿着望远镜的海豹突击队队员说："糟糕，伙计，我无法给你修正，我看不到弹着点。"

该死！亚历克斯心里骂道。

噩梦成真了。不仅第一枪打偏了，而且不知道向哪个**方向**偏了，没有人可以给他提供他需要的修正。那支该死的枪花了大约 20 年的时间重新装弹。

好了，点 50 子弹装好了。亚历克斯回到瞄准镜后面。

陆军衬衫先生现在离直接向他们发射火箭弹还有几秒钟。

由于没有修正，亚历克斯没有明确的信息可以作为第二枪的依据，不确定是否有机会打出第三枪。没有办法，只能凭直觉行事。

亚历克斯参加海军特种作战科目培训时，教官们让学员开始时使用机械瞄准具，与贾森的海军陆战队训练科目一样。学校有文职枪械教官，从一开始就教学员一个心理射击程序，就像飞行员起飞前做的检查清单一样。

"准星聚焦，准星聚焦，准星聚焦。"他们会不断重复。

"呼吸，呼吸，呼吸，扣动，扣动，扣动——"随后在某一时刻，他们会突然大喊"**射击**"，然后**砰**的一声。枪声就会自动响起。

亚历克斯已将这种练习融入血液。这不仅是一种详细的检查清单，还能使头脑平静下来，并帮助确保子弹会去他所需要的地方。

他不假思索地运行了心理射击程序：**准星聚焦，准星聚焦，呼吸，呼吸，扣动，扣动……射击。**

他开了枪。

沙伊库特谷
2002 年

点 50 口径步枪上装配的是 16 倍瞄准镜。罗伯和蒂姆选择了这个特别的瞄准镜，因为它可以提供 120 角分的调整，这在当时是非常高端的精度。但是 16 倍的极限放大率现在成了一个严重的障碍。盯着蒂姆描述的那个地方，罗伯能看到的只是由三个斑点组成的一个小组。他无法看清任何细节。如果蒂姆告诉他“有胡子的人”或者“系着长腰带的人”，对罗伯来说没有任何意义。事实上，“肩上扛着机枪的家伙”超出了罗伯的可辨别范围。

那三个人看起来简直就像三只蚂蚁，在谷底爬行。或者，也许是三只苍蝇吧。

另一方面，蒂姆可以看得一清二楚。他可以看到中间那个家伙，也就是那个背着背包的人，拿着一挺机枪。这是一个典型的射手 — 观察员的场景。

“好吧，”蒂姆说，“领头的人，不是目标。后面的人，也不是目标。我们的目标是中间的人。”

好的，中间那只苍蝇，罗伯心想，**让我看看能不能打中那只苍蝇**。

“确认中间的人。”蒂姆重复道。

“是的，”罗伯回道，“中间的人。”

蒂姆再次用 Vectronix 瞄准了他，给了罗伯精确的射程。

利用瞄准镜上的密位点，罗伯瞄准了一个向上 4 个密位（在目标上方约 4.6 米）、向左 4 个密位（在目标左侧约 4.6 米）的点。

他扣动扳机。

“偏了。”他听到蒂姆的反馈。

不足为奇，他并不担心。反正他们现在做不到一枪命中，用的是新弹药，还是这种极端距离。

蒂姆盯着子弹的汽化痕迹，把每一分注意力都集中在通过瞄准镜的微小视野上。沙伊库特谷谷底的沙子细如精粉，当他们用子弹击中它时，会发出独特的噗的灰尘。果然，蒂姆看到点 50 子弹击中枪手附近地面时溅起的灰尘。

使用 Vectronix 点击拖动功能，蒂姆为罗伯提供了一个修正。罗伯实际上无法在任何地方输入这些数据，因为每一个调整都远远超过最大值，但他把蒂姆提供的数据转化为调整值，绘制在瞄准镜上。

罗伯退出枪膛内第一颗子弹的弹壳，将第二颗子弹压进枪膛，重新调整目标，再次扣动扳机，随后耐心等待那发子弹飞跃山谷。

一个密西西比河宽，2个密西西比河宽，或者说：**一条蟒蛇长，两条蟒蛇长……**

紧接着看到三人四散隐蔽。

“该死，”蒂姆说，“我觉得你打中了背包。”

哇，罗伯心想，**非常近了**。

尽管塔利班分子四散奔逃，但他们做得不是很有效。他们对子弹的来源感到困惑，都在努力确认位置，但与加拿大人所在的方向相反。他们一定想不到，如此精确的射击可能来自山谷的另一端。因此，当躲到一些土堆后时，他们实际上把自己放在了掩护物和狙击手之间，把后背对着那些正在监视他们的猎人。

罗伯确信他还有一次机会。在第三枪失手后，目标很有可能最终明白枪声来自哪里，如果他们迅速在他们和他之间建立有效的掩护，这场游戏就结束了。

这一枪必须命中。

这一次蒂姆不需要给搭档提供任何数据。罗伯知道他的弹道数据很可靠。他掌握了需要掌握的所有信息，不需要任何进一步的修正。现在就看他自己了。

再次通过瞄准镜查看。

有那么一刻，他脑海中有一个奇怪的画面：感觉就像在云层中，俯瞰着地球，就像在一架客机上，从窗口看到汽车像蚂蚁一样在下面的平原上爬行，只是他们不是汽车，也不是蚂蚁或苍蝇，他们是三个人，沿着他所坐的山脊线的山脚爬行。

他扣动了扳机。

侯赛巴

2004年

枪声继续在垃圾沟的边缘响起，贾森·德尔加多努力想弄清敌人的确切位置。

一连串的机枪火力从东面向他们袭来，来自据点建筑物，因为它是这个小建筑群最南端的建筑，可以毫无阻碍地看到火车路。叛乱分子在那里设置了一个由多挺机枪组成的机枪阵地，因此，任何从那条路过来的人都会被吞噬。机枪手看到垃圾沟内的视角并不完美，因为垃圾沟与建筑物并不完全平行，但足够近，使他们有太多视觉通道。海军陆战队队员，特别是最靠近据点的那些人，不可能永远躲在那里，已有两个人被机枪子弹击中。

而这还不是全部。他们至少还受到另一个方向的火力攻击。

贾森蹑手蹑脚地爬上护堤，在再次蹲下之前设法看了一眼周围。

在这短暂的一瞥中，他发现有两个人在屋顶上，就在他所在位置正北方的一栋建筑上，也就是说，在铁轨和火车路对面。一个端着AK步枪，另一个拿着一挺机枪。贾森无法仔细观察他们，但如果必须估算距离，他认为大约有210米，就是那个孩子挥舞小旗的同一个屋顶。

原来是这样的。

敌人的计划现在很清楚了。海军陆战队将沿着火车路向据点建筑物接近，而东面的机枪手则看着他们前进，等他们与北面第二个机枪阵地刚刚持平时，再发出开火的信号。

一个典型的L形伏击。

这是一个周密的计划，如果得逞，他们将会干掉超过两个排的海军陆战队队员，加上新连长尼尔上尉，现在他与K连第一排混编在一起。这对美军来说将是一个毁灭性的打击。

多亏奥特里命令他们跳进垃圾沟的决策救了命。

然而，他们在原地也坚持不了多久。垃圾沟给了他们掩护，但不是完全的掩护。沟并不深，以他们的角度，枪手们迟早会接近他们，并把他们干掉。另外，有来自两个方向的火力，基本上彼此成90度，把他们钉在一处，无论他们怎么做，至少有一部分是暴露的，而来自各处三三两两的武装分子的枪声，只会增加他们的暴露。

他们需要一些行动的筹码。

敌人盔甲上最薄弱的地方是哪里？一定是他们对面的机枪阵地。贾森必须干掉北面阵地上的两名枪手。

但是那两个家伙让人捉摸不透，在屋顶上疯狂地移动。贾森第一次发现他们时，他们正处于屋顶的西边。他们所在的建筑与另一栋稍高的建筑相邻，贾森觉得他们一直打算用这栋建筑做掩护。事实上，当奥特里中尉发现那个拿着旗子的男孩时，他们很可能已经蜷缩在那栋更高的建筑后面。

同时，这也很可能阻止了两名枪手看到奥特里将整个队伍带到垃圾沟里的情形。贾森现在意识到，当枪手发现海军陆战队在沟里与他们擦肩而过时，很可能懊恼不已。他们正期待海军陆战队出现在公路上。

无论如何，现在要进行决斗了。机枪手和AK枪手正在向海军陆战队射击，但在不断地移动，要确定他们的位置变得非常困难。另一方面，他们清楚地看到了贾森，从火力击中在他的位置上来看，显然把他作为主要目标了。**经典的战术：首先瞄准指挥官和狙击手。**

这使得瞄准他们变得更加困难，因为现在不仅仅是被乱枪打中的问题，他们正在期待向他开火。

有一点对贾森有利，他们没有他那样的精准度。他们有一把AK步枪，很可靠，但在射程和精确度方面并不出色。还有一挺机枪，这对于用随机火力扫射一个地区来说很有用，但对于打靶来说，就不是那么好用了。

他有手动栓式M40A3狙击枪。

跳上跳下，尽他最大的努力，通过至少有点不可预测的方式保持规避行动，在脑海中计算着向上的角度，贾森不断尝试着，试图以机动方式进行击杀。这让人抓狂，就像坐在一匹脱缰的野马上，戴着手套试图穿针引线。对贾森来说，他需要很长时间。

最终，在一瞬间，瞄准镜里出现了那个机枪手。

这与巴格达的高角射击正好相反。在那里，他从50多层楼高的地方向下瞄准地面目标。现在他在低于地面的地方向上瞄准。为了补偿这一点，他把瞄准点移到中心点的上方。

然后扣动了扳机。

机枪手从武器上飞了出去，在撞到屋顶之前就断了气。

一次完美的一击必杀。

贾森又开了一枪。

第二枪干掉了拿着AK步枪的人。

赫尔曼德省
2009年

尼克觉得，敌人的狙击手在交火前一定在观察他们，因为他似乎很清楚他们的位置，没有向其他人开枪。策略很明确。他是冲着尼克来的。

尼克知道狙击手在战斗中的第一条规则：你想瞄准并杀死的第一个人是另一个狙击手。车臣人很显然也知道这一规则。

他对他们非常了解。每当尼克移动时，一颗子弹就从他身边掠过。其余的子弹并没有对尼克造成太大困扰，因为大部分都是机枪从地面或接近地面的地方向他们散射，而子弹的角度不足以进入他们的浅坑。

但这个人可以。这家伙一定在高处，因为子弹正在尝试射入浅坑。

尼克需要确定这个枪手的位置。德里克是一名训练有素的侦察员，是侦察和观察的高手。如果他们同时快速看一眼，把尼克认为枪声来源的一般区域分开，他们也许能够进行三角定位。同时出现两个目标可能也会迫使狙击手暂停一下，因为他要决定攻击哪个目标。这值得一试。

他把这个想法传达给了德里克。他们一起蹲下，准备以完美的同步方式快速完成工作。

他们都稍微抬起头，大约相隔15厘米。**啪**，又一颗高速子弹从两个人的脸中间撕开了空气。

他们再次摔到土里，德里克尖叫着问：“**你中弹了吗？你中弹了吗？**”而尼克也在同一时间尖叫道：“**你没事吧？你没事吧？**”他们都意识到了对方在喊叫。

“没有，伙计，”尼克回道，“我很好，我很好。你还好吧？”

“是的，”德里克说，“我很好。”

好吧，办法行不通。那该死的把他们完全压制住了。

不过，他没有打到他们，至少现在还没有，这很好。这不仅意味着他们还在呼吸，还意味着他对他们的观察并不完美。他可以瞥见他们从洞口上来，在盯着他们，但他无法从洞口往下看，不能很好地看到他们的身体，并固定他们的个人位置。

与此同时，尼克还在考虑他看到的那三名武装分子。

从车臣人到目前为止的射击情况来看，尼克至少大致知道他是从什么方向射击的：正北稍偏，应该是西北偏北方向。

尼克告诉迈克用点 300 温彻斯特 · 马格南向那个方向射击，要瞄准高处。压制射击，值得一试。

迈克开始一颗接一颗地射击：砰，砰，砰。他没有击中任何东西，但至少给了尼克一个机会，让他再看一眼。

“好了，慢点，伙计。”他告诉迈克。他们的弹药不可能永远持续下去，看起来可能要在这里待上一段时间，如果他们能活那么久的话。

在那短暂的一瞥中，他又看到了那三个家伙，他们挤在一个屋顶上，大概在 547 米处，就在正北的右边。这绝对是一个机枪小组：机枪手、弹药手，以及装弹手。该死，他心想，**那正是我们要做的**。他们刚刚向美国人喷射了一带 7.62 口径子弹，正在准备继续射击。

“嗨，”尼克向德里克喊道，“我看到有三个人，他们有一挺机枪！”

德里克的回应很简短有力。“干掉他们！”

在坑洞内，而那三个人在一栋相当高的大楼楼顶上，尼克把“风骚的戴安娜”放在一个相当好的向上角度，并不需要抬头射击。他只是将枪管推到洞口，从草丛中探出。瞄准镜刚好伸出去，这样他就能观察。

他通过瞄准镜看到了那三个人，调整了一下参数。他认为这是他职业生涯中最不舒服的非正统射击姿势。

他扣动了扳机。

没打中，打得又高又偏右。

他修正了一下仰角和风偏，再次开火。第二枪正中枪手的胸口上方。他翻滚着离开枪械，消失了。

这时，第二个人跳到第一个人在机枪后的位置上，把自己放在尼克拨好的位置上。**非常感谢**！尼克心想，**祝你今天愉快**，他扣动了扳机，看着这颗子弹撞向第二个人，把他也扔到了后面。**下一个，请？**

但是第三个人并没有这样做。他开始抓起几条弹药带。从他狭窄而扭曲的射击位置来说，尼克知道他很可能打不到这个人，但他还是向上打了几枪，只是想说，**嗨，别再回到这个位置。枪留下。煎饼卷也留下**。那个人逃跑了。

除了屋顶上的那三个人，尼克在视线内没找到其他枪手，但他能听到，因为雷鸣般的枪声还在继续。

这不仅仅是一支带枪的庞大队伍，而且**很厉害**。有外国专业人员与他们在一起：车臣人、乌兹别克人，是训练他们如何作为一支有效的战斗力量的核心战斗人员。在尼克看来，这很恐怖，简直就像在同另一个游骑兵排作战，他们的行动高效有序。

他一度听到脚步声拍打着地面，非常接近。还有人喊着“**真主至大**”，他们正在逼近。

是时候呼叫炸弹了。

德里克抓起无线电，幸运的是（也是奇迹般地）还能用，他接通了指挥官的无线电通信兵。

“嗨，我们需要空中支援，现在！我们即将被俘或被杀。重复一遍：我们的情况万分紧急！敌人有多个阵地，请求向所有阵地投掷炸弹。”

现在，他们面对面地遭遇了可能是特种部队最大的敌人、最糟糕的噩梦，以及真正的克星：

交战规则。

时值2009年，记住。美国公众厌倦了战争。美国的经济正处于水深火热之中。资源、耐心和政治意愿都捉襟见肘。在这一点上，政治领导人希望战争能够结束，而不是升级。我们应该是帮助这些人重建，而不是搞乱他们的基础设施。

这意味着，尽管尼克及其小组在人数上被巨大的敌方力量远远超过，而且都将被杀死，但他们无法获得空中支援，因为空袭会损坏太多的建筑物。

“对不起，”结论是，“不能在那里投掷任何炸弹，因为我们不能接受任何超过百分之一的附带损害。”换句话说，在他们投下炸弹的地方，甚至不能有任何建筑物出现在视野范围内。

德里克开始对着通话器一阵连珠炮般地咒骂，但是他们不为所动。

德里克又喊道：“嗨，就在这里投弹，对着我们。我们离那些建筑物有最小安全距离，就投在我们的位置上。”

管他呢，他想，反正他们都会死在那里，至少这样他们可以拉几个坏蛋陪葬。但他们也不会这样做。相反，他们派了一架B-2隐形轰炸机和一架F-16

战斗机，飞到 90 米高空，投下几枚照明弹。

就是这样。这就是空中支援。

尼克简直不敢相信会发生这种事。快速飞越想做什么，吓唬敌人，让他们放下枪，捡起裙子逃跑？他们在**想什么**？

当然，这没有任何效果。

攻击的步伐加剧了。

摩加迪沙机场

1995 年

第二枪让亚历克斯感觉很好。他闪过一个转瞬即逝的想法，**我一定是接近了**，但他没有时间通过瞄准镜跟踪这一枪。在枪声消失的那一刻，他不得不全身心地投入重新装弹的机械工作中——

拉出枪栓——

退出废弹壳——

滑入新子弹——

推上枪栓——

调整——

通信员现在拿起望远镜，并移动到更远的地方，这样他就可以安全地避开“野兽”的后坐力。他的眼睛紧贴在望远镜上，看着亚历克斯的子弹落地。

在亚历克斯进行重新装弹的程序时，他听到轻型武器的子弹从头顶上飞来：哒—哒—哒，哒—哒—哒。他把“野兽”推回沙袋斜坡上，准备进行第三次射击，他回头对通信员说：“帮我修正一下。”

通信员咕哝着：“**该死的！**”

“**什么是修正，伙计？**”亚历克斯重复了一遍。“**该死，给我一个修正！**”通讯员没有回答，只是说：“天哪……见鬼。”

“那颗子弹打到哪里了？”亚历克斯喊道。他伸手狠狠地捶了那家伙一下。他需要修正参数！

通信员甚至没有听到他的话。他全神贯注地盯着望远镜。“伙计，一定受伤了。”

“你是什么意思？”亚历克斯喊道，“什么一定受伤了？”

“那家伙倒下了。”通信员回道。亚历克斯的第二枪，在没有数据依据、没有修正的情况下，完全凭着狙击手直觉开的枪，正中那家伙。火箭筒掉在地上，陆军衬衫先生成了历史。

这是亚历克斯的首次一击毙命，如果它晚来半分钟，可能根本就不会来了。

但此时没有时间去思考这个问题，或者思考任何问题。陆军衬衫先生周围的人正在向美国人开火。

他又拿起了枪。

沙伊库特谷

2002年

当第三颗子弹在枪管中爆炸，罗伯的点50步枪又发出了一声巨响，弹头以每秒823米、每小时近3000千米的速度飞行，远远超过了音速的两倍。然而，即使在这种令人目眩的速度下，铜套弹头也会在下面的谷底长长的弧线上飞行近4秒钟……

一条蟒蛇长……

……首先被第一股横风拉向一个方向，然后被第二股横风拉向另一个方向，再被第三股横风拉向另一个方向，弧形上升，上升，像一个投手区上时速3000千米的投球，投向2.4公里外的本垒，速度太快，肉眼无法看到……

两条蟒蛇长……

……上升，上升，上升，直到它到达一个点，在中途的一点，轨迹变成零弧，它开始不可避免地变成下降弧线……

三条蟒蛇长……

……现在急剧下降，直到那一点，在那里，目标的不完美与空气和重力的腐蚀，在计算出的完美的几分之一秒内，相互抵消——

侯赛巴

2004年

贾森干掉了街对面的机枪阵地，使整个等腰三角形的短边失去作用，该三角形将整个排压制住了。这至少为他们赢得了一些腾挪的自由。但是，从东边据点建筑传来的一连串枪声是更大的麻烦。那里有太多的枪，贾森无法确定位置，更不用说一个个端掉了。同时，他们还遭到其他多个方向的枪击。

必须有大动作，否则他们都会死。就是这么简单。

他们需要重武器。

贾森此时真正需要的不是步枪，而是无线电。但担任话务员的乔希·马维卡在数十米外，像其他人一样蜷缩在沟里。

“马维卡，”贾森喊道，“过来，混球！我肯定不会去你那边！”

紧挨他的某个人笑了，可能是德尔菲奥伦蒂诺。贾森也笑了。嗯，他们很有可能在接下来的10—15分钟内全部死掉。有时候你不得不笑：这是唯一能让你坚持下去的事情。

他听到马维卡说：“哦，该死！”然后大声回答：“好的！”

“等等！”贾森喊道。他转向德尔菲奥伦蒂诺，喊道：“烟幕弹！”他们在沟里拉开一些高浓度烟幕弹，将它们扔到街上。高浓度烟雾是很神奇的东西，它可以让你在一个足球场范围内完全看不清。贾森希望他创造了足够的临时目障，来隐藏话务员的下一步行动。

就在他们扔出高浓度烟幕弹那一刻，贾森看到马维卡猛地站起身，像夺冠冲刺一样向他冲来。在他奔跑过程中，子弹击打着他两侧的沟沿。下一刻，他在垃圾堆中滑向贾森，就像一个跑垒员在公园里进行了一次非常近距离的本垒打。

贾森靠近马维卡，他们一起呼叫81毫米轻型迫击炮火力支援。（81毫米口径被视为“轻型”，“重型”迫击炮弹口径为120毫米以上。）轻型迫击炮排，在1.6公里远的侯赛巴营地内，做出了回应。最初几发炮弹击中了几百米外的地方。

贾森抓起Vectronix测距仪（与两年前罗伯·佛朗和蒂姆·麦克米金在沙伊库特谷使用的测距仪几乎一样），对准炮弹的落点并双击测距仪，然后返回到他们准备端掉的机枪阵地位置，点击，并进行了修正。

落点182.9，看射击效果!

贾森不知道他们是怎么做到的，但迫击炮手拨得很准，在整个住宅区中，他们成功击中了那栋建筑物。

被迫击炮弹击中后，房子里面的东西——丙烷罐，贾森猜测，或者可能是弹药——被引爆了。

那栋建筑物变成了一个熊熊燃烧的地狱。

在据点爆炸后的短暂平静间隙，他们需要对伤员进行医疗救助，而且要快，尽管机枪阵地被端了，但仍有不断的枪声向他们袭来，火力在逐渐增强。

但是他们所有的医疗救援车都出去了。基地内只剩下一辆孤独的悍马和一辆7吨重的后勤车。消息传来，那辆7吨重卡车正在路上，然后他们看到了它，在西区急速行驶，并在火车路左转。卡车到达他们身边，又继续向前开动，在排头停下来，伤员在那里。

就在这时，一枚火箭弹呼啸而来，撞上了油箱。

所有人都为爆炸做好了准备。

但什么也没有发生。

令人难以置信的是，尽管火箭弹击穿了卡车油箱，但却没有引燃燃料。然而，现在，卡车的燃料喷得到处都是。海军陆战队队员急忙把伤员装到卡车上。卡车掉头，开始向西返回。在卡车经过时，贾森和其他人都被喷了一身汽油。

贾森说，直到今天，每次闻到汽油味，他都会极度不安。

他们现在的情况是喜忧参半。

好消息是，他们剪断了敌人L形伏击区的两条臂膀，贾森两枪打掉了对面的机枪阵地，而迫击炮协助摧毁了据点建筑里的机枪阵地。

坏消息是，他们依然被压制着。因为这时，一群武装分子在多个地点被动员起来，从一个又一个屋顶上向他们开枪射击。他们正在受到来自四面八方的袭击。在贾森看来，这座城市似乎到处都是眼睛，都连在操作半自动武器的手指上，都在紧紧盯着他们。这超出了狙击手的打击能力，呼叫迫击炮也无济于事。他们正在被整个城市的人袭击。

情况就是这样。贾森心想，在这里，**你只能将头埋在两腿中间，赶紧滚蛋。**

赫尔曼德省

2009年

尼克再次评估了一下形势。他们排在900米外的交火中被压制住了，无法脱身来支援他们。他们得不到任何空中支援。他们真的，真的只能完完全全地靠自己。

好吧。

国际象棋。

你想吃掉谁，尼克？后、象，还是马？

狙击手。

尽管一连串的枪声从多个方向袭来，但他们现在面临的最大威胁是那个狙击手，因为他比棋盘上的任何人都更准确地瞄准了他们。他必须对付那个车臣人。这是一个挑战：他不知道那个人的确切位置，无法用眼睛和瞄准镜在地面上停留足够长的时间，来扫描该地区，并找到他。

反狙击：用狙击手对决狙击手。在他所有的训练中，他们真的没有花太多时间在这个课题上。尼克记得他曾在一所狙击手学校的学习中听到这样一段讲话：

“如果你发现自己遇到一个难缠的狙击手：第一，你太不幸了；第二，只需向他投掷一枚联合制导攻击武器。千万不要出去和那家伙决斗，因为你不知道他有什么样的技能。”

好建议。

在这里没有任何意义。

没有任何联合制导攻击武器，至于是否要上去和那家伙决斗，尼克没有选择的余地。他身处困境，独自面对一个狙击手，而这个人早在尼克出生前几年，就击毙了很多苏联士兵。

尼克一直想追随卡洛斯·海斯卡克的脚步。

好吧，他就在这里。

只是在接下来的短暂时间里，他**不在**。思绪回到马里兰州杰赛普的家里，一个高二学生正在观看一部 20 世纪 60 年代的老纪录片。他盯着电视机，听着屏幕上一个灰头土脸的老狙击手讲“啪 — 砰”理论。

“当你听到啪的一声时，”那个人说，“你开始在 1 秒钟内从 1 数到 5：1—2—3—4—5。当你听到砰的一声时，你数到的数字就是他与你的距离。”

那人解释道，这是一种应急的耳测射程法，其工作方式与判断雷暴的距离完全相同：在看到闪电时，你数到听到雷声止 —— 数秒，换句话说，数到来自闪电的声波赶上光速为止。只是在这种情况下，你要数的是几分之一秒。

因为狙击手的子弹比音速快，当子弹经过你的耳边时，子弹击穿音障的“**啪**”声发生在步枪的“**砰**”声（即驱动子弹飞行的最初火药爆炸声）到达你耳朵之前。这个间隙到底有多长，取决于那颗子弹的确切速度。一颗典型的狙击子弹将以每秒约 823 米的速度离开枪口，但几乎立即开始减速。这个等式应该在 457 米以内成立，一旦超过，子弹会因海拔和其他环境因素，或多或少地减慢到每秒 549 米左右。根据数学和物理计算原理，可以估算出子弹的飞行与声音的传播之间的差距大约是每五分之一秒 91.4 米。

因此，当你听到**啪**的一声时，你在 1 秒的时间里数到 5，当你听到**砰**的一声，你就知道了射程。

究竟怎样。尼克决定给这个“啪 — 砰”理论一个机会。

为了做到这一点，他需要让车臣人再次向他开枪。

这简直太疯狂了，因为车臣人的每一枪都会离他越来越近。

枪手的仰角是准确的。他还没击中他们其中一个，唯一的原因是他的子弹横向打偏，偏左或偏右。尼克清楚，唯一影响车臣人完美射击的因素是风。

他们在那里待了数小时，炽热的沙漠太阳已经超过地平线。当阳光在不同的地点撞击地面，以不同的速度加热不同的地貌时，就会产生温差，从而产生可变的风，即狙击手所说的“转向风”。这是最难正确解读的一种风，因为它摇摆不定，不断变化。

到目前为止，转向风救了他们的命。如果是在正午时分，风向完全平静时，他们早就完蛋了。

即便如此，这也保护不了他们太久，因为车臣人只差几厘米了。每一枪都越来越近。5 厘米，2.5 厘米，1 厘米。再过 5 分钟到 10 分钟，毫无疑问，他至少会击中身体部位，即便不能爆头。

尼克知道，这 5 分钟到 10 分钟可能过去了，车臣人可能最终完美校准了。要么他这次可能运气好。但是尼克别无选择。他需要这一枪来确定射程。

来吧。

他再次抬起头，就在探出头的那一刻，听到了另一声响亮的“**啪**”，一颗超音速子弹从他头旁边的空气中划过。他向后躲避时，立即开始快速计数：**1—2—3—4—5—**

砰！就在他数完 5 之前，他听到狙击步枪雷鸣般的爆炸声。

该死！这家伙离他不足 457 米。对于机枪阵地来说，457 米是相当远的。对于一个狙击手来说，这就像伸手到餐桌对面一样。糟糕。

好吧，他有了射程：457 米。但是 457 米处，在哪里？那边有数十栋建筑物，他不可能抬起头把它们都扫描一遍。

但是，他不需要把头抬起来，不是吗？他不需要亲自看所有这些建筑，他把它们全部储存在大脑中。

保存在记忆中。

这就像狙击手学校里的保持记忆系统游戏。当然，坐在本宁堡里玩玩记忆游戏是一回事，当你在五天没有合眼的情况下，像一只虫子一样被狙击专家钉在地上时，情况就有点不同了。周围的枪声仍在继续，没有任何停歇。他隐约地记得，迈克在大约 914 米处的房顶上看到一个人。**砰**！他一枪干掉了他。**干得漂亮，迈克**。但是尼克没有心思想这件事，因为他现在不能再想这些了。

别管了。只要完成任务就可以了。

尼克躺在坑洞内，闭上眼睛。他让整个区域的场景浮现出来，并在脑海中扫描。

在那边，大约一点钟方向，是尼克解决机枪阵地的地方 …… 但车臣人的枪声不是来自那里，是吗？是的。向左扫描，向左扫描 …… 那里！

他记得有一栋高楼，在中心的左边大约 183 米处。窗户是敞开的，被一块黑色的窗帘遮住，看起来是个绝佳的位置。

如果是我，他想，**我肯定会选那里**。

他的嘴角露出一丝微笑。

我找到你了，他想。

他睁开眼睛。

他迅速向迈克详细说明了那栋建筑物的位置，并告诉他用马格南步枪的瞄准镜对准那扇窗户。“我要做一些动作。如果你发现那里有什么动静，直接开枪。”

他不想再探头了，觉得没有必要。他只是开始在散兵坑里走动，让人觉得他要站起来，准备跳起来逃跑或者其他什么意图，就在此时，啪，一颗子弹打在他身后的地面上。

“我看到他了！”迈克大声道，“我看到他了！”

就在子弹落地之前，迈克看到窗帘动了一下，还看到一点闪光。

他们发现了他。

尼克一跃而起，他俩开始朝那扇窗户射击。

很快，迈克的点 300 口径大枪的子弹击中了窗帘，窗帘又动了一下。子弹击穿了窗帘。

但那个车臣人不在那里了。

他仍然在向他们射击，而且做得很好，把他们压制住了，只是没有之前那么好。如果他不在那里，怎么可能向他们射击呢?

尼克非常清楚他是怎么做到的。他退到那个房间深处的一个位置，他现在不是通过窗户，而是通过墙上的某一个小洞向他们射击。

这就是所谓的“射口射击”。这难度很大，但其实并不新鲜：从原理上讲，这与中世纪的弓箭手通过城堡射口墙上的小缝隙射击基本相同。只不过弓箭手坐在 1.5 米或 3.7 米远的地方，对着 5 个足球场外的目标射击，非常准确。

这是我和埃里克在海军特种作战科目中学到的众多创新之一，当时我们会在毕业生从部署中返回时听取他们的汇报。到了 2006 年，我们开始教学员如何建立射击口，以及如何破解射口射击。当尼克在赫尔曼德省被压制的时候，这些技巧出现在其他狙击手课程的清单上，包括尼克学习过的一些高级课程。那年晚些时候，2009 年秋季国际狙击手大赛中首次设置射口射击项目，以测试射手在三层楼的椽子上通过直径 7.6 厘米的射口射击，并击中 150 米外的目标的能力。

与此同时，车臣人正在实践他自己版本的比赛项目，以尼克为目标。虽然他做得不错，但未能成功。在把尼克逼入绝境几小时后，尼克现在反其道而行之，反过来把他逼入了绝境。

他们现在还无法解决那个狙击手，但至少找到了他，并迫使他退到屋子里。他们没有完全解除危机，但至少获得了一定的活动空间。

也许还能再多活几分钟。

摩加迪沙机场

1995 年

亚历克斯的小组正遭受来自聚集在西南方向的索马里人的猛烈攻击。他扫描了他刚刚射杀的那个人左边的战斗位置。那里没有人。

他将点 50 枪向右转了一点，检查那家伙另一侧的战斗位置。那个拿着机枪的男子将大枪架在一个沙袋上，巨大的枪口喷出的烟尘犹如月食周围的月华。

亚历克斯做了一个快速的心算，然后把十字线对准对方枪口烟尘的中间。他强迫自己放松，并运行心理射击程序：**准星聚焦准星聚焦准星聚焦准星聚焦呼吸呼吸呼吸扣动扣动……**

射击。

他将一颗子弹送入了射程。

没有时间去看它落在哪里——

拉出枪栓——

退出废弹壳——

滑入子弹——

推上枪栓——

调整——

他将步枪放回沙袋上，拿起望远镜看了一下。画面已经改变。那挺 PKM 机枪成了一块扭曲的、残缺不全的金属片，散落在沙袋前。沙袋上有一块很大的草皮，那是那家伙站过的地方。那人被甩到一边，几乎被撕成了两半，但还活着。

亚历克斯看了看。

那人躺在地上，用一只胳膊肘支撑着，震惊和难以置信地看着自己，内脏正从他体内溢出。

亚历克斯的脑海中浮现出一个画面：他看起来就像从罐子里蹦出来的弹簧蛇。

两个伙伴走过去抓住他，但就在这时，他完全瘫痪了。

亚历克斯的这一枪同时摧毁了机枪和机枪手。

沙伊库特谷
2002年

在将近4秒钟的时间里，这颗长长的点50镀铜子弹在阿富汗山谷上空划出一道弧线，在空气中穿行，并突破横风——

——**和冲击力**。

“天哪！”蒂姆用几近虔诚的语气低声惊呼。罗伯的第三颗子弹在沙伊库特谷的远端撕开了那人的躯干，将他毫无生气的身体甩到了沙漠地面上。

这一次，其他人的反应没有任何模棱两可或犹豫不决。他们像一对受惊的野兔，争先恐后地冲到附近一处干河床。没有机会处置他们了。

蒂姆和罗伯望着彼此，目瞪口呆，因为刚才不可能完成的事让他们沉浸其中。这不是骚扰性射击。他们瞄准了一个敌人，然后瞄准、修正，并在超过2.4公里的距离上对其实施了外科手术般的精准射击。是的，在过去几天里，他们进行了一些疯狂的远程狙击。但这是他们所做的最远的一次狙击。

他们当时没有意识到的是：这是**有史以来**最远的一次射杀。

侯赛巴
2004年

……**准备告别吧**，贾森心想——

就在此时，他身后爆发出“大毒蛇”枪的轰鸣声。转身一看，什么也没有发现，他抬起头。两架贝尔 AH-1 眼镜蛇攻击机在他们上方不远处的空中盘旋，向侯赛巴的南部边缘释放出全部怒火。这种攻击机是一种邪恶的机器，配备 20 毫米加农炮、70 毫米火箭弹和少量陶式反坦克导弹。两架“休伊眼镜蛇”像复仇天使一样在上方盘旋，将炮弹和火箭弹向城市倾泻。贾森感到自己的头发都竖了起来。

有那么一瞬间，海军陆战队队员完全忘记了自己身处炮火之中。他们开始鼓掌、嚎叫和欢呼。他们看到这些杀人机器，很高兴。

没过多久，两架“眼镜蛇”就清空了这个区域，给了海军陆战队队员最终爬出垃圾沟并开始行动的机会。他们向正东方向前进，来到据点建筑群所在地，剪断了周围的铁丝网，接近了建筑物，里面的火还在熊熊燃烧。

负责 K 连第一排的中尉转向一名海军陆战队队员，他扛着一个 AT4 84 毫米反坦克火箭筒，这是一个怪物。中尉对队员说：“嗨，向里面开一炮吧，以防万一。”那个小伙子朝建筑物里发射了一枚 AT4 火箭弹。该死，它几乎把楼给弄塌了。

海军陆战队继续向东前进，前往伊拉克共和国火车站，与第三营的其他部队会合。

这一天还远未结束。

他们的战争才刚刚开始。

赫尔曼德省

2009 年

这时，尼克·欧文和队友陷入持续交火近 3 小时。好消息是：突击队成功捕获高价值目标。是时候撤退了。坏消息是：来自第二排的一个叫沃肯斯的狙击手中弹了，不算太严重，他只是脚部中枪，但还是很糟糕。

更糟的消息是：尼克和迈克可能已将车臣狙击手逼到了角落里，但依然被持续不断的火力压制，而弹药也所剩不多。事实上，他们已陷入困境，越陷越深。

在密集的枪声中，德里克喊道：**“听着。我有一颗手榴弹，还有一颗烟幕弹。”**

无须解释。他们脸上的表情告诉尼克，他们都明白了。如果事情真的没希望了，如果真的无路可退——这几乎就是现在的处境——他们都会扑向德里克的手榴弹，德里克拉开引线，然后就结束了。这就是 A 计划。

B 计划呢？他拉开烟幕弹，然后他们都会跳起来并冲出那里，就像布奇·卡西迪与太阳舞小子一样准备冲出重围。

布奇的最后一句台词是什么？

那一刻，我知道我们有麻烦了。

此时此刻，哪一种方案对尼克来说，听起来都不错。要么做最后一搏，要么吃手榴弹：无论哪一种都意味着他们的时间到了。

“好吧！”尼克喊道。迈克回过头，用眼神表示同意。他们会放出烟幕，然后冲出去。两个朋友互击了一下拳头，并向德里克点点头。

时间到了。

第 14 章　解救

我是如何脱逃的？历尽艰险。我是如何计划这一刻的？满怀喜悦。

——亚历山大·大仲马，《基督山伯爵》

摩加迪沙机场

1995 年

现在，摩加迪沙机场跑道上乱成了一锅粥。

另一辆吉普车出现了，车后有一挺装在万向托架上的德什卡重机枪，操纵这东西的人直接向他们射击：哒—哒—哒—哒—哒！这些点 51 口径的德什卡重机枪子弹发出了巨大的噪音，落点距离他们非常近，**太近了**。没有时间去仔细瞄准。

亚历克斯挥舞着“野兽”，朝那个家伙开了一枪。

吉普车飞了起来。

“你打中了车厢侧边，”观察员叫道，“就在轮胎上方，落在机枪手的两腿之间。”足够好了。

过了一会儿，亚历克斯身后有人喊道：“所有人趴下！”

就在大家趴下去的一瞬间，一枚火箭弹直接从头上方射过，离他们只有一米高。在亚历克斯看来，这就像一架喷气式飞机从头顶飞过。火箭弹在他们身后的空中爆炸了。

他们现在也在遭受小型武器从多个方向发起的相当有效的攻击，现场已经恶化为全面的敌对行动。胡椒粉喷雾剂和泡沫剂肯定不能解决问题。

亚历克斯朝西南方看了一眼。**好吧**，他想，**最大的威胁是什么**？快速扫描该地区，他发现一个扛着火箭筒的索马里人，猫着身子在停机坪上奔跑，他想跑进一栋建筑物。在那里他可以获得掩护和隐蔽。如果躲进建筑物，他不仅安全，而且还可以给他们造成破坏。

他试图锁定目标，但没有办法将这个家伙锁定在某一个密位点上。他在全速狂奔，速度很快。

亚历克斯在仓促间做出了最好的评估，开了一枪。

“落在他身后了。”观察员喊道。

“建筑物在 640 米处！”另一个在现场有测距仪的队员叫道。

亚历克斯以最快的速度调整好弹道参数，重新装弹——**拉栓、退壳、装弹、复位、调整**，然后将步枪放回射击位。通过瞄准镜，他勉强看到那个人消失在建筑物拐角处的情景。

他吸了一口气，将十字准线对准离建筑物拐角约 1 个密位的地方，距离地面约 90 厘米……开始等待。

5 秒。

10 秒。

15……20……亚历克斯像雕像一样一动不动，尽量稳住“野兽”……25……

大约 30 秒时，那个扛着火箭筒的人从拐角处小心翼翼地走了出来。盆骨直接出现在亚历克斯的十字准线上。

他小心地单膝跪地，举起火箭筒，直接瞄准亚历克斯。现在亚历克斯的十字准线对准了那个家伙的胸骨。

砰！

子弹冲出枪膛后加速向前飞去。

一瞬间，一簇明亮的火花从那人胸口飞起：燃烧弹在接触时爆炸了。火箭筒手死了。

就是如此。

像凶猛的春雷突然减弱一样，轻武器致命的火力攻势开始稀疏并消失了。

几分钟后，几个小孩跑到跑道上，捡起丢在地上的火箭筒，开始把它对准美国人。亚历克斯不知道他们是否只是孩子在胡闹，或者这是某人居心叵测的战术策略，试图让美国人侵者射杀一个孩子，从而激怒当地人，引发另一场摩加迪沙之战。

不管真实情况是什么，他们并没有上当。

孩子们很快就厌倦了这场游戏，离开了。

沙伊库特谷
2002年

到第九天，沙伊库特谷的大部分战斗已经结束，所有美军部队都被从山谷召回。“蟒蛇行动”正在逐步收尾。蒂姆和罗伯在山脊上，并排趴在那里，用望远镜观察远处的敌人阵地，寻找可能还在那里的目标。

突然，蒂姆抓住罗伯的头，直接按到地面上。“趴下别动！”他喊道。

罗伯还来不及想蒂姆究竟在搞什么，就听到砰的一声巨响。

过了一会儿，他们都抬起头，向四周观望。

大约30米外，一颗巨大的炸弹插在地上，尾翼朝上。

“天一哪！”附近战壕里传来一个声音：美国第101空降师B连。一个美国兵爬出来，走到那个大家伙跟前，踢了踢它。

“哇，哇，哇！”罗伯叫了起来，“我们没有必要在这里玩命，是吧？”

那是一颗226.8公斤的美国炸弹，是B−52可能投下的那种。刚才，B−52投下了这种炸弹。在他们身上。究竟是出于何种原因，对罗伯来说将永远是一个谜，万幸的是它没有爆炸。

他望着蒂姆，两个人都在回想在山谷的第二天，美军狙击手的子弹就从他们中间飞过，离两人仅有几厘米。友军射击。大水冲了龙王庙。

他们离死神最接近的一次经历由自己人制造。

侯赛巴
2004 年

贾森的小组和两个排，L 连第二排和 K 连第一排，到达城市南端的火车站时，营里的其他人也刚刚从加伊姆基地赶来，联合反装甲小组已经登车，准备进入市区，嗅探并捣毁武装反抗的巢穴。

贾森和小组开始清理屋顶，穿梭在市区内，为他们所在的排提供安全警戒。这是一个复杂且劳累的过程。他们会从屋顶上下来，与排里的人一起破门，在街道上提供力所能及的帮助，确保不会有人从后面发起偷袭，然后再返回屋顶，侦察该地区的情况。这是一个移动的过程，在市区内排查，因此，在很短时间内，该排将转移到一个新的控制区。这时狙击手将不得不从屋顶上冲下来，像离弦的箭一样迅速冲到排前面，通常是 360 度无死角地置身于危险之中，迅速占据有利高地，以便部队进入新的区域时为他们提供掩护 …… 无异于把脑袋拴在裤腰带上玩青蛙跳。

行动持续数小时，不停顿，直到一天中最热的时候，气温达到 43℃，在楼梯上跑上跑下，跨越屋顶和窗台，钻进狭小的窗户，还要随时提供掩护、安全保障，并实时观察。贾森以前从未经历过如此艰苦的考验。狙击手学校的地狱周，现在看来就像夏天在科尼岛惬意的一日游。

武装冲突持续了一整天。

夜幕降临后，他们戴上夜视镜，继续前进。

能见度的变化使得识别工作更加困难。有近 2000 名美军士兵在该市密集居住的 2.59 平方公里范围内移动，并非每个人都在同一个无线电频率上，所以有时会出现混乱。

这些人在加伊姆基地被告知，他们来是为了把这个连队从一次重大的攻势中拉出来。当你被告知这样的事情时，形势往往会被夸大。毫无疑问，他们听到的是：“形势异常严峻，到处都在爆炸，到处都是尸体！”

他们被催促着蜂拥而至，在屋顶上的任何人都会处在危险之中。海军陆战队往往先开枪，然后再问话，尤其是在这种情况下。

有一次，贾森、马维卡和德尔菲奥伦蒂诺突然发现自己抱着混凝土，因为自动步枪子弹撕扯着他们所在的屋顶边缘。“上帝，请让他们停下来！”联合反装甲小组看到屋顶上有人影在移动，开始用点50子弹点燃所有东西。

让这些家伙停止射击，说起来容易，做起来难。联系他们意味着与狙击手值班指挥官用无线电联系，后者会与另一个人联系，这人再与联合反装甲小组的人取得联系。贾森对整个电话游戏没有太大信心。相反，他们拿出一些荧光棒，开始大喊："嗨，停止向我们射击！"

这种方式似乎奏效了。

那晚他们不止一次遭到友军射击。当然，他们也遭到非友军枪击。那是一个漫漫长夜。

他们留在市区里，一个街区一个街区地战斗，直到接近午夜，形势终于平静下来，他们可以返回后方进行补给。他们消耗了大量弹药，需要补充，需要获取一些饮用水和食物。

他们返回基地时，有命令在等着他们：与另一个排再次返回市区。指挥部已将该城市分解为每个连和小组不同的责任区，营部将留在这里。所有大约2000名海军陆战队队员将在第二天对该市进行全面扫荡，挨家挨户，不留死角。

此时，狙击手已经连续战斗约14小时，但是他们的行动才刚刚开始。

赫尔曼德省
2009年

在逼仄的浅坑里蹲了几小时，为他们的生命而战，尼克·欧文和迈克·彭伯顿正准备冲出去，此时侦察队组长德里克说道："嗨，我们的援兵到了！"。

第二排一个机枪小组在信道听到他们的呼叫，决定撤出当前战斗，来帮他们突围。

尼克转头看了一下，发现他们正在接近，有五人，两人拿着M4步枪，三人拿着MK–48轻机枪，尽管他们在全速冲刺，他们手中的枪还在一刻不停地扫射。

这是一群敢玩命的家伙，他想。

5名游骑兵全力冲到他们的藏身之处。尼克认出了领头的炮手，他的一个朋友，名叫本·科普。他无比开心。等到事情过去，他们脱离困境后，尼克要告诉他这一点。

机枪小组为他们赢得了更多时间，并提供了强大的火力。如果没有科普小组咆哮着进行那场史诗般的拯救，尼克怀疑他们还能活着超过几分钟。他们依然是待宰羔羊，他们必须离开那里。是时候突围了，回到机枪小组刚来的地方。虽然深陷包围，但至少这次有本 · 科普和机枪小组。

德里克迅速安排了他们的次序，谁先谁后，一直到尼克和迈克，他们负责断后。他掏出烟幕弹，拉开手环抛了出去。尼克难以置信地看着狂风卷起的烟幕，并将烟幕卷向了完全错误的方向。

掩护到此为止。

这还不是最要命的：在机枪小组和侦察员撤离后，最后轮到他和迈克的时候，烟雾早已消散。他们依然受到压制性火力攻击，几乎又回到了几分钟前的样子。两人互相看了一眼，用眼神告诉对方：**"好吧，是时候赴死了。"**

"嗨，告诉我妻子，我爱她。"迈克说。

"闭嘴，伙计，"尼克回道，"你自己告诉她。"

他们第二次碰了一下拳头，然后猛地站起来，开始向外冲。开始冲刺时，他们在激烈交火的喧嚣中，听到一种非常特殊的枪声——**嗖！嗖！嗖！**那不是持续的炮击声。

是那个该死的车臣人。

该死！尼克心想，**他可能又回到了窗口，而我们正在逃亡中。**

在你被狙击手瞄准的时候，不要跑成一条直线，因为如果这样做，你所做的就是帮助他估计你的前进方向，这样他就可以在你前面的道路上射出一颗子弹，当子弹到达时，你正好迎头赶上。相反，你必须尽可能以不可预测的模式移动。这完全违背了你的本能，因为这样做意味着你大大减慢了前进速度，从而延长了你暴露的时间。这很疯狂，但你必须这样做，因为如果沿着一条直线拼命跑，你必死无疑。

在他们奔跑过程中，尼克反复默念着：**之字前行！之字前行！**

两人以最快的速度，在布满泥泞灌溉沟渠的岩石硬地上奔跑，那是最不适合跑步的地形。尼克说他不记得他的脚曾接触过地面。感觉就像他们经历了 8 个足球场长的之字冲刺，**嗖嗖嗖**，周围的泥土飞溅。

到达一条小沟渠后，他们停止了狂奔，在那里与排里的 10 名游骑兵小分队会合了。其余的部队都回到他们在东南方约180米处征用的安全屋，大多数人都在屋顶上，正在进行火力支援。他们把这个地方称为阿拉莫。尼克住在圣安东尼奥。他曾亲自探访过真正的阿拉莫，了解它的历史。这不是一个令人鼓舞的形象。

“你们有水吗？”尼克喘着气说，“我要喝水，快渴死了。”自从前一天晚上穿越沙漠时水喝完后，他一口水都没有喝过。

科普从背包里掏出水。尼克喝了一半，把剩下的递给了迈克。**不胜感激，科普。**

他们开始移动。尼克发现一个拿着AK-47的家伙在大约45米外的拐角探出头。他抓住迈克，将“风骚的戴安娜”架到他的肩膀上，把他当作人肉支架。迈克明白他的意思，保持不动。尼克观察着迈克的吸气和呼气，将自己的呼吸与他保持同步，以确保他能正确地补偿枪管的起伏。

砰！

那个AK枪手倒下了。

“嗨，伙计，”一个机枪小组的人说，“入列。”

尼克跑到队伍前面，开始带领20多名队员——侦察员、科普的机枪小组，以及他们遇到的10名游骑兵——前往阿拉莫。

从这里出发，他们还有90米的距离到达安全屋，**只有90米**，他想。**我们可以做到的。我们已经走了这么远。**几天的不眠不休，数小时的持续枪战，都让他疲惫不堪，他犯了一个致命的错误：他带领他们沿着一条小山脊行进，前面是一条峡谷，后面有一排树。

他们沿着树线前进，把自己的身影呈现出来。

侯赛巴

2004年

全市范围的扫荡在天一亮就开始了。洛佩兹中校一刻也不打算松懈，他不打算手下留情。不再用彩虹杀死他们，不再进行足球外交，绝对不再寻找羊奶走私者。他们封锁了整个区域，**以展示武力。**

没过多久，贾森的小组发现了一颗精心埋设的105毫米炸弹。他呼叫了排爆小组，然后设置了战斗位置，并等待着，等了很久。

没有人预料到或计划过任何一种接近如此规模或范围的行动，而营里只有一个排爆小组。两个人和两个小型拆弹机器人，就是一个小组，在全市范围内挨家挨户地扫荡，涉及 1600 名海军陆战队队员和 10 万人口。

所以他们只能等待，等待。随着太阳的升起，天气变得异常炎热，伊拉克特有的热。

他们在原地等待得越久，叛乱分子在外面把手放在扳机上的时间就越长，这家伙无疑在呼叫增援：“嗨，他们发现了简易爆炸装置，被挡在这里，立刻叫一些人过来，他们都是活靶子。”

果然，很快就有人悄悄地靠近，并朝他们开枪。

近 3 小时后，排爆小组终于出现了，他们看起来精疲力竭，毫无斗志。贾森为他们感到难过。他们在市区内四处奔波，在接到这个任务之前，已经在不同地点处理了四五处排爆呼叫。他们还损失了一个机器人，所以现在只有两个人和一个机器人。

检查情况后，他们小心翼翼地引爆简易爆炸装置，然后收拾好机器人和其他设备，登上汽车，赶往下一个排爆点。

就在他们离开之际，一连串机枪声响起。很明显，爆炸暴露了他们的位置。又一轮枪战在所难免。

然而，这与前一天的情况完全不同。贾森很清楚，叛乱分子丧失了最大优势，那就是他们高效和高度整合的通信网络。现在，叛乱分子不再是一支准备充分、高度协调的全市性部队，而是被封锁在孤立的小区里。城市周围的大量简易爆炸装置都是他们前一天埋设的，随着他们攻势的展开，在战略时刻引爆这些炸弹。在整个侯赛巴的多个地点还藏有更多武器，等待着叛乱分子在一天中抓取和使用。但是美军的反应比敌人预想的要快得多、凶猛得多，在他们这样做之前就把他们消灭了。尽管他们在城市周围都藏有补给袋，但他们无法大举进入这些地方。

贾森和狙击手在一整天都在遭受轻武器的攻击，他们有条不紊地逐个街区扫荡，挨家挨户地检查，就像电视里警察执法的过程。（“美国海军陆战队第四陆战团第三营德尔加多中士，女士，请开门，我们只是想跟你谈谈。”是的，就是这样。）当天晚些时候，他们发现第二个简易爆炸装置，不得不停止清除行动，留在原地，等待排爆小组完成排爆。

贾森估计，当天他们肯定处理了 200 块 C4 炸药。

赫尔曼德省
2009 年

尼克的小组一接近那条绿树掩映的小峡谷时，就遭到了伏击。这些不是打破音障的高速子弹，而是在不超过 35 米远的地方爆炸的机枪子弹。危险近在咫尺。

尼克立即翻身跳进峡谷。其他人都跳了进去。那里满是臭水和污垢，但总比挨枪子好。

“风骚的戴安娜”完全浸到水里。尼克在峡谷边缘发现一个武装分子，非常近，用十字准线瞄准他的脸，扣动了扳机——一股水流从枪管里飞了出去。幸运的是，一颗子弹随即飞出，击中了那个家伙。

随后，越来越多的人出现。尼克意识到，他们实际上是从地下出来的，他们修建了**地下阵地**。这是真的，还是噩梦般的幻觉？

这是真的，就像打地鼠游戏。武装分子不断从地下涌出，尼克不断地射击。他甚至看不到他们的确切位置，他只是看到闪光在地下闪动。游骑兵都在水里扑腾着。

突然，尼克听到一声极其响亮的“啪”的一声，就在他耳边。有那么一瞬间，尼克以为是他的一个队员在他头旁边开了枪，他正准备对那个人大喊，让他退后，但发现旁边没有人。这不是有人在身边射击，而是一颗高速子弹，从他头旁 2 厘米处飞了过去。如果向左边站三四厘米，他就被爆头了。

那个该死的车臣人。

他还是阴魂不散。他沿着他们的逃跑路线，又一次紧紧咬住了尼克。他在 640 米外，在这个距离上他还在爆头。那个混蛋**很厉害**。

在下一刻，尼克意识到狙击手的目标不是他，不再是。目标现在是机枪手。

听到一声巨响，就像用棒球棒狠狠地挥向拳击袋时发出的声音，紧接着听到一声让他血液凝固的尖叫声。

“该死，我中枪了！我中枪了！”

通过叫喊声，你可以知道什么时候有人被打伤了，什么时候有人被打得很惨。这个人就被打得很惨。

尼克扭头朝左边看去，看到本 · 科普，离他大约 6 米，6 米长的血弧从他的股骨上喷出。他倒下了。

侦察队的军医，一位名叫梅尔文的高个子，赶紧冲向科普，半跑半游。子弹在他头顶上啪啪作响，但是他完全置之不理。“我见过的最勇敢的人。”尼克回忆道。他取下医疗包，扔给科普，让医疗包漂浮在水面上，以便他能更快地移动。片刻后，他就到了科普身边，打开医疗包，开始工作。

尼克涉水走到排长肯特身边，说：“长官，我们必须离开这里——你想让我们离开，并保护你前往阿拉莫吗？”为了让肯特在枪声中听清，他不得不靠近肯特并在他的耳边大喊。

就在他说话时，他感到一股暖流袭来。

第一个想法是：子弹打在水面上，溅起了水花。

第二个想法是：不，不是水花。一颗高速子弹击中了肯特的胸部。那是肯特的血溅到了尼克的脸上。

车臣人正在有条不紊清除他们的关键人员。

尼克愣住了，他深感震惊。

迈克看了一眼，看到了正在发生的事情，他冲了过去，将手指塞进弹孔。梅尔文游过来，开始为肯特处理伤口，肯特同时对尼克大喊：**“伙计，给老子干掉这些家伙。”**

尼克猛然醒悟，转过身，开始向目标开火。

他们周围的水被本 · 科普的血染红了。

梅尔文给他绑了一条止血带，但没有用；他又绑了一条。科普要求提供吗啡，但是梅尔文不能给他任何东西；他失血过多。他将机枪手包在某种提包里，并将他绑在自己背上。

他们告诉尼克殿后，确保没有人从他们后面上来，并开始向后方射击。迈克负责指挥，他们必须立即将肯特送到安全屋。

他们沿着峡谷出发，但仍然遭到枪击。他们前进了 70 多米，阿拉莫就在面前，距离不到 18 米，但前面是一片开阔地带，完全裸露的地形，根本没有任何遮蔽物。

18米。

尼克和迈克让其他人与科普待在原地，科普已经陷入昏迷，而他们则要扫清前往阿拉莫的路。两人互相看了看。他们和安全屋之间没有任何掩护，只有平坦的空地。他们的衣服现在感觉异常沉重，被水、污垢和血浸透了。他们知道，不可能安全通过。

该出发了。

“嗨，伙计，”尼克说，“让我们来解决这个问题。”

第三次：互击拳头。

再一次：他们冲了出去。

就在进入空地的那一刻，尼克感觉就像发生了地震。他们径直冲进了另一个火力凶猛的伏击圈。他跌倒在地，大叫一声：“糟糕！”

迈克回头看了他一眼。“伙计，你中枪了吗？你没事吧？”

“我没事，伙计，”尼克大声回道，“我没事，快趴下！我们遭到伏击！”

迈克却说：“不，你这个疯子，那些是**我们的**人。那是掩护火力。”

尼克抬头一看，在阿拉莫屋顶上，一整排的机枪都同时开火，让大地都在颤抖。尼克爬了起来，迈克大笑不止。尼克也笑了一下。

侯赛巴
2004年

在第二个简易爆炸装置被排除后，贾森·德尔加多脱离大部队，绕进一条小巷。他听到一阵像骚扰性的枪声，来自相当近的地方，他想把它清除。

他从角落探出头。小巷一路向上，通向一座小山。贾森溜到小巷里，趴在地上，躲在街角的一小堆垃圾后。他利用垃圾作为临时的吉利服，开始慢慢地爬上街道。

前进了一段距离后，他小心翼翼地绕到移动垃圾堆旁边，开始用瞄准镜搜索。

在那里。

他找到了枪声的来源：一个孤独的家伙从一栋房子前面的水泥门框里探出

头，时不时向街道上杰森所在的排射击。

贾森衡量了一下情况。两天来，他一直在沟渠里撞来撞去，在水泥楼梯上跑来跑去，在房顶上跳来跳去。他不知道 M40 狙击枪归零是否正常。这家伙是一个严重的威胁，还没有造成伤亡，但如果他继续躲在那里射击，那只是时间问题。贾森不想放过这个家伙。他想一枪结果了他。

他需要先射击某个东西，以确保参数设置正确。

在那个人射程范围内，水泥柱上有一盏灯，事实上，离那个人只有数米远。他朝着那盏灯开了一枪，灯爆了。令人难以置信的是，那家伙似乎对此毫无察觉；他忙着躲来躲去，以避免海军陆战队向他的方向开火。

那盏灯告诉贾森，他的归零是正确的。他所要做的就是观察和等待。

半分钟后，那个人从门框的拐角处探出头。

贾森开了一枪，就像那盏灯，那人的头被炸开了。

贾森呼叫部队赶过来，他留在原地，观察周围，确保没有其他人悄悄地接近他们。

海军陆战队赶到那个人的房子时，贾森和他们会合，那里没有发现尸体，只有尸体被拖走时的血迹。

两个女人从房间里走出来，发出很大的声音，试图阻止海军陆战队进入。他们还是进去了，发现一大堆武器，包括卡拉什尼科夫轻机枪、火箭筒、炸药，以及大量的 AK–47。

他们逮捕了两个女人，并将她们带回基地。这是他们第一次逮捕女性。

在那天挨家挨户的搜查过程中，他们在房子里发现了很多尸体，这些受伤的武装分子，在他们的女人成功缝合之前，就已耗尽了时间。这就是战争，贾森想，他们也有自己的医生，只是他们的不如我们的好。

到第二天，即 4 月 18 日结束时，海军陆战队在市区内击毙了大约 300 多名叛乱分子，并最终捣毁了臭名昭著的复兴党总部大楼。几个月前，贾森和狙击手在这里第一次体验到了侯赛巴的疯狂；而就在前一天，甘农上尉和 4 名海军陆战队队员在这里被杀。

他们在地基周围铺设了 C4 炸弹，把这个地方夷为平地。

几天后，贾森逮捕的两个女人被释放了。

他再也没有因为射击而受到调查。

赫尔曼德省

2009年

阿拉莫是一座大房子，周围有一堵3米高的墙，前门和后门都是蓝色金属门。在尼克和迈克冲进那扇蓝色大门时，一个游骑兵用战斗相机给他们拍了几张面部照片，两人浑身是血，脸因疲劳和震惊显得有些惨白。

屋顶上的机枪手掩护其他人安全地走过18米。

他们设法让救援直升机前来，将科普、肯特，以及脚部中弹的狙击手沃肯斯接走。

在过去一小时里，或者不管他们在那里待了多久，游骑兵都像专业人员一样抵挡住了来袭的炮火，但是外面有很多不开心的塔利班分子，所以他们需要狙击手来帮他们消灭目标。尼克和迈克非常乐意承担这项任务。他们顺着临时搭建的梯子爬到屋顶，开始清除目标。

交火又持续了一小时左右。

他们商量拖到晚上，那时夜视仪会给他们带来优势，但弹药快用完了。尼克只剩下五六颗子弹。他们必须撤离这里。

就在这时，他们得到一个令人不安的消息。

不会有直升机过来接他们。这个地区太热了；火力太密集了。

请求火力支援：呼叫海军陆战队。当被告知他们所在的位置后，海军陆战队指挥官说："该死，你们在**那个**区域？抱歉，没有一个旅的兵力，我们无法进去。"

你在跟我开玩笑吗？尼克心里暗道，一个旅：**那可是几千人啊！**他们已经在这里抵抗了将近8小时，大概40个人，而这家伙却说没有一个**旅**的兵力他就不能进来？

"抱歉，"海军陆战队再次回话，"我们就是不能进去，我们可以派车到附近的一个会合点，但你们必须突出重围，跟我们会合。"

他们给出的会合点在阿拉莫以南约1.6公里处。

"我是不是可以这样理解，"尼克大声说，"现在，一场恶战后，我们必须撤离安全屋，穿过敌人的枪林弹雨，狂奔1.6公里，去见救援人员和他们的卡车，是这个意思吗？”

事实上，就是这个意思。

尼克不知道如何跑完这 1.6 公里。他精疲力竭，甚至 1 米都跑不了，更何况那 1.6 公里都是开阔地带。

“该死的，”另一个人说，“我们必须这样做。尼克，你打头阵。迈克，你掩护我们 6 个人。”

所以，尼克将是第一个离开安全屋的人，第一个冲刺穿越 1.6 公里开阔地带的人。

他们打开那扇蓝色的金属门，尼克像只兔子一样飞奔而出。

在一瞬间，他开始听到“啪啪啪”的声音将他包围。一个游离的念头在他的脑海中闪过：**我想我即将知道 1.6 公里我可以跑多快。**

当你在交火中从人们身边跑过时，你必须在瞬间做出抉择，确定他们是武装人员，还是碰巧住在那里的平民。他们正跑过分散的村庄。田地间有人拿着铁锹或锄头，种着胡萝卜或罂粟，或者做着其他事，而尼克和队友正踉踉跄跄地奔走着，一边逃命，一边被人从后面枪击，但他们不得不花时间和精力去积极识别这些人。

尼克看到一个人突然出现在房子外面 46 米的地方，拿着一支步枪从门口溜走了。

拿步枪的家伙。明白。

他跑出队伍，向左跨出一步，单腿跪地，在其他队友从他身边跑过的时候，击毙了那个人。

他站起身，加速跑，追上了队伍。

又发现一个人 —— **拿着步枪** —— 他跑出队伍，单腿跪地，击毙那个人。再次追上队伍。

在整个突围过程中，重复了几次这一过程。

最终，他们与等在那里的海军陆战队和 5 辆悍马车会面了。

5 辆车搭载 40 个人，好吧，他们挤成一堆，尼克躺在 4 个人的腿上，还有几个家伙坐在**他的**头上和腿上。悍马车的机枪手站在他的胸口上。几个游骑兵紧紧抓住悍马车外侧。

他们上路了。

在他们一路颠簸时，尼克意识到，他想要一样东西：垂死人的最后一支烟。只是他并没有死，他想，那天他死过很多次了，但他依然可以得到这支烟，是不是？

一个队员点燃一支万宝路递给他，他几乎一口气就吸完了。他试图灭掉它，烟蒂掉进了衣服里，着了起来。**我着火了。真的。**他躺在其腿上的一个游骑兵，伸手将他水壶里的水全倒在了尼克的背上，帮他把火灭了。

当天下午晚些时候，亚历克斯·莫里森发现一个索马里平民穿过跑道走了出来，还有4个人跟在他身后。他没有武器，所以海豹突击队和海军陆战队的人并没有管他，而是持续关注着他。走到海军陆战队设置的防御阵地外围铁丝网前时，他沿着铁丝网走到他们身后的崖壁上，顺着崖壁向下走，然后开始翻越铁丝网。

疯狂的混蛋，他究竟想做什么？

几个海军陆战队队员带着一些胡椒粉喷雾剂和印有索马里语的卡片走了过去。他们开始用索马里语朝他喊话，试图让他退回去。

他也开始对着他们大喊，但随后一个浪头打来，将他从滩头上拉到水中。所有人都认为他会游泳，但事实证明并非如此。那个人在水中挣扎了一小会儿，然后水变得汹涌起来，将他带到更远的地方。海豹突击队和海军陆战队的人只能眼睁睁地看着，什么也做不了。他们有非常严格的命令，禁止下水，因为水里有很多鲨鱼。

不管那个人希望达成什么目的，但都没有实现。几分钟之后，他被淹死了，在离岸大约46米的海里。

当他漂浮在海面上时，亚历克斯发现海鸟落在他身上。它们并没有啄食他。它们只是看起来很高兴，终于有没有被炸毁或者遭到射击的东西供它们落脚了。

那天深夜，亚历克斯和其他人登上一艘气垫登陆艇，爬进金属闷罐子，在黑暗中找到自己的长凳，感觉自己又滑向了深处。

回到巴格拉姆后，眼前的变化让罗伯·佛朗大为震惊。10天前，第一次在那里接受命令时，他们还只是盟军中几个不起眼的人，少数不知名的加拿大人，在人群中默默无闻。现在俨然成了名人。他们发现，可以进出任何帐篷，与任何人交谈，而所有人都认得他们。

罗伯不是军事迷，与尼克·欧文不同，尼克崇拜卡罗斯·海斯卡克，知道他军事生涯的细节，就像职业棒球迷知道偶像球员的数据一样，罗伯只是模糊地知道这个名字，当然也不会记住这些细节。他不知道海斯卡克已经保持了数十年的世界最远射杀纪录，达到 2250 米。他从来没想过，他刚刚打破了某种世界纪录。

更具讽刺意味的是，罗伯那天打破的纪录**并不是**海斯卡克在越南期间创造的。就在两天前，这位传奇的海军陆战队队员的纪录被阿伦·佩里打破了。佩里是罗伯在另一只加拿大队伍第 63A 组的同行，当时佩里在 2310 米的地方干掉了一个在卡车后面操控枪支的塔利班机枪手。

“我们会让你感到骄傲的。”拉格斯代尔曾对斯托格兰中校说。

这不是虚张声势。

在 5 个人中，加拿大人对行动进程产生了巨大的影响，并从盟军同行那里赢得了巨大的赞誉，同时也带来一种强大的兄弟情谊，这种情谊贯穿了整个旅程。他们在“蟒蛇行动”中的表现也为他们赢得了铜星勋章，这是美国陆军通常授予与美军联合作战的外国部队杰出士兵的勇敢奖章。

“他们的专业精神令人叹服，”欧维巴中尉如是报告，称加拿大人是“任务的一笔巨大财富”。

部分基于“蟒蛇行动”中的经验，加拿大狙击手培训科目增加了如何呼叫直接火力和近距离空中支援等详细指导。

返回巴格拉姆不到 24 小时，他们又登上飞机，去执行另一个任务。

整个战役结束后，我问贾森·德尔加多，当所有的硝烟散去，侯赛巴城看起来是什么样子？是否像空袭后的伦敦？

他说：“信不信由你，它看起来和我们刚来前完全一样。完全一样。”

这就是伊拉克建筑的特点：坚实的混凝土。混凝土楼梯与混凝土墙体融为一体；混凝土地板，混凝土屋顶。

他说：“你可以向这些该死的房子发射火箭，它们会完好地留在地基上。”

似乎是一个地狱般的玄幻小说。

经过他们为期两天的全城清除行动后，在接下来的一周半时间里，形势相对平静。随后又下起了155毫米迫击炮弹雨。很快，简易爆炸装置在整个城市到处开花，攻击的速度加快了。在接下来的几个月里，杰森看到了更多的屠杀。据他统计，他在那里部署期间，他们损失了32个海军陆战队队员。

几个月后，当部署结束时，贾森和队友拒绝了乘车，而是选择避开主要道路，艰难地穿过沙漠，绕远路到达加伊姆基地，那里的直升机将把他们送到阿萨德，在这里搭乘航班回国。即便如此，他们也没指望能逃出生天。

他们见过太多被火箭弹击中和被简易爆炸装置炸死的人，贾森说，他们凭什么会有不同？

尼克·欧文说，他仍然不知道，他们是如何在最后1.6公里跑向海军陆战队悍马车的挑战中幸存的。回到海军陆战队那个偏远的基地后，开始检查自己的损失，每个人的衣服上都有多个弹孔，但不知为何，除了本·科普和排长肯特外，幸而都没有被击中。

当天下午晚些时候，尼克坐在那里等待运输机来接他们，回去与自己排会合。身体里依然有很多肾上腺素在涌动，他兴奋得无法入睡。最后，他开始昏昏欲睡。

嗖——

一颗超音速子弹呼啸而过，尼克猛地坐直身子，再正几厘米，他的脑袋就搬家了。他抓住“风骚的戴安娜”，一跃而起，环顾其他人——

他们都坐着不动，盯着他，好像他刚在教堂里喊了一声“混蛋”！除了他自己的喘息声，没有其他声音。

他慢慢地坐了回去，试图让自己再次入睡。

尼克终于脱离了战争，要想摆脱战争的阴霾，还需要很长一段时间。

第五部分

杀人

当合适的时机到来时，你会毫不犹豫地终止另一个人的心跳。第二天，或者下一分钟，甚至几秒钟后，你将再次这样做，而且会反复做。

完成使命后，你会回到你刚刚冒着生命危险保护的社会，然后生活在那些永远不会说“谢谢”或“干得漂亮”的人中间，实际上，他们也不知道你做了什么。

第15章 取人性命

杀人，是一件很可怕的事，不是吗？你拿走了他的一切，以及他将拥有的一切。

——威廉·芒尼（克林特·伊斯特伍德饰演），电影《不可饶恕》

教官靠近狙击手学员，指着训练场对面的胶合板小屋。一个家伙被绑在椅子上，努力保持脸部不乱动，显然紧张得要命。他不知道将要发生在他身上的是什么，或许他知道。

因此，他很焦虑。

“看到那个人了吗？”

学员点点头。

“中情局送给我们的。他们打算杀掉他。”学员耸了耸肩。教官继续说：“这可能具有教学价值，为什么要浪费一个好靶子呢？所以他们让我们来做。”

他直直地盯着那个学员。

“‘我们’指的是**你**。”他朝小屋方向点点头，“射杀他。”

学员看了看小屋，然后又看了看教官。

“等等，是认真的吗？”

教官点点头，是认真的。

“你确定吗？因为5秒钟之后，我就要扣动扳机了。”

教官满脸不悦。他只是朝着小屋的方向再次点点头。

学员盯着教官看了几秒钟，然后又看了看椅子上的那个人。他长长地吸了一口气，然后呼了出来。他举起狙击枪，瞄准，放慢呼吸，并扣动了扳机。一股火焰从枪管末端喷出。

椅子上的人哼了一声，扭动身体，翻倒在地。他一动不动躺在地上，仍然被拴在椅子上。

当然，那个人并没有死。对于一部好莱坞惊悚电影来说，这可能是一个很好的情节，但中情局实际上并没有将新抓到的坏人交给军事狙击手课程进行目标练习。“囚犯”只是一个投影画面，只是一个生动的现实画面。学生是否意识到这一点，我不能肯定。他可能意识到了。不过，我还是可以看出，这种真实感把他吓坏了。

而这正是练习的目的：让他有机会体验在需要将武器指向一个活生生的人，一个有血有肉有思想的人，一个有父母朋友，可能还有孩子的人，并永远夺走其生命时，他会如何反应。

没有什么能让一个狙击手学员准备好面对将人类目标固定在十字准线上，并且知道食指轻轻一扣就会终止其心跳的残酷现实。然而，我们**必须**让学员为这种现实做好准备。

这就是高级狙击手培训中野外狩猎计划的全部意义，我们把新毕业学员带到山上去狩猎：这样他们就有机会真正杀死一些东西。没有电影摄像机，没有投影仪，没有演员。这时，他们是绝对的枪械大师、枪法专家，但还不是狙杀的高手。当你射杀一头鹿，把它开肠破肚，将它拖出森林，受伤沾满鲜血时，这种经历会一直伴随着你。

我记得第一次清洗鱼时，我 13 岁。那是一种非常奇怪的经历。我还记得我射杀的第一头鹿的内脏。**伙计！**我想，**这太可怕了**。但你做了几次后，它就变成你现在知道如何去做的事情。

那杀其他人类呢？是的，那是不同的。你做了几次后，它就变成你现在知道如何去做的事情。

不是每个人都能做到这一点，无论他训练得多好。

尼克·欧文回忆起他和游骑兵同事为了获得狙击手学校的资格，不得不回答一系列奇怪的问题。有两个游骑兵没有通过这项测试，甚至没有被允许进入课程。并不是因为精神有问题或者情绪不稳定，他们只是不符合条件。

要成为一名狙击手，你必须具备一定的心理能力。很多士兵、水兵和飞行员都在战争中杀过人，但如果你是狙击手，情况就不同了。当你高速穿过一个房间，在一片漆黑之中，突然有人端着枪窜出来，你向他开枪，这其实不是什么大事。你射杀了他，然后继续前进。

作为一名狙击手，你坐在那里，通过瞄准镜观察某个人，时间从几秒钟到几分钟到数小时不等，然后冷静地射击他。这是有意识的，也是故意的行为。为尼克的培训班做测试的心理学家，希望确保狙击手不会被吓坏或以某种疯狂的方式留下伤疤，确保他们不会在某个钟楼上吃着花生酱和果冻三明治，向人们开枪。

2002 年 3 月，在罗伯 · 佛朗和其他加拿大狙击手从坎大哈机场飞往巴格拉姆执行“蟒蛇行动”之前，一个名叫坎宁安的美军军士长找他们谈了话。他私下跟每个人进行了单独谈话，可能是为了衡量与他共事的每个狙击手的心态。如果他发现有人被他判断为没有准备好杀人，或者根本不具备这种能力，他会当场打发他回家。

坎宁安跟蒂姆谈话时，罗伯一直在等待，然后就轮到了罗伯。

坎宁安没有太多的客套与寒暄。

“罗伯，”他问道，“你以前杀过人吗？”

没有，罗伯说，他没有。

“好吧，当你杀人时，你会有反应。究竟有什么反应，将决定你如何处理它。”

这是一次奇怪的对话，罗伯心想。以前从来没有人跟他谈起过军队生活的这个方面，在新兵班、战斗学校、空降兵训练、侦察兵培训和狙击手学校都没有。自朝鲜战争以来，加拿大甚至没有参加过战争，那也是发生在罗伯出生 25 年前的事情。直到那时，他认为在整个军事生涯中，他从来没有真正与在战场上杀过人的人交流过。

坎宁安杀过人。

“你可能会有感觉，”他接着说，“在情感上、精神上。我猜你会说，有些人会感到窒息。这种奇怪的感觉会发生在你的身上。”

他停顿了一下，眼睛从未离开过罗伯的脸。

“或者，”他说，“你可以忽视它，继续你的工作。”

他看着罗伯，好像问了一个问题，所以罗伯点了点头，好像明白了。他想，他确实明白。

几天后，他趴在 2743 米高的山腰上，透过瞄准镜，看着点 50 口径子弹击中一个男人的后背，看着他死去。

他刚刚杀了人的事实对他没有明显的影响，当时没有。在交战过程中，你没有时间去反思。当你身处其中时，你会非常兴奋，警觉性异常高，以至于你的大脑不会想别的，只会专注于你正在做的事情，尤其是你还花费数年时间训练、磨炼这种专注力。

在看着他的致命一击飞向目标时，有一个想法确实短暂地在脑海中闪过：他想到了 9 月 11 日，想到被劫持的客机撞向双子塔时，成千上万的无辜者正在过着平凡的生活。这个想法一闪即过，罗伯开始忙着寻找下一个目标。

直到后来，那天晚上，他反思这一天时，才开始想这件事。他仰面躺在山坡上，裹在有定制拉链的游骑兵毯子里，他想，**我杀了一个人**。

是的。是的，他杀人了。第二天、第三天，他还会杀更多人，而他会看淡这些，继续做他的工作。

我在描述 2002 年 1 月我们在查湾克利进行的那场清晨小规模战斗时，也就是“蟒蛇行动”的几个月前，在战斗中，我们向那一小撮武装分子投掷了联合制导攻击武器，有一个细节我没有提及：在炸弹落下将他们全部消灭之前的最后几秒钟，我们听到了任何人在那种情况下最想不到的声音 —— 婴儿的哭声。

这些该死的家伙，我想，他们把家人带到了那里。他们将**婴儿**带到了战场上。我刚刚上报了投下 226.8 公斤炸弹的坐标 …… 在一个婴儿身上。我对武装斗争的崇高性，对赫克托耳和阿喀琉斯在烈日下为国家荣誉而决斗的任何幻想，都破灭了。战争并不崇高，它是残忍的，也是丑陋的。

然而，战争一旦发生，就必须去战斗，而且要英勇作战，否则你的人民就会付出生命。

这不是一个好时机。我的大儿子刚刚出生，事实上，我还没有见过他。在他出生前，我已受命执行海外部署了。我会尽我所能做好我的工作，保护我的兄弟们，然后安全回家看儿子。如果他们带着自己的家人上战场呢？我不愿意看到这样的事情，但这是他们的决定。我有我的使命：活下去，带我的兄弟们回家。

几天后，我们在山谷中巡逻，遇到一小队武装分子并俘虏了他们。随后我们进行了一场大讨论：如何处置他们？

我们执行了很多天的任务，而这个任务本应不超过24小时，就像罗伯在"蟒蛇行动"的经历一样，我们不知道还要在那里待多久。我们养活自己都难以为继，现在又抓到这么多俘虏，我们不仅得给他们吃的，还要小心看管，最后还要将他们带回坎大哈。坦率地说，我们有些人准备将这些人带进灌木丛去处置的。我的意思是，一劳永逸解决掉。

我知道这听起来很冷酷、很残忍，如果放在今天，我也会有不同的感受。但是在彼时彼刻，你就会有某种心态。你会变得强硬。这是战争，要么杀人要么被杀。这些人都是坏蛋，他们都杀害过无辜的人。我是一个合格的加利福尼亚冲浪者，是20世纪60年代两个嬉皮士的儿子，我会毫不犹豫地在他们的地盘干掉这些家伙。事实上，我也会这样做，并且在当晚睡得很好。

当然，这并没有发生。公约和法制战胜了战场实用主义。但这样的事情不是不会发生。

猎人习惯了双手沾满鲜血。

跟杀一头鹿一样，这只是你工作的一部分。你是一个专业人员，就得做这方面的事。

这并不意味着杀人对你没有影响。杀人会改变你吗？会的。当然会。怎么可能没有呢？

尼克·欧文，因其在海外异常致命的纪录而获得了"死神"的绰号，他回忆说，被杀戮包围的感觉很奇怪。

"我在一个基督教家庭长大，"他说，"我学到了**汝不能杀戮**，而我在这里，有大量的杀戮在发生。在某种程度上，你会习惯的，你别无选择。但另一方面，你永远不会习惯的。"

2005年，作为一个初出茅庐的射手，尼克·欧文在提克里特进行首次海外部署。没有游骑兵标签，没有接受过狙击手训练，没有实战经验，就在几个月后，那可怕的一跳，降落伞把他拖下飞机，并撕碎了他的制服。那时候他还不是死神；他只是尼克·欧文，在此前被称为“火柴人”的一个士兵。

他的工作是为他所在部队 6 辆斯特瑞克装甲车其中一辆操作远程武器系统。斯特瑞克是一款轻型坦克，与艾布拉姆斯或布雷德利相比，它被设计成更具机动性和易于部署的装甲车。远程武器系统操作员坐在一个小吊舱里，盯着一个视频显示器，操作一根操纵杆。换句话说，你在玩一个视频游戏，只是你的操纵杆在操作一支非常真实、非常有杀伤力的炮。一些游骑兵的斯特瑞克装甲车配备了 105 毫米或者 20 毫米加农炮。尼克的系统是点 50 口径炮。

作为一名训练有素的斯特瑞克装甲车驾驶员和远程武器系统操作员，尼克已经学会如何维护该系统，并将点 50 口径炮连接到所有电子设备上，还能像贾森·德尔加多等专业射手在家用电视游戏机上玩《侠盗猎车手：圣安地列斯》那样的熟练程度操作它。视频显示器的变焦太疯狂了，你可以看到 1.6 公里外墙壁上的苍蝇。这款武器的精确度非常高。

但截至目前，他还没有向任何人开火。

直到一天早晨，他碰巧是车队中领头的斯特瑞克远程武器系统操作员，一个开车的人直接冲向他们。这是一辆炸弹汽车吗？这是自杀式袭击吗？没有办法知道，但是尼克通过他那准确无误的变焦镜头看到了那家伙的眼神，无论他想做什么，都是蓄意的，也是危险的。尼克得到开枪的命令，他遵照执行，发射了一连串的点 50 口径子弹，在屏幕上，他看着子弹切割着汽车前部，炸毁挡风玻璃，抹掉了驾驶室里的人。

事实证明，这是一辆装满炸药的汽车，准备引爆，这让他觉得杀戮是合理的，但这并不没有阻止那个死人当晚萦绕在他的梦中。

尼克有自己的房间，没有室友，这很适合他。在成长过程中，他总是倾向于保持自我。除了他最好的朋友安德烈之外，他从来没有什么社交活动。与部队里的大多数人不同，他没有携带 DVD 播放器或者家用电视游戏机，没有电视机。在房间里，他只保留了最基本的东西：几套制服、袜子、T 恤衫，以及他的思想。对尼克来说，休息时间就是躺在小床上，在黑暗的房间里。

当天夜里，他躺在床上，盯着天花板，一个吊扇在上面慢慢地转动，吊扇四个叶片是那个死人的胳膊和腿，中间是一对充满杀机的眼睛，毫无生机的眼睛，盯着他，突然那个人张开大嘴，他吓得尖叫起来……

此后，尼克再没有睡过踏实觉。

他们驾驶斯特瑞克装甲车出去的每一天都和那天差不多。他甚至不知道他用那个操纵杆杀了多少人：他没有计算过，反正很多。

有一天，有个家伙一直开车跟踪他们。最后，他朝他们的方向开了枪。当时尼克在为一支游骑兵队伍提供安全警戒，他们在一个院子里抓捕目标。那个家伙全速冲向他们。尼克对着驾驶员位置发射了一连串的点 50 口径子弹。这是尼克第三次或第四次使用远程武器系统射击别人，所以他很得心应手。汽车疯狂地来回打着转，撞到墙上停了下来。离现场最近的一个游骑兵走过去，打开驾驶室的门，一股果冻状的液体涌了出来。那个家伙的身体被液化了。尽管这次射杀惨不忍睹，但杀戮画面并没有困扰他，他后来再也没有想过，也没有在他的梦中出现过。

只有第一次经历，是他永远挥之不去的记忆。

这个噩梦持续了几周，几个月。实际上，这仍是他反复做的一个梦，尽管现在每年不超过一两次。

尼克还描述说，他经常感觉到与即将被射杀的目标有一种奇怪的联系。

“在那一瞬间，我会对那个人产生一种依恋感，就像看着灵魂离去，留下一个躯体。我会感到嘴里有一种金属味道，就像舔舐铜币的感觉，紧接着是一种奇怪的空虚感，好像我被一点点掏空了，就像我的一部分也离开了我。”

“我知道这听起来很奇怪，但这就是我的感受。我不知道其他人是什么感受。有些人可能告诉你，他们根本没有感觉，但我觉得那是胡说八道。你会有感觉的。”

2009 年夏天，大约在尼克·欧文和观察员迈克在赫尔曼德省遭遇的一场 360 度伏击中艰苦逃生的同时，亚历克斯·莫里森和其他 60 多名海豹突击队队员与一支陆军绿色贝雷帽部队潜入了附近的马尔贾。

他们的目标是一个四方形街区的区域，以两条主干道的交叉口为中心。这个地方的布局就像巨大的加号，两条街道分别为东西向和南北向，两边都是建筑物。街道尽头，马上变成开阔地，种植着一片片庄稼：小麦、大麦、绿豆、甜瓜……还有罂粟，大片的罂粟。

马尔贾是塔利班的海洛因经济中心，被视为赫尔曼德省的黑暗之心。据世界其他国家所知，没有美国或其他联军去过那里（世界不知道的是，尼克和迈克多次深入该地区，向一根热针一样刺穿塔利班领导人的口袋）。从一个主要方面来说，这是一个优势：为他们突袭提供了一个条件。他们快速进入并干脆利落地解决问题，塔利班从未知道他们的进入。

他们晚间乘直升机潜入。亚历克斯的小组抵达预先计划好的狙击位置，位于加号中心以西的一个大院子。他们清理了大院，将里面的人全都赶走，架好装备，耐心等待着。太阳升起的那一刻，他们开始遭受轻型武器的射击，这是阿富汗的典型状况。

与此同时，另一个小组在他们附近降落，朝相反的方向前进，清理到十字路口的中心，然后转向北方，前往自己的狙击位置。他们使用手榴弹清理街边的建筑物。这完全是一场城市战。

在那个小组继续向北前进过程中，亚历克斯瞥见田野里一个阿富汗人拿着AK–47，向美国人靠近。赫尔曼德省森林覆盖率很高，即使在空旷的田野上，都有大量的树木提供掩护，这个家伙知道他在做什么。在移动中，他不时躲进视线死角，典型的跟踪方式，这样，他会出现几秒钟后，消失，然后再次出现，再消失。

亚历克斯瞄准了他。大约 274 米的距离。**好吧**，他想，**我得干掉这个混蛋。**

就在亚历克斯努力瞄准那个家伙时，突然一个年轻人从西边出现，跑到拿枪的人面前。第二个人看起来大约 15 岁的样子。当他走近时，那个年长的人转过身，开始驱赶那个孩子。

不用一秒钟就能搞清楚发生了什么事，那是他儿子，而那人正在用阿富汗语向他儿子大喊：“走！赶紧离开这里！”

他赶走儿子后，转身向东走，想进入射程，可他儿子又回来了。他再次停下来，挥手示意儿子离开。这一次，他儿子只往回退了 18 米，这时，男孩停了下来，拒绝进一步让步。

现在那个家伙又向东走去，利用地形特点时隐时现。后来，这个家伙出现在主干道最危险的地方。最后，当那个人扛起 AK 步枪开始射击时，亚历克斯获得了清晰的视野。

亚历克斯架好点 30 狙击枪。274.3 米：不难射中。迅速将他放进十字准线，砰的一声，他被打得蜷缩起来。他被击中肩膀并直接倒地。

一击毙命！

只是这一幕并没有就此结束。亚历克斯继续通过瞄准镜观察，他看到那个男孩冲向被击毙的人，大声喊叫着，亚历克斯猜测他在喊父亲的名字。亚历克斯无法摆脱目光，右眼和瞄准镜紧紧地盯着现场。他目不转睛地看着男孩站在那里，吓坏了，哀号着，尖叫着，因为亚历克斯刚刚杀死了他的父亲。

亚历克斯向我描述时，在这一点上哽咽了，他很难继续说下去。

“很紧张，”他说，“你有了孩子，你知道那是什么感觉。”

我知道。

这次行动不断升级，最后成为一场相当激烈的战斗，持续了4天。行动结束后，美军缴获了大约3629公斤鸦片和363公斤高纯度海洛因，全部装在印有蝎子标志的真空密封袋内。这是迄今为止缴获数量最大的一批毒品，估计价值约1亿美元。但是这样的结果并没有给亚历克斯带来触动。

那名塔利班武装分子和儿子之间的那一幕，一直在他脑海中萦绕。

亚历克斯杀过很多人，可以追溯到14年前他在摩加迪沙机场跑道上的第一次杀人。但亚历克斯说，所有这些时候，就像一个卡通片，不那么真实。“作为一名狙击手，你可以奢侈地从远处杀人，你可以在自己和被杀之人之间保持距离。”

但在马尔贾的那一刻，这种距离感消失了。他说，在那一刻，他杀死的那些人对他来说都成了人类。

他补充说：“如果让我重来一次，我会再来一次，因为那个人要开枪了，我有兄弟。见鬼，他**已经**在向他们开枪了。但我从来没有真正停下来考虑过，我正在射击的那些人是和我一样的人，他们和我一样有家庭。那次行动结束后，我做的第一件事就是给我儿子打电话，告诉他我有多爱他，他对我有多重要。”

我告诉亚历克斯，他的故事让我想起我在查湾克利的经历，在炸弹即将落地之前，我们听到一个婴儿的哭声。

“这简直糟糕透了，伙计，”我告诉他，“直到现在我依然无法忘记。”

“是啊，”他随后补充道，“**应该如此！**如果没有困扰，只是风轻云淡地忘了，我就是一个混蛋。”

我没有说什么。我想我可以同意这一点。

“但在一天结束时，”他继续说，“这就是我们所做的，这也是他们所做的，结果就是这样。很可怕，但这就是丛林法则，或者说地球法则，或者不管什么法则。这只是一个冷冰冰、硬邦邦的事实，没有任何情感。”

“但它确实让你重新认识事物。”

正如我之前所说的，大多数与你交谈的狙击手会说，这不是关于他们所杀的人，而是关于因他们阻止而免于被杀的人。有时，这以一种极其生动的方式发生，一个狙击手会发现，他被赋予一种近乎神一样的生死权力：制造死亡；阻止死亡发生。

2003 年 4 月 6 日，贾森 · 德尔加多和队友在一座小钟楼上，为美国海军陆战队第四陆战团第三营 I 连一个纵队提供安全警戒，纵队接近巴格达郊外的迪亚拉河大桥时，有人向该连的汽车发射了一枚火箭弹。这枚火箭弹没有爆炸，但它触发了一系列事件，直接导致了这次行动中一个更悲惨的事件。

显然，敌军由伊拉克共和国卫队和其他难以辨识的武装人员组成，计划等 I 连过桥后用大炮炸桥，从而将其与营部分开，并从两边伏击。他们的大炮已在河的远端就位，炮口对着大桥，等待着合适的时机。但时机被一个缺乏耐心的火箭弹射手打乱了。

火箭弹随即引发了交火，此时美军还没有登上大桥。不过，随着小规模冲突的继续，萨达姆部队里一定有人意识到，计划已经落空，于是发出了进攻信号。

炮兵出动了，炮火飞越河流，向美军机械化部队开火，并摧毁了一辆两栖突击车。有几枚炮弹落空，击中了大桥本身，摧毁了一座塔架，对桥面造成了严重的破坏，现在海军陆战队不可能乘坐装甲车通过了。

随着战斗的继续，营长麦考伊中校下达命令，派两个连步行过桥，确保另一端的安全，这样他们就可以派工兵架设一座浮桥，让装甲车过河。如果麦考伊让对方在桥上炸几个洞，从而破坏通行，那就太可恶了。

贾森和狙击手同伴被派上据点，第一个过桥，I 连各排紧随其后，再后面是 K 连。在奔跑过程中，透过桥面的弹孔，他们可以看到漂浮在河面上的尸体和残肢，这些都是伊拉克平民的尸体，他们在试图通过大桥逃离即将发生的屠杀时被伊拉克大炮炸成了碎片。

在过桥途中，狙击手遭到迫击炮袭击。贾森向右跑去，进入一小片棕榈林。跑进树丛时，周围的泥土飞溅，他不知道是迫击炮还是地雷造成的，没有停下来思考。

他开始向队友大喊："嗨，这个地方可能被包围了。我们得赶紧离开小树林。"

他们都跑出树林，冲进附近的街道，找到一处可以躲避的建筑物。I 连大多数士兵过了桥，K 连刚刚到达。K 连在左边部署，有一个三人狙击小组。贾森和观察员杰西·达文波特与 I 连分到右边，都面向穆阿斯卡尔·拉希德街，那是一条通往巴格达的主干道。

无线电传来信息：营部有情报显示，敌人劫持了一辆救护车，车身侧面有明显的星月标志，车上装满炸药，计划直接冲进美军阵地。

这个消息通过全营的通信系统发布，**所有人**都听到了。

几天前，一辆坦克（**艾布拉姆斯！**）被一名自杀司机用卡车炸弹炸毁。自从 1983 年贝鲁特事件以来，海军陆战队对卡车炸弹袭击**非常**敏感。他们刚刚遭到伏击，被炮火轰炸，还损失了一些人。他们徒步跨过一座桥，但车辆却无法跟进。这是一场绝望的战斗，也是一场专注的战斗。

在当时的混乱中，"疑似满载炸药的救护车正在向你们靠近"变成了"禁止**任何人**靠近你们"。

K 连已经就位，架好机枪，做好了迎接战斗的准备。I 连也部署到位。

任何朝他们方向而来的车辆都被掀翻了。

贾森发现远处几个穿制服的士兵正在靠近，看到他们的武器，随即**砰**、**砰**、**砰**，将他们干掉了。杰西也在搜寻目标。他们都在执行自己的任务，而且做得很好。保护战友，拯救自己。

随后，贾森注意到一件事。仍然有许多平民向他们走来，他们纷纷离开城市，试图逃离战争。

糟糕！

相比 I 连和 K 连的士兵，贾森和杰西以及其他 3 名狙击手有一个优势：他们有先进的瞄准镜。贾森用的是 M40 狙击枪，杰西拿出了观测镜，街道对面 3 个狙击手也有类似的装备。但其他海军陆战队队员都使用 M16 步枪，只配备了铁制瞄准器。你顺着枪管看去，看到一辆高尔夫轿车从 4 个足球场外向你驶来，而你只有铁制瞄准器，换句话说，你只能依靠肉眼，根本无法判断谁在开车。你所知道的是，有一辆车正向你开过来，而且你刚刚被告知，有车辆带着炸药向你驶来。你会怎么做?

开枪。

K 连的海军陆战队队员就是这么做的：他们开枪，开枪，开枪。他们射杀的人有些是冲上大桥的敌人，有些是装扮成平民的敌人。有些人，正如后来所声称的那样，可能是被胁迫冲上桥的平民。但其中很多人只是试图逃跑，他们陷入了一个悲惨的境地。

5 名狙击手都开始射击发动机组和轮胎，尽量阻止车辆接近桥面而被射杀。这种情况持续了数小时。他们不敢停下来睡觉，甚至不敢休息。贾森出现视觉疲劳，眼睛不受控制地抽搐，杰西也是如此。他们驱策自己，无论如何都要坚持下去，一直到早上，射击发动机组和轮胎，让人们远离，或者至少是尽可能离得远点。

就在数小时之前，贾森和杰西都有了第一次杀人记录。他们训练多年，表现出色。他们是枪手猎人学校的毕业生，但直到那一天，还没有真正杀过人。而现在，仅仅数小时之后，杀人的意义和影响对他们来说已经改变了。

“直到那一刻，”贾森说，“我们是相当野蛮的。我们渴望杀人。但在那一刻，我们意识到我们所做事情的人性，或者说理解了其中的不人道。那场彻夜的战斗使我们成为有经验、负责任的狙击手。”

他们开始非常谨慎地选择射击。现在，他们不是为了杀人，而是为了**防止**杀人而射击。

战斗持续到次日下午。他们水尽粮绝了。除了一年后 4 月 17 日和 18 日在侯赛巴那次马拉松式战斗外，这是贾森所经历的持续最久的战斗。

枪声停止后的那个早晨，贾森是第一批看到后果的人。由于狙击手的努力，那天有不少平民保住了生命。更多的人失去了生命，那些静止的、布满弹孔的车辆和散落的尸体证明了这一点。这个画面一直停留在贾森的脑海中，这是他至今无法释怀的事情。

2009 年 7 月 8 日，在赫尔曼德省腹地那场无休止的交火一周后，尼克·欧文接到了他一直担心的电话："本·科普没能熬过去。"尼克这位朋友挺到回家见到了母亲，但此后没多久就去世了。

"太痛心了，"尼克说，"唯一能进来救我们的队伍，但那个人却因此而死。"

人们问，夺走一个人的性命是什么感觉？但他们从不问，**失去**一个人是什么感觉？当你认识的人、让你崇拜的人，甚至你深爱的人的生命被剥夺，而你却无力阻止它的发生？因为你真的不能把这两个问题分开。在战争中，你面对的是突然死亡的残酷现实，而死亡不是你可以讨价还价或者说服其站在你一边的东西。

死亡就像风：它想吹到哪里就吹到哪里。

罗伯想到那名敌方士兵，穿着美军野战服和头盔在远处山脊线上行走的情景。"我希望我们杀了那些家伙。"他喃喃自语道。

他和蒂姆在沙伊库特谷**杀死**多少人？30个，也许更多？如果你把被他们望远镜定位并呼叫的所有空袭都算进去呢？谁知道。他肯定不会在晚上躺床上想这个问题。他想到的数字是他们拯救了多少人的生命，这个数字没有人可以量化，他只能推测，但对他来说，意义重大。

仅举一个例子：他和蒂姆用他们历史性的2430米的远程射击，击毙了卡拉什尼科夫轻机枪枪手。如果他们没有打中，今天会有多少妻子成为寡妇？会有多少孩子失去父亲？

"我不知道，"罗伯对此回答，"但有一点我知道，如果我们救了一个，就会有一个人回归家庭，他可以再次见到家人。如果我们救了一个人，一切都是值得的。"

贾森依然记得理查德·甘农，他遇到的最好的指挥官。在4月17日和18日的战斗之后，侯赛巴营地被更名为甘农营地，甘农上尉被追授银星勋章，并晋升为少校。这些都是值得尊敬的荣誉和有意义的举措。但这些并没有减少伤亡，包括范·鲁文、吉布森、史密斯和瓦尔德斯。贾森·邓纳姆再也没有醒过来。杰西·麦德林和安德鲁·阿维莱斯，在迪亚拉河大桥的袭击中死亡。还有3天前在库特被杀的狙击手马克·伊弗宁，以及许多其他人。

"对于失去的每一个好人，"贾森说，"都有像我们这样的人，他们承担了所发生的事情的罪责，并且我们有责任知道，如果这些人还活着，会取得怎样的成就。这让我们充满了动力。使命未竟，我们不敢有丝毫懈怠。必须为你的伙计们做到这一点。”

尼克·欧文说，他在赫尔曼德省执行任务后，就再也不是原来的他了。困扰他的是，他射杀的人越少，就无法阻止被杀的人越多。他白天想的、夜里梦的依然是，他还能做些什么来改变那场可怕的交火的结果。他还可以做什么，让本·科普今天依然活着。

“如果你愿意，可以称之为幸存者的内疚，”他说，“对我来说，这不是内疚，而是记忆。这些并不是我不能忘记的事情，而是我**不想**忘记的。我选择带着这些东西，直到我入土为安那一刻。”

罗伯·佛朗在“蟒蛇行动”后不久离开了部队，在加拿大警察部队工作几年后，进入一家私营公司。他的最远狙杀纪录一直保持到 2009 年，当时被英国狙击手克雷格·哈里森在阿富汗超越。因其对“蟒蛇行动”成功发挥的强大作用，加拿大两支狙击小组直到今天仍受到美国军方的尊重。现在，罗伯·佛朗在加拿大阿尔伯塔省经营着自己的培训中心——罗伯·佛朗射击学院。

完成侯赛巴 6 个月的海外部署后，贾森·德尔加多返回美国。退役后，他回到学校，主修传媒技术。他制作了一部获奖电影，从事一些私人安保工作，并差点进入纽约警察局，但他决定继续追求自己对艺术的激情。他在康涅狄格州布里奇波特创立了文身公司：枪铜文墨。

“有点超现实，伙计，超现实，”他说，“直到今天，我依然不敢相信我会从事那种工作。”

离开军队后，尼克·欧文作为私人承包商参加了几次海外行动，然后与他青梅竹马的恋人，也是他的妻子，在圣安东尼奥定居。他在得克萨斯州南部教授精确射击，并创立了硬核射击学校。

尼克仍然保留着游骑兵队友拍摄的那张快照，他和迈克站在称为阿拉莫的赫尔曼德省安全屋里，就在他们从峡谷中进行史诗般的狂奔之后。在照片中，你可以看到他和迈克制服上的污渍，肮脏的沟渠水和他们两人的血混合在一起。无论何时他身处逆境，遇到困难，他都会回想自己作为游骑兵的日子，尤其是拍摄那张照片的那一天。

2011年，完成赫尔曼德省部署两年后，尼克再次回到伊拉克，这次是在巴格达做私人合同工作。一天早上，查阅电子邮件时，他看到一封信，来自澳大利亚特种空勤团与他有一面之缘的人。信中写道：

"嗨，伙计，只是让你知道，我们替你干掉了那个该死的车臣人。"

尼克回道："收到。"

他再也没有收到过空勤团那个突击队员的回信，但对尼克来说这也没有什么，他也不需要。他已经收到了期许已久的那封邮件。

尾声 活着

死神在向我们所有人微笑，我们所能做的只有回敬微笑。

——马可·奥勒留

从阿富汗回国大约半年后，我参加了内弟韦恩的婚礼。在宴会上，我和一位褐色皮肤、棕色眼睛的女士坐在同一张餐桌上。她漂亮又聪明。在我看来，这是一个致命组合。

我们开始攀谈，就是餐桌上的常见话题。诸如你是做什么的之类的话题。我告诉她，我在服役。我是一名狙击手，最近刚从阿富汗回来。事实证明，她是一名空军飞行员。“我驾驶F-16战斗机，”她说，并点头回答了我未问的问题，“在阿富汗。”我们在无言的祝酒词中碰了一下杯。**为能活着回来干杯。**

“你们真了不起，”我说，“你们就像空中狙击手。我曾有机会呼叫F-16战机进行空袭，你们的精准度让我难以置信……”

我们继续交谈，但我的注意力分成了两部分。一部分坐在加利福尼亚酒店宴会厅的椅子上，被香槟和好心情所包围。另一部分则蹲在查湾克利低矮的沙漠灌木丛中。

在外勤的第五天，我和观察员托比在黎明前出发进入山谷，花一天时间侦察该地区。在进入途中，我们差点遭到猛烈的伏击。纯粹是天意，我们与一小股塔利班武装分子擦肩而过，从而死里逃生。（如果我们早 10 分钟或者晚 10 分钟到达那里，就要由其他人来写这本书，因为我现在已经死了 14 年。）

到了第六天，我们决定要做一些事情。

我们知道，山谷里有许多武装分子在监视我们。我们在路上围捕了一些人，收缴了他们的车辆，并俘虏了他们。但是大多数武装分子都远离道路。我和托比商量了一下，我们不可能守株待兔。我们必须主动出击。

我们要跳出安全区。

我们请示指挥官克里斯·卡西迪中尉，是否可以单独离开那里，追杀那些人，只有我俩，没有支持，没有后援，没有通信。他对我们竖起大拇指。我们花了一晚上来计划这次行动。

我们穿得像当地人。我的肤色很深，且眉毛浓黑，很容易被认为是阿富汗人，托比是土耳其后裔，看起来也是如此。在远处或光线不足的情况下，我们可以被当作塔利班。（也许。）我们没有携带身份证件。我带了点 30 MK13 手动栓式狙击枪，托比带了 SR–25 半自动步枪。托比还携带了配枪，我也是。我的赫克勒－科赫，是一款点 45 通用自动手枪。此外，我还带了 3 个点 45 弹夹和 1 个上膛的弹夹以及约 100 发点 30 子弹；还有饮用水、一个小记事本和一支铅笔。

饮用水、纸、枪械、子弹。大概就这些东西。

我们在黎明前出发，利用黑暗的掩护，从山上的营地悄悄溜出。离新月只有一天，山谷里一片漆黑。

我们用了半小时下山。在山脚下，我和托比相互看了看，我低声问道："杰克有没有把我们的事通报给战术行动中心？"

杰克是通信兵，任务是向战术行动中心通报我们的行动。我们要行动的区域是一个武装直升机轰炸区，空中利器可以自由射击或轰炸该区域出现的任何热信号。我们看过视频，一块黑屏上有微小的绿色轨迹在飞奔——人们在逃命，然后消失在一个闪光中。我们称其为屠杀电视。我们在这里，穿着当地的服装，身上甚至没有红外闪光带，没有任何东西可以识别我们。杰克在一些情况下表现得不太可靠。

“该死，”托比说，“我们不会再上这个山头了。”我赞同。我只希望杰克已经完成了他的工作。

我们从山谷南端出发，找到一条羊肠小道，沿着山脊的四分之三处往上走。我们的计划是沿着那条小路，大致向东北方向蜿蜒而上，穿过整个山谷，去狩猎。

我们开始追踪。

这听起来很玄妙，很有异国情调，但如果你注意的话，这是很基本的技能。你要寻找任何有破坏痕迹的地面、断枝残叶和任何有异样的地方。与动物相比，人类是多么蠢笨与邋遢，这很令人吃惊。一个家伙会从口袋里掉落一个弹壳，掉出一些纸片，在空地上吐痰。你会发现，哦，这家伙在这里停下来撒了尿。你很快就会拼凑出一幅画面：有多少人，他们朝哪个方向走，他们在做什么。

当然，我们追踪的人并没有这么懒散，他们对这一区域非常熟悉，知道如何隐藏。尽管如此，我们还是不难找到踪迹。我们的猎物在晚上躲起来睡觉，天亮时，他们卷起东西并将其藏进草丛或灌木丛中。我们发现一些床单和简单的露营用具；一个茶壶，还是热的。我们停下来观察，拿出望远镜，对这一地区展开侦察，在记事本上标记位置。

我们时不时停下来低声交谈，但大多数情况下，我们用手语交流。我们继续追踪，停下来，观察。

我发现一个人。

山谷中的人口有数百人，但此时他们被炸弹赶走了。所有普通居民都走了，目前是这样。我们看到的任何一个人在这里都是有原因的，这也是我们在这里的原因。我们都在追捕。

这里有塔利班和基地组织成员，要把他们区分开来并不难。塔利班分子灰头土脸，被自然环境磨砺得很厉害。基地组织成员很柔和，他们大多来自富裕家庭，成长环境优渥，最近才报名参战。塔利班分子像山一样老。

这个人是塔利班分子。我瞄准了他，但他不知道我在这里。我可以向他开枪。我可以立刻将他一击毙命。

我们绝对迫不及待地想干掉一些活靶子。如果我们开枪，整个山谷都会知道了。

我没有向他开枪。我们标注好位置，继续前进。我们侦察了整个山谷，标注了六七个位置。我们几乎没有留下任何痕迹。没有人发现我们。

当晚，我们回到营地，汇报情况，并与两位空军作战技术人员碰面。其中一个问我们：“嗨，你们想自己完成吗？”

通常情况下，你会参加联合终端攻击引导员的培训科目，学习如何做到这一点。但是他们当场对我们进行了培训：9条通信线路是如何运行的，你该如何呼叫每一条线路，等等，几分钟后，我就开始用无线电与一架F–16战机通话。

一个空中狙击手。

“死神1号，这里是红魔1号。附近有多个敌人，现请求对所有敌人进行空中打击。”

飞行员用可用资源做出了回应。

“收到，”我继续道，“1号位置，有4个敌人在……”我读出我们在记事本上标记的第一个位置的经纬度坐标。“你们可以开火了。准备好就开火。”

我用望远镜观察下面的山谷。现在是新月，外面一片漆黑，但这里和那里的微弱闪光，透露出营地有人活动的迹象。我知道我在看哪一个。

紧接着，**砰**，一个转瞬即逝的火球。

“正中目标。”我向飞行员报告，然后通报下一组坐标。

还有下一个。

然后下一个。

我们把他们都干掉了。

那晚我们结束了很多人的生命。我和托比以及那位未曾谋面的同僚，那个空中的声音，正是他投下那些炸弹。

我的思绪回到了加州的餐桌旁。有人将香槟递到我手里。然后我想起那晚的一个细节。无线电中传过来的声音，F–16战机飞行员的声音——那是一个女人。

我看着我旁边的那位女士。她淡淡地笑着，再次点了点头。

“是的，”她说，“那就是我。”

我们暂时没有再说什么。然后我们共同为一对新人举杯。

为活着的人干杯。

后记　一名特种部队狙击手的平民生活

2006年，在我作为一个18岁新兵进入海军新兵训练营第一天后的13年，我离开了美军部队。我在伊拉克做了一年私人安保工作，但那并不是我想要的生活。我想在美国国内，离我的孩子近一些。我想运用我学到的技能，也许还能学到一些新技能，看看我作为一个企业家能做些什么，为狙击手同行以及其他特种部队士兵提供一些服务。我的第一次创业努力一败涂地。（称之为**创业新手训练营**——在硬碰硬学校的本科学习。）

后来，我找到了我的使命。

飓风集团有限公司

2012年，我创立了SOFREP.com，一个致力于为特种作战人员提供服务的网站，服务对象为现役军人和退伍老兵。网站爆炸式发展，很快成为一家成熟的数字媒体公司，我将其命名为Force 12 Media，这是一个衡量海上风暴凶猛程度的术语。在蒲福风级中，12表示飓风强度，而飓风正是接下来几年的感觉。从第一个单一的网站开始，我们成长为服务不同读者的多家网站，包括FighterSweep（航空）、The Loadout Room（枪械装备和生活博客）、Arms Guide（不言自明），以及The SpecOps Channel（原创视频内容），我们将其作为订阅频道上线，以真人秀和纪录片为特色，旨在与传统电视上最大的网络对抗。（正如海豹突击队队员所说："唯一轻松的一天是昨天。"）

2016年，我正式将Force 12 Media更名为飓风集团有限公司（Hurricane Group, Inc.）。

在这些年里，我们还建立了SOFREP电台，成为iTunes类别（政府）中排名第一的播客；一个出版部门，书目里有《纽约时报》畅销书，然后是我们自己的出版分社；一个聚焦特种作战的每月一书俱乐部，以及板条箱俱乐部，一个战术与生存装备俱乐部。在SOFREP网站上，我们拓展到军事和外交政策方面的硬新闻和专栏文章，并率先报道一些重大事件，从2012年9月11日和12日围绕班加西袭击事件开始，该事件夺走了我的挚友格伦·多尔蒂的性命。

这使我想到我的另一项事业。

红圈基金会

早在2000年，我和格伦作为射击搭档一起参加了海豹突击队狙击手培训科目。我们在海豹突击队三队做队友已经有一段时间，但狙击手学校是我们真正成为朋友的地方。有人说，最亲密的关系是在患难与共中建立起来的，如洪灾、地震，以及其他自然灾害或者战争。通过狙击手培训就是这样的事情。我与格伦共同经历痛苦，从而像朋友一样亲密，在接下来的12年里，我们保持着非常密切的联系。

我的人生在2012年9月被永远改变了。有一天，我和格伦正在就我们合作的一本书的编辑问题来回发送电子邮件。第二天他就走了。格伦是应对班加西美国使馆遇袭的一个小组成员，他是在袭击过程中牺牲的四个人之一。

那年早些时候，我的海豹突击队回忆录《红圈》出版，之后不久，我成立了红圈基金会，以创建一个我可以信任并亲自捐助的非营利组织。当时，我对如何在遍地开花的非营利机构中建立我们独特的经营理念没有明确的想法。在短短几个月里，基金会努力确定自己的方向和使命。随后，班加西事件发生了。

格伦去世后，我们的使命突然获得非常个人化的焦点。这是一个前海豹突击队狙击手、成功的中情局承包商，刚刚因促进和保护美国海外利益而牺牲，虽然政府将他的尸体运回家，但在那之后却没有承担任何责任，甚至最基本的丧葬费用都没有。由于格伦没有结婚，也没有孩子，中情局规定的人寿保险政策被视为无效。在从追思会回家的航班上，我写了一篇悼念格伦的文章，这是一封给挚友的个人告别信，《纽约时报》第二天全文登载了这封信。（这封信全文收录在我和约翰·曼合著的《与英雄为伍》一书中。）格伦的牺牲引发非常广泛的关注，对此我深表感激，但这并不能为多尔蒂家庭支付账单。

目睹格伦的葬礼花费悬而未决，以及在家人深重创伤之外，还要处理这种财务负担，这让我们基金会的目标突然变得非常明晰。我意识到，红圈基金会正是为这种情况而存在的。它的存在是为了填补空白——在政府资金或其他私人援助不能及时到位，或者根本缺位的时候或情况下，帮助特种部队士兵的家庭。

我们向多尔蒂的家人支付了第一笔款项，大约11000美元。这些钱不能扣抵所有费用，远远不够（我和他的一些朋友承担了其余的费用），但还是有所助益。我永远不会忘记开出那张支票时的感觉有多棒。

当我在2016年秋天写下这些文字时，美国已经连续15年处于战争状态，是美国历史上持续时间最长的战争。没有人比我们的特种部队士兵（像亚历克斯·莫里森、罗伯·佛朗、贾森·德尔加多、尼克·欧文等人）及其家人，更能感受到其中的压力。在过去的时代，狙击手和其他特种作战部队很少被使用，而且只在特殊场合使用，用于特定的行动，正如其名称所描述的那样，只用于**特种**情况。更大规模的正规军连队参与了大部分战斗。在21世纪，这种情况已被完全颠覆。在今天的不对称战争中，特种作战已崭露锋芒，特种作战人员需求剧增，这是历史上前所未有的。

这成为一种无法承受的负担，尤其是对家庭而言。这就是红圈基金会存在的原因。

红圈基金会就是我们军队中所说的**快速反应部队**。当这些家庭受到丧葬或者紧急医疗等费用的冲击时，他们会遭到突如其来的严重打击。私人组织通常不像退伍军人管理局那样有缓慢的官僚作风，但他们的行动往往还是太慢。在资金拨付给有需要的人之前，可能需要几周到几个月时间。这就是红圈基金会的作用。我们在数小时内做出决定，提供即时援助，并在此过程中为人们的生活带来巨大改变。基金会还提供奖学金，将特种作战部队士兵的子女送到学校、营地，或者其他提升项目。

基金会将其一般捐款的每一分钱都用于特种作战人员及其家庭。这意味着，无论你捐赠 30 美元，还是 30000 美元，每一分钱都会直接用于需要帮助的军人家庭。(我们的运营成本由大大小小的企业捐赠者承担。)

这也向他们传递了一条信息：他们的牺牲没有被遗忘。

布兰登

2016 年 9 月 11 日

致谢

每个图书项目都像一个艰巨的、为期18个月的追踪行动。我们对目标的位置和内容有一个大致的概念，但要从这里到那里，必须跨越大量的未知领域。故此，作者就像狙击手：他们可能看起来像独行侠，但他们身后总有一支看不见的庞大团队，在帮助他们瞄准目标。我们特别感谢：

马克·雷斯尼克，我们的编辑和圣马丁出版社的骨干，许多人愿意合作的出版伙伴。马克，你是最棒的。

史蒂夫·科恩，麦克米伦出版公司（圣马丁母公司）执行副总裁兼首席运营官，他无与伦比的生意头脑与他的幽默感相得益彰。

我们的文学经纪人阿丽莎·鲁本，她带着我们的理念走遍曼哈顿峡谷大街，并帮助它们找到了理想家园。

贾森·肯尼泽，为我们提供了出色的地图效果图，以及GoodTone工作室的戴维·格拉泽，为我们制作有声书版本提供了专业服务。

克里斯·马丁，感谢他的杰作《现代美国狙击手》，及其背后的精湛研究和基础工作。

杰克·墨菲和贝内代蒂·阿尔真蒂耶里，很遗憾我们最终没有使用关于库尔德女狙击手的精彩素材。那本书值得出版，我希望你们写出来。

格伦，我的挚友兼海军特种作战狙击手学校培训搭档；很多人都在怀念你，兄弟。还有丹·古拉特排长，因为他挑选了两名菜鸟新兵来参加海军特种作战狙击手学校。

格伦的家人和肖恩·莱克，感谢他们在面对极端逆境时的坚定立场。

埃里克·戴维斯，我重新设计海军特种作战狙击手学校课程的搭档，还有鲍勃·尼尔森和杰伊·曼蒂军士长，感谢他们信任我俩去做这件疯狂的事情。

兰尼·巴沙姆，他在心理管理方面做了许多开拓性工作。

所有从我和埃里克的狙击手课程毕业的海豹突击队狙击手，他们中的许多人已经悄悄打破了最著名的狙杀纪录。

所有军事狙击手，只有你们知道，这门技艺对细节的关注程度，以及在极端的精神压力下瞄准并扣动扳机意味着什么。

最后，也是最重要的一点，献给亚历克斯·莫里森、罗伯·佛朗、贾森·德尔加多、尼克·欧文，以及其他从事这项工作的人。无论写得多么翔实，世界都不会完全理解你们为保持世界更安全所做出的牺牲。